情報生産을 넘어 情報消費社會로

정보소비의 이해

우 정 지음

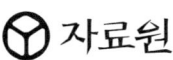 자료원

| 이 책에 대하여 |

이 책의 핵심담론은 정보 생산을 넘어 정보소비라는 주제다. 지식정보사회에서의 정보소비의 이론적 접근과 올바른 이해에 대한 체계적인 탐구이다. 정보는 우리가 살아가는 데 있어서 중요한 '재화(비경합 재화)'의 성격을 갖는다. 정보란 사람들이 무엇인가 존재론적으로 알기를 원하는 욕구 대상이다. 또한 정보의 핵심가치는 이익적 소비다. 소비는 인간의 욕구에 따른 일반상품의 소비라는 맥락에서 국가안보와 개인이익을 확보하는데 필요한 것이 정보소비 과정이다.

우리 주변에는 시공을 초월해 수많은 자료와 글, 기호와 정보가 넘쳐난다. 정보가 부족하다는 시대는 지나갔다. 오히려 정보과잉 혹은 정보홍수시대에 살고 있지만 그 진정성을 이해 못하는 경우가 많다. 그 많은 정보들을 어떻게 선택해 지혜롭게 소비하는가에 대해서는 어리둥절해진다. 과거의 정보는 주로 군사분야 내지 국가안보 차원에서 권력자들의 통치를 뒷받침하는 국가주의적 생산과 소비였다면 지금은 정보의 생산이 기계화되는 세상, 사회주체들의 의사결정과 그 실천을 위한 핵심요소로 정보소비가 더 없이 중요해지는 시대가 되었다. 특정 권력자들의 정보사용에서 민간의 소비시대로 이동하는 현상이 아닐 수 없다.

현시대의 대표적 사회원리는 개방과 공유다. 성공하는 정부, 기업, 개인은 정보와 기술을 공유하며 관리한다. 정보행위의 본질은 인간의 지적 본능과 욕구에서 비롯된 것이다. 정보는 현실이요 권력이며 남을 이길 수 있는 힘이다. 자기 권력에 반하는 집단이나 다른 권력의 실체가 나타나면 불쾌해지고 자신의 권력이 침해당하지 않을까 하는 고민에서 정보가 사용된다. 일종의 권력상실 증후군 상태에 빠지면서 상대방의 속마음을 꿰뚫어보고자 하는 욕구가 다름 아닌 정보이다. 그러하기 때문에 '정보전쟁' 하에서 정보수집과 사용은 사실상 합리성 및 규범성과는 거리가 멀다. 윤리와 도덕이 아니라 다만 필요에 따른 활동이다. 정보는 사용자의 지위와 역할에 따라 상대적 가치로 소비된다.

그동안 정보학은 정보의 수집과 분석 생산이라는 전통적 틀 속에서 세상 모든 비밀의 열쇠를 풀어 가는 수단쯤으로 생각한 나머지 정보소비가 사회적 문화적 현상이라는 사실을 주목하지 못했다. 많은 정보를 통합하고 분할하고 생산하면서 필요한 지식을 축적해 가는 과정, 정보의 프로세스가 중요하지만 그 결과물의 사용이 더 중시되는 사회가 되었다. 따라서 현시대는 정보를 가공하고 생산하는 정보생산자 중심(production-push)에서 주어진 정보를 어떻게 사용할 것인가 하는 정보소비자 중심(user-driven)으로 변하고 있다. 이제 정보는 단순한 소비가 아니라 사용자를 돕고, 동시에 필요한 정보를 자기 이익적으로 소비하는 패러다임이 중요해지고 있다. 정보소비자는 정보 자체를 관념체계로서가 아니라 실제 삶의 지식으로 이익관리 자료로서 보는 안목이 필요해졌다. 지금까지 정보의 공급자가 이익을 본 세상이었다면 이제는 정보를 소비하는 사람이 돈을 버는 날이 되었다.

여기서 말하는 '정보소비'(information consumer)는 가치 확대와 소비의 창의성을 통해 국가, 기업, 개인의 이익관리를 위한 정보 소비를 다루는 학문이다. 모든 사회주체들, 즉 국가간, 기업간, 개인간의 지식정보의 교류를 통한 정보소비를 촉진함은 물론 사람들의 의사결정에 도움을 주는 삶의 사회구조다. 그러므로 학술적 의미에서 정리해 보면 국가정보(학), 기업에서의 경쟁정보, 경영전략, 마케팅, 컴퓨터 사이언스, 사회과학 등을 융합한 새로운 통섭의 학문 영역이다. 수많은 정보와 지식을 적재적소에 잘 활용하는 것이 정보의 컨버전스(convergence)이다.

뿐만 아니라 기술의 발전에 따라 정보는 더욱 세련되고 정확해졌다. 오늘날 정보를 얻는 것은 매우 쉬워졌다. 정보를 모으는 것은 더 이상 중요한 문제가 아니다. 지난 2007년 7월 미국 미니애폴리스에서 열린 '세계미래회의 2007'에서는 "정보가 미래에는 거의 값이 없어지면서 물이나 전기처럼 가정으로 배달된다"고 했다. 데이터의 용량이 커지고 보편화 상용화되면서 정보가 사람들에게 무제한 전달되는 시대가 온다는 뜻이다. 이미 위키피디아(네티즌이 만드는 온라인 백과사전) 혹은 유튜브(You Tube)에는 수십억 개의 단어와 동영상이 흐르고 있어 이를 반영한다.

따라서 이 책은 지식정보사회에서 진정한 정보의 의미 및 정보소비가 무엇인지 궁금해하는 사람들에게 깊은 통찰력과 분석 능력, 그리고 정보소비의 지혜를 일깨우는 안내서로 집필하였다. 책의 구성은 크게 4부 12장으로 구성돼 있다. 제1부는 사회발전과 정보의 형식적 존재 양식을 중심으로 다루었다. 제1장에서는 정보의 세기와 정보현상 및 구조, 이미지를 기술했고 제2장에서는 정보수집활동의 실제와 원칙, 출처(공개정보, 비밀스런 인간정보) 들을 설명했다. 이어 제3장에서는 정보의 분석과 생산, 그리고 정보 효용가치의 극대화 방향을 제시하며 사용자의 피드백 중요성을 설명했다.

제2부에서는 현대 소비사회의 특징을 개관하고 정보소비이론의 사회적 논리를 소개했다. 여기에 구성된 제4장은 가장 중요한 부분이라고 생각되는데 인간의 소비욕망과 권력관계, 헤게모니 관점에서 정보소비관계를 찾아보았다. 제5장은 새로운 부가가치로서의 정보소비를 논의하면서 정보흐름의 속도, 정보경제의 확대, 그리고 정보의 개인화 및 맞춤화를 정리하여 '정보재'의 일상적 정보소비행태를 분석했다. 제6장에서는 정보소비와 유통 및 사회문제를 중심으로 정보판단의 왜곡 및 소비의 실패 원인을 찾아보고, 정보 불평등의 문제, 네트워크상의 일탈과 정보통제의 단면을 분석했다.

제3부에서는 현대소비사회에서의 정보소비구조와 변동 상황을 분석했다. 포함된 내용 중 제7장에서는 기존의 정보생산을 넘어 새로운 정보소비사회로 이동 구조화되고 있음을 강조했다. 그리고 정보 사회관계성의 가치를 찾아보기 위해 국가단위에서의 권력생산과 국가 이익관리의 문제, 기업차원에서의 경쟁정보수집과 정보소비를 통한 이익실현을, 그리고 일반시민들 차원에서는 정보소비와 집단지성이 어떻게 형성되는가를 접근했다. 제8장에서는 재화세계에서 지식정보의 소유 및 정보생산자와 소비자간의 상호작용을 논증했다. 핵심적으로 정보의 선택과 소비기술, 프로슈머(prosumer, 생산자 + 소비자) 경제에서의 정보가치 평가, 정보생산 − 소비자간의 바람직한 관계를 제시했다. 그리고 제9장에서는 정보자본주의 시대에서 '관심'(attention) 대상으로서의 정보에 초점을 맞췄다. 정보는 일상에서 관심의 대상이라는 사실, 사회시스템으로 성장해 가는 위키노믹스 사회, 정보중심의 경제, 정보자본가의 등장을 기술하였다.

제4부는 결론의 장으로서 그러면 정보소비시대에서의 우리의 대응전략은 무엇인가를 기술했다. 제10장을 중심으로 정보의 사회화 및 정보량의 확대현상, 콘텐츠 산업의 필요성, 정보의 민주화 및 여성적 소프트사회의 도래를 내다봤다. 이어 제11장에서는 창의적 인간(호모크레이투라)시대에서 우리들이 정보시민(인포즌, Inforzen)으로 살아가야 하는 지혜,

지식정보기반의 사회생활과 정보보안의 필요성을 제시했다. 그리고 제12장에서는 정보소비의 윤리와 사회적 책임의 중요성을 지적했다. 정보에 대한 선택과 소비가 축복이 되거나 재앙이 될 수 있다는 의미에서 공공선으로서의 정보소비, 국가정보기관의 국가 국민에 대한 헌신성과 책임성, 대중적 소비자들의 정보윤리, 정보시민으로서의 지혜, 정보의 사회적 책임을 기술했다.

이상에서 살펴보았듯이《정보소비의 이해》는 정보의 생산을 넘어 정보소비시대로 전환되는 논리와 특징들에 대한 탐구로 메워졌다. 필자가 다루고자 하는 정보=생산=소비의 관계 중 '정보소비'의 논리와 이론들은 정보통신기술 발전에 따른 핵심적인 변화라고 할 수 있다. 독자들은 정보란 문제의 해결 및 아이디어시장을 형성한다는 의미에서 다른 인접 학문들과 통섭 차원에서 이해되어야 할 것이다.

그리고 이러한 글을 쓰게 된 것은 30여 년간 국가정보대학원 및 일반 대학(원)에서 연구하고 강의하던 경험들을 중심으로 이미 졸서로 발간된《정보경영론》(2008)의 연속 편으로 생겨난 산물이다.

당연히 이 책은 발간하는데 시간이 부족했지만 내용상 다루어진 여러 가지 가정, 아이디어, 모델들은 이 시대를 살아가는 정보전문가들과 독자제현 모두의 과제이기도 하다. 아무쪼록 현시대 정보홍수 속에서 우리가 어떻게 정보소비를 잘하고 적용할 것인가 하는 문제에 큰 도움이 되기를 간절히 바라는 마음이다.

2009년 2월
분당연구실에서

정보소비의 이해

제2부　정보소비이론 고찰

제1부

사회발전과 정보의 존재양식

●●● **이제는** 정보의 생산측면이 아닌 소비측면(consumption side)이 강조되는 사회이다. 지금까지 정보의 공급자가 이익을 본 세상이었다면 이제는 정보를 소비하는 사람이 돈을 버는 날이 되었다. 정보가 국가 등 특정 집단의 전유물이었으나 이제는 민간 영역으로 넘어가고 있다. 문제는 우리 주변에서 정보의 부족이 아니라 너무 많은 정보를 얻는다는 데 있다. 정보는 사람들에게 퍼즐 맞추기 또는 소비의 대상이며 관심의 표적이다. 정보는 누구에게나 무뎌진 두뇌를 깨우고 소비되는 자원으로 작용한다. 요술 같은 시대에 성공하려면 정보를 잘 다루는 능력이 필수적이다. 정보소비자는 정보 자체가 관념체계로서가 아니라 실제 삶의 지식으로 정책결정 자료로서 정보를 사용한다. 정보량의 확대 속에 정보에 대한 무관심은 관심결핍증상으로 해석된다.[1]

---

1) Thomas Davenport and John Beck, The Attention Economy : Understanding the New Currency of Business(Boston : Harvard Business School Press, 2001), pp.2~4

정보는 삶의 현실이다. 새로운 정보통신기술의 발전에 따라 정보는 더욱 세련되고 정확해졌다. 뿐만 아니라 오늘날 정보를 얻는 것은 매우 쉬워졌다. 정보를 모으는 것은 더 이상 중요한 문제가 아니다. 특별히 비밀정보만을 모으고 이에 기초해서 어떤 결정을 내린다는 말은 이미 옛이야기인 듯하다. 그만큼 우리 생활 속에서 정보의 양이 넘쳐난다는 뜻이다. 《롱테일 경제학》을 쓴 크리스 앤더슨(Chris Anderson)은 이제 정보의 시대(information age)를 떠나 지식정보의 추천의 시대로 접어들었다고 했다.[2] 지식정보를 소비하는데 남다른 선택이 필요해졌다는 뜻이다. 사실 개인 집단적 정보생산과 소비는 개성과 다양성의 시대로, 일방적이던 문화 커뮤니케이션은 PC통신 등 쌍방향의 시대로, 생산자 우위는 소비자 결정시대로 발전하고 있다.

인간은 원래 정보의 동물이고 편집하는 동물이다.[3] 인간은 사회적 존재로서 정보를 소비하는 동물이다. 정보소비가 과거에는 전쟁 등 정치적 목적에 주로 사용했다면 지금은 돈을 벌기 위해서 개인의 생활충족의 지혜를 얻기 위해서 소비한다. 특정정보마저도 국가나 초국적 기업의 전유물이 아닐 뿐더러 누구나 호시탐탐 질 좋은 사냥감(정보)을 노리는 맹수와 같이 먹잇감을 찾아 나선다. 더구나 경제사회가 발전할수록 정보의 필요성은 커지고 있다. 정보를 효과적으로 다루기 위해 '정보에 접근하자'(access to information)는 구호는 낯선 용어가 아니다.

정보 수집은 유익하고 좋은 정보만을 발견해 가는 과정이다. 각국의 정보조직들은 전 세계의 정보를 조직화한다. 정보수집사용은 이익관리이며 치열한 경쟁의 수단이다. 정보는 단순히 기다리는 것이 아니라 이를 수집 소비하는 행동은 계속적이며 결코 끝나지 않은 과정이다. 이 시대 지식정보는 더 빠르게 파편화되는 가운데 진정한 이해를 하는데 점점 어려워지고 있다. 정보사용과 활동의 실패는 소름끼치는 상실감을 안겨 준다. 삶의 과정에서도 끝까지 온전한 신뢰 가능한 보고서로 답하여 가는 과정이다. 정보생산자는 데이터로, 보고서로 말하는 사람이다. 정보는 과정의 정보도 중요하지만 소비결과로서의 정보가 더 중요하다. 정보소비는 문제해결 및 이익관리를 위한 소비를 의미한다. 이는 정보를 스스로 찾아내 사용하려는 인간의 욕구이기 때문이다.

그런데 우리가 생활하는 지식정보사회이지만 여전히 '동굴의 벽화'는 존재한다. 호모 사피엔스(homo sapience, 현명한 사람)이라고 하지만 합리적이지 못하고 감성과 직감에 매달리기도 한다. 세상에는 부정적 타성(negative momentum)이 존재하며 현실에는 허(虛)와 실(實)이 공존한다. 우리의 세계관은 결함이 많고 왜곡되어 있다는 의미다.

---

2) Chris Anderson, The Long Tail : Why the Future of Business is Selling Less of More, (New York : Hyperion, 2006), p.107.
3) 마츠오카 세이고, "二十一世紀 の 編集知のために"『情報文化の學校』(동경 : NTT, 1998), pp.25~26.

제1장
정보의 세기와 정보현상 및 구조

제1장
정보의 세기와 정보현상 및 구조

좋은 정보를 찾아 나서는 것은 보물찾기와 같다. 지구촌 사회에서 흘러 다니는 수많은 정보들 중 유익한 알짜정보를 찾아내는 것은 정보과학이고 예술이다. 가장 뛰어난 분석가들에 의해 생산된 정보상품은 창조의 영역을 뛰어넘어 만인들에게 전달되는 상품이며 실천의 역량이 된다. 어떤 시장에서 경쟁하든 간에 가장 신뢰할 만한 정보를 수집하고 사용하는 정보문화 르네상스 시대에서 우리는 살고 있다. 여기서 말하는 정보는 건전한 상식으로서 흐름이며 누구나 끌어다 쓰면 되는 세상이다. 정보는 아이디어 시장을 창출한다. 정보수집과 분석, 생산과 사용의 사이클은 무한 게임이다.

현대는 조작적인 사회로 전환되고 있다. 지식정보의 양은 무한적으로 어디에나 있으며 속도감 있게 기민하게 재활용된다. 그런 정보를 어떻게 조작하고 사용하는가의 문제는 개인의 관심 여부에 달려 있다. 정보조작의 방법과 속도에 의해서 각 현상의 모습은 설명되지만 이를 받아들이는데는 각자 필요에 따라 다르다. 동시에 급속히 발전하고 있는 정보 통신 기술은 사생활의 마지막 성벽을 무너뜨리고 개인의 존재를 넘어 두터운 데이터 뭉치 속에 살아가도록 하는가 하면 국가통제 기제를 발전시켜가고 있다.[4]

지구촌에서의 큰 변화는 개인화된 각자의 삶이다. 무엇보다 기술이 발달하고 그에 따라

---

4) Philippe Are's(외) 주병철(역), 『사생활의 역사』(제5권) (서울 : 새물결, 2006), pp.816~817.

이익활동의 폭과 범위 내용 행동이 변하면서 경제, 문화, 개인 중시 사회로 이동하고 있다. 또한 현대사회는 지식사회화로 촉진되는 가운데 과잉정보로 인해 야기되는 정보낭비 제거 혼란 등에 빠지기도 한다. 네트워크는 모든 사회를 그물망으로 시간과 공간을 덮고 있어서 무역, 금융, 생산활동이 국민, 국가단위를 넘어 지구화된 네트워크로 이미 재편되는 가운데 네트워크 지식국가의 개념으로 변하고 있다.[5]

　그러나 지식정보사회에서 필요한 지식을 획득하고 소비하며 살아가기란 쉽지 않다. 정보는 IQ 130인 사람이 IQ 100인 사람을 이기는 게임이 아니고 오직 끈기와 결단력만이 무엇을 만들 수 있다. 정보를 보내거나 수집할 때 혹은 사용할 때 다른 자료들과의 비교, 그리고 구성원들의 지혜를 동원하여야 한다. 정보는 모임과 흩어짐, 가벼움과 무거움, 큼과 적음으로 연결돼 있다. 그러므로 자기 고집에 빠지지 말고 자기 밖의 사회를 향해 접근하는 자세가 요구된다. 정보는 얽힘의 현상이요 얽힘의 최종은 문서(보고서)로 정리된다. 보고서는 정신과 지식의 확장이다.

1-1. 정보혁명의 세기

　정보와 통신의 발달은 지구적 동시성을 가져오고 대중성과 시간성을 유발한다. 정보홍수는 사회 저변에서 꿈틀거리던 보통사람들의 시시한 사적 영역이 노출되는 계기를 제공한다. 즐거움과 분노, 우정과 배반, 모든 것들이 드러나는 사적영역의 공개화이다. 정치 이념 등과 같은 상부구조뿐만 아니라 유일적 일원론에 대한 저항도 동시에 나타낸다. 이제 인터넷 ID 하나 갖는 것은 현 사회의 존재양식이며 생존의 틀이다. 세계적인 싱크탱크 기업의 세계미래연구소 CEO인 제임스 켄턴(James Canton)은 "전쟁은 총 대신 아이디어와 정보, 폭탄대신 경제를 이용해 승리를 거둘 수 있다."고 했다.[6]

　인터넷 업체인 구글(Google)이나 야후, 네이버(Naver) 등은 이미 사회화된 브랜드가 되었다. 그것은 정통 오프라인과의 사회적 영향력 유대관계를 구축하면서 사람들의 접속이 급속히 증가하는 가운데 다양한 정보를 교환하고 공감하며 공동의 참여로 활동하면서 정보

5) 하영선, "네트워크 지식국가 : 늑대거미의 다보탑 쌓기", 하영선·김상배(외), 『네트워크 지식국가』(서울 : 을유문화사, 2006), pp. 49~50.
6) James Canton, The Extreme Future, (New York : Dutton, 2006), pp. 281~284.

를 소비하는 장터가 되었다. 이제 정보를 전략적으로 사용하는 사람은 자신이 정보이고 사회적이며 권력자이고 비밀스러운 독성을 만들어 낼 수 있다. 정보란 사용 가치적 아이디어요 클러스터다. 정보를 더 많이 보유하기보다는 더 잘 소비하는 이른바 똑똑한 지적 대중으로 살아가는 시대이다. 이런 점에서 누구나 남다른 정보적 감각이 있어야 한다.

정보의 생산과 소비(수요와 공급)를 연결시키는데 있어서 그 배경과 특징을 찾아보면 무엇보다 ▲지식정보사회에서 자료를 실어 나르는 매체들이 엄청나게 확대되었다. ▲정보 사용의 대중화는 고객이 원하는 정보에 보다 쉽게 접근할 수 있도록 해 주고 있다. ▲정보의 다양성 속에 사람들이 원하는 것을 쉽게 찾을 수 있도록 도와주고 성공적으로 사용 가능성을 높여 주는 정보시스템들이 발전하고 있다. ▲사회체계의 복잡화 내지 불확실성 속에서도 어떻게 정보를 얻고 믿을 만한 조언을 들으며 소비할 수 있는가 하는 좁은 범위의 포털시장이 형성되고 있다.[7]

정보는 우리가 잠잘 시간에도 시공간을 넘어 우리에게로 다가온다. 정보가 단지 간첩이나 군사정보에 관한 문제가 아니라 극히 일반적인 인간의 문제이기도 하다. 이런 정보를 우리는 전체보기(숲)에서부터 부분보기(나무 가지)로 진행하며 전체의 실현화를 탐색하는 것이다. 물리학자 헨리 보토프트(Henry Bortoft)는 '모든 사물이 사물 안에 있다' 고 했다.[8] 부분과 전체는 서로 상대방 없이 존재할 수 없다는 점에서 우리의 일상사는 완벽한 어떤 관계(상관성)를 갖는다. 측정된 값들은 어떤 식으로든 연결돼 있으며 창조적 융합이 이뤄지는 세계이다. 융합의 핵심은 종합성이다.

사랑의 라이벌은 나 하나가 아니다. 사랑하는 연인을 놓고 접촉을 시도하지 않는 것은 아마도 그 만큼 열정이 크지 않다는 증거이다. 아니 당신의 열정은 함량미달이다. 사랑하는 여자의 집 울타리를 뛰어넘든지 아니면 물러나는 것뿐이다. 마찬가지로 좋은 정보를 두고 접근하지 않는 것은 열정이 부족한 것이다. 정보전쟁은 결코 닭싸움이 아니다. 더구나 정보 수집은 순발력과 독특한 기술을 요구하는 작업이다. 정보활동은 단순히 동전을 던져 그 앞면과 뒷면을 맞추는 게임과 같은 것이 아니다. 포기한 척하다가 부상을 가장하거나, 아니면 상대가 방심한 틈을 타서 필요한 정보를 얻는 것이다. 때로는 농부의 마음처럼 기다리며 열

---

7) 우 정, 『정보경영론』 (인천 : 자료원, 2008), p. 402.
8) Henry H. Bortoft의 『자연의 전체 : 자연속의 의식적인 참여과학을 향한 괴테의 방식』(The Wholeness of Nature : Goeth's Way Towards a Science of Conscious Participation in Nature, 1996)에서는 자연주의자 답게 물질적인 생활양식과 존재들이 서로 얽혀 확산연쇄를 이룬다고 했다.

매를 따는 것이 정보의 세계다.

인류문화 발전의 상징은 밧줄, 끈, 거미줄, 실(絲)과 선으로 연결되며 오늘의 인간의 삶을 풍성하게 해왔다. 아이슈타인(Albert Einstein, 1879~1955)의 자연은 변화이고 '얽힌 계'로 설명된다. 세상은 모두 얽힌 것이어서 정보 역시 바로 실재라는 세계관으로 설명된다. 그는 정보로서의 세계는 물리학 전체이고 실재와 정보는 동일하기 때문에 실재를 관련시키지 않으면서 정보를 언급하는 것은 무의미하다고 했다.[9] 그렇다면 이 사회에서 흐르는 정보는 일정한 가치를 지니고 채널을 따라 끊임없이 이동한다. 정보는 사회관계 속에서 혹은 채널 내지 선(線)을 타고 소비자들에게 다가간다. 여기에 접속하는 사람들은 누구나 경쟁, 실용, 이익 등 어떤 결정을 해 가는 정보 소비자들이다.

우리나라 사람들 92%가 텔레비전을 시청하고 초고속인터넷 가입자가 1,372만 명(2006. 7월 기준 정보통신부)에 이른다. 이런 뉴미디어 사회에서 새로운 정보를 찾아내고 사용하는 것은 각자의 몫이다. 어느 정보가 깊이가 있고 생활에 유용한가를 판단하는 것 또한 각자의 관심 대상이다. 정보는 더 이상 영토가 없고 팽창만 있을 뿐이며 따라서 우주 혹은 생활세계에서의 모든 사상(事象)은 정보 혹은 앎의 대상이요 재료들이다. 안톤 차일링거(Anton Zeilinger)는 이렇게 멘트 했다.[10]

"정보는 우주의 근원재료이다"

그렇다면 우리는 자연계나 사회적 결합관계에 있어서 뚜렷한 현상의 외부세계와 살아온 경험의 내부세계 사이의 결합을 통찰하고 차이성을 발견하는 것이 중요하다. 제임스 버크(James Burke)는 《핀볼효과》(The Pinball Effect)에서 우연적 사건, 작은 파동의 연쇄가 어떻게 세상을 움직이는지를 보여준다.[11] 수많은 시공간 속에 흩어져 있던 사건이나 발명이 어떻게 서로 연결되고 확대되어 역사가 만들어지는지 이른바 '연결 짓기로' 설명하고 있다. 궁극적으로 사회적 관계는 사람들 사이의 관계를 의미한다는 사실에서 정보는 특정분

---

9) Anton Zeilinger, Einstein Schleier, 전대호(역) 『아인슈타인의 베일 : 양자물리학의 세계』(서울 : 승산, 2007), pp. 270~273.
10) ibid, pp.274~275.
11) James Burke, The Pinball Effect : How Renaissance Water Gardens Made the Carburetor Possible and Other Journeys (New York : Back Bay Books, 1997), pp.13~14.

과 학문 영역에서만 쓰이는 것이 아니다.

융합물리학에서 거론되지만 사람들은 물리학, 생물학, 인지심리학, 의학 등의 통섭(統攝, consilience)을 통해서 결합관계를 이해하려 한다. 통섭은 '전체를 도맡아 다스린다' 는 의미가 있지만, 특히 존재론(ontology) 인식론(epistemology) 방법론(methodology)을 모두 동원하는 의미가 있다. 정보는 일종의 사회에 대한 통합적 이해가 요구되는 영역이어서 그렇다. 정보는 통합과 분리 분산의 구조 속에서 끊임없이 재창조되는 순환관계이다. 그런 점에서 정보는 더 이상 영토에 구애받지 않고 세계 속으로 퍼져 나가기 마련이다.

1-2. 정보의 존재양식 – 정보의 해부

그러면 과연 정보가 하는 일은 무엇일까? 정보는 그렇게 복잡한 현상인가? 이런 질문과 관련돼 정보 개념은 지난 100년간 점진적으로 명료화되었지만 아직 정보의 본성을 이해하는데는 어려움이 많다. 정보 글자가 들어가는 책들이 수없이 많지만 만족스러운 정의를 제공치 못하고 있다. 정보세계상은 넓고 무한적이며 메타 수준이어서 이해하기란 매우 어려운 것도 사실이다.

그런가 하면 대부분의 사람들은 동일한 정보를 전혀 다른 방법으로 인식하기도 한다. 그것은 문화의 코드와 경험, 세계관이 다르고 사물과 인간을 이해하는 안경이 다르기 때문이다. 사실 똑같은 정보가 없다는 사실에서 정보의 결핍감은 더해지기 마련이어서 또 다른 정보를 찾아 나서게 된다. 거의 모든 분야에서 지식정보는 놀라운 속도로 축적되고 있으나 전문가들조차도 항상 자기 분야의 최신 정보만을 습득하고 사용하는 한계를 나타낸다. 각 나라마다 국가정보공동체에 따라 국가 목표를 달리하며 독특한 정보목표를 정해 수집하고 소비하는 것도 세계를 향한 이익관리 방향이 다르기 때문이다.

이런 정보개념의 잠재적 역할을 최초로 어렴풋하게 역설한 사람은 19세기 오스트리아 물리학자 루드비 볼츠만(Ludwig Boltzman)이다. 볼츠만은 확률을 정보라는 문제에 접근해 우리 모두는 매일 확률을 계산하는 행위 속에서 정보의 가치를 평가한다고 했다.[12] 정보의

---

12) Hans Christian von Baeyer, Information: the New Language of Science, 전대호(역) 『과학의 새로운 언어, 정보』 (서울: 숭산 2007), pp. 112~119.

가치는 신뢰성 즉, 메시지가 옳아야 한다는 원칙이다. 정보는 국제화, 기동성, 상호의존성 등이 늘어나면서 새로운 뉴스와 정보가 넘쳐나지만 확실성이 문제된다. 100% 확실한 정보는 돈을 줄 수 있지만 50% 정도로 확실성이 떨어지는 정보는 무용한 것이다. 요새 정보가 시장지향성 내지 돈 버는 것에 모아지고 있다는 사실에서 정보의 정확성은 더욱 중요해지고 있다.

그런가 하면 한스 크리스천 폰베이어(Hans Christian von Baeyer)의 경우 "정보는 특정 종류의 메시지가 담고 있는 그 무엇"을 뜻한다.[13] 정보는 수에서 0과 1을 나타내는 전기 펄스(On/Off)의 형태로 흐른다고 보았다. 사실 정보는 컴퓨터의 기본적인 수 0과 1로 암호화되어 흐른다. 모든 컴퓨터는 정보를 처리하는 기계로 발전하면서 정보의 구성단위를 '예. 아니오'라고 단순화시킬 수 있었다. 기본적 단위는 1 비트(bit)로서 정보를 운반하는 한 비트는 최소량의 정보이며 오직 0과 1로 값을 가질 수 있다. 이를테면 1 · 2 · 3 · 4의 디지털 표기는 1 · 10 · 100 · 101 등인 것이다.

미국 MIT 미디어 연구자인 니콜라스 네그로폰테(Nicholas Negroponte)는 디지털자료의 엄청난 중요성을 분석했는데 사진 동영상 이미지와 소리를 포함한 그 어떤 정보의 단편이라도 아톰(atom)인 '비트'로 바꿔 전달될 수 있다고 했다. 정보기술은 공학의 한 분야로 기호가 나타내는 의미와 상관없이 기호를 어떻게 저장하고 전달하고 나타내고 처리할 것인가로 요약된다.[14] 실제로 디지털의 특성인 접근성, 이동성, 정보저장능력은 우리들 삶의 방식을 바꿔가고 있는 것이다.

그밖에 1948년 벨연구소의 클로드 섀넌(Claude Shannon) 연구원은 '통신의 수학적 원리'(A Mathematical Theory of Communication)라는 논문에서 메시지의 의미에 대한 질문을 던지지 않고 다만 "정보란 예상할 수 없는 소식을 포함한 상징"이라고 정의했다. 이는 이미 알고 있는 사실들을 제시하는 데이터는 정보가 아니라는 뜻과 같다.[15] 또 그는 메시지 속에 들어있는 정보의 양을 측정하는 방법을 고안해 내려고 애썼다.

우리가 경험하는 것이지만 정보통신기의 발달과 함께 정보는 지구적 사회체계에서 모든

---

13) ibid, pp.38~41.
14) Anton Zeilinger, Einstein Schleier, 전대호(역) 『아인슈타인의 베일 : 양자물리학의 세계』(서울 : 승산, 2007), pp. 162~163.
15) Michael Hugos, 딜로이트 컨설팅코리아(역), 『스피드 경영의 실행전략 RTE』(서울 : 21세기북스, 2006), pp. 33~34.

문화권을 망라한 전 영역으로 확대되고 인류가 서로 소통하는 대상이다. 이런 원리 속에 도처에 광고 출판물 인터넷 TV에서 쏟아지는 정보들은 은하수처럼 널리 떠다닌다. 요는 그 안에 있는 내용들에 모종의 의미를 부여하거나 새로운 창조가 이뤄지기를 기다리며 둥둥 떠다니는 또 다른 먼지들이다. 그러나 대부분의 특정 정보는 정해진 사람만 이해할 수 있다. 좋든 싫든 세계상은 정보에 잠겨 있다. 아마도 우리 모두는 정보스트레스 속에 살아간다고 할 수 있다.

● 인포메이션(information)과 인텔리전스(intelligence) 차이

그러면 구체적으로 정보는 무엇인가. 조작적 정의(operational definition)를 이해하기 위해 어원의 단서인 information(정보), deformation(변형), conformation(구조), transformation(변환) 등에서 찾아볼 수 있는데 이들 단어에는 모두 'formation'이 들어 있다. 이 'form'(현상)에서 나온 말로서 정보(information)는 형상이 없는 존재에 형상을 주입하는 것을 의미한다. 그리고 de, con, trans, re-formation은 각 형상을 해소하기, 한데 모으기, 변화시키기, 새롭게 하기를 의미한다. 특히 inform(형상을 부여하다)라는 동사로써 정보(information)는 형상을 부여하기, 탐지하기, 전달하기를 의미한다.[16] 다시 말해 정보의 이해는 인－포메이션－형상의 주입－관계의 흐름－메시지의 소통으로 된다. 하지만 일반 사람들의 경우 영어표현에 인텔리전스(intelligence)가 막연하게 비밀성을 갖는다는 것 외에 'information'과의 차이점을 잘 구분하지 못한다.

또한 정보는 '어떤 사건에 대한 불확실성 감소에 필요한 유형무형의 사실들'로 정의되기도 한다. 정보는 수신자나 사용자에게 의미 있는 형태로 처리된 자료(data)들이다. 현재 미래의 결정이나 행동에 있어서 실재적이거나 가치가 있는 자료들로 설명된다(Davis, Olson, 1985). 미국 중앙정보국(CIA)은 정보(intelligence)를 폭넓게 해석하고 있는데, 즉 정부가 국가 기능을 수행하기 위해 필요로 하는 이색적인 것(things)으로 사람, 장소, 사물 및 사건들에 대한 지식으로 정의하고 있다.[17] 그러하기 때문에 군대나 국가정보공동체에서는 정보(intelligence)와 첩보(information)를 엄격하게 구별해서 사용한다. 인텔리전스는 포괄

---

16) Hans Christian von Baeyer, Information : the New Language of Science, op. cit, p.42. 50~51.

17) Commission on the Roles and Capabilities of the United States Intelligence Community, Preparing for the 21Century : An Appraisal of U.S. Intelligence, 1995. pp. 5~6.

적 개념의 information의 일부분으로 뜻하나 정보(intelligence)는 수집, 획득, 분석 등을 포함하는 모든 정보생산과정이 포함되는 타당성이 검증된 개념이다. 그러므로 모든 intelligence는 곧 information이 되는 것이다. 그러나 모든 information은 바로 intelligence가 되는 것은 아니다.[18] 또한 인텔리전스는 대체로 가공된 지식(knowledge)이라고 할 수 있지만 그렇다고 모든 지식이 intelligence라고 할 수 없다.

한편, 정보의 가치는 컨텍스트(context), 즉 사물과 주변의 관계성에 따라 달라지게 된다. 그것도 컴퓨터 발전에 따라 인간이 가지고 있는 정보의 세계가 넓어지고 있다는 점에서 정보의 의미는 다양해졌다. 정보의 가치를 계산하는 것 자체가 불가능할 뿐더러 사용자의 만족도나 정보생산과정의 노하우는 특정 상황에서 그 의미를 가지는 지식이므로 정보는 각자에 따라 다르게 작용한다. 인간의 행동과 관련시켜 보면 정보는 객관적인 것이 아니라 주관적이다. 그러므로 사람의 관념이 정보를 만들어 낸다. 관념은 정신의 산물로서 관념 없이는 정보도 없다.[19]

까다롭지만 정보는 진리를 추구하는 것은 또한 아니다. 정보는 다만 사실(reality)에 가까운 내용을 판단하며 사용자의 의사결정을 돕는 것이다. 이 같은 정보를 전문적으로 다루는 정보기관은 특수조직으로서 정보를 생산하고 전파하는 정보백과점이다. 정보조직은 보이지 않는 적들과 싸우는 사람들이 모인 곳으로 정보수요 트렌드를 잘 이해하고 정확한 정보를 생산해 정책결정자(대통령 등)에게 제공하는 임무를 갖는다.

그래서 정보담론은 정치적이고 이데올로기적으로 흐를 수 있으며 상대방에 대한 치명적인 타격을 줄 수도 있고, 권력시나리오를 구성할 수 있다. 정보의 힘은 현실과 미래를 좌우한다는 점에서 누구나 많은 양의 정보를 수집해 해석하고 행동으로 실천하는데 힘이 된다. 정보의 키워드인 신속함, 단순함, 확실함, 진실함으로 이뤄질 때 더욱 힘을 갖게 된다. 정보는 의미를 생산하는 것이다.

이렇다 보니 정보학(intelligence science)은 사회적 현실 속에 숨겨져 있는 의미를 찾아내 즐겁게 뒤집어보고 해석하고 사용자를 위해 좋은 지식정보를 생산하는 학문이다. 구체적으로 '정보학' 이란 정보의 수집, 생산, 축적, 유통, 검색 등과 관련한 모든 작업과 수단을

---

18) Mark M. Lowenthal, Intelligence From Secrets to Policy.(Washington, D.C., CQ Press, 2000), pp.1~2.
19) Theodore Roszak, The Cult of Information, 정주현ㆍ정연식(역), 『정보의 숭배』(서울 : 현대미학사, 2005), pp. 205~206.

포함하는 학문이라고 할 수 있다. 정보를 다루는 학문으로 정치학 경제학 사회학 심리학 등 학제간의 경계를 넘나드는 '통섭' 차원의 종합학문이다. 또한 정보학은 정보기술(IT)의 발달과 함께 정보 수집, 검색, 처리, 서비스 등과 관련된 정보관리시스템과 통합돼 정보를 생산하고 소비하는 체계를 다루는 영역이다.[20]

이런 점에서 정보의 코드는 ▲조종(manipulation)이다. 서로 갈등하고 분쟁하는 상태, 권력투쟁 등에서 정보는 조종 코드를 지닌다. 인간에게는 살아남는 것이 더 중요하다는 점에서 정보에 의한 '권력적 조정'을 통해 문제해결을 하려 한다. ▲정보는 행동(action)이다. 정보활동은 노동이라기보다는 끝없는 '행위'이다. 여러 가지 중심적이고 근본문제들에 대한 해답을 구하고 실천하는 행동을 의미한다. ▲정보는 소비다. 정보의 생산 패러다임으로부터 생활 현장에서의 실천적 정보소비다. 국가 기업 개인들이 처한 문제해결로서의 최종적으로 정보 소비가 핵심이다.

어떤 일이든 행동이 따르게 마련이지만 특별히 정보 관련 행위란 정치사회적 실존 속에서 국가 기업 개인의 목적을 달성하기 위해서 그리고 남과의 관계 속에서 이뤄지는 목적 지향적 행위다. 조직과 개인의 사명을 완수하는 것이 행동이라는 뜻이다. 탐색적으로 ▲정보는 증거(proof)이다. 치명적인 리스크(risk)와 모순들을 확인하는 증거로 작용한다. 그러므로 정보의 정확성, 신뢰성을 확보하기 위해서는 합리적으로 정당한 증거가 필요하다는 의미에서 정보업무는 디테일한 작업이다. 또한 정보는 어떤 현상의 의미가 분석 평가과정을 거친다는 점에서 ▲정보는 재(re)의 의미를 갖는다. 이를테면 자료의 재확인(reconfirm), 재결합(reconnected), 재발견(recovery), 재구성(renewed)을 거듭하며 더 높은 지식상품으로 창조되는 것이고 타당성이 검증된 지식으로 흐르게 된다. 그야말로 정보는 멈추지 않고 계속 움직이는 가운데 새로운 가치로 편집되며 재분석될 위치에 놓여 있는 상태이다.

◐ 정보생산을 넘어 소비되는 정보

정보는 '반지의 제왕' 같은 판타지 소설이 아니라 일상생활 속에서 소비의 대상이다. 소비문화가 진화하고 '소비의 세계화'가 나라 안팎으로 심화되고 있듯이 정보소비 역시 날로 커지고 있다. 정보소비는 우선적 깨달음에 대한 능력, 삶의 생성과정을 볼 수 있는 능력을 제공한다. 요는 정보에 대한 감정적 분석과 소비가 아니라 지적이고 이성적인 생산을 통한

---

20) 우 정, op. cit, p.30.

실제 생활에 적용하는 소비자가 되어야 한다. 정보라는 현실 속에서 깊게 생각하는 사람만
이 앞서 갈 수 있으며, 나아가 정치권력 작동의 씨알이며 다른 권력의 침투를 방어할 수 있
다. 나의 이익을 침해한 사람을 제거하는데 어떤 능력이 주어진다. 사람들의 판단은 현존하
는 사회규범, 규칙, 예절, 경험들에 기초해 내리는 것이기 때문에 정보 자체로는 선과 악을
모두 포함한다. 요는 누가 누구에게 그 정보를 어떻게 사용하느냐에 따라 다를 뿐이다.

이런 사실에서 세계가 지금까지 경제적으로 시장점유율, 지적재산권, 인재확보, 에너지
등을 놓고 싸움을 벌이며 지식정보화사회로 나가는 과정이었다면, 다음 전쟁은 정보의 생
산 측면이 아닌 정보 소비 측면에서의 아이디어와 지혜의 싸움으로 이뤄질 것이다. 토마스
데이븐 포트(Thomas Davenport)의《관심의 경제학》에서 보면 이제는 관심도 돈주고 사는
세상이 되었는데 이는 정보가 넘쳐나기 때문이다.[21] 복잡한 경제현상은 정보문화와 맥을
같이하는 가운데 우리 사회성은 정보 메커니즘에 의해 단절되거나 더욱 복잡해지고 있다.

그러다 보니 정보시대에 있어서 일반적인 통념은 많은 양의 정보에 의해 사람들이 압도
당한다는 느낌을 갖는다. 정보에 대한 이러한 통념은 이제 정보생산과 소비에 혼란을 준다.
사람들은 점차 무수한 양의 정보에 노출되지만 실제로는 소화하는 양은 상대적으로 적다.
우리에게 주어지는 정보는 매일 증가하고 있지만 실지 그것을 점점 더 적게 이용하고 있는
것이 오늘의 현실이다. 그러므로 지식정보 기반사회에서는 정보소비가 핵심을 이룬다는
사실에서 관심(주의력)에 대한 개념이 중요해지고 있다. 정보 사용자(소비자)에 초점을 맞
추는(user focus) 정보시대가 된 것이다.

특히 현대 비지니즈에 있어서 성공을 위한 새로운 추진요소는 바로 '관심' 혹은 주의력
(attention)이다. 오늘날 정말 필요한 비지니스 자원은 아이디어 재능 혹은 자본이 아니라
오히려 이러한 자원들을 이용할 때의 관심이라고 할 수 있다. 현대인들이 현기증이 날 정도
로 다양한 정보의 올가미 속에 갇혀 있지만 정보는 다양한 관심 속에 사람들의 마음을 따라
움직이기 마련이다. 수동적인 관심이 아니라 적극적인 관심으로 장엄한 무엇을 발견하는
능력이 정보적 자세다. 정보는 장소와 시간에 따라 달라지는 것이어서 관심(혹은 관찰)은
정보에서 가장 기본적인 것이다. 모든 지적 활동의 근저에는 정보가 있어서 더욱 그러하다.
정보는 산소와 같은 것으로 사람의 이성을 자극하고 세상의 흐름을 반영하며 사람 모두에
게 오고 있다. 그래서 필자는 이렇게 말할 수 있다.

---

21) Thomas Davenport and John Beck, op. cit, pp.4~5.

> **"지금은 우리가 정보를 찾아가는 것이 아니고 정보가 우리에게 오는 시대이다"**

또한 정보소비에서 빼놓을 수 없는 분야가 기업에서의 경쟁정보 차원이다. 국가정보학에서는 경제정보 혹은 산업정보라고 부르지만 기업에서는 경쟁정보라고 부르며 이를 중시한다.[22] 무한적인 비즈니스 게임에서 경쟁우위에 서고 새 시장을 개척하기 위해서는 경쟁정보가 필요한 시대다. 무한게임은 다소 복잡하고 이해하기 어렵지만 누군가는 경제전쟁에서 승리하고 어느 쪽은 패배한다는 규칙을 놓고 진행하는 것이 경쟁정보 분야다. 물론 완전경쟁이란 쉽게 찾아볼 수는 없다. 소비자들은 시장에 대한 필요정보를 갖고 있지 못하다. 내가 간절히 필요한 정보를 만나기도 쉽지 않고 또 수집하려고 할 때 시간과 돈 등 사회적 비용이 들어가기도 한다. 따라서 사회조직들 혹은 기업들, 개인들 모두가 이익을 창출하고 소비하기 위해서는 사회적 비용을 적게 들이고 신뢰할 수 있는 정보를 획득하는 것이 삶의 지름길이다.

1-3. 정보의 이미지와 구조

21세기는 정보혁명을 바탕으로 지식의 경쟁력 강화와 가치창조의 핵심으로 자리 잡은 '지식혁명'(knowledge revolution)이 진행되고 있다. 경제학적 관점에서 볼 때 생산의 3요소에 이어 지식·정보는 생산의 네번째 요소로 강조된다. 정보지식은 경제성장의 새로운 국면에서 핵심적인 공공재로 이해된다. 확대 재생산되는 정보는 신속하고 유연하게 처리되어 새로운 테크놀로지에 의해 재빨리 전송되고 배포되면서 돈벌이가 된다.

과학 기술적 지식, 자원, 교육, 의료, 공공보고서, 통계자료, 도서목록들은 모두 '정보상품'이요 발표된 정보물(情報物)이다. 이들 지식상품의 확산속도가 빨라지면서 글로벌 사회체제로 형성되어가고 있다. 사실 지식정보사회로 접어들면서 정보가 점점 많아지고 복잡해지면서 수많은 책, 컴퓨터, 사이버 상에서 학습단위로 압축되어 데스크에 올라오고 있는 것은 그만큼 정보의 분화와 융합이 이뤄진다는 반증이다. 뛰어난 보고서나 진귀한 토기 문

---

22) Larry Kahaner, Competitive Intelligence, (New York : Simon & Schuster, 1996), pp.15~17.

양에 대한 해설, 유행가나 패션 관련 기사들도 끊임없이 편집되고 융합된 지식정보로 생산된다. 정보는 이런 점에서 우리에게 있어서 네비게이션이나 다름없다.

따라서 정보는 두 가지 과정 이상에서 동시에 존재하며 흘러간다. 하나는 정보의 분화·분산의 과정으로 각 자료마다 독특한 특성을 가진 하나의 자료로서 존재하는 것이고, 다른 하나는 정보 융합, 편집되는 과정의 정보이다. 정보는 편집된 창조물일 수 있고 유사물 혹은 모방물로 재현(re-presentation)된 것이기도 하다. 자료가 각각 다르지만 한편으로 분석자에 의해 철저히 연결되고 융합되는 것이어서 끊임없는 분화와 융합이 동시에 이뤄진다는 의미다. 이런 융합의 전략은 정보를 통한 이익의 극대화와 개인 조직 공동체의 가치 있는 행동, 편안함을 갖도록 하는 것이며 우리에게 자신감과 의사결정에 확신을 주는 것이다.

같은 맥락에서 서치먼과 트리그(Suchman and Trigg)는 모든 행동과 실행의 맥락에서 정보 재표상(re-pressentation)의 기교적인 통합이 자료의 표준화라고 했다. 정보체계는 단지 전선과 플러그 비트와 바이트뿐만 아니라 표상의 관습들, 공식적 정보와 경험적 정보들을 포함한다.[23] 하지만 사람들은 '정보가 없다'는 말을 자주 하는데 그 이유는 두 가지가 없다는 뜻으로 볼 수 있다. 하나는 각자 '정보마인드'가 없는 것이고 또 하나는 분석방법을 모른다는 뜻이다. 전자는 자료는 많으나 구체적으로 필요한 정보가 무엇인지 혹은 필요성을 못 느끼는 상태이고, 후자는 주먹구구식으로 이해할 뿐 정보를 사회과학적으로 잘 분석해 사용하지 못하는 경우다.

🔵 정보바다에서 유익한 정보찾기

이제는 우리가 지식정보사회에서 유용한 자료를 찾아다니는 서핑의 시대(age of surf)가 되었다. 구글(Google), 네이버(Naver) 등에서 똑똑한 알고리즘을 사용한 검색엔진들이 개발되면서 검색의 시대(age of search)에 우리는 살고 있다. 웹 브라우저를 통해 일반인들이 많은 인터넷 콘텐츠 사이트를 방문하면서 필요한 정보를 수집해 소비하는 세상이다.[24] 여기서 역시 남다른 정보감각 혹은 정보마인드가 요구된다. 정보감각은 21세기 지구촌 생활

---

23) Lucy Suchman and Ronald Trigg, "Artificial Intelligence as Craft work", in Seth Chaiklin and Jean Lave(eds), Understanding Practice : Perspective on Activity and Context (New York : Cambridge University Press, 1993), pp. 144~157.

24) Robert Scoble, Shel Israel, Naked Conversations : how blogs are changing the way business tolk with customers, 홍성준(역) 『블로그 세상을 바꾸다』(서울 : 체온 365, 2007). pp. 304~306.

에 필요한 사회적 인간의 보편적 지능이다.

따라서 정보감각을 소유하면 모든 현상을 보는 시각이 달라진다는 의미에서 정보는 일상적 지적활동과 관련된 것이다. 모든 지적활동의 뿌리에는 정보가 존재한다. 자연과학이 그렇고 인문과학, 사회과학, 공학 등 모든 지적활동은 모두 정보와 관련된 활동이다. 기업에서도 정보를 재화로서 취급한다. 미국 기업들은 미 CIA의 방식을 적용해 핵심 인텔리전스 토픽(KIT : Key Intelligence Topic) 결정프로세스를 적용한다. 미국의 Motorola의 경우 인텔리전스 토픽 프로세스를 적용했다.[25] 그것은 경쟁정보 차원에서 정보가 ▲전략적 의사결정과 행동의 방향, ▲조기경보의 역할, ▲지식·정보의 생산, ▲조직에서의 니즈(needs) 파악, ▲구성원의 상호작용을 원활히 하는 휴먼 인텔리전스 네트워크적으로 경영되며 총체적 이익을 관리하는데 유효하다. 조직 내 매니저들과 전략적 제휴, 기술개발 계획과 결정, 구체적 경쟁사들의 토픽을 밝혀내고 이에 대응한 인텔리전스 니즈를 충족시켜 나갔다.

그리고 지식활동은 정보생산에 따라 공통된 틀, 즉 정보체계가 형성될 수 있다. 지식은 정보와 정보들의 관계에서 생겨나기 때문에 누가 먼저 정보와 정보들의 관계를 혼합해 새로운 지식을 만들어 가는가의 문제가 생존과 결정된다. 한 사건을 취급하는데 있어서 개개의 영역은 다른 것 같지만 실제에 있어서는 공통된 정보체계 속에서 조직적으로 개인적으로 진행된다. 그리고 생산된 결과물로서 정보는 즉시 혹은 적절한 시기에 전파되고 행동의 기반이 된다. 조직의 정보문화는 정보의 분할, 전달, 커뮤니케이션 등을 통해 조직의 경쟁력을 향상시킬 수 있는 자본이 된다.

이렇다 보니 누구나 정보의 바다에서 유익한 정보를 찾아 헤매게 되며, 현대인들의 토템으로서의 정보는 이용자를 따라 보이지 않게 흐른다. 정보의 질과 확장성(flexibility)에 따라 소비자를 향해 이동한다. 정보는 한 장소에서 다른 장소로 복제되고 전송되는 것, 코드화 내지 탈 코드화된다. 동시에 정보는 사람들이 겪는 스트레스, 걱정, 혼란을 통해 엔트로피를 증가시키거나 문제해결의 적절한 반응을 촉진하여 엔트로피를 감소시키는 자료들로 작용한다. 동시에 정보의 연속성 속에서 내용은 끊임없이 변하며 정보 자체에 이질성이 개입되기도 한다. 중요한 것은 정보 자체가 눈에 보이고 지각되기 위해서는 수많은 맥락관계

---

25) Jan P. Herring, "Key Intelligence Topics : A Process to Identify and Define Intelligence Need", John E. Prescott and Sterphen H. Miller, Proven Strategies in Competitive Intelligence : Lesson from the Trenches, 김은경(역) 『세계 최강기업의 경쟁정보 : 베스트 프랙티스』(서울 : Sigma Insight, 2002) pp.242~244.

에서 존재해야 한다는 사실을 이해하는 일이다. 그러므로 정보 자체에 대해 화자와 청자의 소통, 흐름과 중단, 비교가능성 등의 '관계의 가치'를 살피는 것, 즉 정보는 사회과학적 해석들이 존재할 때만 정보일 뿐이다.[26] 결국 모아진 자료가 '정보화'되려면 그것이 재분석되어 특정보고서로 구현되어야 한다는 사실이다. 이것은 인간의 정신적 과정이다.

◐ 원하는 사람에게 다가오는 정보

정보는 커뮤니케이션 통로(communication channel, 매스미디어)를 따라 흐르는 메시지다. 정보를 전달하는 채널은 뛰어난 중매쟁이다. 정보는 '주어지는 것'이라기 보다는 '공들여 수집한 것'이 더 가치가 있다. 정보소비자들은 다양한 정보체계와 전달방식을 통해 정보를 인지하고 사용한다. 상대에게 뭔가를 설명하려는 것이기보다는 상대를 설득하거나 뭔가를 반응케 하는 것이 바로 정보다. 최초에는 그 자료의 깊이나 질이 문제가 되었으나 이를 가공하고 가치를 부여한 보고서는 생생한 이미지로 작용한다. 이때의 메시지는 특이하고 진정한 힘까지 지니게 된다. 그래서 사람들은 정보를 통해 어떤 이벤트를 만들어 계속 영향력을 발휘하거나 행동의 주체로 작용하고자 한다.

가령 소련과 미국의 냉전 시 갈등이 작용하고 군사충돌이 일어날 것 같지만 정보의 동시성, 상호감시 체제로 인해 불안한 평화공존이 가능했다. 장 보드리야르(Jean Baudrillard)가 말하는 '시뮬라시옹'의[27] 이중적 효과에 의한 것이다. 권력자들은 올라온 정보를 통해 상대방에게 하나의 메시지를 보낼 수 있다. 인간들의 정치적 경제적 행위와 관련된 힘의 관계는 외형일 뿐 그 뒤에는 특정한 의미를 갖는 정보로 작용하기 때문이다. 만약에 그런 메시지가 탐욕적 이기심, 혹은 합리성에 기초하지 않은 채 정책결정을 할 때 모든 사람을 공황상태에 빠뜨릴 수 있고 결국 정부에 대한 신뢰를 추락시킬 수 있다.

또 다른 해석으로 정보와 기술은 '사회적 행위'에 영향을 미친다. 여기서 사회적 행위란 정보를 가지고 목적의식적으로 남을 움직이는 것이며, 기술적 측면이란 정보체계에 관한 틀로써 컴퓨터 네트워킹 UCC 등 기술변화의 측면이다. 이 두 개념을 묶어 정보과학이라는

26) Geoffrey Bowker and Susan Leigh Star, Sorting Things Out : Classification and Its Consequences, 주은수(역) 『사물의 분류』(서울 : 현실문화연구, 2005), p.456.
27) 시뮬라크르(simulacres et simulation)는 실재로는 존재하지 않는 대상을 존재하는 것처럼 만들어 놓은 인공물을 지칭한다. 우리말로는 가장(假裝)에 가까운 뜻이다. 더 이해하기 위해서는 장 보드리야르,《소비사회 : 그 신화와 구조》를 참조.

메타구조가 형성된다. 대부분의 사람들이 인터넷을 통한 가족, 친구들과의 교류가 많아지면서 사회성을 높여갈 수 있다는 점을 잘 알고 있다. 그래서 만약에 누구든지 정보의 흐름으로부터 3개월간 떨어져 있다면 그는 사회를 떠난 것이나 다름없다. 실제로 정보는 커뮤니케이션을 전제로 하기 때문이다. 정보는 기호이기 때문에 그것을 받는 한 쪽이 기호의 의미를 알아채지 못한다면 정보가 사용되는 것은 고사하고 이해될 수도 없다. 정보는 보내는 쪽과 받는 쪽 사이의 소통과 합의가 존재할 때 그 가치가 발생한다.

매우 중요한 점이 또 하나 있는데 그것은 지식과 정보는 하나의 정보재(information goods)로서 권력관계를 형성한다는 사실이다. 지식·정보가 국가경쟁력의 새로운 원천으로 부상하고 있는 것은 어제오늘의 일은 물론 아니다. 이제까지의 토지·노동·자본 등 전통적 생산요소의 부가가치 생산능력이 한계에 도달하면서 지속적인 지식창출과 혁신만이 경쟁우위를 보장하게 되었다.[28] 이런 점에서 정보의 정치경제학(the political economy of intelligence)적 관점은 날로 중시되고 있는 가운데 불확실성과 복잡성의 증가로 인해 정보의 차별적인 정치경제학이 요구된다.

체계적으로 획득되고 처리된 정보(intelligence)는 정치적 의미를 소유하게 되며, 나아가 정보가 경제적 거래에서 보조적 역할을 하는데 그치지 않고 권력 생산·유지의 핵심이 되고 있다. 지식정보는 무게도 없고 잡을 수도 없으나 세계를 움직이며 인간의 삶을 밝히는 불과 같은 존재가 되었다. 더구나 현대는 지식·정보가 사회성격과 구조를 변혁시키고 있으며, 지식·정보는 권력투쟁의 자리가 되었다. 심지어 정보의 소유량과 사용량에 따른 카스트제도와 같은 계층이 형성될 수 있다. 정보를 수집하고 사용하는 사람들은 사회적 계층이나 지식 정도에 따라서, 그리고 '정보기술'(컴퓨터처리 등)이 부족한 사람은 자연히 소외되며 신분적인 층화를 이루게 된다. 결국 정보는 사회적인 것이며 지극히 정치적인 것이다.

◑ 사회 감시와 통제 수단으로 작용하는 정보

정보 역시 사람들에 대한 감시와 사회적 통제 작용을 한다. 사회와 인간에 대한 감시와 통제에 대한 정보 이용은 전방위적으로 확대되고 있다. 세계 강국들은 주권침해 뿐만 아니라 소비자와 근로자들에 대한 총 감시 체제를 조직해가며 사회안전을 유지하고자 한다. 이

---

28) Ethan Barnaby Kapstein, The Political Economy of National Security : A Global Perspective, (NewYork : McGraw-Hill, 1992), pp.181~183.

같은 '정보혁명'은 권력관계의 재편과 푸코(M. Foucault)가 말하는 '권력의 미시물리학'으로 사회에 작용한다.[29) 스마트한 정보테크놀로지에 기초한 권력과 정치에 대한 현실적인 관계는 바로 정보수집능력과 감시능력에서 볼 수 있다. 소위 그물망 사회(Wired Society) 혹은 네트워크 사회를 생각해 보면 알 수 있다.

그 깊이에서 볼 때 각국은 정보인프라와 혁신 프로그램을 수립해 경쟁에 임하고 있지만 개인은 더 많은 감시 속에 살아간다. 은행에서 통용되는 모기지론이나 은행 관련 정보에서부터 동네 슈퍼마켓에서 어떤 종류의 상품을 구입했는지 등의 모든 정보가 새나갈 수 있다. 더구나 아이디 절도에 가장 많이 이용되는 분야들, 이를테면 진료기록, 이메일을 통한 온라인 정보, 신용카드기록, 자동차 비행기 탑승기록, 주민등록 번호, 부동산 기록, 전문직 자격증 등을 통해 개인정보가 노출되고 있다. 신용카드 한 장으로 전 국민을 감시하는 세상인 셈이다. 현찰 없이 자기 비밀번호를 이용해 외상으로 상행위를 하지만 이는 개인의 경제활동을 총괄하고 개인 생활에 침투할 수 있는 상황을 이용해 개인의 모든 생활을 감시하는 것이다. 그런가 하면 신문에도 수천 명의 개인정보가 자주 흘러 다니고 있음을 볼 수 있다. 조지 오웰(George Owell)이 《1984》란 소설에서 말한 큰 형님들(Big Brother)이 지켜보는 세상이 되었다. 과거의 정치권력 차원에서 뿐만 아니라 대기업 수준에서도 개인 소비자들에 대한 다양한 정보를 소유 관리하고 있다.

비슷한 맥락에서 대부분의 정보 및 그 활동이 비밀성을 갖는다는 사실이다. 국가정보의 경우 어떤 현상(사건)에 대해 관심을 가지고 있는 것 자체가 비밀이며 정보를 가진 자는 그것을 가능한 '비밀보안'을 유지하려 한다. 특히 정보보호활동(counter intelligence)은 정보기관의 주요 기능으로서 작용한다. 국가정보의 기능적 영역인 방첩활동(防諜活動)은 방어적인 국가정보활동으로서 외국인들이나 내국인들로부터 국가 및 정보기관을 보호하는 것을 의미한다. 각국 방첩기관들은 자국(기업)을 대상으로 한 공작활동이나, 외국정보기관들의 감청활동, 그리고 정보기관 내 협조 망 부식과 같은 위해(危害)활동을 막는 것이다.[30)

따라서 모든 정보가 포함되는 것은 아니지만 정치 경제 환경 문화 정보 등 국가안보에 영향을 미치는 것은 거의 비밀로 취급된다. 특히 정보는 상대방에 대해 큰 힘으로 작용한다

---

29) Michel Foucault, Discipline & Punish : The Birth of the Prison, (New York : Vintage Books, 1979), pp.34~26.

30) Pat M. Holt, Secret Intelligence and Public Policy : A Dilemma of Democracy, (Washington,D.C, : CQ Press,1995), pp.4~5, 109~124.

는 의미에서 그 힘을 유지하는데는 비밀성이 보장되어야 한다. 권력자는 특정의 비밀 정보를 소유함으로써 예상치 못한 결과를 억제하거나 조정할 수 있다. 그밖에 대부분의 지식인들은 자신들이 창조하거나 통합한 지식의 특허권을 획득하고 이를 보호하려고 한다. 국가기밀은 물론 가업으로 이어지는 음식점, 도자기를 빚는 도공들의 지식들까지도 가족끼리만 전승 소유하려 한다. 지식정보사회에서의 비밀스런 정보 지식에 대한 보안은 개인이나 조직 경영에 있어서 주요영역으로 자리 잡고 있다는 사실은 이 시대의 트랜드이다.

제2장
정보를 끌어 모으는 활동

제2장
정보를 끌어 모으는 활동

정보활동은 명상이나 탐미적 대상이 아니라 상상력과 창의력, 사회과학적 이론과 기술이 동원되는 행위다. 정보판단 및 분석은 제한된 자료를 활용해 국가와 기업이 얼마나 자기 이익을 관리하는지 등에 대해 최대한의 근사치로 정확하게 판단하는 예술이다. 더 강조하면 정보활동은 동기부여의 예술이며 실천적 지식(practical knowledge)을 생산하는 행위다. 각국의 정보조직은 다원적인 필요에 이해 만들어진 곳이고 인간 활동의 정치적 산물이다. 이들 기관에 의한 전문화된 자료와 정보를 모으는 것은 더 진보된 지식을 얻으려는 것이며 자기 이익을 잘 관리하자는 행위다.

그러면 인간이 첩보활동이 시작된 최초의 시기는 언제부터일까. 그리스 신화에 나오는 교활한 헤르메스로부터인가. 아니면 구약성서에서 보이는 가나안 사람들을 정탐하기 위해 나타나는 특명대사격인 모세부터인가. 즉 구약성서(민수기 13:1-2)에서 보면 " ……여호와께서 모세에게 일러 가라사대 사람을 보내어 내가 이스라엘 자손에게 주는 가나안 땅을 탐지하게 하도록……." 했다. 이렇게 보면 인간의 정탐행위는 역사의 기록만큼이나 오래 된 것이나 다름없다. 첩보활동은 인류사에서 두번째로 오래된 직업이고 매우 명예로운 것으로 묘사되기도 한다.[31]

---

31) Phillip Knightley, The Second Oldest Profession : Spies and Spying in the 20th Century, (New York : Penguin, 1986)에서 스파이 역사를 찾아 볼 수 있다.

인류사회 발전과정에서 나타나는 상징적인 예들이 많지만 정보활동과 추구하는 정보 자원은 참으로 다양하고 그 성격 또한 다면적이라는 점이다. 정보활동의 기법이나 수집하려는 대상과 소재가 일정하다거나 규칙적인 것도 아니다. 그렇다고 아무 곳에서나 정보를 입수할 수 있는 것도 아니며 또한 입수가 불가능하게 여겨질 수도 있다. 이러한 이유로 인해 우리는 정보에 대한 사전 평가 확인을 하고자 할 때 상대적일 수밖에 없다.

국가정보학 입장에서 보면 정보의 자원과 출처문제는 '첩보수집'에서 다루는 핵심사항이다. 첩보의 수집은 치밀한 기획과 지시과정을 통해 필요한 정보자원을 개발하고 수집하는 일련의 정보활동이다. 국가정보목표 우선순위에 기초하거나 그때그때 사용자의 정보요구에 따라 첩보 기본요소(EEI : essential element of information)를 작성해 수집하게 된다. 긴장조성 시 혹은 정세변화로 새로운 정보가 요구될 시 정보요구 부서(본부)는 특별정보(첩보)수집요청(SRI : special requirement for information)을 통해 필요정보를 수집하여 사용하게 된다.

이와 관련해 정보학에서는 수집할 수많은 정보자원들 중에서 필요한 첩보를 수집하는 방법(INTs)으로 공개출처정보(open source)와 비밀출처정보(covert source)로 나눌 수 있다. 또한 전통적으로 두 가지로 나눠지는데 하나는 과학기술적 수집방법에 기초한 기술정보(TECINT), 이를테면 영상정보(IMINT)수집, 신호정보(SIGINT)수집, 과학(징후)계측정보(MASINT)을 들 수 있고, 다른 하나는 비기술수단인 인간정보(HUMINT) 수집방법이 그것이다. 그러나 탈냉전 이후 정보사회로 진입하면서 공개출처정보(OSINT)수집 등도 동시에 중요시된다. 따라서 본 장에서는 정보자원이 무척 다양하지만[32] 국가정보에서 중요하게 취급하는 인간정보(비밀공작)와 과학계측정보 수집수단들에 대한 설명은 피하고 일반 시민들이 많이 사용하는 공개정보를 중심으로 접근하였다.

2-1. 정보수집의 원칙과 분류

신문 방송을 보면 세상은 너무나 빠르게 돌아간다. 정보의 홍수 속에 빠져 누구나 허우

---

32) 정보자원은 일상생활에서 보이는 모든 현상을 의미한다. 이를테면 메모나 편지, 연구성과물, 학위논문, 신발명 기술보고서, 특정사건에 대한 전망과 예측, 참고자료, 백과사전, 문헌 등 모두를 포함한다.

적댈 수밖에 없는 상황이다. 나날이 신문의 두께가 두꺼워지면서 뉴스와 정보 지식이 넘쳐 난다. 그런가 하면 미디어 혁명이 진행 중인 가운데 쌍방향 소통이 가능한 유비쿼터스 사회 로 발전하면서 전 세계는 국경 없는 네트워크, 동일 TV 시청권으로 접어들고 있다. 유비쿼 터스 UCC 등과 관련해 컴퓨터가 도처에 존재하는 것이 아니라 정보가 널리 존재한다는 뜻 이다.

각종 미디어 통신기기는 정보를 실어 나르지만 정보는 세상에서 길을 잃어버린 존재처 럼 어디론가 부단히 이동한다. 불확정성의 가치로 흐른다. 우리가 알고 있는 지식정보가 사 라지고 있는 중이다. 정보자료는 시간과 틀에 고정되어 있지 않으며 어디로부터 온 것이고 누군가가 가공한 것이다. 도서관 깊은 곳에서 낡은 먼지를 쓴 채 남아 있던 보고서가 100년 이 지나 발견되어 한 시대를 설명하는 자료가 된다.

우리는 이들 정보자료를 끌어당겨 모으고 축적해서 또 다른 지식정보를 생산하며 살아 가야 한다. 공개정보라도 계속 모이면 폭발적 융합력과 힘을 갖는다. 그러므로 정보는 행동 실천 그리고 비범한 사고력이 동원되는 '행동의 정보학'(behavioral intelligence science)이 라고 할 수 있다. 행동의 정보학은 인문학 사회과학 자연과학 의학의 힘을 빌려 보다 실제 적인 분야를 다루는 정보의 수집 분석 소비를 포함하는 실천분야이다. 오늘날 전 세계에서 일어나는 초국가적 이슈들, 예를 들어 국제범죄, 마약밀수, 불법무기 거래, 테러집단들의 인터넷을 통한 비밀 지령 등에 대한 전 차원의 정보활동이 이뤄진다는 의미에서 행동의 정 보학 분야는 넓기만 하다.

멀리까지 확장되는 되는 것 같은데 사실 인류역사 이래 병가(兵家)는 늘 있어 왔다. 인간 의 역사가 생성되면서 병가는 우리 생활과 맥을 같이 했다. 중국의 《손자병법》은 유명한 손 자(孫子)가 쓴 대표적인 책이다. 한비자(韓非子)는 싸움에 임할 때는 속임수를 꺼리지 않는 다(兵不厭詐)고 했다. 싸움터는 오로지 승리만을 추구한다는 점에서 상대를 속이고 스파이 를 운영하는 것이었다. 중국의 수(隨)·당(唐) 시대에도 제왕들은 신하(재상, 장관)들을 쓰 는데(用術) 밀정법 혹은 첩보법이라는 것을 이용했다. 관리들의 행동을 알아보기 위해 밀 정이나 염탐꾼을 보내 첩보를 얻은 다음 어전회의 등에서 다른 사람들의 예상을 벗어난 '숨겨진 일'을 지적해 냄으로써 부하들로 하여금 자신의 눈과 귀에 탄복하지 않을 수 없게 만들었다. 이런 술책들은 권력적으로 부하들을 긴장시키고 언행을 조심하게 만들며 감히 자신을 속이지 못하게 하는 효과를 얻을 수 있었다.[33]

외부세계에 대한 지식(정보)의 열정을 가진 우리 선조들 역시 그러했다. 박지원

(1735~1805)의 《열하일기》(熱河日記)나 박제가(1750~1805)의 《북학의》(北學議) 등에서 그 열정을 찾아볼 수 있다. 국가정보원은 2006년 2월 《열하일기》를 '대중국 첩보보고서'로 표현했다. 청나라의 성경(盛京), 북평(北平) 열하(熱河) 등을 둘러보면서 중국인들의 이용후생(利用厚生)하는 실생활 관련 정보를 수집하고 있음을 볼 수 있다.[34] 당시 청나라를 배격하려는 조선조 보수파들의 비판을 받으면서도 정치, 경제, 사회 등 전 영역에 걸쳐 이웃나라의 사회 참모습을 소개하고 있다. 박지원은 여행하는 땅이 하나의 '구경거리'가 아닌 인간들 삶의 기호와 사물 그리고 미묘한 차이들을 발견하려고 했다. 당시 사회 현상을 그린 내용이 스펙터클이다.

이쯤 되면 시공을 초월해 우리가 만나는 길과 선(미디어 인터넷)에는 정보가 있음을 알 수 있다. 길을 따라가면 사람을 만나고 선에 접속하면 세상 정보가 보인다. 최기숙 등이 쓴 《역사, 길을 품다》(2007)에서는 청나라 사람들의 벌목과 침탈을 막기 위해 조선 첩보원들이 목숨을 건 정탐 길을 소개하고 있다. 수령의 명령에 따라 1872년 5월 국경을 건너 거칠고 무서운 43일간에 걸친 '첩보길'에서 성공하는 후창군 장교들의 만주지역 정탐활동내역과 지형지세를 기술해 청나라 사람들의 재침공을 사전에 막고 있다.[35]

따라서 우리가 인정하고 넘어가야 할 것은 조각가가 돌과 흙, 청동에 관심이 많듯이 지식창조는 수없이 흐르는 정보자료에 관심을 기울여야 한다는 사실이다. 행인들의 몸짓과 자세에서 나타나는 특징들을 순간적으로 파악하는 일이다. 자료는 외형상 쓰레기일 수도 있지만 때로는 자료의 사용가치와 내재적 가치는 정책결정 등 행동에 생명력을 유지시켜 주는 자료가 될 수 있다. 보잘것없는 1%의 자료가 모여서 가치 있는 정보가 된다. 정보를 하는 사람에게는 신뢰할 수 있는 자료가 주어져야 하지만 무엇보다 생산물(보고서)의 가치가 더 중요하다. 다양한 자료를 읽지만 말고 이를 모으고 재구성하여 구체적 행동계획에 필요한 보고서가 되도록 하는 것이 정보활동의 핵심이다. 정보업무는 발품과 글쓰기(보고서)에 달려 있다고 해도 과언이 아니다.

---

33) 곽존복(藿存福), 『權力場』 김영수(역) 『권력장 : 3천년 중국 정치사에서 배우는 통치기술』(서울 : 푸른 숲,1998). pp. 391~392.

34) 박지원, 『열하일기』(서울 : 하서, 1999)에서 도강록, 관내정사, 박북행정록, 태학유관록, 환연도중록, 환희기, 산장잡기 등에서 당시 중국의 역사, 지리, 풍속, 습성, 건설, 인물, 종교, 문학, 예술 등의 상세한 수록을 이해할 수 있다.

35) 강석화, "첩보길 : 목숨을 건 외로운 길, 후창군 장교들의 만주지역 정탐기", 최기숙(외), 『역사, 길을 품다』(서울 : 글 항아리, 2007), pp.13~41.

● 데이터 채굴의 일상화

그러므로 누구든지 관찰이 없다거나 측정과 분석이 없다면 '정보'라는 의미를 부여할 수 없다. 인터넷상에 흘러 다니는 많은 정보들이 누군가에 필요하지만 그것을 해독할 수 있고 사용하기 전까지는 정보가 아닌 첩보이다. 그런 정보는 쓰레기일 수도 있고 실질적으로 행동에 큰 영향을 미치지 못할 때도 있다. 또한 정보를 갖고 있음에도 이를 사용하지 못하는 사람도 많다는 의미에서 우리의 근본적인 딜레마는 정보와 실재를 규칙적이고 통용 가능한 방식으로 구분할 수 없다는 것이 우리의 약점이다.

> **'정보활동은 참 아슬아슬 하구나. 그러나 당신은 가장 최전선으로 가라'**

그런 까닭에 정보를 하는 사람은 현지에서 그들의 습속(習俗)의 의미가 짙은 '하비투스'(habitus)를 읽어야 한다. 그래야만 인간의 관념이나 수단 따위로 오염되지 않는 원출처 날 것 그대로의 자료를 우선 수집할 수 있다. 그리고 세상을 낯설게 보거나 아니면 상대화시켜서 그곳 사회문제를 보아야 한다. 만나는 사람들의 세세한 부문과 뉘앙스까지 파악한다. 흔히 '티베트에는 티베트 사람이 살아간다'는 인식 말이다. 국가정보의 경우 정보활동은 현지인에 의한 현지 정보관을 통한 현지 거점 중심으로 이뤄진다. 정보는 사회현상에 대한 이해가 아니라 확실히 파악하는 업무이기 때문이다.

더구나 이제는 사람들의 생활모습이 디지털 라이프 스타일로 발전하고 있다. 정보통신기술 및 네트워크가 사회발전을 주도한다. 컴퓨터, 마이크로 칩, 인터넷이 우리의 직업과 창의성, 엔터테인먼트에 막강한 영향력을 미친다. 정보인프라 영역에서 정보의 속도와 용량이 모든 것을 좌우하는 세상이 되었다. 그렇다면 글로벌 시대에서 우리의 생존전략이 달라야 한다. 총칼이나 이념이 아닌 정보굴기(情報崛起. 뚫고 들어감)의 자세가 중요한 세상이다.

우리가 가진 모든 것은 정보이고 감각적 인식이며 우리가 제기한 질문에 대한 대답을 주는 무엇이다. 사소한 정보가 하나의 깃털에 불과하지만 그것을 계속 추적하고 수집하다 보면 몸통이 보이며 장막이 걷어 올려지는 순간을 만나게 된다. 그러므로 정보의 깃털 단서를 절대로 놓치지 말라. 정보자료를 손에 넣지 않으면 배우는 것이 없을 것이다. 당신은 수집된 많은 자료들 중에 상황정의에 필요한 자료를 선택해서 읽어라. 그것도 자세하게 읽어라.

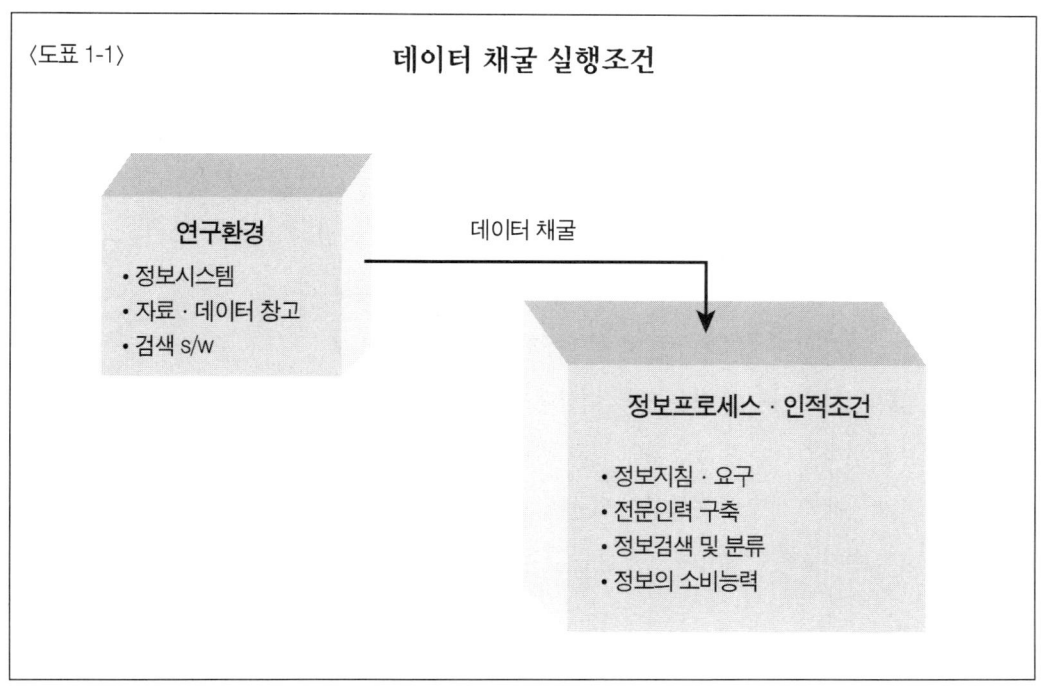

〈도표 1-1〉   **데이터 채굴 실행조건**

다시 읽어 숨겨진 의미를 정확히 판단하는 일이다. 이러한 통찰력을 가지고 〈도표 1-1〉과 같은 내용 중심으로 정보세계를 이해해야 할 것이다.

우선 본질적 사실로서 데이터 혹은 정보자료에는 가시적으로 판별하기 어려운 가치 및 수집수단에 따른 위계(位階)가 있다. 엄밀한 의미에서는 정보를 좋은 것(good), 더 좋은 것 (better), 최고(the best)로 구분하는 것이 어려울 뿐더러 하찮은 정보라도 사용자와 사용영역에 따라 다르다. 소비자 수준에 따라 왕초에게는 왕초의 정보가 있고 졸개에게는 졸개 수준의 정보가 있다. 다만 정보는 사회적 기반 위에서 자기 이익과 상대방 이익을 놓고 충돌할 뿐이다. 그러므로 정보 위계를 보면 일반적으로 과학기술에 의해 얻어진 비밀정보는 공공정보 혹은 공개정보보다 우선한다. 공개정보가 모든 정보를 압도하는 듯하지만 비밀정보와 첨단과학기술정보는 정책결정을 하는데 매우 필요한 자료이다.

분명히 수집된 정보에는 약점도 있고 강점도 포함하고 있다. 진정성이 인정되는 알짜 정보는 힘의 포인트가 되고 우리 삶의 목표를 변화시키는 힘이 된다. 핵심정보는 자물쇠와 비밀번호의 관계와 같아서 자물쇠는 올바른 숫자를 순서대로 맞춰야 열리는 것처럼, 그것은 비밀을 열어 가는 행동이다.

　특별히 비밀스런 정보는 사회의 공익과 국가이익을 확보하는 핵심정보가 된다. 정보의 공개성과 반대되는 개념으로 정보공동체들은 비밀공작을 통해 필요한 정보를 수집하는 배경이 된다. 씨알 같은 비밀스런 핵심정보가 힘을 발휘하고 설득력을 갖는다. 유익한 정보자료의 위계구조(material hierarchy)를 결정하는 요소는 다음과 같다.

- 비밀성의 원칙 : 첨단과학기술 및 비밀공작을 통해 얻은 정보
- 단순성의 원칙 : 가능한 적은 양의 핵심정보
- 연관성의 원칙 : 다른 자료들과의 상호 관련성을 갖는 정보
- 차별성의 원칙 : 개별성 독특성이 있는 정보
- 공통성의 원칙 : 일반적이며 맥락성을 갖는 정보

　게다가 정보의 위계구조에 따라 정보가치가 달라진다. 정보는 고부가가치 관련 산업을 창조해 나가는 지식으로 위계가 비교적 높은 정보일수록 쓸모 있는 '정보재'로 작용한다. 정보는 뛰어난 차별화된(extraordinary) 것일수록 가치가 인정된다. 차별화는 자료들을 주

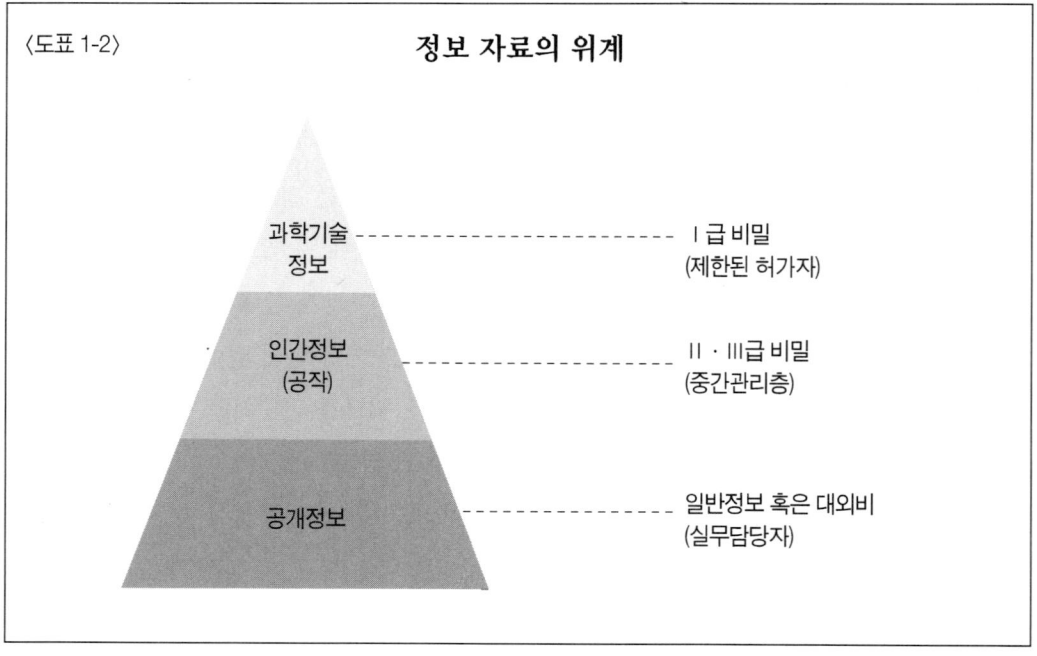

〈도표 1-2〉　　　　　　　　　**정보 자료의 위계**

과학기술
정보 ------------------------- Ⅰ급 비밀
　　　　　　　　　　　　　　　　(제한된 허가자)

인간정보
(공작) ---------------------- Ⅱ·Ⅲ급 비밀
　　　　　　　　　　　　　　　(중간관리층)

공개정보 ------------------------- 일반정보 혹은 대외비
　　　　　　　　　　　　　　　　(실무담당자)

의 깊게 독해(讀解)하며 불투명한 메시지를 명확하게 가려내는 작업이다. 그렇다고 하나의 강력한 정보만 선호할 것이 아니라 모든 정보를 조합, 편집될 수 있다는 점을 유의해야 한다. 쓰레기통에도 귀한 보물(정보)이 있기 마련이다.

◎ 정보수집의 원칙과 태도

일반적으로 정보수집에는 수동적 능동적 태도가 공존한다. 모든 사람들은 끊임없이 정보를 수집하고 그 정보에 근거해서 판단을 내리고 적절하게 행동한다. 이런 과정 속에서 사람들은 사회적으로 만나는 현상들에 대해 신체적 감각적으로 받아들이는 수동적 방식이 있고, 또 하나는 구체적인 질문과 목적에 따라 능동적으로 정보를 찾아 모으는 욕구적 태도가 있다. 수동적인 방식은 타율적이거나 남의 요구에 따라 행하는 것이라면, 능동적인 방식은 주어진 목표, 아이디어 모으기, 가설 만들기 등 스스로 헤쳐 나가는 모습이다. 이를테면 매일 아침 눈을 뜨는 순간부터 필요한 정보를 검색하고 메모하는 생활은 능동적인 실천이다.

이런 차원에서 지식정보적 습관을 유지하는데는 몇 가지 원칙이 있다. 마크 타이어(Mark Tier)는《워렌 버핏과 조지 소로스의 투자습관》에서 이를 제시하고 있다.[36] 우리의 일상적 생활과 몸에 체현된 습관과 신념은 ▲목적성취행위의 원동력이 되는 믿음이다. ▲마음의 전략으로 성찰적이며 의식적 무의식적인 과정에서 발현된다. ▲계속 관심과 실행할 수 있는 정신적 행동적 습관이 필요하다. ▲대화의 기술과 정보기기들을 다루는 기술이 능숙해야 한다. 우연히 자료가 들어왔다면 필연적인 가치로 만들어 가는 일이다. 자료에 대해 단순히 읽거나 생각하는 것이 아니라 그 내용에서 어떤 느낌(가치)이 있어야 한다는 것이다.

또 지적해 둘 것은 정보를 하는 사람은 항상 스스로 비관적인 마음, 일단 의심해 보는 자세가 있어야 한다. 정보는 비관적 바탕 위에서 접근할 때 긍정적 결과를 얻을 수 있다. 치열한 경쟁에는 유언비어, 음모, 배신, 공작 등이 난무하기 때문이다. 환경걱정과 비관 속에서 시작함으로써 '식은땀'을 줄일 수 있고 좋은 결과를 만들어 낼 수 있다. 창조경영 대가인 미국 미시간 주립 대학 루트 번스타인(Root Bernstein) 교수는 '모든 사물과 현상을 낯설게 거꾸로 보는 습관'을 가져야 한다고 강조한다. 전설적으로 이름난 스파이들의 성공적인 활

---

36) Mark Tier, The Winning Investment Habits of Warren Buffett & George Sorus, 박진곤 · 손태건(역) 『워렌 버핏과 조지 소로스의 투자습관』(서울 : 국일증권경제연구소, 2006), pp.55이하.

동이 귀신같다고 하지만 그 이면에는 고도의 훈련과 치밀한 계획의 성과물인 것이다.

그런데 정보를 하는 사람들은 명탐정 셜록 홈즈(Sherlock Holmes)를 그린《셜록 홈즈의 세계》에서 존 H 왓슨 박사와 홈즈의 이미지[37]를 참고할 수 있다. 왓슨은 쉽게 사랑에 빠지는 로맨티스트이며 일상적 날짜와 숫자에 대한 감각이 떨어지는 사람(몽상가)이고, 홈즈는 지나칠 정도로 냉정하고 개성적이며 논리적인 독특한 천재로 그려져 있다. 이 두 캐릭터의 실재감을 상호보완적이며 서로가 존재의 대상이 된다. 따뜻한 가슴과 찬 머리의 조화를 보여준다. 인간의 선택이 합리적으로 효용기대치에 의해 이뤄진다는 경제논리가 있지만 정보에서는 가령 감정과 상황에 따라 비(非) 일관된 선택을 하게 되고 감성과 직감에 의해 정보를 수집하기도 한다. 사실 정보는 주관적 대상이기도 하다.

그리고 정보수집에 있어서 지나치게 많은 시간을 낭비하지 않도록 한다. 완벽한 정보를 수집한다는 이유로 많을 시간을 끌었다면 그것은 완벽한 정보가 아니다. 완벽한 정보보다는 시간 내 충족되는 좋은 정보가 필요하다. 더구나 정보의 수집비용이 바로 이익이 되는 것은 아니다. 현명한 의사결정을 내리도록 도와주는 정보가 가장 중요하다. 지나치게 시간을 보내면서 시시콜콜한 정보까지 수집할 필요가 없다.[38] 돌다리도 두드려야 할 때가 있지만 정보는 속도다.

그렇다고 정보수집을 빨리 하기 위해 특유의 돈키호테식 접근은 곤란하다. 정보활동에서 지름길은 없을 뿐더러 스파이 활동에서 '호쾌함' 은 거의 없다. 경우에 따라서는 정보요구가 권력자의 비뚤어진 탐욕인지 아니면 국익을 위한 정당한 사용인지 가늠하기도 어려울 때가 있다. 스파이 활동 사례에서 보면 실지 정의롭고 정당한 행동이었던가를 의심케 하는 사건들도 많았기 때문이다. 그러므로 정보를 수집하는데 있어서 치밀한 조직성이 없으면 좋은 정보를 얻기가 어렵다. 조직성이란 일반사회조직과는 다른 정보조직, 정보시스템이다. 여러 가지 기능을 수행하는 단위 조직으로서의 정보조직을 의미한다.

시사적이지만 복잡하게 변화하는 사회 속에서 오랫동안 정보를 모아 분석해도 결론을 낼 때는 이미 세상이 바뀌게 된다. 그리고 정보를 수집하기 시작하면 그쪽에 빠져버려 실제 문제를 해결하는데 시간을 쓰지 않거나 사용할 시간이 없는 경향이 생긴다. 향수가 시간이

---

37) Martin Fido, The World of Sherlock Holms, 백영미(역)『셜록 홈즈의 세계』, (서울 : 황금가지, 2003) p.47이하.

38) Robert W. Bradford and J. Peter Duncan, Simplified Strategics Planning : A No-Nonsense Guide for Busy People Who Want Results Fast!, 김소연(역)『MBA에서도 가르쳐주지 않는 전략기획노트』(서울 : 비지니스 북스, 2005), pp.55~56.

지나면 냄새가 변질되듯이 정보의 향기(의미 가치) 또한 감소하기 마련이다. 이른바 생각과 정보의 패러독스인 셈이다.[39] 그래서 '정보의 양은 제한되어야 하는가' 라는 질문이 제기되지만 정보 선택에 있어서 시간의 제한성은 어느 정도 유지되어야 한다는 사실이다.

◉ 사용자의 정보요구 및 가설에 근거한 수집

정보 수집은 막연한 수집이 아니라 정보소비자(정책결정자)의 요구 및 가설에 근거해 데이터를 모은다. 자연과학이나 사회과학적 분야에서는 사회현상을 규명하고 이론화하는데 반드시 가설을 이용한다. 그리고 가설에 바탕을 둔 데이터를 수집하여 검증한다. 물론 의사결정에 필요한 모든 정보를 입수하는 것은 비용으로나 물리적으로 불가능한 일이다. 설령 모든 정보를 입수했다고 해도 그것을 분석하는 일은 더욱 어렵다. 더구나 비즈니스 분야에서 사용하는 가설과 사고틀의 경우 수집한 정보량은 자연과학이나 사회과학과는 좀 다르다. 왜냐하면 비즈니스 현장에서는 절대적인 정답은 없다. 곧 시간과 환경 변화에 따라 시시각각 해결책도 변하기 때문이다.

주목할 것은 정보활동의 실패와 위험은 자신이 소유하고 처리하는 정보기법 등을 제대로 알지 못하는 데서 나온다. 더욱이 정보자료의 빈곤은 정보의 실패를 가져오는 배경이 된다. 그러하기 때문에 정보를 직업으로 하는 사람들은 버려지는 쓰레기통에서 유익한 정보를 찾아내야 한다. 버려진 컴퓨터를 수거해 그곳에 저장된 데이터를 재생시켜 보아야 한다. 정보생산은 수집으로부터 분석에 이르는 '첩보공급경로' 가 체계적이고 안정적이어야 한다. 대개 50% 정도의 첩보는 정보분석 생산과정에서 폐기되고, 25%는 유보되거나 존안되며, 25%만이 유용하다고 가정할 때 첩보공급경로는 실제로 4~5배 이상의 안정된 공급망이 유지되어야 함을 짐작할 수 있다.

진정한 해법은 아니지만 수집한 자료들 중 도움이 되는 정보는 10% 정도여서 자료의 중복을 두려워할 필요는 없다고 생각된다. 다만 전략적 맥락(strategic context) 속에서 전체 자료가 갖고 있는 의미를 잘 파악해서 사용자의 정책 결정에 도움이 되도록 최대한 수집하는 것뿐이다. 정보를 모으고 생산하는 사람들의 임무는 사용자를 따르는 것이어서 수집된 자료의 부족으로 결론을 내는데 어려움이 없도록 하는 것이 중요하다.

그것은 까다롭지만 정보수집 역시 소비자 중심으로 이뤄져야 한다는 점이다. 정보소비

---

39) 사이토 요시노리, 서한섭 · 이정훈(역), 『맥킨지식 사고와 기술』 (서울 : 거름, 2006), p.58~61.

자들은 진실과 속임수, 콘텐츠의 질과 내용 등 특수한 요구에 맞는 전략적 정보를 갈망한다. 중요한 행동을 하는데 있어서 전략이 필요하고 이를 뒷받침할 정보가 필요한 것이다. 이와 관련 마이클 실버스타인과 존 부트먼은《소비자의 반란》(Treasure Hunt)에서 경제활동 관련 데이터 수집에 필요한 안목을 다음과 같이 제시한다.[40]

- 데이터보다 데이터 분석이 중요하다. 기업실적이나 안보 관련 첩보를 수집하지만 더 중요한 것은 이를 분석해서 지식상품으로 가공해 국가안보와 기업이익을 창출할 수 있는 것이어야 한다.
- 항상 데이터를 새롭게 관찰하고 재편집한다. 경쟁기업의 가능한 많은 정보를 알고 있어도 이런 연결 데이터를 이해하고 재구성해 분석해 보면 새로운 사실을 발견할 수 있다. 경쟁업체의 강·약점, 잠재적 성장 가능성 등을 알 수 있다.
- 분석된 지식정보를 사용할 시 기다리지 않는다. 행동과 실천은 일련의 재창조과정이다. 정보사용은 일련의 프로세스의 시작이고 변화를 일으킬 것이며 혁신을 선도할 수 있다.

그렇게 보면 정보활동에 있어서 가장 결정적인 요소는 바로 의식적 선택이다. 정보는 발표된 것 이상의 숨겨진 은폐된 정보가 많기 때문이다. 요는 정보의 소유와 사용은 의식적 정보수집 능력에 달려 있다. 그러므로 사사로운 감정에 쉽게 좌우되는 사람은 자료선택 함정에 빠질 수 있고 리스크에 더욱 취약해질 수 있다. 자신의 감정에 쉽게 지배당하는 정보수집 혹은 분석가는 독특한 마음의 훈련으로 자신의 감정을 잘 관리해야 한다. 도박꾼들이 자신의 행동을 '운명의 신'에게 맡기는 경우가 있는데 이는 합리적 이성을 관리하지 못하기 때문이다. 핵심은 정보의 탈주술화(disenchantment) 노력에 달려 있다.

2-2. 정보(공개출처)에서의 참된 정보를 가려내는 방법

정보수집활동은 스릴이 있으며 위험을 포함하고 있으나 성공할 시 기쁨이 공존하는 영

40) Michael J. Silverstein, John Butman Treasure Hunt : Inside the Mind of the New Consumer, (New York : Portfolio, 2006), pp. 237~246.

역이다. 정보는 한 마디로 조심스러운 쾌감이기도 하다. 그러하기 때문에 비밀정보활동은 '악령과의 계약'일 수 있다는 의미에서 필요한 정보의 발견과 동시에 공포를 동반한다. 정보 전사들은 간단한 정보수집과 기법들을 동원해 근본적 가치를 캐기 위해 영웅적 임무(heroic mission)와 지위를 띠고 활동한다. 무차별적 위험이 있지만 한 번 물면 놓치지 않는 승부근성과 마무리를 잘하는 프로정신이 발휘되는 비공식의 은폐적 활동이다.

정보를 수집할 수 있는 방법이 다양해진 요즘 세상이지만 정확하고 신뢰할 만한 정보를 만나기란 그리 쉽지 않다. 그러나 그 자료가 그 자료라는 식의 미확인 습관은 치명적인 잘못을 가져 올 수 있다. 정보검색은 금광을 찾는 것과 같아서 늘 좋은 정보(excellent intelligence)를 찾아 나서는 습관이 필요하다. 며칠간 굶은 사람이 진짜 음식을 먹은 뒤 죽은 사람처럼 잠을 자듯이 필요한 정보를 찾아다니다가 그것을 발견하고 수집했을 때 진짜 음식을 먹는 것처럼 즐거워하며 잠들 수 있어야 한다. 그래야만 조직은 경쟁우위에 설 수 있고 신뢰받는 정보전문가가 될 수 있다.

모두가 인식하고 있듯이 현대는 물질, 생명, 에너지 정보의 모든 연구 성과물들을 결합시킨 첨단과학기술 시대이다. 그러나 사람들은 감성과 이성, 육체와 정신, 낮과 밤, 전쟁과 평화 등 불안한 삶 속에서 갈피를 잡지 못한다. 이 사회는 특정 요술을 부려서 쉽게 정복할 수 있는 만큼의 단순한 것이 아닌 복잡성의 사회다. 정보 역시 복잡한 가운데 다양한 형태로 존재한다. 시간 속에서 입수 가능한 자료를 끌어다가 경험과 지식을 동원해 정확히 분석해 사용자에게 제공하는 일은 각자의 몫이다. 이런 능력을 소유한 사람은 누구나 인정할 수 있는 정보전문가들이다.

정보쓰레기에서 벗어나기

정보 현장은 복잡하고 긴장감이 감도는 곳이다. 첩보업계에서 가장 흔하게 쓰이는 수집기술은 인간정보원, 현장 조사, 기술적 수단 등 가능한 수단이 동원된다. 근대에 들어와서 과학기술 수단이 필요하지만 전통적으로 가장 중요한 것은 인간정보(humint)이다. 손자(孫子)가 언급했듯이 오직 사람 그것도 적의 상황을 잘 알고 있는 자에 의해 얻어진 인간정보가 첩보의 핵심이다.[41] 우리가 알고 있듯이 식물의 씨앗이 매우 적은 것처럼 비밀스런 인간

41) 잘 알려진 『손자병법』 용간편(用間篇), "故明君賢將 所以動而勝人 成功出於衆者先知也 先知者不可取於鬼神 不可象於度 必取於人 知敵之情者也"

정보는 매우 귀중하고 희소하다. 희소한 것이 반드시 값있는 것만은 아니지만 잘못된 정보일 수 있고 일정기간에만 이용할 수 있는 한정적 의미의 정보도 있을 수 있다. 또한 비밀정보기관들이 생산한 정보들이 대개 비밀로 분류돼 있어 사실상 그 가치를 판단하기도 쉽지 않다.

우리가 경험하고 있지만 정보시스템 기술의 발전과 함께 공개정보는 날로 확대되고 있다. 현대는 콘텐츠 소프트웨어 브랜드 등 손에 잡히지 않는 무형자산의 가치가 존중되는 사회이다. 아마존 닷컴 AOL(America Online Inc), 야후, 네이버, 이베이, 시스코 시스템즈(Cisco Systems) 등 가상공간은 거대한 정보의 바다이다. 가상공간에서 정보를 찾는 것은 가두리 양식장에서 물고기 잡는 것과 같다. 인터넷 상에서 유익한 자료를 찾아내는 것은 시간과 공간의 축소라고 할 수 있다. 요는 새로운 콘텐츠 창출이 확대되고 있지만 자기 자신만의 가치를 만들어 소비하는 자세가 중요하다. 자료의 단순한 확실성만이 아니라 맥락 속의 정확성(accuracy-in-context)으로 인식할 때 올바른 정보소비가 가능해진다.

폴 케네디는 미래를 예측하기 위한 정보를 파이낸셜타임스(FT), 이코노미스트, 월스트리트저널(WSJ) 등 신문을 통해 정보의 경중을 판단했다. 그 다음으로 세계은행 등의 웹사이트, 각 국의 6개월간 경제지표 데이터, 구글을 통해 세계뉴스를 검색했다. 이들 자료를 통한 주체적 판단과 사회에 대한 관여, 그리고 새로운 가치를 판단할 수 있었다. 실제로 옛날에는 몇 달이 걸려 소식을 받았지만, 그러나 오늘날 우리는 뉴스, 각종 통계, 전문가 논평 등 1분에 100건 이상의 소식이 전달된다. 그만큼 나를 위하고 모두를 위한 정보가 흐르는 것이다.

이제는 과거와 달리 많은 정보가 인터넷망을 통해 흐른다. 컴퓨터를 열면 '웰컴 투 구글, 네이버'가 손짓한다. 여기서는 세상을 바라보는 다양한 관점을 보여준다. 필히 분석적이라는 과학적 틀은 아니더라도 모든 정보를 공유하고 모르는 호기심을 풀어주는 공간이기도 하다. 네트워크는 '이음새 없는 망'처럼 정보하부구조를 이루는데 이것은 일종의 결(texture)이다. 정보가 흐르면서 영상과 음성으로 갈무리된 다음 다시 인터넷에서 순환되는 방식으로 모든 종류의 환상회로를 만들어 낸다.

재차 말하지만 다양성의 네트워크가 각 개인들과 연결돼 있다. 인터넷 기술로 네트워크는 더욱 저렴해지고 효율적으로 운영되고 있다. 인터넷 공간은 실용과 즐거움의 문화 공간이다. 인터넷사회는 다자적 만남이 이뤄지는, 나라 안팎으로의 다(多)-다자적 접근의 세상이다. 우리나라 싸이월드의 가입자는 2,000만 명에 이르고 미국 마이 스페이스 닷컴의 가입자는 1억 명을 넘는다. 요즘 유튜브(You Tube)에서는 하루 1억 개의 동영상이 올려진다. 미국에서 가장 큰 TV 네트워크 시청자에게 제공하는 것과 같은 규모다. 유튜브 회원들은 매일같이 6만 5,000개의 동영상을 올리는데 흥미 있고 재기 넘치는 장면들이 많다.[42]

이렇게 지구촌 사람들이 인터랙티브 해지고 모두를 상대로 정보를 전달할 수 있다. 실제로 모든 것을 데이터 패킷(packet, 한 번에 전송하는 정보조작단위)으로 분리하는 인터넷 인코딩(encodong)시스템은 하나의 고속 네트워크를 통해 전화통화 문자 및 사진 메시지가 동시에 전송되고 있다. 뿐만 아니라 모든 서비스를 하나로 묶어 유선, 무선전화, 광대역 인터넷 접속 멀티채널 TV를 결합해 가고 있다. 그런가 하면 휴대전화를 통한 지식검색 서비스도 등장했다. 휴대폰으로 사용하는 네이버들의 지식검색이 유행이다. 수많은 네티즌들의 '집단지성'을 이용해 지식창고를 만들고 이를 통해 부가가치를 창출하고 있다.

반면에 정보쓰레기가 많이 넘쳐나는 것도 무시할 수 없다. 앨빈 토플러는《부의 미래》에서 오늘의 지식이 내일에는 쓰레기(absoledge)가 되는 혁명적 속도의 시대가 왔다고 했다.[43] 여기서 말하는 '압솔리지'(absoledge)의 뜻은 쓸데없는 지식, 쓸모 없다는 뜻의 (absolete)에 지식을 뜻하는 'knowledge'를 결합해 앨빈 토플러가 만든 신조어다. 쓰레기 같은 지식이 많아서 정리되지 않은 많은 지식정보는 독약이 될 수 있다는 의미다.

그러므로 정보의 홍수 속에 쏟아져 나오는 쓸모 없는 지식을 걸러내는 능력이 미래의 부를 결정 짓는 핵심요소가 될 것이라고 했다. 물론 자신에게 정보가 쓰레기 일 수 있지만 타인에게는 귀한 자료가 될 수 있다. 그러나 과잉정보에 따른 정보혼란은 결국 정보부재로 이어지게 되어 엄선된 정보를 선택하는 안목이 필요해지게 되었다. 삐뚤삐뚤한 정보는 사용자를 혼란에 빠뜨릴 수 있어서 지식과 정보의 바다에서 유용한 지식과 쓰레기를 구별하는 능력이 모두에게 요구된다.

◐ 유효한 정보의 추출

우리는 흐르는 정보를 잡아야 비로소 정보로 사용할 수 있다. 정보는 끌어당기고 이를 잡는 데서부터 시작한다. 눈으로 보고 귀로 들으며 그것을 생각하며 글로 옮기는 것이다.

---

42) The Economist, The World in 2007, 현대경제연구원(편역), 『이코노미스트 2007 세계 대전망』(서울 : 한국경제신문사), p.247.
43) Albin Toffler and Heidi Toffler, Revolutionary Wealth(New York : Alfred A. knopf, 2006) pp.111~112.

언어와 신호로 흐르는 정보를 자기만의 '저장정보'로 바꾸는 일이 더 중요해졌다. 웹에서는 더 많은 정보가 흐르지만 사람들은 이들 정보들을 유효하게 사용하는 방법은 잘 모르고 있다. 많은 정보가 입수돼도 그것을 믿을 만한 정보 중개자(informediary)가 다시 편집하고 조직화하고 해석해 주지 않으면 그 많은 정보를 빠른 시간에 받아들일 수 없는 한계성을 드러낸다.

그래서 정보를 쉽게 발굴해 사용하는 기능, 즉 컴퓨터에 기반한 단어 검색 소프트웨어들이 발전하고 있는데, 이를테면 일반적으로 KWS(Key Word Searches, 키워드 검색)라는 방법이 있다. 하나의 키워드(핵심단어)에만 근거해 사건 현상에 관한 언급과 적용범위를 정한 것이다. 그러한 접근 방법은 자신과 경쟁자의 언어 활용 범위가 쉽게 규명되고 검토할 수 있는데 적합하다. 또 NLP(Natural Language Processing, 자연언어 처리법)이 있는데 이는 양성오류(틀린 것을 맞는 것으로 잘못 판단하는 오류) 회수가 매우 적기 때문에 어느 정도 정확도가 높은 방법이다. 수천 개의 비체계적인 언어를 신속하게 검색하는데 있어서 통계적이거나 의미론적인 분석을 결합시킨 정보추출이 가능한 방법이다. 이러한 기술을 한 문장 속의 단어들이 다른 문장들과 연관되는지에 대한 의미를 알아낼 수 있다.[44]

이 같은 맥락에서 일본 노무라연구소는 '텍스트 마이닝'(text mining) 기술을 강조한다. 텍스트 마이닝이란 일반적으로 쓰인 문장을 단어 단위로 분해, 분석함으로써 단어의 출현 빈도나 전후관계 등으로부터 문맥을 해석해 문장에 내포된 숨은 정보의 특징, 경향 등의 데이터를 확보할 수 있는 기술이다. 이 같은 기법은 증거가 충분하지 않더라도 암묵적인 스토리를 찾아낼 수 있어서 결국 흘러가는 정보를 취합해 분석 판단에 이용하는 것이다.

물론 이상적으로 한 번의 검색만으로 종합 데이터베이스에 접근할 수 있고 필요한 정보만을 취할 수 있는 것은 아니다. 이러한 기법은 아직 완벽하게 개발된 것도 아니지만, 그러나 여러 가지 의미를 내포하고 있는 하나의 단어가 문맥상 어떤 의미를 갖는가를 자동체크해주는 데이터 채굴(data mining) 방식은 유효하고 앞으로 더 좋은 소프트웨어가 개발될 것이다. 최근에는 정보검색을 잘 할 수 있는 반복 검색수단으로 'Retrieval Ware'라는 소프트웨어(검색엔진)가 개발되고 있다.

그런가 하면 초고속인터넷 글로벌 무선 웹, GPS, RFID, 와이퍼, OLAP(on-line analysis

---

44) Philip Kotler and Waldemar Pfoertsch, B2B Brand Management, 김민주(역) 『B2B 브랜드 마케팅』(서울 : 비지니스 맵. 2006) pp. 285~286, http://www.aaai.org/AITopics/html/natlang.html에서 자세한 내용을 알 수 있다.

process), 유비쿼터스 등은 끊임없이 압축된 정보를 실어 나르는 통로이다. 미국의 비영리 단체가 운영하는 위키피디아는 490만 개 이상의 항목을 가진 낱말을 200여 개의 키워드로 축약해 운영하는 공개백과사전이다. 우리나라 SK 텔레콤의 '지식맨' KTF의 엠박스, 판도라 TV, 그리고 LG텔레콤의 DMB(이동멀티미디어 방송) 등은 실시간으로 데이터와 동영상을 올려놓고 있는 것이 이를 반증한다.

이상에서 예를 들었지만 정보하이웨이가 놓이면서 컴퓨터 언어는 순응과 진화를 거듭하며 인터넷에 적합한 소프트웨어가 진화되고 있다. 기존의 웹 엔진은 움직이지 않는 '정적'인 의미의 콘텐츠가 하이퍼텍스트 전송언어인 HTML(Hypertext Markup Language)로 꾸며져 웹 1.0 시대를 대변했다면, 1998년 이후 발전한 확장성 생성 언어 XML(Extensible Markup Language)은 웹 2.0 시대의 특징으로 데이터를 이리저리 돌릴 수 있는 시스템이다. 이들 소프트웨어는 현재의 유비쿼터스 파일 저장기능으로 확대되었다. 참고적으로 이런 매체들을 통한 공개정보수집 관련 체크 포인트를 제시하면 다음과 같다.

- 전통적 미디어 정보매체 : TV, 라디오, 신문, 잡지
- 직접광고물 정보 : 우편, 전화, 방송매체, 인쇄매체
- 독서물 : 단행본, 전문지, 업계 정기 간행물
- 온라인 매체 : 웹사이트, 쌍방향 통신
- 공간 정보 : 게시판, 포스터, 영화 라운지, 구매점
- 마켓 광고 : 진열대 상품 점포 내 광고
- 보도기관에서 발행하는 신문과 잡지, 연간 백서
- 커뮤니케이션 성격의 대담, 잡담, 유인물, 심층면접, 전문가 의견, 강연회
- 자료로 서비스하는 각 사회단체 간행물, 팜플렛

결국 공개출처정보(OSINT) 생산이란 정보의 수요와 수집, 분석에 관한 인간의 전문기술과 출처에 대한 지식은 물론 선진첩보기술을 통합하는 과정이다.[45] 그 과정은 ▲탐색단계로 자료를 알고 보유하고 있는 사람이 누구인가를 파악하되 출처를 정확히 확인하고 획득

---

45) Robert D. Steele, Information Concepts&Doctrine for The Future (Open Source Solutions Inc., '97, volume 2, 1997) URL-[http://www.oss.net/Proceed.html/]참고, p.58.

후는 다른 자료들과 비교 배합한다. ▲자료의 비교단계로서 자료가 어떤 것인가를 비교 확인하되 신속한 출처의 평가와 데이터를 검증한다. ▲자료선택 및 추출 단계로서 무엇이 유용한가, 필요한 내용인가를 판단 선택한다. ▲평가분석단계에서는 자료의 전후관계의 판단, 비평적 안목과 가치판단을 통해 정보를 생산하는 과정을 거친다.

2-3. 정보의 객관적 판단 및 순간적 통찰

우리는 지구촌에 살고 있다. 지구촌은 당신과 내가 존재하는 곳으로 우리로부터 멀리 떨어져 있지 않다. 이제 우리는 전 지구의 문제를 이해하고 이곳에서 살아간다. 하지만 우리는 이와 관련된 정보를 알아차리지 못한다. 무엇보다 많은 사람들이 심각하게 ▲사회에서 무슨 일이 일어나고 있는지를 확실하게 지속적으로 관찰하지 못하고 있다. ▲그것이 우리에게 어떤 의미가 있는지를 객관적으로 파악하지 못한다. ▲습관적으로 아니면 판에 박힌 관성적인 생각 속에 대안을 내고 있는데 이런 대안은 안 하느니만 못하다. 따라서 세계 도처에 도사리고 일어나는 현대사회의 불확실성의 문제들, 미스터리 같은 위험문제들을 해결하는데는 속보로 들어오는 정보들, 현재에 일어나고 있는 사건에 대한 정보가 현재의 의사결정에 유일하게 사용될 수 있다.

나아가 모든 사물은 서로가 서로의 존재조건이 된다. 정보는 모든 사회관계 속에서 존재한다. 각자 접속할 수 있는 정보의 총량은 거대하다. 그러하기 때문에 좋은 자료의 발견은 보물찾기와 같다. 보물찾기는 간단한 스케치와 지형적인 표지만으로 기나긴 여정이 시작된다는 점은 누구나 알고 있다. 정보의 탐색도 이와 비슷해서 한꺼번에 엄청난 양의 정보로부터 시작하는 것이 아니라 조금씩 하나씩 실마리를 풀어나가는 것이다. 정보자료 역시 하나씩 모아가며 내용을 구성하는 것이어서 유익한 정보가 보이면 즉시 손에 넣는, 즉 민감한 반응으로써 저스트 두잇(just do it) 같은 자세가 필요한 분야다. 온 정신을 집중한 관찰, 넓게 내다보는 조망(forecast), 직관을 통한 통찰(insight)의 자세가 정보인의 자세다. 욕망처럼 신기루처럼 정보를 잡는 순간에 그것은 저만큼 멀리 날아가 버리기 때문이다.

🔵 정보를 알아보는 첫 2초의 힘

바쁜 생활 속에서 자료는 순간적 깜박거림 속에 지나가 버린다. 블링크(blink)는 눈 깜박

거리는 것을 의미한다. 깜박거림은 더 많은 것을 보기 위한 신체적 반응이다. 순식간에 어떤 것을 보고 판단을 내리는데 2초 가량 걸리는 것을 블링크적 판단이라고 한다. 말콤 글래드웰(Malcolm Gladwell)의 《첫 2초의 힘 : 블링크》에는 2초 안에 일어나는 순간적인 판단(snap judgement)은 무의식의 영역에서 일어나는 문제해결 방식으로 보았다.[46] 상식보다 찰나에 떠오르는 육감과 직감에 의한 판단을 말하는 것이다. 육감은 시간이 지나면서 틀리는 경우가 많지만 직관은 비이성적 결정이나 행동이라는 뜻을 가지고 있는 개념으로 단도직입적으로 상황을 정확히 파악하는 능력이다. 그러나 이 두 요소를 종합적으로 파악하는 통찰(insight)을 더하면 확률은 높아지게 마련이다.

　과학자들은 사람이 하루에 6천 가지를 생각한다고 한다. 그러나 인간은 감성과 느낌을 통해 몇 가지 필요한 지식만을 제한적으로 받아들일 뿐이다. 그것도 받아들이는 지식을 체계적으로 축적하지 못하는 사람에게는 늘 정보가 부족하게 마련이다. 따라서 정보 모으기는 관심이요 열정이다. 우리 속담에 티끌을 모으면 태산도 이룰 수 있다고 했다. 빵집 앞에서 나는 빵 냄새가 코를 찌르듯이 좋은 정보가 있으면 그곳으로 달려가 입수해야 한다. 외국산 수퇘지의 싸움을 보면 그 돼지를 종돈(種豚)으로 만들어야 하듯이 좋은 자료는 보고서의 핵심이 된다. 우리나라 방송인 뽀빠이 이상용(1944~)은 혼자 정리한 음담패설 관련 레퍼토리만 3만 개나 모았다고 했다. 그는 숨 돌릴 틈도 없이 뱉어내는 거침없는 화술, 구겨진 삶을 삐딱하게 바라보는 음담패설로 관객들을 사로잡으며 생존해 가고 있다. 결국 정보는 모음과 편집, 리서치와 활용이다. 그래야만 상대방 혹은 경쟁자의 능력과 자질을 판단할 수 있고 적절한 전략으로 대응할 수 있다.

' 온몸으로 경청하라! 만나서 대화하고 수집하라 '

　지식정보사회에서는 누구나 컴퓨터에 접속해 자신의 의견을 나누고 타인과의 대화, 상호작용이 가능한 사회체제이다. 누구나 인터넷을 통해 수십 권의 백과사전에 해당하는 정보를 검색해 사용할 수 있다. 사이버 스페이스에서는 시장정보가 열려 있고 거래 비용이 저

---

46) Malcolm Gladwell, Blink : The Power of Thinking Without Thinking, (New York : Back Bay Books, 2005), pp. 250~253.

렴하여 구매자의 천국이 열리고 있다. 디지털 기술을 통해 부(富)의 이동이 촉진되고 정보가 자유롭게 거래되고 있다. 그러므로 누구나 ▲검색사이트에서 키워드를 이용해 검색한다. ▲검색사이트의 카테고리를 이용한다. ▲링크를 이용한다. ▲다운로드가 가능한 것을 활용한다. ▲유익한 사이트는 즐겨찾기에 등록한다. 결국 가치 있는 공개출처정보를 수집하는데는 다음과 같은 것들을 참고할 수 있다.[47]

- 장기간(30~40년)에 걸친 변화분석 등
- 장래에 대한 예측, 경쟁력의 비교와 추이
- 프레임 워크로 정리된 것, 해석 분석된 자료나 기사
- 정보수집 및 접근방법(목적, 정보흐름, 소스)의 습득
- 가치가 있는 정보의 이해

물론 흔한 말로 인터넷상에는 불경(佛經)에서 보이는 '나는 이렇게 들었다'(如是我聞)라 기보다는 '나는 이렇게 보았다'(如是我見)는 식의 날것들이 올려진다. 목격자의 현장진술이 중요하다는 의미에서 누구나 현장 전문가적인 자세로 정보가 올려지고 있다. 하지만 사실(facts)로 하여금 사실을 말하는 것이 정보이고 정보인의 자세이지만 전문가라면 '무작정 듣기와 보기'를 하면서도 많은 사람이 거짓말을 하고 있다는 사실을 염두에 두어야 한다. 정보는 사람들을 진실로 믿도록 만드는 거짓말일 수도 있기 때문이다. 오히려 거짓의 정보로 진실을 덮는 경우도 많다.

따라서 인터넷을 통해 얻는 정보는 간접체험으로 얻어진 정보여서 한계가 있다. 또한 가짜정보가 사회 곳곳을 따라 흐른다. 위키피디아 등의 내용이 반드시 100% 정확한 것은 아니라는 점을 염두에 둘 필요가 있다. 위키피디아의 정보는 최초 소스일 뿐 최종적인 결과물은 아니다. 또 블로그에 제시되는 정보 가운데 신뢰할 수 없는 것도 많다. 그래서 시간을 내서 직접체험으로 얻기 위한 현장 방문, 현장 인터뷰 등을 통해 부족한 부문을 보충해야 한다. 다시 말해 정보출처의 원본, 현장에서 '아우라'(aura, 영기(靈氣))를 느낄 수 있어야 한다. 예를 들어 누구나 광고의 속임수(gimmick)에 빠질 때가 있어서 그것을 신뢰하려면 직

---

47) 오마에 겐이치. 사이토 겐이치, Problem Solving Approach, 김영철(역) 『맥킨지 문제해결의 기술』(서울 : 일빛, 2004), pp.169.

접적 체험, 즉 소비해 보아야 그 질을 확인할 수 있는 것과 같다.

한 발 더 나아가 요새 의사소통의 수단들은 다양해서 언어, 기호, 활자, 광고 등 매우 복잡다단하고 중층적인 거대한 텍스트를 이룬다. 원래 언어는 사실을 묘사하는 진술로써 말하는 것은 사회적 소통의 기능이고 더 중요한 것은 비판의 기능으로 참과 거짓을 비판적으로 논하는 기능이다. 속지 않는 능력이 필요하다는 뜻이다. 자료를 흘깃 지나치지 말고 삼세번을 보아라. 언어를 배우고 말하고 설명하고 의사 소통하려는 인간의 내재적 욕구에 기초[48] 하는 지혜가 요구된다.

◎ 심층면접을 통한 정보수집

그밖에 공개정보 수집에서 매우 중요한 점이 또 하나 있다. 다름 아닌 심층면접을 통한 정보수집이다. 심층면접은 기억의 영속을 끌어내는 작업이다. 아득한 지평선 너머에 아물거리는 기억을 현재화시키는 일이다. 대화 중에 주목하기, 그냥 듣기, 경청하기 등 다양한 자세로 상대방의 속내를 읽어야 한다. 교향악단의 지휘자는 다른 사람들의 연주를 듣는 것부터 출발한다고 한다. 듣는 것이 최고의 대화법이다. 비즈니스와 만남의 99%가 대화이다. 경청하는 기술 이것이 바로 소통의 최고 요소다. 솔직한 대화는 강력한 무기다. 간접적으로 전해지는 얘기라도 몇 번이고 들어줄 때 무심결에 새어나오는 중요한 단서를 포착할 수 있기 때문이다.

이 방법은 마치 의사가 환자를 진단하는 과정과 비슷하다. 진단을 위해서 의사는 환자의 말을 충분히 듣고 치료하고 있다. 정보를 하는 사람 역시 인터뷰를 잘하고 말의 씨앗(정보인자)을 찾아내기 위해 액티브 리스닝(active listening) 등의 기술을 터득해야 한다. What, How 등을 질문하는데 그치지 않고 왜 그렇게 되는지를 분명하게 질문할 때 핵심정보를 얻을 수 있다. 그렇다면 우리는 어떻게 과거의 기억을 이끌어내고 과거로 돌아가 회고해서 현재에 재구성할까, 즉 경험하고 일어난 사실을 그대로 살려낼까 하는 점인데 참고적으로 아래와 같은 요목을 염두에 두고 진행할 수 있다.

● 상황파악을 위한 질문 – 상대방의 세계관, 성장과정, 직업, 사회적 위치 등

---

48) Karl Popper, All Life is Problem Solving 허영은(역) 『삶은 문제해결의 연속이다』(서울 : 부글북스, 2006), pp.207~209.

- 추출하려는 정보목표 확인 – 상대가 갖고 있는 지식, 과거 경험
- 정보우선목표에 근거한 질문 – 안보 위해(危害) 요소
- 좋은 정보 제공 시 보상수준 – 순조롭게 협조할 시

정리하자면 공개정보수집에는 정보에 대한 민감성에다 비판적 태도가 있어야 한다. 마이클 르고(M. LeGault)가 쓴《싱크》(Think)에서는 모든 일에 비판적 사고가 필요함을 강조하고 있다. 비판적 사고란 판단이나 결정을 내리기 위해 상황 문제, 질문 현상 등을 논리적으로 탐구하는데서 사용되는 인식의 기술을 의미한다.[49] 뿐만 아니라 공개정보수집에는 육감, 직감, 통찰, 비판적 사고와 더불어 성찰(reflection)은 더 중요하다. 성찰은 넘치는 정보 속에서 우리의 몸과 마음의 역량이 최대한 발휘되기 위한 행동이다. 무수한 정보 속에서 생각하는 사람만이 앞서갈 수 있는 자세다. 특정정보에 관심을 집중하는 것, 사회적 현상에 더 많은 관심을 갖는 것이다. 미국 시인이자 소설가인 에드워드 E. 커밍스(Edward E. Cummings, 1894~1962)는 자신을 태양 아래 있는 모든 것을 관찰하는 사람으로 규정한 바 있다.

---

49) Michael LeGault, Think : Why Crucial Decisions Can't be Made in the Blink of an Eye, (New York : Threshold Edition, 2000), pp. 20~22.

제3장
정보의 탄생 – 정보 분석과 생산

세계정보조직들은 정보자료의 축적이나 통합을 통해 난해한 정보분석을 하는 전문기관들이다. 일관된 정보의 흐름 속에서 자료를 평가해 부가가치를 드러내는 작업이 분석이다. 정보생산자는 보고서가 무엇이, 어떠한 조치에, 왜 필요한가를 논리적으로 제시하는 일이다. 특히 국가정보의 경우 정보분석은 정책결정자의 특별한 필요에 맞춰 정보를 가공할 수 있는 정보조직 차원의 적시성, 능력 그리고 분석의 보편타당성을 유지하며 사용자를 위한 지식을 생산하는 활동이다.

그러므로 상식적인 정보접근은 정보 분석의 적(敵)이다. 각 분석관들의 지적사고 방식은 매우 중요하다. 정보제공자(생산자)는 사용자 모두에게 이로움을 주는 윈윈(win-win)형 인간이고 많은 사람에게 긍정적이어야만 신뢰를 얻을 수 있다. 존 맥스웰(John Maxwell)이 저술한 《함께 승리하는 신뢰의 법칙》에서 모든 일은 인간 안에서 출발해 인간으로 마무리된다. 인간관계가 바로 되지 않고서는 인생에서 승리를 거둘 수 없다고 했다.[50] 정보는 상호 신뢰에서 출발한다는 뜻이다. 신뢰는 인간관계의 초석이다.

그러나 정보 분석가는 자료에 근거해 합리적인 가정과 예측을 내놓아야 하는데 이때 바

---

50) John C. Maxwell, Wining With People : Discover the People Principles that Work for You Every Time, 웨슬리퀘스트(역) 『함께 승리하는 신뢰의 법칙』 (서울 : 21세기 북스, 2007), pp. 151~153.

이어스(bias, 편중)가 생겨날 수 있다. 지식정보상품으로써 인정받으려면 모든 사용자(소비자)들에게 유익하고 독보적인 보고서가 되어야 한다. 하지만 때때로 사실이 아닌 잘못된 추정과 예측이라는 실패의 공간이 존재하기도 한다. 당연한 일이지만 분석자들은 지적으로 별 볼일 없는 사람들이 아니라 당장 일어나고 있는 사건 및 현상들에 대한 명확한 판단력과 솔루션을 제공하는 사람들이다. 더 나아가 정보생산은 '어떻게 만들 것인가' 에서 국가와 기업의 사용자를 위해서 '무엇을 만들 것인가' 로 목표가 변화해야 하며 그것을 뒷받침 할 수 있는 분석관에 대한 자질과 창조적 지혜는 분석관의 큰 덕목이다.

3-1. 정보분석의 원칙과 지혜

그렇다면 당신은 어떻게 정보를 창조하고 프로세스(intelligence process) 하는가. 정보의 프로세스란 정보사용자들의 정보 필요성을 감지하는 데부터 출발해 그 정보물이 전달되기까지의 다양한 단계나 시점을 의미한다.[51] 말할 필요 없이 정보분석은 다양한 징후를 발견하고 평가하는 일이다. 사소한 정보일지라도 큰 결과를 가져 올 수 있다. 그러므로 많은 정보자료들을 발견하고 증가되거나 감소하며 제거되어 창조되는 과정을 거친다. 많은 자료들을 카테고리로 묶여 기술적 · 기능적 · 이익적 측면을 정밀히 분석한다는 얘기다.

여기서 강조하고 싶은 요체는 정보수집과 분석의 논리가 다르다는 사실이다. 정보수집은 위험성 · 모험성 · 비밀성 · 과학성 · 시간성을 통해 얻어지는 것이라면, 분석의 논리는 정확성, 사용가치, 안정적인 대안을 제시하는 일이다. 정보수집에서는 '정보출처' 가 중시된다면 분석에서는 '정보의 가치' 를 높이는 작업이다. 정보분석은 알려진 사실, 비밀, 속임수 등의 정보자료를 분석 평가해서 양질의 정보를 생산하는 일이다.[52] 이런 점에서 정보순환과정에서의 중요한 단계는 '분석 능력' 이라고 할 수 있다. 정보 목표에 대한 데이터 수집은 일회적으로 끝날 수 있지만 분석능력은 정보조직이 존속하는 동안 늘 필요한 영역으로 일종의 창조적 작업이기 때문이다. 사실 생명체로서의 인간은 자기 표현과정 속에서 살아

---

51) Mark M. Lowenthal, op. cit, p.40.
52) D. Berkowiz & E.Goodman, Strategic Intelligence for American National Security, Princeton : Princeton Universty Press, 1989, pp.83~91.

가는 의식적 동물이다.

성공적인 정보 분석을 위해서는 우선 수집 보고된 첩보내용의 진위 여부, 혹은 사실성 판단의 문제부터 시작된다. 첩보의 출처와 획득, 출처의 신뢰성과 능력, 그리고 첩보획득과 관련된 주변상황들의 이해가 있어야 한다. 흔히 첩보의 '평가' (evolution)라는 '특별한 단계'를 거치는 의미로서 어떤 첩보가 사실인가에 대하여 현장 수집관들의 판단을 존중하고 첩보를 평가하는 일이다. 그러므로 수집관들 자신이 수집한 첩보에 대하여 아무런 '코멘트'가 없을 때 분석관은 그 첩보 평가에 어려움을 겪게되고 정확한 판단기능도 상실하게 될 것이다.[53]

그러나 정보를 수집하는 첩자의 유능함도 중요하지만 정보분석자는 더 중요하다. 첩자가 수집해 온 정보가 쓸 만한 것인가를 분석, 판단하는 능력이 갖춰 있지 못하다면 첩자가 아무리 좋은 정보를 전하더라도 무용지물이 될 수 있다. 그래서 정보분석의 목적은 ▲문제를 발견한다. ▲상대방을 설득하고 이기는 힘이 된다. ▲자기 자신의 확신을 위해서다. 이를 위해서 세계의 최고 정보기관인 미 CIA는 정보를 분석 평가하는 박사급 전문가만 수천여 명으로 알려지고 있는데[54] 그만큼 정보분석 능력이 요구된다는 반증이다.

◘ 정보분석의 의미

정보활동 중 분석생산은 특정의 의미를 발견하는 중요한 작업이다. 동시에 보고서를 작성한다는 것은 고뇌를 수반하는 산통의 장(場)이기도 하다. 제한된 시간 속에 특별한 조직에서 '무엇'에 집중하는 것이다. 분석은 주제에 대한 인식의 깊이와 숨겨진 진실을 묘사하는 일이다. 특수한 경험과 지식을 통해 주변세계를 새롭고 역동적인 통찰력으로 바라보는 것이다. 그리고 이에 기초한 정보소비는 무엇을 위한 앎이고 해결의 수단이며 의사결정의 속도를 높이기 위한 것이다. 정보생산과 소비는 새로운 지식의 상품생산과 서비스를 만들어 가는 공동의 과정이다. 정보의 양과 서비스가 다양해지면서 타인과의 공감분야가 넓어지는 가운데 정보소비는 기업과 개인, 사회발전과 밀접한 관련을 갖는다.

그러므로 정보소비자의 관심을 사로잡는 방법 중에 하나는 그들에게 신뢰할 수 있는 정

---

53) John A. Gentry, "Intelligence Analyst / Manager Relation at the CIA", in David A. Charters(others), Intelligence Analysis and Assessment (London : Frank Cass Co, 1996), pp.135~137.
54) 강준식, 『우리가 몰랐던 삼국시대 스파이』 (서울 : 아름다운 책, 2004). p.106.

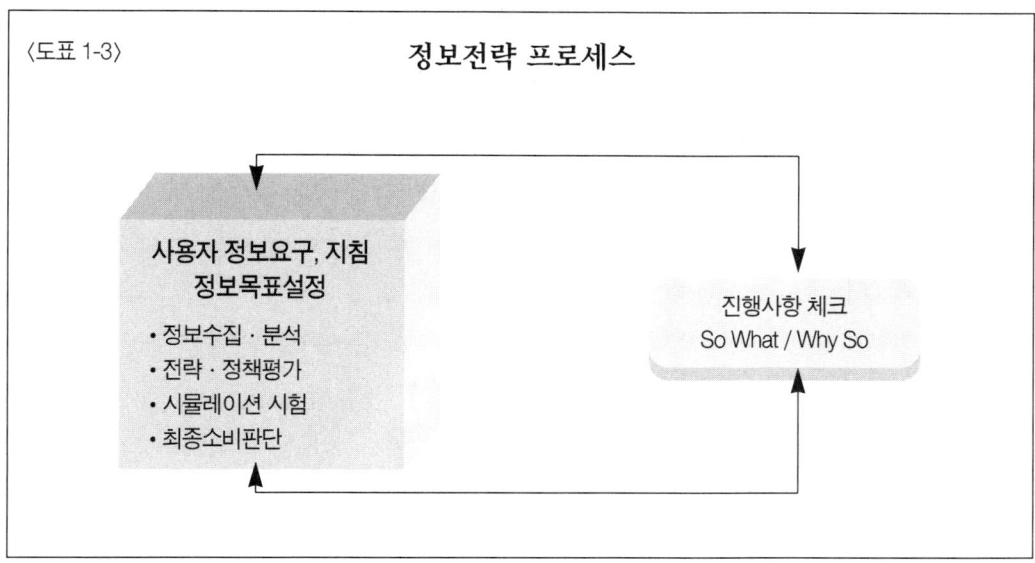

〈도표 1-3〉   **정보전략 프로세스**

사용자 정보요구, 지침
정보목표설정

• 정보수집 · 분석
• 전략 · 정책평가
• 시뮬레이션 시험
• 최종소비판단

진행사항 체크
So What / Why So

보를 올리는 일이다. 소비자들에게 다가가기 위해서는 분석의 정확성이 무엇보다 필요하다. 정보 분석을 위해서 긍정적 조직문화의 구축은 물론 정확한 분석평가와 학습시스템이 뒤따라야 한다. 조직적 지식 내지 프로세스 관점에서 볼 때 하나의 사건(첩보)은 수많은 상이한 방식으로 해석될 수 있으나 창조적 행위를 억제하는 조직문화가 작용할 때 주목을 끌 수 있는 새로운 보고서를 만들기 어렵다. 훌륭한 조직의 규범과 문화는 최고정보경영자가 주도하지 않으면 효과적으로 이뤄질 수 없으며 사람들의 모든 물질의식행동들은 조직의 틀 속에서 구조화되며 존재한다.

이 시대에 있어서 누구나 정보의 해석자(interpreter of intelligence)요 사용자가 된다. 전통적으로 정보는 사물판단에 있어서 중시되는 4가지 요소들, 즉 공간(space) · 문제(matters) · 시간(time) · 흐름(motion)의 상호관계와 작용에 대한 논증이다. 요는 심한 경쟁 속에서 어떻게 지혜롭게 정보를 선택, 소비하느냐의 문제로서 어떤 선택을 할 것인가 하는 문제는 전적으로 개인 차원에 따라 다르다. 신뢰할 수 있는 정보가 지식만으로 좋은 정책결정을 하는 것은 아니기 때문이다. 더구나 정보소비자는 자신이 무엇을 모르고 있는지조차 인식하지 못할 때가 많다. 뭘 모르니까 정보가 필요치 않을 수 있다. 정보는 관심만큼, 알고자 하는 욕구만큼, 보이기 마련이다.

　실제로 정보소비자들은 좋은 정보를 얻어서 개인적 관계를 실현하기를 원하지만 이를 사용할 줄을 모르는 경우가 많다. 그렇다면 정보의 생산자나 소비자 모두가 정보에 대한 남다른 관심, 글로벌 마인드를 갖춰야 한다. 현재 당면한 현실인식을 비전으로 변화시킬 수 있는 정보경영마인드가 필요하다. 중국 선종(禪宗)의 선사(禪師) 임제 의현(臨濟 義玄. ~867)이 말한 '수처작주'(隨處作主, 어디서나 주인이 된다)가 되기 위해서는 어디서나 정보에 대한 주체성이 있어야 한다.

　그러면 구체적으로 분석과정은 무엇인가. 분석은 우리가 어떤 사건 현상에 대해 도덕적, 이데올로기적, 사용가치를 밝혀내는 작업이다. 까닭에 분석하는 사람은 분석대상을 놓고 객관적으로 논리적으로 접근하되 특정한 방식으로 시간과 재정을 투입해서 분석해야 한다. 분석자는 제한된 해석수단과 지식을 갖고 있을 뿐이어서 세심한 주의를 한다지만 때때로 긍정·부정적 가치들이 자주 개입하게 된다. 판단에 있어서 불가불 충돌, 분리, 갈림길 등이 나타난다. 정보와 지식을 다른 방식으로 연결하는 능력, 지식을 사용자 요구에 맞게 분석하는 능력이 정보조직의 성패를 좌우한다. 이는 결국 개인과 정보 집단의 능력으로 평가된다.

　정보는 관찰, 수집, 분석이다. 분석은 정보를 생산하는 기술이다. 주어진 첩보가 애매한 상태 혹은 상충하는 내용으로 남아 있을 때 이를 분석하는 일이다. 그래서 정보분석은 역설적으로 정보를 버리는 데서부터 시작된다고 할 수 있다. 분석은 재료와 방법(material / method)뿐만 아니라 분석대상의 목표가 무엇인가를 명확히 하는 데서부터 진행된다. 그러나 이들 과정은 분명한 이론과 실제의 기술을 통해 이뤄지는데 사물의 의미를 판단하고 분석하는 것은 단순한 관찰과는 다르다. 누구나 산의 나무, 달, 흐르는 물을 관찰할 수 있지만, 그러나 아름다움을 느끼는 것은 각자의 몫이다. 인간은 온도, 밝기, 음식 맛에 대해 절대치가 아닌 상대적인 변화에 예민하게 반응하기 때문이다. 마찬가지로 가치 있는 정보, 심지어 물질세계를 평가하는데도 상대적이며 어떤 기준도 비교해서 평가 판단하게 된다. 분명히 알맹이가 빠진 정보는 지게미(糟粕)에 지나지 않는다.

토기장이가	진흙 한 덩어리를	잘 빚어	귀히 쓸 그릇을 만든다.
(정보분석관)	(자료)	(분석)	(정보)

　정보는 그것을 수집하는 수고, 분석할 때의 어려움, 사용할 때의 유혹, 오용됐을 때에 긴

장감과 죄의식이 작용한다. 그러므로 정보발생부터 수집 - 분석 생산 - 사용되기까지는 계속 왜(why)가 지속돼야 한다. 단순히 피상적인 '왜'가 아니라 조직과 국가이익을 위한 '왜'이다. 다실 말해 정보보고서를 작성할 때 사용자 입장에서 so what(결국 뭐냐?)이라는 의문에 명확히 답해야 한다. So what이란 현재 가지고 있는 정보나 자료 중에서 의미가 무엇인가를 추출하는 작업이다. 다시 말해 '~에 의해서 ~에 따라서'와 같이 앞 부문에 진술된 정보와 데이터 속에서 자신의 답변을 증거하는 일이다. So what는 "왜 그렇게 말할 수 있지, 왜 그런 결론이 나오지" 하는 것을 검증하는 것은 결국 Why so로 이어진다. 이런 점에서 So what / Why so는 결론과 근거라는 답변 요소간의 관계이다.[55] 결국 정보생산은 사용자가 A를 제시하고 분석자가 가공해서 B를 만들고 C라는 정보 상품을 새롭게 만들어 가는 과정이다.

◑ 정보 분석 방향의 설정과 접근

일반적으로 정보를 처리 분석하는데는 네 가지 조건이 주어졌을 때부터 시작된다. 그것은 ▲어떤 자료가 우연히 주어지는 경우 아니면 특별히 고급스런 첩보가 우연히 입수되는 경우다. ▲자기가 핵심적으로 다루고 있는 영역 중 의미 있는 상황이 발견됐을 때 자발적으로 자신감 있게 전문적으로 처리 할 수 있을 경우다. ▲정보사용자가 특별히 요구해 온 주제에 따라 분석하는 경우다. ▲사회문제 및 외부환경 변화에 따른 예측, 가정을 스스로 설정하고 자료를 모아 분석하는 경우가 그것이다.

이러한 동기에 따른 정보분석 방향과 능력은 조직 내부에서부터 시작된다. 보고서 작성 시, 누가 핵심 사용자인가를 보고 분석방향을 가늠한다. 그리고 자료가 모아졌으면 주제와 방향을 정한다. 그 진행은 현재 일어난 사건(현상) - 분석 - 판단 내용이라는 흐름을 띤다. 최초의 사건(현상)은 좁은 의미의 객관적 사실 현상으로 그 의미를 판단해 해결책을 마련하는 작업이다. 전체(숲)로부터 부분으로, 또는 부분(가지)으로부터 전체로 드러내게 되는 작업, 즉 하나의 현상이 전체로서 존재하고 또 부분의 합성으로써 전체 속에 존재하는 의미를 파악하는 일이다. 이렇게 해서 만들어진 지적 생산물은 보통 명사처럼 사용된다.

경험적으로 보면 분석 진행에 있어서 정보분석자들의 지적 수준 내지 교육적 바탕을 기

55) 테루야 하나꼬 · 오카다 케이코, Logical Communication Skill Training, 김영철(역) 『로지컬 씽킹 : 맥킨지식 논리적 사고와 구성의 기술』(서울 : 일빛, 2002). pp.114~115.

초로 하지만 열정적이며 합리적으로 분석하면 결과는 좋게 나오기 마련이다. 독특하고 탁월한 지식상품은 오로지 한 주제에 집중하는 데서부터 나온다. 정보공동체에 속한 분석자들 전원이 질 좋은 보고서 작성에 열정과 과학적 접근, 합리적 판단을 위해서 지혜를 모으는 것이 정보 분석의 규칙과 원칙이다.

> ➡ 제1원칙은 자료를 잃지 않는다. 자료에 욕심을 내라.
> ➡ 제2규칙은 제1의 규칙을 잊지 말라. 계속 대조하고 평가하라.
> ➡ 제3규칙은 타이밍에 맞춰 논리적으로 분석·생산하라.

또 다른 점을 지적할 필요가 있는데 정보를 분석할 때는 매우 깊은 주의력이 필요하다. 자료가 충족된 후에 진행하는 사실 분석이 첩보수집 때보다 10배는 더 많은 노력이 요구된다는 교훈이다. 자료는 과연 일관성(consistency)과 일치성(consentaneity)이 있는가 등을 살피는 일이다. 여기서 말하는 일관성은 실행적 상황적 유사성이 아니라 전략과 가치에서의 의미 맥락이다. 정보는 목표가 아니라 수단이어서 그 자료들의 분자적 구조가 일치되어야만 충분조건을 갖추게 된다.

그렇게 보면 분석은 광범한 자료를 분류(classified)하고 압축(shrink)하고 통합하고(integrate) 구체화(embody)할 때 귀중한 지적 상품으로 재탄생한다는 점을 알 수 있다. 특히 정보가 있는 곳을 계속 찾아내는 것보다는 현재의 가장 중요한 정보에서 놓친 부문이 무엇인가를 찾아내 분석하고 추론하는 것이 분석 능력이다. 그런 의미에서 정상의 보고서는 결코 저절로 만들어지는 것은 아니다. 보통 '보고서'란 특정사건의 정보량이나 이해도가 정보사용자와 다르기 때문에 이를 정확히 분석해 사용자로 하여금 그것을 옳게 판단하고 정책결정을 잘 하도록 돕는 지식상품이다. 더구나 훌륭한 보고서는 그 조직의 심장이자 영혼이며 그 구성원의 정체성(CI)을 나타내는 것이다. 정보보고서 작성에서는 조금 느리더라도 올바른 방향으로 움직이며 좀 더 확인하는 자세가 중요하다. 이때 분석 진행과정에서 참고할 요소를 제시해 보면 다음과 같다.

● 가치와 원리에 집중하되 상호 조화된 총체적 이견을 모아 접근한다.
● 기본적으로 소비자의 욕망, 의사결정과정과 연결시킨다.

- 창조적이고 색다른 아이디어와 방향을 제시한다.
- 사용자가 이해할 수 있는 쉬운 언어로 기술한다.
- 임시방편적인 판단을 배제하고 진정 자신이 믿고 확신하는 바를 전달한다.

이상에서 보듯이 정보보고서에서는 사건 현실의 의미보다는 전체적인 아이디어를 구상해 대안을 제시하는 일이다. 훌륭한 정보는 새로운 정책의 처방전이라고 할 수 있다. 그러므로 정보제공자는 사용자에게 집중하되 진실되고 독특한 내용을 보고서에 담아야 한다. 독특하다는 뜻은 진기하고 유일무이한 것을 의미한다. 소비자들을 최고의 고객으로 삼고 그 사용자의 정보소비성향을 파악해 좋은 지식상품을 제시하는 일이다.

나아가 모든 사람들에게 순간판단을 잘하도록 하기 위해 판단에 필요한 경험과 교육이 필요하다. 누구나 축적시킨 정보와 자신들의 경험을 통해 빠른 속도로 판단하도록 하기 위해서다. 더구나 국가나 기업에 있어서 빠른 정보를 확보 분석해야만 보다 신속한 의사결정을 내릴 수 있다. 땅 투자에도 권리분석, 지역분석, 부동산 트렌드 분석 등을 통해 재테크에 성공할 수 있다. 축구선수는 놀랄만한 빠른 속도로 정확히 판단을 내려 패스하는데 이는 수 시간 동안 축구연습을 해서 나오는 본능적인 판단이다. 이런 행동은 모두 끊임없는 교육과 훈련의 산물이 아닐 수 없다. 따라서 좋은 보고서를 작성하기 위해서 몇 가지 요소를 제시하면 다음과 같다.

ⓞ 자료의 분류와 범주화 과정 (categorical processing)

자료를 분류(classification)한다는 것은 인간적 활동이며 새로운 것을 창조하는 첫걸음이다. 어떤 형태로 구분하고 고정할 수 있는 개념은 아니지만 우리 모두는 일상생활을 통해 많은 부분을 암암리에 분류하는데 시간을 보내며 그렇게 하기 위해 그때 그때마다 특별한 분류법을 만들어 이용한다. 흔한 예로서 정보의 분류에는 도서관식 정보분류 방법이 있을 수 있다. 모든 정보를 분류해서 존안하는 '듀이식 십진분류법'(Dewey Decimal System)도 있다. 하지만 이런 방식은 별 의미가 없다. 정보는 특정상황, 전문성 위주로 뭉쳐져 생산되고 존재하기 때문이다.

숍질라 닷컴(shopzilla.com)의 재클린 레므스(Jacqueline Remus)는 정보를 '수치화된 정확한 정보' 에서부터 '비수치화된 흐릿한 정보' 로 나누어 분류해 사용했다. 그러나 대부분의 정보들은 수치화된 정보도 아니고 그렇다고 비수치화된 매우 흐릿한 정보도 아닌 중간

회색지대에 놓여 있는 정보도 있다고 했다.[56] 여기서 수치화된 정보는 책에 붙여지는 ISBN 코드가 입력돼 있는 서적류들 혹은 상품의 고유모델들이다. 고객은 자신이 찾고자 하는 정보가 어느 부류에 속하는지를 알면 쉽게 찾아낼 수 있다. 그러나 비수치화된 정보는 고유표식 내지 고유번호가 거의 없다. 그러므로 정보의 홍수 속에서 자신이 필요한 정보를 찾아야 할 때 적절한 정보 수준에서 내가 필요한 정보의 성격(정치 경제 사회 군사 등)을 생각해 접근할 수밖에 없다.

일반적으로 분석관은 수집된 자료를 필요에 따라 항시 분석 가능한 상태로 존안 관리할 수 있는 방법을 연구해야 한다. 자료들은 원자료(1차 자료)와 2차 자료(second materials), 그리고 비밀성격에 따라 대외비(對外秘) 자료로 나눌 수 있다. 여기서 원자료라는 것은 입수된 당시의 형태 그대로를 의미하고 2차 자료는 이미 가공된 정보로서 내부 데이터와 외부 자료로 나눌 수 있다. '대외비'라는 말은 소속 기관이 타 기관의 접근을 막는 자료라고 할 수 있는데 이러한 자료들은 출처와 제목이 표시되어 있으나 '대외비'라는 표시가 없는 자료들도 있다.(도표 1-4)

그 비슷함을 넘어 다른 교훈도 있다. 다산(茶山) 선생은 유용한 정보를 비교하고 대조하라는 의미에서 '피차비대법'(彼此比對法)을 강조한다. 뜻인즉 이것저것 비교하고 대조한다는 말이다. 명백하게 따져 해석상의 오류를 피해 나가라는 지적이다.[57] 누구나 컴퓨터 데스크탑에서는 다양한 찾아보기 혹은 여러 범주로 분류돼 있음을 발견하게 된다. 정보과학자들이 매일 분류체계 및 표준을 고안해 내놓고 있는 덕분이다. 용어의 절약, 정확성, 그리고 오랜 기간에 걸친 분류체계의 전체적인 안정성에 가치를 부여하면서 정보검색을 위한 사전을 설계하고 있는 것이다.

또 다른 범례로 '자료 분류'란 세계의 공간적 시간적 또는 시·공간적 분절화(segmentation)를 의미한다. 분류체계란 사물들을 맥락적으로 구분해 자료통에 집어넣는 것, 그리고 그 안에서 어떤 지식생산을 할 수 있는 한 세트의 상자들이 만들어지는 것이다.[58] 요는 완벽한 정보자료의 정리, 상식적으로 비가시적인 재량적 판단을 유보하고 비교 가능성을 향상시키며 안정성과 표준성을 확립하기 위한 작업이다. 이때 잘 작성된 목록들은 어

56) Bryan Eisenberg and Jeffrey Eisenberg, Waiting For Your Cat to Bark, 김민주(역) 『고양이가 짖을 때까지 기다릴 것인가?』(서울 : 명진출판사, 2007). PP.92~94.
57) 정 민, 『다산선생지식경영법』(서울 : 김영사, 2007). PP. 249~251.
58) Geoffrey Bowker and Susan Leigh Star, op. cit, p.36.

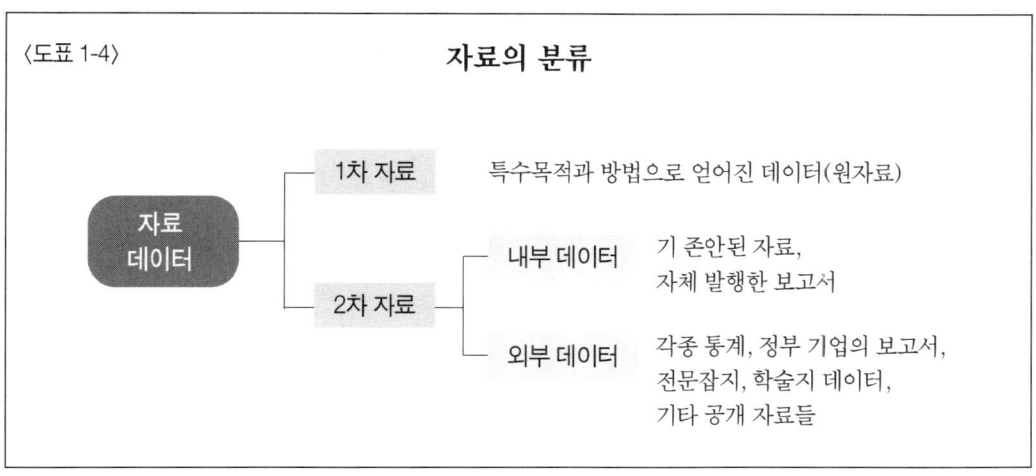

〈도표 1-4〉 **자료의 분류**

자료
데이터

1차 자료 — 특수목적과 방법으로 얻어진 데이터(원자료)

2차 자료
- 내부 데이터 — 기 존안된 자료, 자체 발행한 보고서
- 외부 데이터 — 각종 통계, 정부 기업의 보고서, 전문잡지, 학술지 데이터, 기타 공개 자료들

떤 결과 내지 영향을 가져올 수 있음을 암시한다. 이를테면 ▲작성된 목록들을 통해 비교가 능성을 알 수 있다. 즉 현장에서 나타난 대상들의 의미와 규칙을 발견해 다른 것들과의 비교감이 생긴다. ▲실시간적으로 일어나는 실제들의 차이성과 유사성을 발견할 수 있다. ▲어느 자료가 중요하고 버려야 할 것인가를 결정한다. 그러므로 분류된 자료목록들은 당연히 모든 가능한 방향에 대한 정보를 알게 된다. 이럴 때 사용 가능한 처리, 정밀성 유지, 자료획득의 용이성을 동시에 확보할 수 있는 것이다. 구체적으로 아래와 같은 체크 포인트를 참고할 수 있을 것이다.

- 정보의 애매성을 간과하고 불확실성을 해결하지 못한다면 비현실적이고 반(反) 생산적이다. 총체적인 정밀성을 부과하는 노력을 한다.
- 정보는 단 한 건의 보고서로써 영원히 정의 될 수 없다. 정보는 항상 지속적인 변화를 거듭한다. 변화는 내부로부터의 변화, 관료제의 변화, 기술적 변화에 따라 나타난다.
- 발전하는 사회과학과 표준들은 더 좋은 정보생산을 돕는 것이며 표준화된 정보 서식 혹은 보고서체계들이 분석자들을 돕는 것이다.
- 일상생활에서 의사결정과 필요한 정보욕구들은 사람들의 행동양식에 도움을 준다. 정보욕구는 사물을 보는 안목과 삶의 실행 및 창조 유지에 필요한 것으로서 일종의 '사회적 공학'을 적용하는 것이다.

인간은 사물의 패턴과 흐름을 인식하는 뛰어난 능력을 갖고 있다. 잘 보이지 않는 패턴을 볼 수 있다. 정보자료 정리에 있어서 각각의 섬(島) 모양으로 퍼져 있는 자료를 개괄적으로 흘끗 쳐다보며 패턴을 찾고 그 행간을 읽어라. 철저하게 눈과 귀, 뇌를 집중할 때 행간이 보일 것이다. 동시에 자료를 의심의 눈초리로 삐딱한 시선으로 살펴보는 것도 한 방법이다. 인식활동을 통해 전체를 빠르게 읽어 가되 중요한 요소는 자료를 대조 평가하고 무엇이 다른가를 살펴보아라. 그러면 개인의 아이디어(암묵지), 기억, 조직적 지식의 융합을 통해 정보의 다중적 조각들이 단일의 정합적 틀 속으로 코드화 될 것이다. 섬들로 존재하던 자료들을 한데로 묶는 프로세스다. 그럴 때 당신은 제한된 시간에 필요한 정보를 받아들이고 당신이 의도하는 바를 명확히 할 수 있다.

무엇보다 정보의 하부구조는 광대한 양의 정보를 실어 나르는 지구적 네트워크를 형성한다. 정보는 없어지는 듯하다가 다시 태어날 수 있다. 쓰레기 같은 정보더미에도 성공과 권력 지상주의의 공격적인 가치들이 있을 수 있다. 어떤 정보는 깜짝 놀랄만한 내용(힘)을 지녔지만 이것을 알아차리지 못한 사람들로 인해 빛을 보지 못하고 쓰레기로 버려지기도 한다. 그러하기 때문에 정보 및 과거의 지식을 코드화하고 분류하며 그 체계가 잘 돼 있을 때 미래를 대비하는 것이고 저장정보로 보관했다가 장차 어떤 일에 대비할 수 있는 것이다.

● 사회과학적 이론과 방법의 적용

정보 분석은 논리적 판단(이론 방법)에 근거해야 한다. 미국 CIA의 분석토대를 마련하는데 기여한 셔만 켄트(S. Kent)는 사회과학적 방법을 통해서 인과관계를 규명하고 미래에 대한 예측 판단을 하는 것이 중요하다고 했다.[59] 정보에서도 사회과학적 가설과 검증자세가 필요함을 강조한 것이다. 기업과 국가, 초국가적 사회에서 일어날 수 있는 상황적 문제들과 관련해 가설과 데이터를 통해 지식정보 상품을 내놓는 것이다. 자연주의자 찰스 다윈(Charles Darwin)은 가설 없이 실험할 수 없음을 강조했다. 그는 황당해 보이는 가설을 내놓는 것이 아무 가설도 제시하지 못한 것보다 낫다고 주장했다. 물리학에서 말하는 이론과 실천의 개념을 강조하는 것이다. 그러나 가설(가정의 답)을 사실로 착각해서는 안 된다는 경고도 있다.

가설은 모두 일시적인 예측이고 증명되어야 할 명제다. 사람들은 자신이 기대하는 상황

---

59) Stephen Marrin, "CIA's Kent School : A Step in the Right Direction," March 18, 2002, p. 26.

이 나오도록 기대하면서 가설을 생각한다. 가설을 수립하기 위해서 변화의 근본원인을 분석하는 것으로 양파의 껍질을 벗기는 것과 흡사하다. 가설은 모든 사회과학분야의 주요한 요소로서 대부분의 이론가들은 특정한 수학적 등식에 근거해 관찰하고 논증하고자 한다. 원래 논증에 있어서는 명제를 증명 또는 반증한다는 의미를 포함하고 있다. 사회의 흐름, 운동(motion)에 대한 논증은 유인적(abductive), 귀납적(inductive), 연역적(deductive), 축약적(reductive) 과정들이 논의되는데 이들 용어는 라틴어 'duco' (인도하다)라는 뜻으로 어떤 방향으로의 '운동' 을 의미한다.

특별히 과학적 관찰은 통제된 관찰을 의미하는 것으로서 실험의 모형 등을 통해 사물의 성질, 사회관계로서의 인과관계를 찾는 것이다. 인과관계의 논리구조를 밝히며(필요조건, 충분조건, 필요충분조건) 경험적 가설을 검증하기 위해서는 통계적 처리를 거쳐 사실을 검증하게 된다. 이론적 설명(explanation)은 논리 연역체계를 세우고 명제(proposition)와 변수들 간의 관계와 공리(axiom)를 3단 논법으로 도출하는 것이다. 다시 말하면 이론(theory)의 구성과정은 공리에서 정리(定理)가, 정리에서 경험과 가설이 도출되고, 경험과 가설이 실제조사를 통하여 증명되면 이것이 이론으로 구성된다. 즉 공리 ➡ 정리 ➡ 경험적 가설 ➡ 증명 ➡ 이론적 설명으로 진행된다.

따라서 연역법(deductive method)은 보편적 전제로부터 구체적 결론이나 정책을 도출해 가는 방식이다. 즉 정확한 결론으로 이끄는 인식적 조작의 연속으로 간주 될 수 있다. 그것은 전통적으로 삼단논법과 동일시된다. 어원적으로 deduct는 ~로부터 연역됨(lead from)을 뜻한다. 이를 간단히 3단 논법으로 제시해 보자.

✖ 일반적인 법칙(rule) : 이 자루 속에서 꺼낸 모든 콩이 흰색이다(대전제)

✖ 특수한 사건(case) : 이 콩은 이 자루에서 꺼냈다(소전제)

✖ 유출된 결과(result) : 따라서 그 콩들은 흰색이다(결론)

반면에 귀납법(induction)은 인도되어 들어감(lead into)을 의미한다. 이것은 구체적 관찰이나 경험을 토대로 예측을 시도하여 보편적 결론에 도달하는 방법이다. 귀납법은 특수한 사실의 조사로부터 일반적인 사실을 수집하는 과정으로 이해된다. 이미 알려진 것으로부터 알려지지 않은 것으로 진행되는 추론의 과정이다. 그러나 귀납법의 약점은 관찰이나

〈도표 1-5〉   **질·량적 방법론의 기준**

정량적(quantitative) 방법	정성적(qualitative) 방법
● 논리 실증주의, 총체적 특성, 객관적	● 현상학적 이해중심, 비통제적 관찰, 주관적
● 자료(표본)의 양과 범위	● 자료의 가치(안전성, 일관성, 정확성)
● 공개·비공개 정보의 구분	● 사회 심리적 영향력
● 현장 사건의 탐색조사	● 내외적 타당성과 신뢰성, 사실성
● 자료의 통제·선별·검사	● 예측과 대안성
● 분석 및 보고서 작성인원	● 정보유통과 신속성
● 결과중심	● 과정중심

경험적 사실 이상의 정보가 결론에 포함되기에 그 결론이 부정확해질 수 있다. 그래서 귀납법을 쓰는 경험론자들의 주장에 오류가 있는지 점검하려면 연역법 이론들이 또 필요한 것이다.

그밖에 정성적, 정량적 정보를 정리해 전체적인 이해를 한다. 정성적(定性的, qualitative)인 정보는 객관적으로 표현된 신문, 논문, 뉴스 등의 주관적인 정보이고, 정량적(定量的, quantitative)인 정보는 주로 수치화된 데이터나 통계 등의 정보다. 정성적인 정보는 문헌분석 혹은 심층면적을 통해서 얻을 수 있다면, 정량적 접근에서는 가설 검증관계를 거치게 되는데 이때 필수 불가결한 요소는 비용과 효과, 그리고 리스크를 조사하는 것이다. 이 두 형태 중 필요한 방법으로 질적조사를 해야 하는가, 양적조사를 해야 하는가, 아니면 둘 다를 해야 하는가를 고려하게 된다. 유능한 사람들은 분석에 임하면서 이미 자신의 경험과 지식을 토대로 가설의 답을 머릿속에 그리면서 전체의미를 깨닫고 풀어가게 된다.

3-2. 현안문제를 해결하는 현용정보

우선 '현용정보'(current intelligence)란 모든 현상의 동태를 지금의 시점에서 설명하는 정보로서 즉시 이해관계 되는 '사건'에 대한 정보이며 동시에 사용자에게 그때그때의 정세 및 동향을 알리기 위한 정보이다.[60] 현용정보는 거의 정책결정자의 요구에 의해 생산되는 정보로서 얼마나 현실적이고 정책결정에 왜 필요한가를 판단하는 정보이며 1~2주 내에 끝날 수 있는 성격을 다룬다. 그리고 정책결정에 필요한 현용정보는 사건에 대한 정보로서 생정보, 수시정보, 시사정보 등이 있으나 주로 현안에 대한 전략적 판단과 경고에 관한 정보들이다. 사회현상을 평가할 때 그 정보를 통해 어디로 갈 것인가, 이를테면 즉응성 지식과 현장 정보를 동원해 의사결정 방향을 제시하는 것이다.

나아가 현용정보는 현재 일어나는 이슈를 정보로 변형시키는 것이다. 이슈는 사건의 의미를 환기시키고 의문 속에 비판하며 사용 가능한 지식정보 상품으로 만들어 가는 일이다. 이때 정보에서 중요한 것은 정보내용을 얼마나 많이 알고 있느냐 하는 것이 아니라 분석자 자신이 모르는 것을 얼마나 현실적으로 확실히 알고 있는가 하는 점이다. 자신이 아는 것과 모르는 것을 명확히 하는 것이 중요하다는 의미다. 정보는 예측불허를 해결하는데 도움이 되지만 그것이 잘못되었을 때 큰 이익의 손실을 가져올 수 있다는 점에서 정보는 양보다 희소하고 가치 있는 것이어야 한다.

◑ 가치 창조물로서의 정보보고서

다소 임의적이지만 정보보고서는 과거에 썼던 보고서를 재탕 삼탕으로 베끼는 일이 흔하다. 아니 새로 작성하는 보고서에 앞서서 이미 작성되었던 보고서는 잊을 필요가 있다. 정보전문가는 남의 정보를 베끼는 것이 아니라 남이 가지 않은 길, 시도해 보지 않은 영역(출처)을 개척해 비밀스런 정보를 찾아낼 줄 아는 사람이기 때문이다. 새로운 솔루션으로 정보를 생산하고 사용토록 하는 것이다. 그러므로 분석할 '꺼리'가 없다거나 보고서가 일회용 반창고 같은 미봉책이어서는 안 된다. 보고서는 '이 정도면 되겠지' 하지 말고 진정 '이것으로 충분한가'를 자문자답해 본다. 다시 강조하면 보고서가 완성된 후 ▲다시 자세히 읽어보자. ▲잠시 머리를 식히며 기다리자. ▲재구성여부를 검토해 보자. ▲완전하고 믿음이 가는 최종보고서로 끝낸다.

그러나 정보를 지나치게 의심의 생각으로 보는 태도, 흔히 주변에서 볼 수 있는 의처증과 비슷한 망상장애에 걸려서는 안 된다. 그렇다고 정보가 요술지팡이 역할쯤으로 생각해서도 곤란하다. 병원에서 환자 수술은 마지막 선택이지만 진짜 좋은 수술은 지나치거나 부족

---

60) Bruce W. Wotson(ed), United States Intelligence : An Encyclopedia, (New York : Garland Publishing, INC. 1990) pp.141~143.

해도 안 되는(過猶不及) 기술이다. 정보의 해석과 판단의 경우도 이와 같아서 소망적 사고나 감정을 배제하는 것이 중요하다. 정보생산자는 분석 작업에 들어가기 전에 염두에 두어야 할 중요 요소가 있다. 그것은 다음과 같다.

- 우선 특정사안에 대한 문제제기를 숙고한다.
- 현재 당면한 국가, 기업의 위치에서 생각하고 계획한다.
- 모든 것을 모두 충족시키는 정보는 없다. 따라서 만병통치약의 정보를 다 구하지 않는다.
- 더 빨리, 더 훌륭한, 더 가치 있는 보고서를 내도록 하라. 이 같은 보고서는 조직과 사회의 연속적 이익을 창조할 것이다.
- 사용자가 원하는 차별화된 보고서로 그들의 욕망을 충족시켜라.
- 정보는 흐름이다. 시간의 흐름에 따라 도전과 능력을 조화시켜라.
- 사용자가 요구할 때까지 기다리지 말고 문제해결에 앞서가라.

동어반복이 계속되지만 정보생산은 사용자를 위한 가치창조작업이다. 아마도 정보생활 중 분석과 통합은 분석관들에게 가장 기초적인 업무다. 우리가 간과하지 말아야 할 것은 정보생산자는 최고 사용자들의 조력자 역할을 담당한다는 사실이다. 그러하기 때문에 분석판단은 치약을 짜내듯 모든 역량을 동원해 집중하는 작업이다. 정보수집과 생산에 있어서 자신만의 프리미엄 파워도 중요하지만 유익한 정보를 지속적으로 수집하는 채널, 동시에 적시에 분석 이용할 수 있는 능력이 더 필요하다. 정보는 입체적으로 접근하는 것이다.

그러므로 이렇게 말할 수 있다. 정보생산자는 가위와 풀만 가지고 편집하는 것도 아니고 장님이 코끼리 만지는 식으로 접근하는 것도 아니라고. 지적능력과 전문가적 판단으로 핵심정보를 생산해 사용자의 의도와 리듬에 맞춰 행진하는 동반자라고 말 할 수 있다. 분석자는 사용자가 생각하고 요구하고 결심하는데 기여하는 사람들이다. 정보사용자의 불만사항을 시급히 해결하는 것이 주요 임무일 뿐만 아니라 한 편의 증거는 거대한 베일의 단면을 들춰내는 사람들이다.

따라서 균형 잡힌 보고서는 정보공동체의 버팀목이며 사용자를 춤추게 한다. 그때에 분석관들은 기쁨과 절정의 순간을 느낀다. 교훈적이지만 마케팅 담당최고경영자로 알려진 아른 시나(Arun Shina)는 'Sweet Spot'을 강조한다. 이 의미는 운동경기에서 볼이 중앙에 맞았을 때 느낄 수 있는 짜릿한 쾌감이다. 정보활동에서도 좋은 정보, 질 좋은 보고서, 그리고

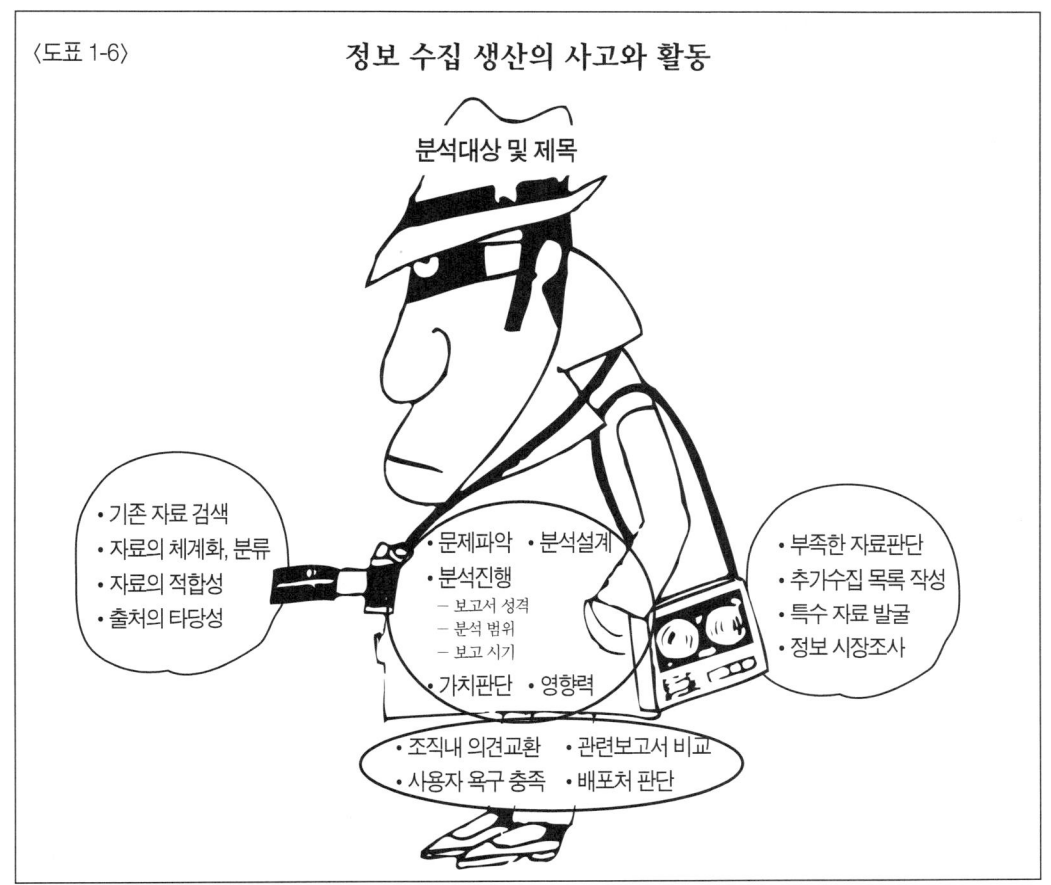

〈도표 1-6〉

정보 수집 생산의 사고와 활동

분석대상 및 제목

- 기존 자료 검색
- 자료의 체계화, 분류
- 자료의 적합성
- 출처의 타당성

- 문제파악 • 분석설계
- 분석진행
  - 보고서 성격
  - 분석 범위
  - 보고 시기
- 가치판단 • 영향력

- 부족한 자료판단
- 추가수집 목록 작성
- 특수 자료 발굴
- 정보 시장조사

- 조직내 의견교환 • 관련보고서 비교
- 사용자 욕구 충족 • 배포처 판단

사용자를 열광시켰을 때 그러한 쾌감이 충족된다는 것이다. 국가 이익이 걸린 전략적 불확실성 속에서 당신의 보고서가 성공의 길로 이끌었다면 누구나 성취의 만족감을 느끼게 될 것이다.

정보의 효용성과 가치 확대

가치 있는 정보가 적시에 적절한 방법으로 전달되면 소비자들은 늘 있게 마련이다. 정보는 정확한 내용 명확한 목표를 가진 정보일 때 가치가 향상된다. 기업의 CEO들이 이익의 극대화, 주주가치의 극대화를 추구한다면 정보분석가들은 정보가치의 확대가 생명이다. 여기서는 '전체적 사회적 사실'(fait social total) 들에 대한 의미를 판단하는 일이다.

정보학에서는 인간관계와 관련된 가치가 아니라 정보의 객관성과 사실성, 당위성

(sollen)에 관한 것이지만 더 중요한 것은 현실이 '존재론' (sein)적으로 '어떻게 되어 있는 냐'에서부터 출발한다. 정보효용성의 확대는 현실을 우선 하는 것으로 방법론보다는 사실 (fact)의 존재 그대로를 파악하는데 있다. 결국 정보의 질을 결정 짓는 요소는 지식이나 정 보를 잘 편집, 분석하는 것으로 볼 수 있지만 질에 대한 척도는 타당성, 긴밀성, 이용성에 의 해 좌우된다. 특히 국가정보에 있어서는 무엇보다 관련성(relevance), 적시성(timely), 정확 성(accuracy), 완전성(completeness)에 따라 가치가 좌우된다.

여기서 말하는 '관련성'이란 진행되고 있는 사건들의 변화관계로서 둘 혹은 그 이상의 변수의 변화 정도를 알아내는 개념이다. 모든 생활사(life history)는 계기(繼起 : succession)와 계기(契機 : occassions)들이 생겨나는 것이어서 모두 관련성과 동시에 맥락 성을 갖는다. 그리고 '적시성'은 시간의 개념과 결부된 요소들, 즉 존속과 변화들의 개념이 지만 정보에서는 현재의 시간들, 변화하는 그 자체의 시간성(temporality)이 중시된다. 정보 는 사용자가 필요로 할 때 그에 알맞게 적시에 제공되어야 한다는 원칙이다. 사실 정보가 기록되는 순간 그것은 과거의 것이 되기도 하기 때문에 정보가 창조될 그때가 바로 정보가 유용하며 행동가능한 시간이 된다.

또한 '정확성'은 정보자료의 평가 및 분석에 중요한 영향을 미치는 기준이 된다. 정책결 정자가 무엇을 알고, 무엇을 모르고 있는지 등에 대해 정확히 이해시키는 것을 의미한다. 마지막으로 '완전성'이란 논증의 형식적 구조인 법칙이나 조건 등 모두를 명시적으로 설명 하는 개념이다. 정보의 내용이 복잡하거나 혹은 불충분 한 것 그 자체가 전혀 안 된다고 말 하는 것이 아니라 가능한 정보를 충분히 이해할 수 있도록 완전성을 기한다는 의미이다.

그런데 정보는 완전성을 분명히 요구하지만 정치적 코드로 작용한다는 점을 염두에 두 어야 한다. 정보사용의 목적은 정의, 자유, 안전, 책임, 충성, 공공선 등을 위한 정치적 목적 과 관련되기 때문이다. 권력은 정보가 필요하고 정보는 권력자를 만들 수 있다. 권력중독자 (power freaks)들은 특별한 정보를 간절히 요구하기도 한다. 그러나 무조건 지배자 코드에 맞추는 정보 접근은 매우 위험하다. 정보를 하는 사람이 때에 따라 거짓말을 할 수 있다고 하지만 정보의 코드는 완벽함보다는 정치적이다. 모든 국민이 반대해도 20~30명의 정치지 배집단이 결정하면 나쁜 정책이라도 그대로 굴러간다.

의심할 여지없이 현대의 정보 소비자들은 보고서를 통해 ▲즉각 해답 받기를 추구하고, ▲전문적 소비자로서 활동하며, ▲정보소비자 주권 시대를 열어가고 있다. 정보소비자들은 권력을 쥐고 있다는 사실에서 정보 분석 생산자는 더 이상 개인으로 행동하지 말아야 한다.

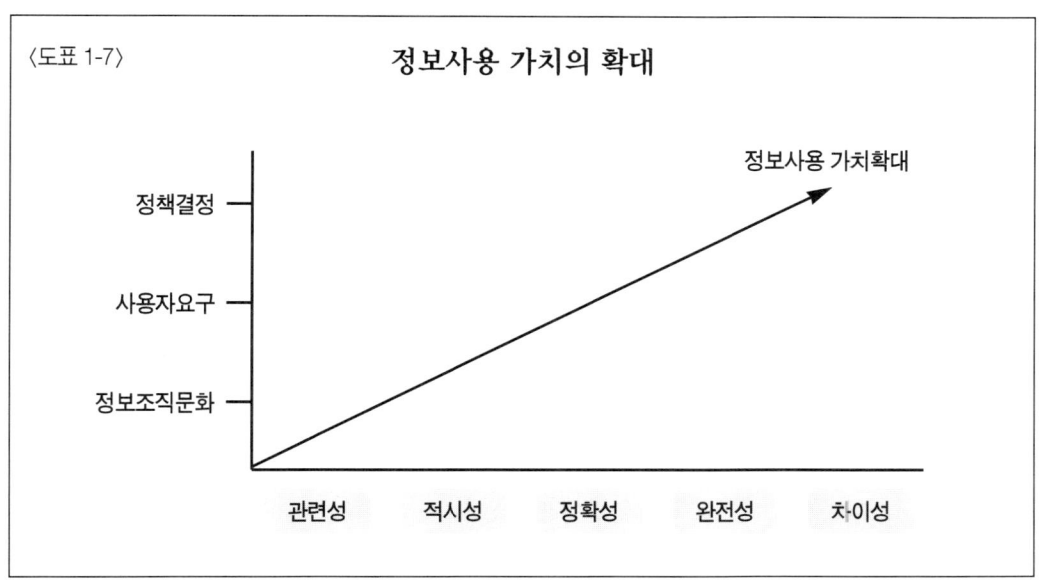

정보를 생산하는 사람은 어려운 일이지만 소비자 욕구에 맞춰야 한다. 더구나 정보는 이제 단순히 적을 이기는 방법을 넘어 모든 생활의 기초가 되는 '밑바탕 정보'를 필요로 하고 있다. 물론 정보가 모든 문제에 대해 '명약'은 아니며 마법 같은 정보는 실로 흔하지 않다. 정보는 불확실한 상황에서 정책결정을 돕는다는 사실에서 다음과 같은 의미를 포함하는 정보여야 한다.

- 정보보고서는 앞으로 닥쳐올 미래에 대한 예측이고 이에 대응책을 제시하는 것이다.
- 정보는 소비자의 욕구에 답할 수 있는 내용이어야 한다.
- 적국 또는 경쟁자는 궁극적으로 나의 이익을 해치고 우리의 생존에 대한 위협이 되고 있다는 생각이 들 때의 필요한 정보다.

매우 시사적이지만 권력체계에 영향을 미치는 정보는 현시성이요 운동(moving)이다. 한 지점에서 다른 지점을 따라 이동하며 사용가치를 추가한다. 우리들 역시 현재의 흐름과 함께 일하고 정보를 취하며 살아간다. 이와 관련해 아무리 강조해도 지나치지 않는 본질적인 사실은 정보는 계속 흐르고 있다는 의미의 연결과 연속성이다. 연속성은 하루 사이에 혹은 그 이상의 시간에서 크게 변하지 않는 의미의 정보판단이다. 정보는 흐르는 코드라는 점에서 정보를 직업으로 하는 사람들의 정체성은 흐르는 정보에 대해 포착하는 활동과 성찰이다. 오늘 작성된 보고서는 내일 더 유효한 보고서로 편집될 수 있다. 이것은 끊임없이 정보의 흐름이요 편집을 의미하기 때문이다. 정보의 현시성은 같은 시간을 의미하는 동시화(synchronize)를 이룬다는 점에서 시간 내 정보이다.

시간적 의미뿐만 아니라 조직적으로 생산된 보고서는 검증된 이성으로 간주된다. 그러하기 때문에 정보를 기반으로 해 논리적 결론을 이끌어냈다면 쉽게 타협을 하지 않는다. 권력자에 대한 정보타협은 정보제공자로서의 자세가 결코 아니다. 중국 역사 속의 위대한 재상과 제후 책략가들의 교훈은 아니더라도 죽을 각오로 원칙을 지키는 모습은 아름답다. 좋은 정보란 진실을 일관되게 견지하는 것이다. 말할 나위 없이 정보는 허위(거짓)를 전제로 접근하지 않는다는 원칙이다. 허위나 부정직한 것은 끝에 가서는 진위 여부가 판명되게 마련이다. 정보를 왜곡하는 것은 거짓말을 하는 것이나 다름없다.

◑ 정보보고서의 의미와 구성

정보보고서는 정보사용자로 하여금 상황판단을 잘 하도록 프레임(frame)을 제공하는 것이다. 프레임은 사람들 마음의 창을 통해 세상을 보게 하는 틀이다. 정보세계에서 사용자가 상황의 개념을 구조화하고 사유방식을 형성하며 심지어 지각방식과 활동방식에 영향을 주는 틀이다.[61] 따라서 보고서의 목적은 사건(matters)을 개별적으로 설명하는 것이 아니라 그 의미를 벗기거나 드러냄(exposition)으로 이해될 수 있다.

우리가 주목하는 것은 국가정보에서의 일일정보, 상황보고, 특상보고서, 중장기판단보고서 등의 작성은 일종의 창조적 긴장(creative tension) 속에 '드러냄'의 작업이 아닐 수 없다. 이것도 하루에도 수차례 일어나는 상황에 대한 보고서 생산이 이뤄지고 있는 것이다. 상황보고서는 특정분야의 일일상황 정책추진 상황 또는 즉시 알고 있어야 할 내용이거나 대응할 필요성, 그리고 시의성이 강한 사건들을 다루는 정보이다. 그리고 중장기 판단보고서들은 점진적 접근법(progressive approximation)을 원용한 중장기 정책보고서다. 맨 처음 최선의 답을 구한 후 추가적으로 데이터 수집과 분석을 통해 그 답을 개선해 최종 보고서를

---

61) George Lakoff, The Rockridge Institute, Thinking Points : Communication Our American Values and Visions, 나익주(역) 『프레임전쟁 : 보수에 맞서는 진보의 성공전략』(서울 : 창비, 2007). pp.45~46.

내는 작업이다. 그러나 이 같은 보고서는 몇 개월 혹은 1년 정도 걸린다고 할 때 많은 돈과 시간이 소요되는 어려운 작업으로 인식된다. 대부분의 분석자들은 이런 보고서 작성을 기피하는 경향이 많다.

극단적으로 말한다면 판단보고서의 작성 혹은 기타 글을 쓴다는 것은 고통스러운 작업이 아닐 수 없다. 하지만 고도의 집중력을 요구하는 분야로써 특정목표에 대한 관심이 커질 때 정보는 잘 보이게 마련이다. 창의적인 사고는 보이지 않는 의식과 수많은 행동이 모여 이루어진 긍정적인 결과다. 단언하건대 (정보)보고서를 잘 쓰는 사람들은 조직 내에서 인정받고 승진하며 성공할 기회가 많은 사람들이다. 제대로 보고서 한 장 못 쓰는 인간은 쓸모가 없다.

- 새로운 고급정보는 매우 매혹적이고 사람들에게 깊은 관심을 끈다.
- 새로운 정보는 이용가치가 높아지고 낡은 정보는 가치가 줄어든다.
- 새로운 정보는 우리 업무에 있어서 영향소이고 문제해결의 지식이 된다.
- 그러나 정보는 항상 신뢰의 불확실성과 위험성을 수반한다.

다시 강조하거니와 분석자가 주목해야 할 것은 특정 이슈에 대해 간단명료하게 분석 평가한 것이 정보보고서다. 이런 정보보고서는 형식적으로 제목 − 문제제기(도입문) − 본문 − 결론으로 이어진다. 제목은 전체 내용을 한눈에 알 수 있도록 핵심내용을 압축한 단어로 제시한다. 문제제기 내지 도입부문은 제목 바로 밑의 첫 문장으로 가장 중요하고 결론적인 내용을 요약 제시한다. 이때 첫 문장은 리드(lead) 부문이라고 한다. 본문은 중심내용의 실체 현황 문제점 예상 동향 등을 기술한다. 결론에서는 한 줄로 요약하며 평가 대안 조치 의견 고려사항을 제시할 수 있다.[62]

또한 문장 작성에서 까다롭지만 엄선된 용어를 사용하고 간결하게 요약 평가하는 것이 보고서의 생명이다. 문장은 단순한 표현으로 메시지를 전달하는 것이다. 신문기사 작성과 비슷하지만 정보보고서에서 잘 만들어진 리드 부분은 많은 양의 정보를 압축해서 전달할

---

62) 참고적으로 미 CIA는 정보보고서 작성 기준으로 ▲결론을 먼저 서술한다. ▲정보를 조직화 체계화한다. ▲보고서 형태를 이해한다. ▲적합한 언어를 사용한다. ▲단어를 경제적으로 사용한다. ▲생각한 것을 분명하게 표현한다. ▲능동적 표현을 쓴다. ▲자기가 작성한 보고서를 스스로 검토(오·탈자, 내용상의 오류 등)한다. ▲동료들의 전문지식과 경험을 활용한다.

수 있다. 표제와 리드 부문만 읽고서도 내용 전체를 알아보는 역피라미드 구조가 사용자들에게는 최상의 구조다. 미국의 언론인으로 사설 부문 수상자인 돈 위클리프(Don Wycliffe)는 '만일 2시간 동안 기사를 써야 한다면 나는 첫 1시간 45분 동안 리드를 쓰는데 바칠 것'이라고 했다.[63]

그리고 보고서 형식으로 필요한 모든 것을 한 장의 종이로 정리한다. 가능하면 A4 크기 용지에 핵심정보를 담아내야 한다. 많은 기업들은 A4용지 1장짜리 보고서 쓰는 실기교육을 시키는데 이는 그만큼 간단한 보고서 쓰기가 중요하다는 뜻이다. 간과하지 말아야 할 요지는 문제해결 제시에 있어서 간결하게 말하고 현재 상황을 상세히 기록한다. 근본원인을 찾아내고 이에 대한 대안 혹은 해결방향을 제안하며 비용편익 분석을 해 보아야 한다. GE의 잭 웰치(Jack Welch) 회장의 책상에 올라오는 보고서는 한 페이지를 넘는 것이 거의 없었다고 한다. 수백억 달러가 걸린 투자결정을 할 때도 그는 단 한 장의 보고서만 보았다고 한다. 보고서 작성에는 지각 있는 절제가 요구된다는 뜻이다. 문장에 형용사 등 색깔을 입히지 않는다는 것은 현학적이고 난해한 단어를 쓰지 않는다는 뜻이다. 간결하고 직접적인 설명이 가장 훌륭한 글이다. 정보보고서가 길어지는 것은 쓰레기 범주들을 늘리는 것이다. 이것은 해결책이 아니라 오히려 문제를 교묘하게 회피하려는 것이다.

참고적으로 최초 작성된 보고서에 대한 중간관리자(팀장 과장)들은 보고서에 대한 에디팅작업(editing work)을 하는데 있어서 데이터의 '분석 − 결론'의 타당성을 검토하면서 정밀성을 유지한다. 특히 중간관리자들은 '결론 − 근거'의 역순으로 다시 확인하는 자세가 필요하다. 마지막 보고서를 정리하는 사람은 베이스 런닝을 하는 사람이고 보고서를 검토하는 사람은 스포츠에서 딱 한 방으로 마무리를 하는 선수와 같다. 그것이 야구에서 안타내지 홈런을 치는 것과 같다.

그러면 보고서 내용에 있어서 진술의 양은 어느 정도가 적합하고 또 마지막에 제시하는 정책대안 내지 권고사항이 많을수록 좋은가. 전자의 경우 보고서가 길다고 해서 그 질이 높아지는 것은 결코 아니다. 실제보고서에서 10~15% 만이 알짜 내용이다. 경험적으로 보면 연구소의 보고서들이 두터운 분량으로 쓰여졌지만 쓸데없는 현란한 문장들과 도표로 메워져 있다. 때로는 정부나 기업에서 정책으로 실행할 수 없는 내용도 적지 않다. 심하게 말해

---

63) Chip Heath, Dan Heath, Made to Stick : Why Some Ideas Survive and Others Die (New York : Random House, 2007) pp.32~37.

서 어쩌면 정보 사기꾼 같은 보고서도 많다.

　후자의 문제는 사람들이 보고서로 인한 책임문제 내지 경제에서 말하는 손실피해를 염두에 두는 개념이다. 위기 손실로 인한 불만족과 조직의 실패를 가져올 수 있는 것을 회피하는 방법을 추구하게 된다. 그래서 분석자들은 여러 대안을 제시하며 책임을 회피하려 한다. 경제학이나 의사결정 이론에서 보면 사람들이 자유롭게 선택할 수 있는 선택안이 많으면 많을수록 좋고 사람들의 만족도가 커질 것이라는 전제가 암묵적으로 존재한다. 하지만 대안제시가 몇 개 될 때 주어진 문제를 해결하기보다는 미봉책으로 그칠 때가 많다.

　그러면 과연 그럴까. 일본의 도모노 노리오(友野 典南)는《행동의 경제학》에서 '소비자는 다양한 선택안이 준비된 점을 인정하지만 선택안이 너무 많으면 결국 결정할 수 없다'고 했다. 선택대안이 너무 많으면 오히려 잘못된 선택을 하지 않을까 하는 일종의 회의에 빠질 수 있다는 것이다.[64] 이 같은 현상을 슈왈츠(Schwartz)는 '선택의 패러독스'라고 했다. 정보에서도 잘못된 자료 선택은 흔한 일로써 단순한 정보선택은 대안을 잃고 이해관계에 심한 갈등을 일으키게 되며, 나아가 정보조직의 특수 역량까지 노출될 수 있다.

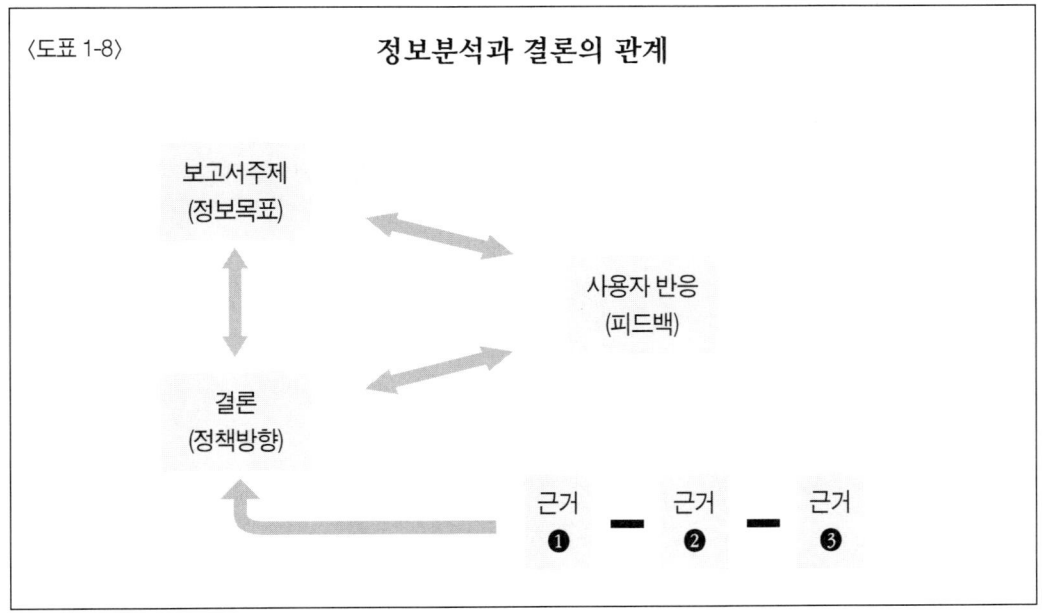

〈도표 1-8〉　　　　　　　　　**정보분석과 결론의 관계**

보고서주제
(정보목표)

사용자 반응
(피드백)

결론
(정책방향)

근거 ❶ － 근거 ❷ － 근거 ❸

---

64) 도모노 노리오, Behavioral Economics, 이명회(역)《행동의 경제학》(서울 : 지형, 2007), pp.187~188.

끝으로 정보생산자는 정보를 합리적으로 해석하기 위해 몇 가지 조심할 사항이 있다. 그 것은 ▲목표와 가치, 동기가 확실한 상태에서 접근한다. 정보는 첫 출처(인간정보 혹은 원 자료)로부터 모든 것이 시작되는 만큼 듣는 일부터 시작하는 자세가 필요하다. ▲생산한 보 고서 자체가 다른 사회조직과 사용자에게 끼치는 영향을 숙고하라. 지나치게 이상화된 모 습이 아니라 조직 내 궤도에서 속도를 내거나 성장을 할 수 있도록 하는 것이다. ▲사용자 의 멍청한 질문에 답할 수 있도록 해야 한다. 보고서와 전혀 다른 시각에서 질문할 수 있다. 당신의 작업과 다른 새로운 제안을 할 수 있다는 점을 유의한다. ▲조직의 성장과 이익을 위한 대안적 가치로서 자료와 방향을 제시한다. 분석자 자신의 가치가 개입되지 않도록 개 방적인 자세로서 긍정적 대안을 제시하는 일이다.[65]

결국 보고서를 잘 쓴다는 것은 누적적 습득을 통한 기술임에 틀림없다. 정부 기업 등 거 대조직에서 성공하는 사람들은 바로 쌓이는 자료들과 신간 서적들에 대한 독해력을 바탕으 로 문제해결 아이디어를 얻고 있으며, 나아가 우수한 문장력을 소유하고 있는 사람들을 우 대한다. 여기서 독해력이란 글을 읽고 핵심내용을 정확히 파악하는 능력이고 문장력은 자 기 생각을 분석적으로 잘 표현할 수 있는 능력이다. 더구나 정보생산자는 항상 사용자를 이 해하고 아이디어를 제공하는 위치에 있는 사람이다. 조직의 시스템과 조직의 목표 및 사용 자의 니즈에 응답하는 것이다. 사용자에 대한 이해와 니즈를 결합시키는 것이 보고서이고 사용된 후 그 반응을 보고 다시 피드백을 참고하는 것이 중요하다. 정보보고서에 불만이 있 는 사용자는 더 이상 생산자에게 기대하지 않고 다른 사람들에게 의지하게 될 것이다. 그때 부터 그 조직의 보고서는 소용이 없어진다. 분명히 정보전문가에게는 깊은 통찰력과 분석 능력이 요구되는 일이다.

3-3. 정보의 전파와 피드백

국가정보기관에서는 수집 ─ 분석평가 ─ 배포라는 이 세 가지 기능을 각각 독립된 기능 으로 취급하고 있으나 이 세 요소 사이에는 밀접한 상관관계를 지니고 있다. 만일 정보활동

---

65) Robert M. Tomasko, Bigger Isn't Always Better : The New Mindset for Real Business Growth, 나중길(역) 『거대 기업의 종말』(서울 : 토네이도, 2007), pp. 291~313.

이 능률적이며 또 정보가 국제정세를 신속히 판단하고 중대한 정책결정을 내리는데 있어서 고유한 기능을 훌륭히 수행하려 한다면 이 세 가지의 기본적인 활동은 매우 중요한 것이고 조심스러운 것이다. 비유하자면 제대로 된 정보를 관련기관에 제공하고 배분하는 것은 전쟁터에서 무기에 탄약을 장전하는 것만큼이나 중요한 일이다.

정보의 마지막 단계는 배포이지만 엄밀한 의미에서는 정보이전(intelligence transfer)으로 다른 사람에게 이익이 될 수 있고 솔루션이 될 수 있는 것이다. 그래서 정보는 확장성을 갖는 것이며 적절히 소비되는 것이다. 그러나 이때 정보의 비밀성과 관련해 정보의 개방성(투명성)과 비밀유지의 타당한 밸런스가 중요하다. 다시 말해 정보가 발표되는 것과 숨겨지는 것이 있다. 공식보고서로 생산되어 공개됨으로써 거대한 지식사회에서 거래되는 정보가 있고, 또 하나는 생산된 보고서일지라도 극히 제한된 사람만이 책임 있게 열람하거나 사용할 경우는 '숨겨진 정보'로서 보통 비밀로 보호되는 정보이다.

⊙ 문서의 배포와 비밀관리

관료주의적인 입장에서 보면 종교처럼 신성불가침의 것으로 여겨지는 지휘계통은 또한 배포활동의 능률적이고 효과적인 수행을 방해하는 경향이 있다. 우리가 알고 있듯이 하나의 정보보고서는 비교적 계급이 낮은 실무자 수준에서 맨 처음 작성된다. 즉 그들은 자기의 직속상관에게 보고서를 제출하고 그 상관은 또 그 윗사람에게 제출돼 수정 보완되는 과정을 거친다. 때때로 배포부서 자체 내의 비효율적인 정보순환 구조와 지휘계통의 간섭은 실제로 필요한 부서—최종적인 정책수립자나 지휘관—에 적시에 도달되지 못함으로써 그들이 필요한 행동을 취할 수 없도록 방해하는 경우도 있다.

그러므로 정보 상품의 적절한 배포 방법과 D/B 관리는 중요하다. 아무리 가치 있는 정보라 하더라도 그것을 정보기관의 기록철에 철해둔 채 사장시켜 버린다면 그것은 전혀 소용없는 정보가 된다. 이러한 사실에 대해서는 정보팀 자신들이 충분히 인식하고 있다. 그래서 각 정보기관에서는 일반적으로 평가된 정보의 배포활동을 그 기관이 수행하는 활동 중에서 '정보의 배포활동'(dissemination of intelligence)이라고 말한다. 이 활동은 보통 정보기관 내의 독립부서에서 맡고 있는데 '문서 배포처'라고 불리는 부서에서 배포의 기능을 담당한다.

일반적으로 정보보고서의 배포기능은 인쇄물이나 e메일, 팩스, 컴퓨터망을 통해 보고서를 있는 그대로 직접 배포하는 경우 여러 가지 수단과 기술을 사용해 수행한다. 그렇지만 타당한 정보가 그것을 필요로 하는 사람들에게 제대로 배포되는지를 관찰하는 것도 배포기능의 하나라는 점에서 정보의 배포는 본질적으로 많은 책임을 수반하는 지적활동이라고 해야 할 것이다. 명품상품이 희소하듯이 좋은 정보도 소수 인원에게만 허락되는 한정배포를 하게 되는 것이다.

다시 말해 때때로 배포부서의 일부 하급직원들 가운데는 자기들의 임무를 기계적으로, 사무적으로 처리하는 경우가 있다. 그들은 자기들이 갖고 있는 서류들을 형식적으로 읽어보고 그 보고서를 미리 작성된 배포목록에 따라 수신인(처)을 결정짓는 것이다. 그런 결과로 중대한 정보자료가 최선으로 이용할 수 있는 사람들에게 전달되지 않는 경우가 있는가 하면, 설사 전달된다 하더라도 이미 때가 늦는 경우가 있다. 또한 불필요한 사람들에게도 '배포처'에 들어 있다고 해서 무조건 보내는 사례도 있다. 이상의 내용을 다시 요약하건대 보고서 배포에서 필히 점검되어야 할 쟁점들을 몇 가지로 나눠 볼 수 있다.

- 보고서의 비밀분류 정도 : 출처 및 내용의 비밀성 정도 그리고 보고서 내용의 중요성은 어느 정도인가.
- 정보소비자 대상 : 누구에게 보고되어야 하는가. 최상급 직위 혹은 다른 정보공동체들, 아니면 소수에게만 보고할 것인가.
- 보고할 시기 결정 : 시간의 속도문제로서 즉시 전달 할 것인가, 아니면 다음 날 적당한 시기에 보고해도 되는가.
- 보고서 전달 형식 : 사용자에게 가장 효과적인 정보전달 방법은 무엇인가. 조직 내에서의 팩스, e메일인가. 아니면 직접 전달할 것인가.

◯ 비밀문화 유지

사실 세상에는 비밀로 가려진 요소들이 많다. 사회적 긴장감 혹은 권력의 암투와 음모 속에는 더욱 그렇다. 특히 국가안보 이익과 관련된 고급정보는 비밀로 지정되어 보호된다. 최근 발행되는 책들 중 베스트셀러는 秘儀主義(Esote'risme)를 띄는 '다빈치코드'와 '연금술사'와 같은 책들은 수백만 부가 팔려 나갔다. 이 책들은 우리가 사는 현실의 한 쪽 다른 비밀 세계를 이해하려는 내용들이다. 다른 세상에도 인간이 전혀 눈치 채지 못한 비밀이 있다고 믿는 것, 즉 그것을 숭배하는 사람들의 은밀한 집단이 존재한다는 상상력을 동원하고 있다. 그 배경에는 인간이 더 이상의 비밀이 없는 세상을 바란다는 욕망이 작용하는 것이다.

그러나 정보관리는 현대 정부의 아킬레스건으로 남아 있다. 정보 데이터를 보호하기 위한 비밀문화가 여전히 유지된다. 정보활동에 있어서 정보의 생산에서부터 배포, 사용되는 과정까지 비밀성을 유지하려 한다.

특히 비밀성을 보호하기 위해 정보보고서의 작성 및 배포 단계에서부터 우선 보고서의 비밀등급을 부여하는 문제가 생긴다. 정보순환단계에서 보더라도 정보자료는 비밀등급이 부여된 이후에 배포처에 들어온다. 문서는 비밀의 정도로 표시되어 독특하게 분류되고 사용자에게 전달된다. 비밀의 등급은 보통 Ⅲ급비밀(Confidential)이 있고 다음은 Ⅱ급비밀(Secret)이며 가장 높은 분류등급은 Ⅰ급비밀(Top Secret)이다. 예로서 Ⅰ급비밀의 내용은 미국의 '국가안보 정책지시'(National Security Decision Directives)에 나타나는 전략적 지침을 들 수 있다.[66] 비밀성이 매우 높은 사항이나 작전 내용을 담은 특정문서는 각각 고유의 분류로 등급을 매긴다.

그런데 문제는 비밀등급화가 무원칙하게 매겨지는 경우가 많다는 사실이다. 비밀문서의 비밀등급은 원칙상 그 문서를 받아볼 사람이나 부서에 따라 배포범위가 결정된다. 물론 비밀등급이 부여되지 않은 문서는 가능한 배포에 한계를 두지 않는다. 그렇지만 모든 보고서가 보호대상이라고 착각하지 말라. 정부의 행정관리라면 그 비밀 분류가 설사 되어있지 않은 문서라도 비인가 자에게 넘겨주는 일은 없어야 한다. Ⅲ급 비밀로 분류된 보고서는 배포에 한계가 있기는 하지만 그 내용을 알아두어야 할 많은 사람들에게 배포될 수 있다. Ⅱ급 비밀로 분류된 문서는 배포에 있어서 더욱 제한을 받지만 그래도 수백 명에게 배포될 것이다. 그렇지만 Ⅰ급 비밀로 분류된 문서는 극히 소수의 사람들만이 볼 수 있는 것으로서 때로는 2~3명 이내의 열람자에게만 허가되는 경우가 있다.

미국의 경우 비공개대상정보를 ▲국방이나 외교상의 이익을 지키기 의해 대통령이 비밀로 분류한 정보 ▲특정한 법 조항에 의해 비공개로 지정된 정보 등으로 극히 제한된 범위에서 차단하고 있다. 이렇게 등급이 높게 분류된 문서는 사람이 직접 휴대해서 전달한다 하더

---

66) 미국의 안보정책지시는 주요 외교문제를 다루는 비밀문서이다. 이는 대통령의 고위보좌관들과 핵심 관련부처에만 하달되는 대통령의 공식문서로 통상 Ⅰ급 비밀로 분류된다. 예를 들어 소련체제를 붕괴시키기 위해 레이건 대통령은 1982년 3월 국가안보정책지시 32호에 서명하였는데 내용은 동유럽에 대한 소련의 통제를 무력화시키며 이 지역에서 반 소련활동조직을 지원하기 위한 비밀공작을 승인하는 것이었다. 또 동 안보정책지시 66호는 소련의 경제적 요소를 무력화시키는 내용이었다. 자세한 것은 Peter Schweizer, Victory : The Reagan Administration's Secret Strategy That Hastened The Collapse of the Soviet Union (New York : The Atlantic Monthly Press, 1994), pp. ⅹⅵ~ⅹⅶ.참조.

라도 극히 엄격한 제한과 규정에 따라야 한다. 비밀문서에 대한 수발업무를 수행하기 위해서는 특별히 선발된 신임이 두터운 연락원만이 비밀문서를 휴대할 수 있다. 하지만 일반적으로 배포활동은 정보조직망 가운데에서 가장 취약한 영역이 될 때가 많다.

뿐만 아니라 네트워크상에서 비밀유지의 문제가 새롭게 제기되고 있다. 포괄적으로 정보보안에 대한 문제가 매우 중요한데 공개정보와 비밀정보를 조직 내 전용 네트 상에서 어떻게 처리하여야 하는가의 문제가 생긴다. 또 비밀은 대부분 비밀의 존재와 본질과는 관련이 없는 다른 이유로 인해 유출된다. 부처간 권력 싸움이나 비공식적으로 영향력을 행사하기 위해 유출되기도 한다. 대개 비밀을 유출하는 사람들은 비밀에 대한 공개(일반인들의 알 권리)를 위해 지속적으로 주장해 온 사람들과 전혀 다르다.

이런 문제를 해결하기 위해서 미국 CIA는 필요한 정보를 적시에 사용자에게 갈 수 있도록 정보처리 배분시스템을 구축하고 있다. CIA는 기본구상으로 인터넷과 같은 '네트화' 형태로 「CIA Link」라고 하는 CIA 전용 인터넷에 모든 정보를 모아 전달하는 방식을 취하고 있다. 미국 CIA는 미국 정보기관 사이에 이미 실용화되고 있는 Intel Link 방식에다가[67] CIRAS(Corporate Information Retrieval And Storage : CIA는 자신들의 조직을 Corporate라고 부른다)을 합쳐서 종래의 '보안분석 화일환경'(Secure Analysis File Environment : SAFE)시스템을 대신하고 있다. 결국 비밀보호와 공개 사이의 균형은 정보 관리자에게 달려 있다. 각 정보기관은 공개정보와 비밀정보를 융합해서 종합적인 평가를 내리는데 있어서 개인과 정부 부처에 대한 감시와 감사활동을 회피해서는 안 된다.

◑ 사용자 반응으로서의 피드백

주로 피드백에서는 보고서로 인해 실제로 나타난 결과는 무엇인가. 왜 그런 결과가 나타났는가. 그 결과로 무엇을 배웠고 향후 보완 개선할 요소가 무엇인가를 확인하는 작업이다. 피드백 된 의견은 자기관리를 개선하고 스스로의 성과에 대한 평가를 위해서도 필요하다. 피드백은 생산자에게 미세한 사항을 조정할 필요성을 알리고 또 세련되게 하는데 필수적 작업이다. 그러나 정보생산과정에서 보면 대부분의 경우 소비단계를 거쳐 일단 사용된 이후에는 별 관심을 갖지 않는 것이 보통이다. 다시 말해 정보생산과정 전반을 망라해 피드백

---

67) Intel Link란 다른 정보기관내 컴퓨터에 있는 정보라도 원격거리에서 단말기를 조작하여 동 컴퓨터로 접근하여 정보를 인출하는 방식이다.

으로서의 역할이 도외시되고 있다는 얘기다.

　정보사용자 내지 정책결정자들은 생산된 보고서를 전달받아 사용한 이후 어떤 반응을 반드시 보여야 하는데 대부분의 경우 그렇지 못하다. 어떤 것이 잘됐고 어느 보고서는 유효했으며 정책에 반영됐는지, 어느 부분을 더 발전시킬 것인가 등을 제시해야 하는 것이다. 축적된 정보가 과연 어떻게 사용될 것이며 핵심 사용자들은 무엇을 알고자 하는가를 예측하고 지원하기 위해 지식정보경영시스템을 유지하는 방법이기도 하다.

　그런데 피드백에는 네거티브 피드백(negative feedback)과 포지티브 피드백(positive feedback)이 있다. 전자는 조직 활동을 안정시키는 요소로서 잘못된 방향이나 행동이 다른 각도로 움직일 때 안정을 찾도록 압력을 가하는 것이고, 후자는 의도된 방향으로 잘 진행되는 것으로 현재의 상황을 계속 유지하며 변화를 증폭시키는 일이다.

　리처드 윌리엄스(R. Williams)의《피드백 이야기》에서는 출력(결과)에 의해 입력을 변화시키는 피드백(feed back)이 잘못되거나 없을 때 바로 소통의 부재를 가져온다고 지적한다. 가족 및 직원간의 문제 역시 바로 피드백을 잘 하지 못한 결과이다. 그가 말하는 피드백 형태로는 ▲어떤 행동이 긍정적으로 반복되도록 하는 지지적 피드백, ▲행동의 변화를 일으키는 교정적 피드백, ▲상대방으로 하여금 모멸감을 갖는 학대적 피드백, ▲형식적으로 하나마나하고 무의미한 피드백 등으로 나누고 있다. 여기서 입맛에 쓰더라도 삼켜야 할 피드백으로 지지적 피드백이나 교정적 피드백을 강조한다. 피드백은 일생을 꽃을 피울 수 있는 관계의 기술이요 미학적인 도구라고 전해준다.[68]

　그러나 대부분의 보고서 생산자들은 사용자들로부터 피드백적인 반응을 받지 못한다. 그 이유는 고위급 정책결정자들의 경우 이런 종류의 반응을 보일 여유가 없거나, 시간이 거의 없다는 사실이다. 또한 보고한 이후에 다른 쟁점과 연결시킬 것인가, 혹은 존안할 가치가 있는지에 대해서조차도 반응을 보이지 않는다는 사실이다.

　이러한 경우는 미국 CIA도 피드백 부재에 직면해 있기는 마찬가지이다. 만약 공동체 내에서 이런 피드백 과정이 어렵다면 수집된 첩보내용 및 생산된 보고서는 정보관리 전담 부서에서 철저히 존안, 검색해 볼 수 있는 정보처리 체제의 구축이 필요하다. 각국 정보기관들은 나름대로의 정보관리시스템을 갖추어 가려고 하지만 이런 목표를 달성하는데는 여러

---

68) Richard Williams, Tell Me How I'm Doing : a Fable About the Importance of Giving Feedback, 이민주(역) 『피드백 이야기』 (서울 : 토네이도, 2007), pp.11~12, 82~87.

가지 어려운 점이 많다. 결국 피드백은 함께 만들고 같이 고치는 과정이다. 지적 피드백을 통해 문제를 해결하고 이어 새로운 프로세스를 창출하여 정책에 필요한 보고서를 생산토록 돕는 피드백이 곧 조직의 성장과 발전을 가져오는 길이다.

제 **2** 부

정보소비이론 고찰

●● **현대의** 소비문화 혹은 소비주의가 존재하기 전에는 우리의 생활은 단순했다. 자연적이며 전통적 규범에 따라 생활했다. 정보를 사고 팔지 않아도 어쩌면 행복한 생활이었을 것이다. 오래 된 사회구조와 관습 그리고 자신들의 정체성이 정해져 있었기 때문에 요즘처럼 문자메시지 보내기, 카메라 폰, 음악다운로드, ipod, eBay 등을 통한 의사소통이 없어도 그동안 우리는 별 어려움이 없이 살아왔다.

그러나 현시대 우리는 인터넷의 탄생과 함께 포스트모더니즘이라고 하는 불확실성 상태에서 살아가고 있다. 현대사회는 지구적 복잡성, 불안정성, 소외감과 무기력 등 자아의 상실 혹은 자아의 딜레마가 작용한다. 아마도 사람들이 심각한 방향감각을 상실한 듯이 생활해간다고 보아야 할 것이다. 기업은 저성장에 울고 월급쟁이는 인사평가에 고통받고 시민들은 부족한 생활비에 허덕인다. 특히 기업은 인터넷 혁명 시대에서 비즈니스 바꾸기, 마케팅 혁신, 노동, 생산, 투자 등의 혁신적 변화를 거듭하고 있다. 인간의 실제 욕구를 충족시키며 경제적 생산성, 소득, 부(富) 등이 실제적으로 증대되는 가운데 지구적 소비문화가 지배하고 있는 것이다.

소비는 경제학이 아니라 심리학이라는 말이 있다. 소비는 눈에 보이는 생활세계의 기호이며 물질문화를 상징한다. 소비재는 삶의 패권적인 의미로 작용한다. 그러므로 현시대는 단순히 소비를 넘어 과시의 시대이기도 하다. 모든 소비문화, 온라인 문화는 자신을 드러내지 않으면 못 견디는 시대가 되었다. 원래 인간에게는 창조적 본능과 소비활동에 주력하는 소비본능이 함께 작용한다. 일종의 '호모 컨섬프션'(Homo Consumption)으로서 쾌락주의적이다. 부자들이 수억 원의 돈을 들여 미술작품을 사들이거나 세상에 하나 뿐인 작품을 소장한다는 기쁨 역시 삶의 질 향상을 위한 소비다.

정보 역시 소비의 대상이다. 정보는 자기 현시의 욕망과 무관치 않다. 심지어 정보는 역사가 제시하지 못한 증거들에 대한 탐구이다. 심한 경쟁과 불안정한 사회 속에서 정보의 필요성은 더욱 절실해진다. 정보를 가진 사람은 '자, 나를 봐라'며 으쓱댄다. 그뿐인가, 사람들은 선천적으로 정보를 가진 사람에게 굴복하게 되어 있다. 정보소비자는 조직의 보스다. 국가정보의 경우 소비자 중에서도 핵심소비자는 대통령으로서 '알파소비자'(alpha consumer)이다. 정보를 수집하고 생산하는 사람이 처음 정보를 선택한 사람이라면, 정보소비자는 최종적으로 정보 상품을 선택해 소비하는 사람들이다. 최종 소비자들은 최고 정책결정자들이며 기업의 경영자(CEO)들이며 개인일 수 있다.

정보 소비의 사회적 논리

제4장
정보 소비의 사회적 논리

과거에는 대부분의 사람들에게는 한정된 역할이 주어지고 지식, 권력, 자본으로부터 소외되어 있었다. 그러나 오늘날 지식 정보는 국가 혹은 엘리트 등 소수의 사람들에게 한정되어 있지 않다. 사회적 경제적 흐름은 정보의 홍수를 이룬다. 문제는 우리의 정보 부족이 아니라 너무나 많은 정보를 얻고 있다는 사실이다.

앞에서도 지적되었지만 인간은 정보의 동물이며 편집하고 소비하는 동물로 이야기된다.[1] 정보소비의 핵심은 사회생활 및 국제상황에 맞춰 전략을 시의 적절하게 수용할 수 있는 적응력(adaptability)이다. 국가는 안보전략상 경쟁국 내지 적대국이 쉽게 도전할 수 없도록 자신의 위치를 굳건히 구축해 나가는데 정보를 소비한다. 전략적 공간상에서 성공 대 실패가 존재하는 전략의 불확실성을 극복하는데 정보는 필수적이다.

그런데 정보소비는 지식인으로서가 아니라 '학습인'으로서 무엇인가 다르게 생각하고 다름을 즐기는 지혜의 영역이다. 얽히고 설킨 미로와 같은 현상 속에서 필요한 정보를 선택해 사용하는 지혜이다. 스티븐 스캇(S. Scott)은《솔로몬 부자학 31장》에서 현명한 사람들이 은이나 숨겨진 보석을 찾듯이 지혜와 지식을 찾아야 한다고 당부하면서 지혜의 계좌에 지식을 축적해야 한다고 했다.[2] 과거의 생산 활동은 원자재를 가공하면서 불필요한 부분을

---

1) 마츠오카 세이고, "二十一世紀 の 編集知のために"『情報文化の學校』(동경 : NTT, 1998), pp.25~27.

제거해서 상품을 만들었다면 현재의 지식정보 상품은 계속 더해지면서 새 지식이 창조된다는 의미에서 과거와 좀 다르다.

　정보의 핵심가치는 소비다. 그러면 정보소비자는 현실적으로 누구들인가. 결론부터 말하면 정보소비자의 한계나 누구인가의 대답은 존재하지 않는다. 다만 정보를 수집 생산해 정보채널에 올려놓는 과정에서부터 정보 소비는 이뤄진다. 정보를 선택하면서부터 정보소비는 시작되어 정보를 최종 사용하는 사람에게 와서 완결된다. 정보소비자는 직접 정보를 수집할 의사를 가지고 도서관이나 인터넷, 인간정보와 과학정보를 수집해 활용하는 것 자체가 정보소비다. 일반적으로 정보를 소비하는 사람은 특정 조직 내부의 직원일 수도 있지만 외부의 소비자, 공급자, 전략가, 투자가 등 밖에 있는 사람들이 될 수도 있다. 인터넷 사이트에서 동호인끼리 관련된 정보를 교환하며 생활의 지혜를 얻는 것도 일종의 정보의 소비다.

　정보소비의 접근태도를 보면 합리적 모델보다는 행태주의적 모델(행동의 정보)이 지배하는 듯하다. 합리적 모델은 정보사용의 정당성, 명쾌한 사용, 예측정보로서 사용한다면 행동주의적 모델은 복잡하고 난삽해서 정보 사용이 주로 감정, 개인의 이해관계에 따라 이용하는 경우가 많다는 점에서 합리적 모델과 구별된다. 미국의 행동경제학자(Behavioral Economist)들은 경제행위 투자에서 비이성적인 판단이 뇌의 의사결정구조와 밀접한 관계가 있다고 말한다. 뇌 속에는 이성적 판단을 통해 의사결정을 내리는 부문과 본능적이고 감성적 의사결정부분이 있다고 한다.

　문제는 어떤 문제 선택 시 대부분이 감성적인 부분에 의해서 의사결정이 이뤄진다는 사실이다. 지구체계에서 효율성이란 틀에 갇혀 있는 것이 아니지만 인간은 한 가지 동기, 이유, 목적에 따라 주관적인 행동을 할 가능성이 많다는 주장이다. 그러므로 정보소비 또한 매우 비합리적이고 주관적으로 자기 이익관리를 위해 사용된다. 정보를 감성적으로 소비할 수 있다. 정보소비는 안에서 밖으로(inside-out) 흐르는 것이어서 주관이 개입할 수 있다.

　더구나 사용자의 정치적인 가치 의도가 더해질 경우 또 다른 가치를 만들어 낼 수 있다. 예로서 헌법과 법률의 지배를 벗어난 행위 혹은 전문적인 판단과 정직성을 결여한 정보를

---

2) Steven K. Scott, The Richest Man Who Ever Lived : King Solomon's Secrets to Success Wealth and Appiness, 오윤성(역) 『솔로몬 부자학 31장』 (서울 : 지식노마드, 2006), pp. 15~16.

생산할 수 있다. 정치적인 가치는 합리성보다는 비합리성이 지배한다는 점에서 정보사용의 지혜가 요구되는 영역이다. 요는 정보란 사회활동의 한 영역으로 적용 가능한 법과 정책의 범위 내에서, 그리고 정보사용의 사회적 책임을 다하는 정보, 조직을 만족시키면서 이익관리에 사용되는 정보여야 한다.

정보소비의 실천을 옮기는 것과 관련해 정보를 사용하는 사람들에 따라 대규모 고객이 있는가 하면, 소규모 고객으로 구분해 볼 수 있다. 대규모 고객은 일반정보 사용자로서 생활정보는 누구나 이용할 수 있는 정보이며, 소규모 사용자는 핵심적인 영향력을 갖는 사람으로서 안보 등 정치적 영향력을 갖는 정책결정자들이다. 또한 정보를 단순히 일반상품처럼 느낌에 근거해 사용하는 감성적 사용자가 있을 수 있는가 하면 대통령 혹은 기업의 CEO들처럼 국가관리 내지 경쟁 우위의 유지 등 기능적 가치에 관심을 두고 사용하는 경우가 있다. 그러므로 정보를 어떤 가치에 두고 어느 목적에 사용하느냐에 따라 파괴적으로 혹은 이익적으로 활용할 수 있다. 사용자에 따라 악을 위한 도구로 혹은 선을 위한 수단으로 사용할 수 있다는 얘기다.

따라서 정보경영자들과 기업의 CEO들은 다 같이 조직의 운영상 목적을 달성하기 위해, 그리고 사회변화 속도와 전략적 위협을 해결하는데 있어서 정보를 어떻게 소비할 것인가를 놓고 고민할 때이다. 정보소비행동은 최소한의 정보를 통해 유익한 의사결정을 하는 것이며, 나아가 정보를 통해 이익관리의 혼란을 방지하는 일이다. 상황에 따라 악마의 발톱이 되기도 하고 천사의 날개도 될 수 있다. 그러나 정보를 지나치게 권력화해 타자에 대한 '악마화' 수단으로 쓰여서는 안 될 것이다.

4-1. 인간의 욕망과 정보

아담스미스(Adam Smith)는 《국부론》(The Wealth of Nation, 1776)에서 경제활동의 목표는 '소비'라고 했다. 마르크스는 사람들이 만들고 교환하는 상품을 물신숭배라고 했다. 그는 구매자와 생산자의 직접적 관계가 추상화되고 단지 물질의 순환을 자본주의 확장으로 보았다. 미국의 신제도학파인 토스타인 베블런(Thorstein Veblen, 1857~1929)은 부유층의 소비문화에 관심을 가졌다.[3] 그의 책 《유한계급론》(The Theory of the Leisure Class)에서 보면 인간은 공통적으로 모방본능(emulatory instinct)을 갖고 있다고 했다. 그러면서 베블

런은 현시적 여가(conspicuous leisure)와 과시적 소비(conspicuous consumption)를 논한다. 여기서 유한계급(有閑階級)이란 쉬운 말로 시간과 돈이 많은 사람들을 의미한다. 이들은 자연히 유행과 명품을 좇기 마련이다. 유한계급인 부유계층들에게는 여유가 있고 우아한 성공이야말로 삶의 목표다. 부를 소유하지 못한 대부분 사람들의 모방 대상은 다름 아닌 부를 축적한 유한계급들이 된다.[4]

　사실 현대문명은 현시적이며 과시적인 소비자들로 넘쳐난다. 소비자 중심주의와 개인주의 그리고 소비를 통한 정체성 표현 등의 특징을 이룬다. 동시에 과시적 소비는 자신이 보여주는 물건 이외에는 자신에 대해 아무것도 모르는 사람들에게 자신의 금전적인 힘을 보여주는 이상적인 방식으로 나타난다. 오늘날 유명브랜드 명품 구입을 하는 사람들은 바로 유한계급들의 소비 트렌드이다. 우리는 일상적 소비문화에 젖어 있지만 원초적으로 소비에는 만족(satisfaction)이란 없다. 물론 돈이 많거나 지위가 높다고 해서 반드시 만족감을 느낀다는 보장은 없다. 권력자나 기업의 CEO는 모든 것을 갖고도 늘 부족하게 생각한다. 세계의 부자들은 억만장자로 성공했지만 신기록을 새우기 위해 필사적으로 투자한다. 바다를 다 메워도 사람의 욕심은 못 메운다는 말이 있는 것처럼 인간의 욕구는 다양하고 무한하다. 소비자들은 보다 높은 욕구를 갈망하며 새로운 소비를 찾아 나서게 된다.

　심리학자인 에이브럼햄 매슬로(Abraham Maslow)는 인간의 욕구를 5단계로 분류했다. 즉 생리적 욕구 – 안전의 욕구 – 애정의 욕구 – 존경의 욕구 – 자기실현의 욕구가 그것이다. 최상위층에는 자기실현(self-actualization) 욕구가 존재한다고 했다. 〈도표 2-1〉 그렇다면 자기실현단계에서 정보욕구는 원초적인 욕구가 아닌 존경의 욕구나 자기실현의 욕구에 해당한다. 동시에 정치적 지배력을 확보하고 지위가 높아지며 사회적 행동을 실현하기 위한 욕구(want)인 것이어서 사회적 욕구에 해당한다.

　따라서 정보는 누구에게나 욕구의 대상이다. 일반적으로 인간생활을 해 나가는데 있어서 없어서는 안 될 생리적인 필요를 니즈(needs)라고 한다면, 이런 필요가 만족된 이후 사치스러운 물건이나 도구 혹은 지위상승 같은 욕구를 원트(want)라고 부르는 점에서 니즈와 구별된다. 그러므로 정보사용자는 정보의 필요(needs)와 욕구(wants)를 구별하는 것이 필

---

3) Peter Corrigon, The Sociolagy of Consumption, (London : SAGE pub, 1997) pp. 21~23.
4) Todd G. Buchholz, New Ideas From Dead Economists, 이승환(역)『죽은 경제학자의 살아있는 아이디어』(서울 김영사, 2006), pp. 263~264.

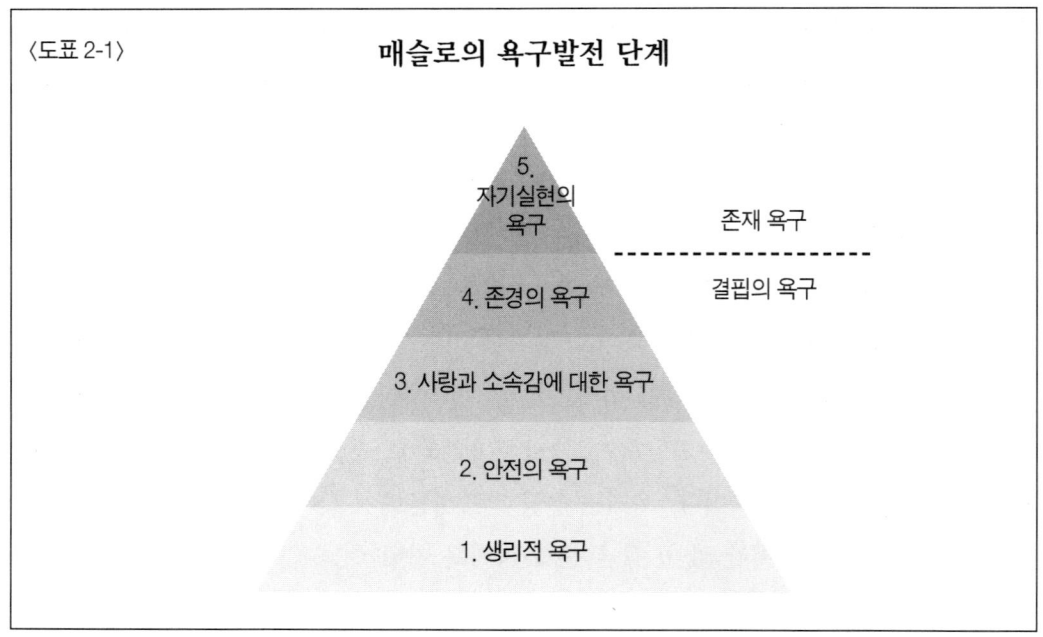

〈도표 2-1〉 **매슬로의 욕구발전 단계**

5.
자기실현의
욕구

존재 욕구

- - - - - - - - - - - - - - - - - - - -

결핍의 욕구

4. 존경의 욕구

3. 사랑과 소속감에 대한 욕구

2. 안전의 욕구

1. 생리적 욕구

요하다. 사실 이 시대는 정보의 니즈가 아니라 원트의 대상이다. 여기서 니즈는 사용자가 어떤 목적을 달성하기 위해서, 즉 기능적 활용에 초점을 맞춘 것이라면 원트는 비기능적 요구에 뿌리를 두고 있는 인간의 본질적 욕구요 영감의 문제이다.

그러하기 때문에 정보생산자는 정보소비자로 하여금 업무영역의 기능적 요구만을 충족시키는 것이 아니라 눈에 보이지 않는 감성까지 만족시키는 일이다. 물론 객관적으로 특정 상황을 분석한 보고서가 사리판단에 필요(needs)한 것이지 그 이상의 욕구의 대상은 아니다. 사용자가 필요한 것은 공익적 효율적 사용이지 그것이 개인의 필요 이상으로 자기 욕구의 대상도 아니다. 그러나 정보의 필요는 조직과 국익을 위한 것이면서도 동시에 사용자 자신의 정신적 욕구의 대상이라는 점도 간과할 수 없는 일이다. 정보를 소유한 사람들은 행복감을 느끼고 나아가 세상에서 주도권을 잡을 수 있다고 믿기 때문이다.

현재 소비사회의 소비 트렌드 특징은 욕망이 작용하는 명품, 매스티지(masstige), 웰빙 등 대중소비에 빠져 있다. 럭셔리(Luxury) 브랜드의 소비는 욕구자극 − 정복 − 과시 − 동조 − 일상화 단계를 거친다. 명품 시장을 지배하는 루이비통, 까르띠에, 구찌, 버버리, 에르메스, 샤넬, 프라다, 아르마니 등 명품을 사는 것은 욕망을 사는 것이며 이미지를 얻는 것이다. 젊은 남녀들의 데이트도 슈퍼마켓에서 장을 보는 것처럼 명품을 고르다가 놓고 마는 만남의 소비도 허다한데 이러한 행동 역시 욕망을 채워가려는 몸짓이다. 그들은 이미지를 찾고 느끼고 즐거움을 맛보고자 한다.

비슷한 맥락을 넘어 정보소비는 사람들이 답하기 어려운 것에 대한 답을 얻기 위한 행동이다. 무엇인가를 해결하고 얻고자 하는 욕망, 불안감으로부터의 탈주를 위한 정보소비라는 점에서 우리의 영혼에서부터 시작된다고 할 수 있다. 따라서 여기서 말하는 정보의 소비는 마이크로 소프트(MS) 빌 게이츠(Bill Gates) 회장 집(집값은 약 1억 1,000만 불, 1,000억 원)이나 골프 황제 타이거우즈(Tiger E. Woods)의 집(400여 억 원)에서 저녁식사를 하는 사치스러운 소비들을 말하는 것이 아니다. 그렇다고 부자들이 평범한 사람들과 차별화를 꾀할 수 있는 최선의 전략으로서의 안락한 소비도 아니다. 말인즉 정보소비의 목적은 정치 경제 사회생활에서의 자기 이익관리를 위한 소비다. 자본주의 체제에서 사람들이 노리는 것은 오직 이익실현으로서 정보는 이런 이익을 실현하는 수단이다. 지구적 '정글의 법칙과 적자생존의 법칙' 에서 우두머리가 되고 더 큰 힘을 발휘하기 위해 안달하는 생존 메커니즘으로서의 정보소비다. 더구나 지식정보사회는 빠름이라는 점에서 빨리 성공하려면 빨리 생각하고 빨리 실행하는 일이다. 빨리 정보를 모으고 남보다 먼저 사용할 때 자신이 원하는 사회적 기반을 유지할 수 있다. 정보를 보는 즉시 즉각적으로 반응하며 '즉물적 언어' 로 표현하는 것이 전문가적인 정보시민이다.

분명히 지식이나 IQ가 높지 않아도 현대의 창조자들은 정보소비자들이다. 정보는 이제 필요에 위해서라기보다 이성적 감성적 원트(wants)에 부합하는 소비의 즐거움을 제공한다. 명품을 소비하는 자가 '부자 티' 의 이미지라면, 정보를 많이 소비하는 자가 이 시대의 창조적 영웅들이다. 명품을 사용하는 사람이 사회적 위세와 차이를 나타내는 것이라면, 남다른 특별한 정보를 소유하고 사용하는 사람들이 권력가들이고 지배자들이다. 정보가 없으면 전략이 있을 수 없고 전략이 없으면.백전 백패한다. 현대의 경쟁력은 정보력에 달려 있으며 정보력은 세상을 보는 지식과 다름없기 때문이다.

그런데 정보소비자의 부류는 다양하다. 전 세계 대통령, 수상들은 자국의 안보와 경쟁력 확보를 책임지고 있는 최고 정보경영자들이며 알파소비자들이다. 전통적인 정보소비로서 군사전략과 전술 안보적 관점에서 사용하는 군사전문가가 있는가 하면, 지금은 마치 상품의 쇼핑처럼 싼값에 유효한 정보를 얻으려고 하는 일반 소비자들도 있다. 국가정보기관 내지 군정보기관의 정보는 전문적 정보생산 소비자들이 '조직 브랜드' (organic brand)를 생산하고 소비하는 사람이라고 한다면, 시민들 각자의 정보생산과 소비는 개인적 브랜드 (private level)라고 할 수 있다. 사람들은 신문, 방송, 블로그들을 통해 개인적 브랜드를 생산하면서 동시에 기본적이며 저렴하고 신뢰할 수 있는 정보를 찾아 소비하고 있는 정보시민들이다.[5]

정보 소비는 다양한 자료를 새롭게 찾아내 수집하는 것으로 끝나는 것이 아니라 훌륭한 보고서를 작성해 최종 소비자가 활용할 때까지이다. 쇼핑은 삶을 확인하는 신기한 경험으로서 쇼핑의 끝은 '구매' 후 집으로 돌아와야 끝나는 것이다. 같은 맥락에서 정보활동은 수집에서 자기 이익관리를 위해서 소비할 때 끝나는 것이다. 그렇기 때문에 정보는 사용 후의 결과가 중요하다. 정보소비가 모두 행복의 날개는 아니지만 정책결정 및 문제해결의 정보로 작용하는 것이다.

따라서 정보는 욕구체계의 충족수단이다. 인간의 욕구체계는 정보의 생산체계를 구성한다. 모든 정보소비자는 정치 경제 사회적 정서적 여러 요인을 고려해 정보의 가치를 평가하고 소비한다. 욕구들은 정보소비를 통해 사회구조 내에서 이뤄지며 어떤 체계의 요소로써 정보는 생산 소비되는 것이다. 나를 떠난 정보는 결코 내 것이 아니다.

> " 당신만의 정보원(소스)을 개발하라. 업계의 간행물을 숙독하고,
> 다른 전문가들과 만나서 소식을 모으고 이를 정리해
> 상사에게 적절히 전달하라. 도움이 될 만한 정보를 만들어
> 이따금씩 전달해 줄 때 상사는 당신에게 관심을 가질 것이다. "

거듭되는 설명이지만 정보소비가 다양해지고 있는 가운데 이른바 정보의 대중화와 사회화가 이뤄지고 있다. 물욕을 넘어서 남과 경쟁해 승리해야 하는 욕구, 그것은 우리의 문제이지만 분명히 정보는 이 시대의 재화로써 시장메커니즘에 기반한 경쟁의 필수적 조건이다. 정보는 누구에게나 필요한 재화(goods)이지만 역설적으로 정보의 결핍은 말하기의 무능성과 생각의 무능성, 행동의 무능성을 초래한다. 그러므로 많은 정보를 만나지만 나와 상관없는 것처럼 무관심하게 지나쳐 버리는 사람, 신중히 평가해보지도 않고 땀 흘리지도 않

---

5) 우 정, op. cit, p.403.

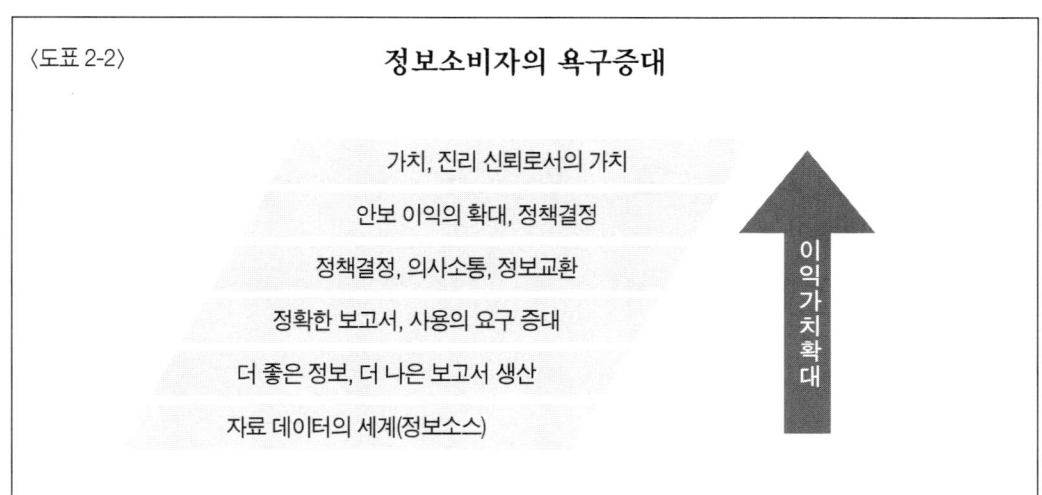

〈도표 2-2〉 **정보소비자의 욕구증대**

가치, 진리 신뢰로서의 가치

안보 이익의 확대, 정책결정

정책결정, 의사소통, 정보교환

정확한 보고서, 사용의 요구 증대

더 좋은 정보, 더 나은 보고서 생산

자료 데이터의 세계(정보소스)

이익가치확대

고 자료를 쉽게 버리는 사람들은 경쟁 없는 삶을 살아가는 사람과 같다. 필요한 정보는 결코 자동판매기에서 나오는 주스처럼 쿨 하지 않아서 누구나 보물찾기를 평생 배워야 한다.

원래 필자가 제기했던 물음은 정보는 기능적인 측면에서 실용적인 이해관계를 지닌다는 것이었다. 사회적 집단 패거리들이 사냥개처럼 충돌하는 세상에서 정보는 우리 사회생활에서 매우 유효한 수단이다. 그리고 그것이 내 손안으로 들어왔을 때 비로소 '진정성'(authenticity)이 발휘된다. 진정성이란 심리학적 용어로서 허위가 아닌 진실 그 자체를 의미한다. 정보의 진정성과 그 가치는 CD나 책으로 쌓여 있는 것이 아니라 즉시 사용에 있다. 사람들 모두가 만나서 얻는 것이 정보이지만 그것을 누가 먼저 수집해 사용할 것인가에 따라서 이익관리 관계가 달라진다. 그러므로 사용하지 않는 정보는 존재하지 않는 것과 마찬가지다. 생산된 지식정보 상품은 한두 달이 지나면 그 효용성이 떨어지고 만다. 어제의 정확한 정보가 오늘에는 사용가치가 있지만 내일은 진부한 것이 되고 마는 것이다.

우리가 정보를 인식하는 통로는 TV, 라디오, 신문 광고, 인터넷 등 다양하다. 과거의 정보소비자들은 1~2개의 미디어를 통해 정보를 얻었지만 오늘날은 7~8개의 미디어채널을 통해 정보를 얻는다. 세상 만물이 정보의 대상으로서 우리 삶의 전부라 해도 과언이 아니다. 만물 속에서 똑같은 정보를 여러 번 만나면 실제 좋은 평가와 함께 그 정보에 익숙해진다. 더구나 정보를 제시하는 방법들은 다양해서 흥미로운 사이트에 자주 접속하게 된다. 사람들이 주로 사용하는 블로그는 자신들의 눈높이에서 세상과 소통할 수 있는 중요한 공간이다. 정보는 머무는 곳(예를 들어 도서관 등 명사형 정보)에서 가치를 찾는 것보다 이동하는 길목(웹사이트)에서 최신의 정보를 찾는 연결 중심적 사고가 필요한 때이다.

모든 정보는 소프트웨어로 집약되고 생산 전파된다. 예를 들어 누구나 인터넷 학술 검색 사이트인 '구글스칼라'(Google Scholar)를 접속하면 다양한 지식정보를 얻을 수 있다. 모든 정보는 연결되어 네트워크화되고 있다. 요지인즉 ▲정보가 24시간 이용 가능한 상태로(anytime) ▲실시간 처리 가능한 시스템으로(realtime) ▲공간적 연결성으로(anyplace) ▲상호작용 및 상호혜택의 관계로(interactive, interservice) ▲예측능력으로(anticipating) ▲여과능력(filtering) 등을 갖추게 되는 것이다.[6] 한마디로 귀한 정보는 '어머니의 장롱' 처럼 닫혀 있는 것이 아니라 많은 행위자(agent)들에 의해서 변형되고 유통되고 소비된다.

'정보를 잘 소비하라. 그러지 못하면 화를 입을 것이다 '

요약하면서 우리가 풀어놓은 주제는 '정보의 필요성과 욕구는 어디서 오는가?' 이다. 장 보드리리야르(Jean Baudrillard)는 경제학에서 경제인(homo economicus)은 태어나면서부터 욕구를 부여받은 존재, 만족감을 주는 대상을 향하도록 명령하고 있다고 했다. 마찬가지로 정보소비 역시 실질적인 욕구와 권력 이익관리 욕심으로 확장되는 것이다. 권력자들은 가치 있는 정보를 과시적으로 소비하려는 것 자체가 자신의 권력유지와 명성을 얻기 위한 하나의 욕구이다. 인간은 욕망의 덩어리로서 그것이 충족되지 않으면 불행해질 것이라고 생각해 정보를 찾아 소비한다. 일반 상품 소비자들은 물질의 유익성을 찾아 즐기려는 것보다는 그 상품이 갖는 이미지와 브랜드를 소비하는 것이라면, 정보소비자들은 그 지식과 정보의 의미와 권력성을 찾아 소비하는 것이다. 정보 사용의 성공은 곧 부의 축적과 권력의 확대 유지와 관련돼 있기 때문이다.

---

6) Stan Davis(others), BLUR : The Speed of Change in the Connected Economy, 김한영(역), 『변화의 충격 BLUR』(서울 : 씨앗을 뿌리는 사람, 2000), pp.45~53.

4-2. 현대 소비사회와 정보소비, 그 이론과 의미

현대 대중사회의 특징인 소비사회(consumer society)는 경험적으로 전혀 새로운 것이 아니다. 경제에서 수요와 공급측면은 '소비사회의 탄생'을 가져온 필연적 역사과정이다. 18세기에 이르러 사람들은 사회적 경쟁이 나서게 되었고 소비상품을 획득하는 시장이 팽창되었다. 1970년대 이후에는 서유럽, 미국, 일본 등을 중심으로 전 지구적 소비자주의(consumerism)가 일어난 이후 사람들에게 사치품은 명품으로 여겨지기 시작했고 고상한 상품들은 욕구를 만족시키는 '필수품'으로 여겨지게 되었다.[7]

이렇게 사람들은 일상생활에서 적지 않은 소비행위를 하며 욕구충족을 주된 목적으로 한다. 부유해지고 싶어하는 것은 인간의 욕망이다. 영화로 히트한 '악마는 프라다를 입는다'의 주인공은 아름다움을 위한 투자를 결코 낭비라고 생각하지 않는다.

부르디외(Pierre Bourdieu)에 따르면 소비는 계층간 구별짓기의 표징으로 해석한다. 명품의 소비는 바로 내가 너와 다른 상류층이라는 과시다. 실제로 과소비는 무한한 욕망을 채워가는 트렌드다.[8] 심지어 해외 명품계는 투명소재로 만든 '누드 핸드백'을 놓고 논쟁을 벌인 적이 있다. 속이 훤히 들여다보이니 안에 든 소지품 자체도 명품임을 자랑하고 싶은 욕망이다. 자잘한 소품까지 명품을 사용해야만 진정한 명품족이라는 과소비적 형태를 보여준 것이다.

소비혁명은 단지 소비취향 선호 구매양태의 변화뿐만 아니라 근대적 문화, 정치, 경제, 사회 모든 변화를 수반하는 것이다. 산업혁명 속에는 소비혁명도 포함되는데 근대적인 소비란 결국 역사적이고 문화적인 것이며 사회구조를 변화시킨다. 예전에는 근본적으로 스스로를 나타내지 못하는 억압적 사회구조 내지 모든 배출구가 억제되어 있었다. 오히려 억압적으로 비틀려져 있었다. 그러나 현대적 소비사회는 소유욕과 탐욕 그리고 사회 문화적 삶으로서의 생명력과 변화가 급진전되면서 소비문화가 지배하는 사회가 되었다.

그렇다면 현대 소비사회에서의 정보소비는 어떤 의미가 있는가. 정보소비자들은 자본주의 사회 지구촌 경쟁에서 주체들이며 정보의 가치는 이익을 관리하고 사회적 결정에 영향

---

7) Peter Corrigan, The Sociology of Consumption, (London : SAGE pub, 1997), pp.68~69.

8) Pierre Bourdieu, Distinction : A Social Critique of the Judgement of Taste, Trans. Richard Nice, (Cambridge : Harvard University Press, 1984). pp.7~13.

을 미친다는 의미에서 정보소비문화는 지속될 수밖에 없다. 자본주의와 정보문화의 결합은 궁극적으로 사회의 역동성을 제공하는 배경이 된다. 그래서 정보소비의 올바른 이해, 즉 정보는 공공의 선(common good)이라는 개념보다는 국가와 기업 등에서의 공익(public interest)을 위한 것이다. 절대 보편성에 근거해 정보를 판단하는 것이지만 중요한 것은 공리적(公利的) 원리로서 국가와 기업 조직의 최대 이익을 위해 쓰이는 것이다. 그러나 지나친 정보의 권력화로 인해 '정보마피아'로 보여서는 곤란하다.

● 현시대 트렌드로서의 정보소비사회

각종 미디어들은 정보의 생산 전달 경쟁에 빠져 있다. 어떻게 하면 정보와 상품을 가능한 더 많은 소비자들에게 배포할 수 있는가 하는 문제를 놓고 경쟁하고 있다. 문제는 '고객이 어떻게 유용한 정보를 찾아 소비하는가?'이다. 사실 정보의 존재이유는 사용자 혹은 소비자가 없으면 존재할 수 없다. 고객의 목소리는 하늘의 소리이고 고객은 항상 옳다는 말을 긍정할 필요가 있다. 정보소비자의 욕망 역시 물질적 욕구와 같이 매우 크고 예리하다. 더구나 웹 2.0 시대가 열리고 있고 참여형 미디어가 발달하면서 정보에 대한 욕구는 커져만 간다. 이제 정보소비자는 적극적인 소비와 동시에 정보를 생산하는 디지털 시대의 주역이 되었다. 정보소비자는 항상 이익과 안정을 추구한다. 돈의 속도는 정보 소비의 속도와 무관치 않아서 부는 곧 지식이며 지식은 계속 진화를 통해 재창출된다. 상품소비가 행복해지고 싶은 충동의 표현이라면 정보소비는 이익관리와 안정의 욕구를 실현하는 것이다.

이런 추세와 함께 정보소비는 현대 사회를 반영하는 하나의 큰 트렌드다. 정보는 특별한 권력기관의 전유물도 아닐 뿐더러 사람들에게 '근사한 권력'으로서 의미를 갖는 것도 아니다. 그냥 퍼즐 조각을 맞춰 가며 살아가는 우리들에게 일상적인 삶의 과정이요 양식일 뿐이다. 정보에는 특별한 진리가 있는 것이 아니라 보편적이며 사회발전에서 새로운 문제를 해결하는데 필요한 것뿐이다. 그러므로 정보 자체의 소비는 현실주의적이고 실리적 차원에서 소비되는 것이며 자기 정의와 책임을 다하기 위한 소비다. 그럴 때 정보는 사회와 상대방에 대한 영향력 내지 객관적인 상관물이 된다.

더구나 통신기술과 미디어가 발전하면서 가상공간은 정보소비자들이 실제로 어슬렁거리는 공적 공간이다. 마치 백화점에서 사람들이 쇼핑하며 어슬렁거리는 사회적 공간과 다름없다는 의미에서 정보는 우리의 생활이며 정보소비는 강력한 문화다. 닫힌 정보생산에서 열린 정보의 소비시장으로 진화하고 있다. 병원을 가더라도 클릭 한 번으로 원하는 병원의 의료서비스 치료비 등의 정보를 찾아 사용할 수 있다. 열정만 있다면 문제를 해결하는 정보를 얻을 수 있다. 정보에 대해 거창하고 음산하게 생각할 것도 아니어서 일상생활 가운데서 '정보원리'를 찾으면 된다. 보이지 않는 정보전쟁 속에서 눈을 크게 뜨고 관찰하는 습관이 생겨날 때 욕망을 채워 갈 수 있다.

따라서 정보는 소비재의 성격을 갖고 실용성과 이익가치를 넘어서는 의미를 갖는다. 정보의 가치는 누군가 언제 어디서 어떻게 소비하느냐에 따라 다르다. 이와 같은 의미는 국가 정보학이나 기업의 경쟁정보 차원에서 널리 인정되고 있음을 보여주었다. 정보소비재는 생산자와 소비자 등의 국가적 기업적 개인적 소비에 따라 끊임없이 흐르고 있으며, 또 소비와 동시에 다른 곳으로 흘러간다. 그것은 사회체제 혹은 사회질서 속에서 이동하며 소비재로 이전되는 것이다. 다시 말하면 정보가 흐르는 의미는 크게 ▲사회적으로 구성된 정보세계인 정보출처 ▲권력과 이익 실현으로서의 정보재 ▲국가와 기업, 개인차원의 정보소비자들이다.

물론 정보를 소비하는 것은 물건을 사고 소비하는 것과 다르다. 물건을 사는 것은 실제로 필요한 생활용품을 구입해서 물질적 결핍을 해소하는 것을 의미한다. 쇼핑은 백화점을 거닐면서 새로운 상품의 이미지의 발견과 깨달음, 놀라움으로 가득한 불가사의한 경험을 하는 행동이다. 시장에서 정보를 소비하는 사람들은 상품정보를 통해 제품에 대한 융통성과 비교 안목을 터득하고 물건 선택을 하는데 도움을 받는 소비자들이다. 고객이 필요한 투자 및 금융상품정보가 실시간으로 공개되고 있는 상황에서 사람들의 이익적 판단은 물론 지식놀이 세상에서 필요한 지식정보를 선택해 사용하는 것이다.

이런 사실들에서 사회적으로 구성된 정보세계는 첫째로 실질적 정보현상(정보출처)으로 이뤄진 인간 활동 및 삶의 현실이고 경험의 세계이며 동시에 이익이 갈등하는 현존이다. 여기는 다양한 정보원(情報源 : 소스)이 있고 수많은 정보가 존재하는 곳이다. 현상에 대한 분석 평가 의미부여가 되기 이전 단계의 생자료들이 널려 있음을 의미한다. 개인은 정보조직과 관계없이 필요한 정보를 공유 분석할 수 있고 실제 접근의 기회를 가질 수 있는 사회, 정보에 대한 넓은 스펙트럼을 가질 수 있다.

둘째는 권력행사 이익실현으로서의 정보실체가 구성된다. 특별히 정보범주들이 이뤄지고 편집되며 실질적 가치가 생산되는 과정이다. 관념이나 가치가 부여되는 정보재로서 생산되는 성격을 갖는다. 쓸만한 정보의 소유와 축적이 이뤄지고 나아가 상호 교환되거나 공유가 이뤄지는 단계이다. 우리들의 사고 및 행동에 방향을 제시하는 관념으로서의 사회생

〈도표 2-3〉		정보의 실체화 및 소비의 실현		
사회적으로 구성된 정보세계 (정보출처)	• 정보흐름 발췌 • 미디어 채널 • 입소문	권력 · 이익실현 으로서의 정보생산 (정보소비재)	• 정보의 소유, 축적 • 정보공유 교환 • 즐거운 생활	국가 · 기업 · 개인 으로서의 소비자 (욕구의 실현)

활 모든 측면에서 이미지화되고 표현되며 신호화 기호화된다. 생산된 정보재는 때로는 권력화되고 계시적인 성격을 갖고 소비자에게로 이동한다.

셋째로 이 시대는 정보재가 구체적으로 소비되는 사회이다. 정보 흐름의 최종 목적지는 자기 이익적 소비이다. 정보는 성격상 '항상 생산 중'에 있으면서도 이것을 재편집 재정의하며 재화로서 사용하는 것이다. 긴요하고 좋은 정보는 연쇄적 확산으로 사회적 영향력을 갖으며 일부 잠재적인 소비자들에게 의미부여의 동기가 된다. 동시에 많은 사람들에게 사전지식으로 작용한다. 정보를 소비하는 주체가 다양하지만 크게 국가 기업(사회단체 포함), 개인으로 구분할 수 있다.

우리가 늘 경험하는 것이지만 정보는 사방으로부터 흘러 들어온다. 오히려 많은 정보가 우리 삶에 무거운 짐이 될 수 있다. 하지만 정보를 소유하고 사용하는 사람이 파워맨이 된다. 그렇다고 정보소비에 어떤 비법이 있는 것은 아니다. 가령 취업준비를 하는 사람은 취업전략이 필요할 것인데 자신이 찾는 직종 업종 회사수준에서부터 이력서 쓰기, 자기 소개서 작성, 면접 준비 등에 필요한 정보를 입체적으로 수집 이용하는 일이다. 또 아름다움을 추구하는 사람들은 화장품 광고에서 선전하는 상품들을 찾아내 잘 사용하는 것도 일종의 정보소비다. 대학가는 길을 안내해 주는 온라인 입시컨설팅 사이트 등의 정보시장도 같은 맥락이다.

그렇게 보면 손쉬운 소비는 인터넷 등에서 정보 소비가 소비사회의 한 축을 반영한다고 할 수 있다. 홈쇼핑 채널에서 제품선전광고를 보면 나도 모르게 끌리고 전화를 돌리게 된다. 이것은 소비정보를 인지하고 좀 더 고민할 여유를 잃은 상태에서 상품주문을 하는 것과 같다. 경제에서의 소비자주의는 자기만족(complement) 행위와 연관된 것이라면, 정보소비는 배타적으로 권력의 재생산, 자본주의적 이익관리 양식으로서 작용한다. 특히 정보소비와 관련해 정보는 내적 외적 성격을 갖는데 내적인 정보는 자신의 생활 안정 욕망을 충족시키고 통제하면서 소비되는 것이며, 외적인 것은 사회적 권력관계에서 권력화되어 남을 지배하는 수단으로 나타나는 경우이다. 그런 점에서 향후에도 정보소비시장은 팽창할 것이며 계속적으로 반응하는 정보소비자들이 그것을 소화하기 위해서 경쟁할 것이다.

요약하면 다음 장에서 이런 주체들의 정보사용에 대해서 기술했지만 정보를 수집하고 사용하는 것은 현대인들 모두의 의식(ritual)적 행위라고 할 수 있다. 그렇기 때문에 정보를 재화로서 사용할 수 있는 지혜, 정보를 자기 목적에 따라 소유하고 축적할 수 있는 자유, 정체성이 흔들리는 이 시대에 '자기 정의'를 내리고 욕망을 충족시킬 수 있는 정보소비의 지혜가 요구되고 있다. 정보소비활동은 창조적이며 사회적으로 어떤 수행적(performative) 의미를 갖는다.

정보소비사회의 구성

사회란 '우리와 그들만으로 구성된 것이 아니라 우리 모두의 공간'이다. 지식정보사회에서 정보 역시 사회구성의 한 요소를 이룬다. 정보소비사회란 단순한 정보의 분석과 생산, 나아가 특정 사용자만이 소비하는 것이 아니라 다양한 정보가 신속하게 유통되고 저장 가공되며 국가와 기업, 개인들의 구체적 '생활세계'(life world)에서 소비되는 사회를 의미한다. 사회의 광범위하고 근본적인 변화의 핵심으로 정보를 누가 소유하고 소비하느냐에 따라 권력 이동, 계층변화는 물론 국가안보와 경제이익 관리에 영향을 미치는 사실을 탐구하는 영역이 바로 정보소비사회이다. 지식정보 기반사회에서 정보재로서의 정보소비는 일반 생활상품과 같은 맥락에서 현대 사회적 특성을 나타내는 개념이며 인간 활동의 사전적 지식으로서의 연구대상이다.

정보는 사회 속에서 메시지, 테마, 이야기, 담론, 자료 형태 등으로 소통된다. 시공을 따라 흐르는 정보를 우리가 간절히 기다리는 것은 '소식'이고 그것을 갈망하는 것은 인간의 본능이다. 정보가 어디로부터 와서 어디로 흘러가는 것인지 탐색하는 것이 정보시민의 첫 걸음이요 정보소비의 기초다. 그러므로 정보는 정보제공자(informant)와 사용자(소비자)로 구성되어 정보소비사회를 구성한다. 이때 크게 작용하는 인터넷은 현대사회 시스템으로 개인들의 사회참여와 함께 사회적 결정을 하는데 큰 역할을 한다. 정보소비 과정에서 각자의 삶의 질과 방향을 놓고 개인과 공동체간의 긴장관계를 유지하는 모습도 보인다.

또 하나 정보활동에 대한 개념과 관련해 문제 상황을 인식하고 이에 필요한 정보목표를 제시하는 발의자(initiators)가 있다. 무엇인가 정보를 수집 분석 평가해서 사용자에게 제공하는 활동이다. 또한 정보사용자(user)가 있는데 최종적으로 정보를 사용하는 사람이고 의사결정자(decider)이다. 그리고 최종보고서를 정책화하고 이용하는데 있어서는 사용자의 의사결정과정을 돕고 조언하는 중간단위의 영향력 행사자(influencer)들이 있다. 뿐만 아니라 정보활동을 조정하고 통제하며 구체적 행동을 추진하는 정보기관장 성격의 승인자(approvers)가 있다. 조직의 지침을 받아 필요한 정보를 수집, 분석, 평가하는 실행적 실무자들의 활동이 모두 포함된다.

정보소비사회는 지식정보를 사고 파는 세계요 사회체제이다. 정보는 자기중심적인 자신의 현실을 구성한다는 단순환 관념보다는 사회적 구성(social construction)에 작용한다. 정보는 경제재요 소비재로서 실질적 힘, 수행적인 힘이거나 은유적인 힘으로 작용한다. 정보가 재화라면 그것은 사회체제 및 물질세계 어디에서나 실질적 힘으로 기능한다. 정보는 조직과 개인의 욕구를 실현하고 사용하기 위해 가치 척도로서 정보, 세상을 판단하고 정책을 결정하는 사용자를 위한 지식정보로 쓰인다.

따라서 정보를 전문으로 하는 사람들도 사회과학자들처럼 사람들이 처한 상황정의(definition of a situation)를 이해하지 못한다면 그들은 사회 문제를 이해하지 못하는 것이다. 그 상황정의는 비(非)인간 사물인가, 사회구조인가, 사회발정 과정인가, 아니면 집단 혹은 개인인가 등 다중성을 살펴 판단하는 일이다. 사회적 사실(social facts)들은 고정되거나 정적인 것도 아니며 인간들의 상호작용에 의해 창조 발전하는 것이어서 사회적 정황이 달라지거나 다중의 정체성이 만들어진다. 그런 점에서 상황정의 및 실제 이해는 정보활동의 첫 출발이기도 하다.

그런가 하면 정보소비가 정치 경제적으로 이뤄지는데 그것은 친사회적인 면과 '사물의 정보화'가 촉진되고 있다. 우선 정보소비가 친사회적으로 이뤄진다는 의미는 가령 여성들이 화장품을 구입할 때 화장품의 장단점, 성분, 자외선 차단지수(SPF) 등을 꼼꼼히 살펴보고 비교하며 구매하는 것과 같다. 정보의 과부하 상태를 나타내지만 상품의 안내책자, 제품설명 카탈로그 등 다양한 정보를 접하고 쉽게 구매하는 상태가 그것이다. 반면에 사물의 정보화란 기업에서는 전사적 자원관리(ERP : enterprise resource Planning) 개념에서 비롯된 것으로 이를테면 주요 백화점의 상품, 세관관리, 군수품조달 등에 이르기까지 사물에 '칩'을 내장해 상품 및 자산을 관리하는 형태이다. 물품의 흐름을 한 눈에 살펴볼 수 있고 동시

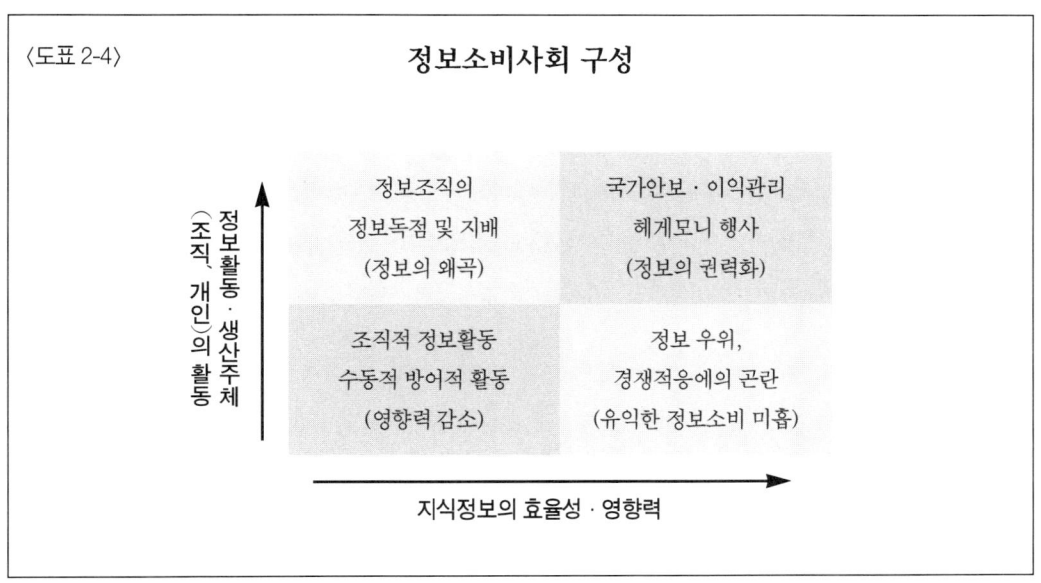

〈도표 2-4〉   **정보소비사회 구성**

정보활동 (조직 · 개인) 의 활동 ↑ 정보활동 (조직 · 개인) · 생산주체	정보조직의 정보독점 및 지배 (정보의 왜곡)	국가안보 · 이익관리 헤게모니 행사 (정보의 권력화)
	조직적 정보활동 수동적 방어적 활동 (영향력 감소)	정보 우위, 경쟁적응에의 곤란 (유익한 정보소비 미흡)

지식정보의 효율성 · 영향력 →

에 시장 모든 곳에서 정보가 만들어지고 유통되고 있다는 의미를 갖는다. 최근에 위치를 기반으로 하는 사물의 정보화가 점차 확대 발전되고 있는 것도 같은 맥락이다.

이 같은 정보의 사회와 사물의 정보화는 상품 소비에 결정적 영향을 미친다. 여기에는 수많은 정보가 또한 흐른다. 이때 사회관계에서 수집 대상은 다름 아닌 정보이다. 만약 개인차원에서 유익한 정보라면 이들 정보를 수집해 또 다시 다른 주제와 묶여 특정 지식상품으로 생산해 연속적으로 유통시키는 것이다. 이때 최종적인 정보소비는 실질적 상품의 선택 혹은 행동의 안전을 가져다 준다. 정보소비가 중요한 이유는 생산이 아니라 소비자들로 하여금 자신의 삶을 개선하고 이익을 넓힐 수 있도록 하기 때문이다. 정보를 알면 지름길 혹은 샛길로 갈 수 있는 방법을 알 수 있는 것이다. 경제의 막대한 부분이 소비주의에 의존하고 있으며 자본주의는 그 소비 영역을 넓히거나 지속적으로 재생산하는 메커니즘이다.

정보에 대한 생산과 소비를 동시에 행하는 정보 프로슈머들이 생겨나고 있다. 변하고 있다. 정보는 그 가치에 따라 개별성과 연속성이 나타나는데 정보소비자는 이를 가려 소비자 필요에 따라 정보로 바꾸는 것이다. 국가나 기업들은 정보전문가들을 구성해 전 세계 이슈 간의 상관관계, 예기치 않은 사항들, 그리고 직관적 판단들을 모두 포괄해 정보통합성을 높여가고 있는 것이다.

한편, 정보소비에서는 감성적 소비와 이성적 소비로 이뤄진다. 이성은 공개적이고 엄격하며 사실에 근거한 것이다. 정보사용자 중에는 자신에게 올라온 보고서를 신뢰하지 못하거나 사용을 주저하는 경우가 있는데 이런 사용자는 갈등소비자(conflicted consumer)라고 할 수 있다. 자신의 필요에 따라 정보를 선택할 문제이지만 중요한 정책결정단계에서 사용자들은 큰 고민(선택불안)을 하게 된다. 선택의 기로에 처했을 때 사람들은 보고 싶은 것만 보고 믿고 싶은 것만 믿으려는 특징이 있다. 참고적으로 정보소비의 규칙을 보면 다음과 같다.

- 정보를 어떻게 사용할 것인가 : 정보사용의 절차상의 특별함이다.
- 사용의 한계 규칙 : 조직 내 혹은 다른 외부로의 확대 여부를 판단한다.
- 소비의 우선순위의 규칙 : 세부 사용 우선순위를 결정한다.
- 시간성의 규칙 : 사용할 시간을 조정한다.
- 소멸의 규칙 : 사용 효력이 없어진 정보는 폐기한다.

이때 정보소비에서의 성찰은 생각의 씨앗을 키우고 더 깊이 생각하고 과감히 생각의 틀을 바꾸는 것이다. 주어진 정보가 의심스러우면 버리고 사용하지 않는 것이 상책이다. 좋은 정보를 갖고 있다면 허풍을 떨지 말고 은근한 암시만을 보낼 때 실제보다 더 커 보이고 더 힘이 있어 보인다. 이것이 진정한 정보의 사용원칙이다.

사실 정보선택 및 소비는 이성에 의한 것보다는 신념에 의한 선택이 많다. 예를 들어 전쟁에 대한 판단은 이성에 의한 것이라기보다는 정치적 신념에 의한 경우가 많다. 때로는 사용자(기업에서 경영진)는 조직의 이익보다 자신들의 개인적인 가치와 욕망 때문에 정책결정을 하는 때가 많다는 의미도 된다. 결국 현재에 처한 상황이 여의치 않음에도 불구하고 체면 때문에 결정된 정책을 바꾸지 못하는 경우가 많은데 이럴 경우에 정보사용의 실패를 가져 올 수 있고 결국 정책의 실패로 이어진다.

때문에 훨씬 더 개인적인 선택을 위해 구체적인 목표와 유용성 기대성 등을 검토해 그것이 과연 타당한 정보인가를 따져보고 신중히 선택 소비해야 하는 일이다. 특히 정보소비를 잘하기 위해서는 단순히 직관과 경험에 의지하는 것보다 새로운 가치가 담긴 정보를 찾는 기회(정보탐구), 새로운 정보의 창조를 구체화하고 이를 잘 사용할 수 있는 소비의 지혜가 있어야 한다. 이때 개인적으로 ▲내 관심분야는 무엇인가 ▲이 분야에 대한 나의 지식은 어느 정도인가 ▲이 분야에서 무엇을 충족시킬 수 있고 ▲무엇을 배워야 하는가 등의 성찰이 필요하다.

결론적으로 정보는 사람들의 필요에 따라 기존의 사회문화적 맥락에서 선택적으로 소비된다. 새로운 도전과 혁신 정책개발 등의 재화로 이용된다. 그러면서 조직 내 문제를 알아차리고 구성원 모두가 위기를 발견하는 등 내외적 성찰을 하도록 이끈다. 정보가 집단들의 새로운 포지셔닝과 자기 정의를 하도록 만드는 것은 물론이다. 정보의 사용은 성공과 진보의 상징이 된다. 정보는 지위와 역할에서의 '위상 역전'을 가능케 한다. 정보를 특별히 잘 이용하는 전문가 계급이 그들이다. 그러나 유익한 정보를 얻으면 이를 과시하며 거드름을 피거나 계급장을 끌어올리는 수단으로 둔갑할 수 있다. 정보사용에 있어서 공동의 이익을 해치는 '부끄러운 사용' 자세는 자제되어야 한다.

◐ 소비재로서의 지식정보

정보찾기와 생산 그리고 소비는 전 세계적이며 인간적인 현상으로서 특정정보 소비자들에게만 국한된 것은 아니다. 그러므로 정보생산자는 정보소비자들의 태도와 가치 행동을 이해함으로써 끊임없는 변화 속에 새로운 지식상품을 그들에게 내놓아야 한다. 정보의 가치를 추정할 수 있지만 정보 상품에 대한 소비자들의 적용에 따라 달라질 수 있다. 사용자의 영향력과 활동분야 및 조직문화에 따라 사용자의 요구가 달라질 수 있다. 일반사람들이 정보에 대해 의혹의 눈길을 보내는 경우가 있지만 잘 판단해 적용하는 것은 각자의 몫이다.

정보를 둘러싼 싸움, 즉 정보수집과 생산 소비는 현재 물질적 소비양식을 둘러싸고 형성된 국가간 집단간 경쟁은 마르크스가 주장했던 생산양식을 놓고 벌린 논쟁보다 훨씬 중요한 논쟁처럼 보인다. 마르크스는 자본주의 체계가 만들어내는 불평등이 계급형성의 원천으로 보았다. 노동계급의 빈곤화를 궁핍화(pauperization) 과정으로 설명했다. 그러나 현재는 직업 위치나 시장 위치에 따라 결정된다는 논리가 힘을 얻고 있다. 부르디외(Pierre Bourdieu)는 문화적 경제적 자본에 따라 계급집단이 구성된다고 보았다. 그는 사람들의 특별한 욕구를 충족시켜주는 판매인(욕구판매인, need merchants)인들의 확산, 즉 상징적 혹은 상품 및 서비스를 판매하는 광고업자, 마켓터, 패션 디자이너, 예술가 등 지식 노동자들의 역할이 높아진다고 했다.

따라서 컴퓨터와 인터넷 등의 정보기술의 혜택을 받은 사람과 그렇지 못한 사람 사이에서 생겨나는 정보격차에 의해 빈부격차가 심화되듯이 정보소비에서 소외되는 사람 혹은 정보를 잘 선택해 소비하지 못하는 사람은 경제 사회적으로 '정보소비 격차'가 일어나고 결국 불평등적 삶에 빠지게 될 것이다. 정보를 수동적으로 대응할 때 격차는 확대된다.

정보소비문화는 내가 정보 속에서 존재하는 것과 같다. 그것은 정보와 소통하는 것으로서 일상생활의 정보를 완벽하게 인식하는 일이다. 정보는 아는 만큼 보이기 마련이다. 구글, 네이버 등은 지식세계의 질서를 재편한다는 의욕을 보인다. 인터넷 사용자에게 세계 많은 정보를 찾아내 제공한다는 계획이다. 웹 2.0 시대는 정보(혹은 콘텐츠)의 생산자와 소비자가 분리되는 것이 아니라 생산자가 소비자이며 동시에 소비자가 생산자가 되는 시대이다. 정보 프로슈머는 정보수집에서부터 생산 및 소비를 통해 자신의 영역을 적극 확대하고 영향력을 행사하는 것을 의미한다. 정보를 과거처럼 비밀관리하며 통제하던 어두운 상품(dark materials)에서 벗어나 정보를 전달하고 이해관계자들을 설득시키는 사고방식으로의 '빛의 정보'로 전환이 필요한 시대이다. 하나의 선문답과 같지만 정보의 필요성을 이렇게 표현해 보았다.

- 참으로 답답합니다. 해결책이 없습니다(제임스 본드)
- 정보를 아느냐 수집해서 가지고 오너라(달마)
- 부족하지만 여기 있습니다(제임스 본드)
- 이미 너는 해결책을 찾았느니라(달마)

정보는 끊임없이 언어로서 기호로서 창시된다. 사회현상 혹은 역사적 사건들은 생산자들에 의해 발화(發話)되고 해독되며(decoded) 해석되어 어떤 조건을 구성하는 수단이며 어떤 때는 지배를 시도하는 수단이 된다. 정보를 갖고 있다는 것만으로 하나의 침묵과 같은 권력이 되고 상대방은 저항과 항의를 낮춘다. 가진 정보가 확실하다면 여유를 가지고 기회를 엿볼 수 있다. 어떤 특정정보는 초(秒)를 다투는 정밀함이 요구되는가 하면 전략적 판단 정보는 중장기 판단으로 트렌드를 파악하고 국내외적 경우(occasion)를 해석해 대응책을 마련하는 일이다. 더욱 교활해지고 음흉해지는 국제문제를 비롯해 인간 공동체의 자원, 계급, 인종, 분쟁, 테러 등 특정 범주들을 전략적으로 대처하는 정보 분석이 중요해지고 있다.

정보 자체는 정보로서의 재화(goods as intelligence) 성격을 갖는다. 정보는 지식상품을 만드는 보완재이면서 투자의 도구이다. 여기서 정보가 재화가 된다는 구체적인 실체는 브랜드, 로열티, 라이센스, 리더십, 노하우, 저작권, 특허권, 조직문화, 경영철학 등과 같은 의미로 해석할 수 있다. 주식투자의 원조요 증권계의 거목인 코스톨라니(Andre Kostolany)는 '정보는 투자의 도구' 라고 했다. 그는 어디를 가든 정보를 얻는데 도둑에게 이사회에서 혹은 장관들이나 유흥가의 여성들부터 필요한 정보를 얻어 사용했다. 그 중에서도 제1의 정보통은 택시운전사였다고 한다.[9]

정보와 소비는 상호의존적이며 역사적인 과정의 산물이다. 정보재는 그 실용성과 상업적인 가치를 넘어서 하나의 힘의 원천이 된다. 정보는 단순히 국가적 기업적 차원을 넘어 개인생활 전반에서 소비재로 작용한다. 조직 집단차원에서 정보를 끌어내 개개의 소비재로 이전되고 있는 것이다. 정보경제학적으로 국가와 특정 정보생산과 소비체계, 기업에서의 경쟁정보체계, 개개인의 정보소비자들이 주류를 이루는 사회가 되고 있다.

정보는 사회적 차별화 게임의 수단이 되고 서열화되어 있는 사회체계를 흘러가며 소비영역이 달라지게 된다. 어떤 사람에게는 특정 재화로서 작용할 것이고 어떤 사람에게는 단순한 의미 상징일 뿐 내 것이 되지 못하는 경우가 있을 것이다. 그런가 하면 정보의 소비는 사람들이 꼭 필요해서 찾는 것이라기보다는 존재의 욕망을 채우려는 것, 불안정한 징후들을 지워버리고 존재의 의미를 확보하려는 행동이 된다. 개인적인 재화와 권력화의 수단으로 나타날 수 있다. 그렇다고 정보소비에서 함부로 쓰는 속물이나 과시형 인간으로 결코 보여서는 안 된다. 정보소비를 통한 자기 완성 혹은 의사결정이라는 목표달성 자체가 그렇게 쉬운 것이 아니며 언제나 성공하는 것도 아니기 때문이다.

지식상품(contents)들은 사회체계의 기발하고 위기관리 변화의 동력이다. 지식정보는 무엇인가 새로운 것을 산출하는 것, 자신과 그 집단이 지향하는 목표를 확인해 준다. 공유된 지식정보를 통해 구성원들의 목표를 달성할 수 있다. 그렇기 때문에 세계기업들은 정보를 수집하고 분석하는데 아낌없는 투자를 하고 있다. 예를 들어 일본의 미쓰비시(三菱) 상사는 거액을 투자해 전 세계 정보망을 구축했다. 세계 각지에서 매일 전달받는 정보보고서는 한 사람이 6개월 동안 읽어야 할 분량이라고 한다.[10] 흔히 돈만 있으면 귀신도 부릴 수 있다고 하던 것을 이제 정보만 있으면 귀신도 부릴 수 있는 세상쯤으로 생각하는 듯하다.

---

9) Andre Kostolany, Die Kunst ueber Geld Nachzudenken 김재경(역), 『돈 뜨겁게 사랑하고 차갑게 다루어라』(코스톨라니 투자 총서 1) (서울 : 미래의 창, 2001), pp.233~245.

10) 왕즈강(王志剛), 박경민(역) 『위기를 극복하는 창의적 CEO의 조건』(經商百憾誠) (서울 : 멘토르,2005), pp.156.

" 정보는 신(神)과 통한다. "

그리고 정보의 생산과 소비는 계획된 변화(planned change)를 이끈다. 그것은 ▲정보 수집단계에서 정해진 기간에 맞춰 정리하고 평가하며 ▲원하는 목표를 위해 분석 생산하며 ▲정보를 실제 정책과 행동에 이용하는 것이다. 그래야만 이 시대의 정보소비자로서 폭넓은 사고(思考)와 이익을 확보할 수 있다. 모든 문제는 소비자 중심에서 사고하는 소비자주의(consumerism)가 강조되고 있다는 점에서 정보 또한 실시간으로 퍼지고 공유되는 시대에 적응해 가는 정보소비의 지혜가 요구된다.

또 다른 종류의 해석도 있다. 오토(C. Otto)는 개인의 차별적 수준의 인지와 변화의 깊이가 다르다는 의미에서 3가지의 중요한 단계를 설명한다. 그것은 ▲관찰 또 관찰 ― 세계와 하나 되기 ▲한 발자국 뒤로 물러나 반성하기 ― 내적인 깨달음이 표면위로 부상할 수 있도록 허용하기 ▲자연스러운 흐름과 함께 빠르게 행동하기 등이다. 그는 이 모든 것을 자각, 실재, 실현이라고 했다.[11] 전략적 인식은 이런 과정을 거치게 되는 것으로 먼저 계획된 것이 어떻게 행동으로 나타날 것인가를 인식하는 태도가 정보전쟁에서 이기는 길이다.

따라서 정보생산자는 소비자로 하여금 정보에 대한 수요, 필요 욕구를 충족시켜주는 일, 그리고 정보사용자에 들어가는 수고와 비용을 가능한 줄여주는 일이다. 정보를 가능한 빠른 시간 내 모으고 그것에 대한 생각의 집중화, 분석 평가의 가치를 찾아내는 것, 그리고 적용단계에서 재정의하며 소비하도록 하는 것이다.

정보사용의 실패는 손실뿐만 아니라 경제적 사회적 낭비와 혼란을 초래한다. 더구나 우리가 알고 있는 대부분의 정보는 진실이 아닐 뿐더러 쓸데없는 정보로 넘쳐난다. 많은 사람들이 전혀 낯선 타인들과 자신의 개인정보를 공유하고 있지만 인터넷 데이트 주선 사이트(예로서 미국의 mach.com, eHarmony.com, yahoo singles, christian singles.com JDate.com) 등의 개인정보가 매우 허술하다.[12] 현대사회는 우발성과 불확실성의 영역이 커지고 있으며 당면한 문제들 또한 끝없이 일어나고 있는 세상이다. 수많은 조직의 이익관계,

---

11) Peter Senge, C. Otto Scharmer(others), Presence : An Exploration of Profound Change in People, Organization and Society, 현대경제연구원(역), 『미래 : 살아있는 시스템』(서울 : 지식노마드, 2006), pp.116~124.
12) Steven D. Levitt & Stephen J. Dubner, Freakonomics, (New York : Hoper Touch, 2005), pp.81~86.

인간관계에 얽혀서 자신에게 가해지는 부당한 압력도 많다. 이 같은 복잡성과 불확실성을 해소하는 길은 목적의식적으로 정보를 성찰하고 접근할 때 극복할 수 있다. 그리고 정보소비의 실패도 줄일 수 있다.

4-3. 정보권력으로의 이동 : 지식정보의 소유와 헤게모니

집단이나 개인에게 들어온 정보는 흐르며 객관적인 상관물을 만들어낸다. 내 손을 떠난 정보는 한곳에 머물러 있지 않고 이동하며 새로운 재화를 만들어 낸다. 어떤 생산물의 경우 — 논문과 미발간 보고서 — 비밀스런 내용을 포함하고 있더라도 사장되는 경우가 허다하다. 그러나 대부분의 정보는 다양한 힘의 관계를 나타내며 정치 및 경제상의 이익을 실현하는 수단으로 계속 흐르고 있다.

미국 랜드연구소 연구원들은 전략적 의사결정의 질을 결정하는 정보(decision quality information)를 수집하는 시스템이 국가, 기업, 개인 모두에게 필요하다고 말한다. 정보의 효율적 운영은 예를 들어 입수 분석된 유효한 정보를 즉각적으로 정책집단이나 사용자에게 넘어가 효율적으로 이용된다는 점을 강조한다. 경우에 따라서 새로운 정보가 나타나지 않는 한 절대가치처럼 사용될 수 있다는 것이며 정보의 효율적 운영은 남보다 먼저 정보를 지속적으로 우월하게 분석할 때 가능한 일이라고 알려준다.

그러므로 정보는 사회적으로 작용하는 '영향력 자본' 이다. 영향력이란 의사결정과 목표에 대한 집중, 시간관리 등이 포함되며 매우 상호적이다. 영향을 끼친다는 것은 다름 사람들의 태도와 행동에 일정한 영향을 주는 것을 의미한다. 핵심정보는 정치, 경제, 사회 등 전 영역에 영향력을 행사하는 것, 누구나 특정 정보를 사용할 수 있는 기회와 능력을 소유한다. 냉정하게 말해서 정보 자체가 목적인 권력 헤게모니와 연관된 의무적인 사업이 되었다. 정보는 특정한 권력을 유지하기를 원하고 갈망하며 끝없는 불만족 속에서 새롭고 특별한 것을 추구하는 대상이다. 그것은 사용자의 본질적 특성이요 눈앞에 이익을 위해 정보의 전략적 선택을 하게 된다는 의미에서 아래와 같이 영향력 자본으로서의 성격을 4가지로 요약할 수 있다.

첫째, 정보는 권력으로서 기존의 사회체제의 범주를 형성하고 구체적이며 공적인 힘, 권력코드로 작용하며 흐른다. 정보는 소비재로서 그 실체가 없는 듯하지만 정치와 이념에 구체성을 주는 역할을 한다. 사용자의 이념적 태도에 따라 정책결정에 대한 실체와 권위를 부여한다. 정보는 사람들, 특히 목적의식적 행동에 있어서 어디서나 작용하게 된다. 정보는 칼자루를 먼저 잡게 하는 배경이 된다.

　근대국가들은 정보를 생산하고 관리하기 위해 특수한 정보조직들을 만들고 이를 통한 정보수집과 사용이 일반화되어 있다. 정보조직은 관료적 위계구조를 형성하며 시간과 지역을 초월해 강력한 권력수단으로 작용한다. 그러면서 계층적이다. 지식정보사회는 조직을 필요로 하고 조직은 각 구성원들의 역량을 결집해서 목적을 이루어 간다는 의미에서 자연히 계급 구분이 생길 수밖에 없다.

　현대 국가들은 안보유지를 위해 복잡하게 얽혀 있는 통제수단으로써의 정보체계가 요구되었고, 최고 정보경영자는 국가발전전략과 이익 관리자들로서 무한의 책임을 지는 위치에 있는 사람들이다. 때문에 각 국가의 정보조직마다 정보를 수집하고 코드화하는 방식도 각양각색이다. 각국 정보맨들은 끊임없이 일어나는 문제들을 모아 중앙정보기관에 신속하게 보낸다. 따라서 정보는 보수적인 방식으로 권력 실체에 복무한다. 사용자의 힘은 타인들과의 의미작용을 유리하게 만든다.

　둘째, 정보를 소유한 사람으로 하여금 패권적인 의미를 지닌다. 정보에 기반을 둔 패권은 지배 통치 지배의 의미로서 사회세력에 대한 규제력이 있으며 정치권력의 본질을 뒷받침한다. 정보는 권력을 구성하는 핵심이 되며 정치적 사회적 메시지를 갖는다. 특정메시지를 전달하고 자신의 지위를 확보하며 정보사용의 목적을 이룬다. 정보는 사용자의 의미를 띠고 다른 집단의 복종을 요구하고 설득할 수 있는 수사(修辭)로 작용한다. 정보는 논쟁적인 정치메시지를 전달하는데 있어서 매우 효과적이며 은밀한 권력 수단이 된다. 그러나 주어진 정보를 자기 성깔대로 사용해서는 곤란하다는 점을 잊어서는 안 된다.

　권력관계 혹은 경쟁차원에서 보면 정보사용자 중에는 과시적 소비를 하는 경우가 많다. 정보를 소유하고 있는 사람은 그 존재 자체를 참지 못하고 상대방에게 거만함과 속물근성을 드러내기 쉽다. 정보를 통해 자신을 드러내고 상대방을 굴복시키려는 마음이 작용한다. 대단히 시사적이지만 8명의 대통령과 18명의 법무장관을 움직였던 미 연방수사국(FBI) 국장 존 에드거 후버(John Edgar Hoover)는 도청으로 얻은 지도층 인사들의 비리와 사생활 정보를 무기로 권력을 휘둘렀다. 정치적 보신을 위해서 정보를 가지고 권력자들을 조정했다. 그는 파티 혹은 조용한 만남을 통해서 은근히 '얼차려'를 요구하는 경우가 있거나, 정보를 과대 포장해서 자기 이익을 관리하기도 했다. 강력한 메시지는 상대방의 반대 주장 등

저항의 가능성을 감소시키는데 도움을 준다. 강력한 정보는 분명하고 차별적이며 완결적인 내용으로 사용자와 이해관계자의 머릿속을 각인시켜 주는 역할을 한다. 정보는 의사결정에 있어서 믿음을 만들어 내거나 남을 움직일 수 있는 현실성과 사실성을 보여준다.

그런 점에서 정보사용에 대한 하나의 경고가 있다. 정보를 사용하되 정보의 힘을 남용하지 말라. 남을 속이는 수단으로 사용하지 말라. 멋대로 탐욕적으로 사용하지 말라는 것이다. 냉소적으로 들릴지 모르지만 정보조직은 악마의 놀이터가 결코 아니다. 그러므로 이런 원칙을 지키지 않는 것은 바로 정보소비의 패러독스(strategy paradox of intelligence consumer)를 가져오기 마련이다. 정보사용은 자칫 실패를 가져올 수 있다는 점을 염두에 두어야 한다는 것이 정보의 패러독스다. 정보사용의 성공, 이익의 실현 가능성이 클수록 그 정보사용의 실패 가능성도 동시에 확대된다는 의미다. 그렇기 때문에 정보사용의 진정성을 유지하는 것은 매우 필요한 일이고 동시에 어려운 일이기도 하다.

셋째, 정보는 하나의 조직이다. 셔먼 켄트(Sherman Kent)는 정보조직을 현안문제에 관한 특수지식을 추구하는 사람들로 구성된 물리적 조직으로 보았다.[13] 정보조직 역시 인간의 정치적 제도로서 여러 가지 기능을 포함하며 정보생산, 가치의 공급 망이다. 더구나 정보조직은 국가이익관리조직으로서 주로 ①첩보의 수집(collection)이나 획득 ②첩보의 분석평가(evolution), ③필요한 기관에 대한 보고서의 배포(dissemination), ④방첩으로서의 보호 · 감시(surveillance)의 기능을 하는 중앙집권적인 조직이다.[14] 이중 ①~③번까지는 적극적인 정보활동(positive intelligence)이라고 부르며 ④번째 기능은 소극적인 정보활동(negative intelligence)으로 알려져 있다. 방첩임무는 아측의 비밀을 보호하는 활동이며 인가 받지 않고 비밀에 접근하는 사람들을 체포하거나 금지시키는 활동이라고 정의할 수 있다. 이는 바로 정보의 방어기능에 속한다.[15]

일반적으로 국가급 중앙정보기관이 담당하고 있는 적극적인 정보활동의 내용은 대체로 3개의 주요 부서를 중심으로 운영된다. 즉 ▲일반 공개 자료로서 첩보자료를 개척하여 연

---

13) Sherman Kent, Strategic Intelligence for American World Policy,(Homden : Connecticut, 1965),pp.68~70.
14) 특히 '정보는 조직'으로서 평범한 행정과정의 결과로서 생성되는 조직이 아니라 복잡한 기구와 정책결정자들의 깊은 고려에 의해서 생성되는 조직이다. 대개의 경우 정보조직은 중앙집권적 형태를 갖게 된다. 미국의 경우 국가안전보장에 관계되는 정부의 몇 개 부처와 국외 정보활동을 조정할 목적으로 국가정보장(DNI), 중앙정보국(CIA)을 만들고 이하 정보공동체 14개 정보기관을 운영하고 있다.
15) http://www.intellignce.gov/2-counterint.shtml, 2006. 8.26.

구하고 분석하는 것, 즉 공개정보 분석활동이다. ▲비공개적인 방법으로 첩보를 수집하는 것을 임무로 하는 비밀첩보활동(secret intelligence) 부서가 있다. ▲심리전 공작활동을 전개하는 것이다. 미국 CIA는 고급정보를 대통령에게 제공하거나 권고하는 최고의 정보기관이다. 미국의 경우 CIA가 최고의 정보기관으로서 적극적으로 대외 정보활동을 하는 반면, 소극적(보안)정보활동은 연방수사국(FBI)이나 전투정보센터(CIC : combat intelligence center) 에 맡겨져 있다. 영국 역시 유명한 군사정보기관이며 대영제국의 주요한 보안(소극적) 정보기관으로서 MI-5라는 부서를 운영하고 있다. 정보조직은 일종의 '거대기계지식' 으로서[16] 전 영역을 압도하는 조직으로 활동하고 있는 것이다. 아니 조직은 기계보다는 사람과 비슷하다고 영국 데이비드 오만(David Omand)은 말한다. 조직은 기분을 갖고 있고 화낼 수 있으며 신경쇠약에 걸릴 수 있는데다 모든 편집증 증상을 보일 수 있다고 말한다.[17]

그런데 이러한 활동과 조직의 운영은 뛰어난 아이디어와 네트워크수준에서 성패가 좌우된다. 보이지 않는 가치들(안보가치, 위협제거 수단)을 위해 비밀열쇠를 만들고 암호메시지를 통해 지식정보 메시지를 조직적으로 생산한다. 따라서 정보조직은 지식정보를 생산하는데 있어서 두 가지 측면, 이를테면 과학적 관리와 또 다른 인간관계관리에 따라 성공여부가 결정된다. 전자는 사회과학적인 '표준관리' 방법을 의미하는 것으로서 과학적인 표본 추출, 통계분석 등 실증주의적 방법을 의미하며, 후자는 인간들의 자율성, 협동성, 팀웍, 창조성, 유연성을 강조하는 인간관계 내용들이다.[18] 이런 요소들이 유기적이며 시스템적으로 잘 작용할 때 비로소 최고정보조직으로 성공하게 된다.

넷째, 정보의 힘은 자료수집과 축적으로부터 나온다. 각국 정보기관들이나 대기업 연구소들은 가장 많은 자료를 보유하고 있다. 정보조직은 다기능적인 구성으로 국가 이익과 안보를 관리하는 자료를 축적한다. 미국 CIA는 일종의 내셔널 브랜드이며 정치적 지리적 문화적 장벽을 넘어 초국가적으로 활동하는 조직이다. 전 세계 정보를 갖고 있는 것만으로 무서운 힘을 발휘할 수 있다. 군사력과 정보력은 '패권지속전략' 의 핵심이다. 더욱이 정보의 전산화 및 축적으로 더욱 힘을 얻는 시대가 되었다. 중앙정보기관들은 자체 내 다양한 행정

---

16) '거대기계지식' 개념은 Florian Rotzer, Megamachine Wissen(1999) 박진희(역), 『거대기계지식』(서울 : 생각의 나무, 2000)에서 찾아볼 수 있다.

17) Charlie Edwards, National Security for the Twenty-first Century, (London : Demos, 2007), pp.65.

18) 인간관계를 중시하는 사람들은 버나드(Barnard, 1938), 허즈버그(Herzberg, 1959), 멕그리거(McGregar,1960) 매슬로(Maslow, 1943) 등이 있다.

전산망을 통해 필요한 정보를 수집하며 축적하고 있다.

　　또한 외부의 축적된 자료들을 끌어다 쓸 수 있다. 일례로 인터넷으로 공공서비스나 정책을 주문할 수 있는 영국의 마이소사이어티(My Society.org)는 사회문제 특히 공공의 문제를 해결해 주는 정보를 제공하고 있어서 목적에 따라 공공 영역의 정보를 검색해 사용할 수 있다. 정보에 관심만 있다면 인터넷, 웹 브라우저를 통해 자신이 원하는 검색창을 선택하면 각 80억 개의 웹 페이지와 13억 개의 이미지 자료에서 필요로 하는 자료를 찾을 수 있다.[19] 세계 정보기관들 역시 자국 내 공공기관 혹은 정부부처가 관리하는 다양한 행정전산망에 대한 정보 접근권을 가지고 있다. 국세청, 건설부, 교통부, 외무부 전산망을 통한 관련 정보를 수집함은 물론 법무부의 출입국 기록, 경찰의 전과(前科)내역, 건강보험공단의 진료기록, 연금관리공단의 개인소득자료 등이 포함되어 있는 것으로 알려졌다. 그런 점에서 최고 통치자는 정보를 가장 많이 가지고 있는 사람이고 그 다음으로 정보기관장(CIA, 국정원) 등이다. 생산되고 축적되는 정보의 사용여부는 대통령의 권한으로서 정치인의 경우 정치생명, 기업의 경우 회사 업무에 영향을 미칠 수 있다.

---

19) 장유엔창(張遠昌), 하진이(역) 「인터넷 발전의 성공신화를 이룬 부와 성공의 비밀 구글에서 훔쳐라」 (서울 : 머니플러스, 2007), pp.166.

"······여호와께서 모세에게 일러 가라사대 사람을 보내어 내가
이스라엘 자손에게 주는 가나안 땅을 탐지하게 하도록······."

➡ 출처 : 구약성서(민수기 13:1-2)에서

➡ 의미 : 인간의 정탐행위는 역사의 기록만큼이나 오래 되었고 인간의 첩보활동은 인류사에서 두 번째로 오래된
　　　　직업이고 매우 명예로운 것이란 것을 묘사한 말.

제5장

새로운 부가가치로서의 정보소비

제5장
새로운 부가가치로서의 정보소비

우리가 살아가는 시장에는 제품 광고뿐만 아니라 메시지 뉴스가 넘쳐나고 있다. 일반인들이 하루에 5,000개 이상의 광고와 메시지를 접하면서 살아간다고 한다.[20] 이것은 무어의 법칙이 나올 당시인 1965년의 1,500개에 비하면 무려 3배 이상 증가한 셈이다. 오늘날 인터넷 사용자수가 100일마다 2배로 늘어나는 것도 같은 맥락이다. 향후 몇 년 안에 퍼스널컴퓨터의 용량은 대기업이 사용하는 수준의 슈퍼컴퓨터의 용량보다 커질 것으로 예상돼 전세계 모든 정보를 실시간으로 찾아낼 수 있을 것으로 보인다.

다량의 정보축적은 탈 근대적인 본원적 축적과정과 비슷하게 거대한 생산의 사회화를 이루며 자원의 힘으로 정보가 중시된다. 새로운 정보경제가 등장함에 따라 자본주의적 생산에 필요한 정보축적이 필요한 시대이다. 정보는 내부와 외부라는 기존의 개념을 붕괴시키면서 자신의 네트워크를 통해 부와 생산 경영 모두를 포괄한다. 정보네트워크는 사회적 생산의 동시성과 같은 어떤 것으로 향하는 경향이 크다. 그러므로 정보축적 정보혁명은 보다 커다란 정보의 생산과 소비 사회로서 엄청난 도약을 요구한다.

단계적 발전이지만 인터넷을 통한 정보의 확산으로 인해 이제 정보소비자들에게는 보고서의 양이나 가용성의 폭이 확대되었고 정보의 선택도 너무 커졌다. 이제는 '아무 보고서'

---

20) New York Times, Jan 15, 2007.

나 필요로 하는 것이 아니어서 단지 생산자들이 주도하는 시대를 넘어 정보소비자들로의 권력이동, 즉 공급자가 아닌 소비자 우위를 나타내는 현상으로 변하고 있다. 더구나 정보소비는 사회적 영향력으로 ▲정보 자체에 들어있는 특정의 의미, ▲그 의미가 인간 생활 속에서 작용하는 힘, ▲정보의 힘이 사회적 코드로서 의사결정과정을 돕는 것이다.

5-1. 정보의 속도 – 시간기반의 정보

우리는 편지가 전달되는 속도를 매우 느리다고 느낀다. 경마장에서 달리는 말(馬)의 속도와 비교하면 정보는 빛의 속도로 이동한다. 정보는 부분적으로 정신 속에 있으므로 빌 게이츠(Bill Gates)가 말하였듯이 '생각의 속도'로 이동하고 있다. 시간의 속도는 두 가지 측면에서 의의를 지닌다. 하나는 정보기술의 발전에 따른 것이고, 또 하나는 지식정보기반자산의 구축으로 자원 배분의 유연성을 향상시킨다는 점이다. 전자는 각종 정보처리과정 및 서비스 문제를 개선하는 것이라면, 후자는 국가와 기업 등 조직의 업무를 계속 혁신하고 경쟁우위를 확보토록 하는 것을 말한다.

우리가 이해하고 있듯이 기업 경영프로세스의 속도는 가장 중요한 경쟁력이다. 날로 변해 가는 고객의 욕구에 부응하는 신제품을 만들어 내고 경쟁사의 추격을 뿌리치고 앞서 나가는데 있어서는 스피드가 중요해지고 있다. 디지털 기기들이 시간 싸움을 벌이고 있다. 압력밥솥, 전자오븐 등 전기 기기들이 짧은 시간에 원하는 작업을 끝내는 타임 세이빙(시간절약) 제품이 출시되고 있다. 그래서 현시대를 속도의 경제라고 말한다. 여기다 현대의 정보는 속도다. 정보는 전파속도가 빠른 소비재이다. 이제 시간관리라는 개념이 널리 부각되고 있는 가운데 시간은 상품화된다.

정보는 시간기반경제로써 수집, 분석, 생산, 사용에 이르는 정보활동들이 일종의 시간기반의 경쟁활동이다. 지식정보사회에서 시간은 값지고 희귀한 자원 중의 하나다. 정보를 다루는 사람들은 시간기반 경쟁자(time−based competitor)들이다. 시간기반 경쟁조직의 핵심은 업무 프로세스시스템을 슬림화하거나 줄이는 일이다. 정보를 하는 사람은 남보다 5분 빠르게 움직이는 것이다. 더구나 정보의 변화속도 또한 엄청나게 빨라지고 있어서 시간의 연속성은 우리들의 최고의 경험지대이다. 인터넷의 속도 경쟁은 긴장감 넘치는 속도전으로 상대방과 무엇이든 붙어보는 짜릿한 쾌감을 느끼고 있는 것이 사이버 세계이다.

시간은 고정되거나 일정한 것이 아니라 오히려 주관적이면 탄력적인 것이다. 사람들 각자의 고유한 시간 리듬일 뿐이다.[21] 그래서 앨빈 토플러(Alvin Toffler)는 대량생산 시대에 있었던 대량시간(mass time)의 개념이 해체되면서 개인시간(personal time)의 시대가 도래했다고 했다. 일정한 출퇴근 시간이 아닌 자기근무 시간을 조정해 일하고 월급 받는 노동으로 변했음을 의미한다. 프렉스 타임(flex time)은 피고용자들이 노동시간을 자유롭게 택하는 것으로 가족 친화적 노동정책에 따른 것이다.

개인의 시간가치는 자신의 생각의 속도 행동단위에 따라 달라진다. 기업중심의 집단 노동은 모두가 부여된 대량 시간을 소비하는 것이다. 우리는 흔히 1주일이 번개같이 흘러간다고 생각하지만 그러나 그러한 1주일은 블로그에서 혹은 기업간 경쟁구조 속에서 한 기업의 성공과 실패를 만들 수 있는 충분한 시간이다. 손자병법(孫子兵法)의 가르침은 싸움은 속전속결이다. "결국 시간경쟁의 시대에서는 큰 것이 작은 것을 먹는 것이 아니라 빠른 것이 느린 것을 먹는다. 적절한 시기를 놓치면 사업기회를 잃고 2류로 전락하게 된다"는 것이다.[22]

따라서 우리는 속도의 경제 속에서 디지털의 스피드 속에 이미지의 과잉 속에 살아가고 있다. 모든 상품에도 시간의 적용이 있어서 각자는 계절에 맞추기도 한다. 정보 흐름에는 저속과 과속이 있는데 저속과 과속의 부조화는 정보세계에서 자주 일어난다. 정보의 생산과 사용, 행위의 유기적 관계가 흔들릴 수 있다. 정보를 수집하고 생산할 때는 좌고우면(左顧右眄)하지 않고 밀어붙이는 쾌도난마(快刀亂麻)형 리더십이 요구되기도 한다. 규모의 경제가 아닌 속도의 경제에서 정보의 '번개사용'이며 창의적으로 수집·생산하고 공격적으로 정보를 소비한다는 뜻이다. 요는 사람이 의사결정 및 이를 실행하기에 충분한 시간 내에서 활용가능한 정보들(actionable information)을 획득하고 이것을 사용할 수 있도록 하는 것이 요구된다.

다시 말해 정보를 받아들이는 속도는 흐르는 정보를 받아들이고 이해하는 개인 능력에 관한 것이다. 정보를 소비하는 사람들 중에는 ▲우연히 정보를 접하지만 그대로 지나치는 사람, ▲필요한 정보를 수집해 적절히 사용하고 재창조하는 사람, ▲특정상황을 상식적으로 이해하기 위해 정보를 모으고 소비하는 사람, ▲습관적으로 정보를 쌓아두는 사람들이

---

21) John K. Clemns and Scott Dalrymple, Time Mastery : How Temporal Intelligence Will Make You A Stronger, More Effective Leader, (New York : Amacom Book, 2005), pp.11~12.
22) 유필화, 『CEO, 고전에서 답을 찾다』(서울 : 흐름출판, 2007), pp.43~48.

있다. 그러나 많은 사람들이 정보수용에 필요한 최소한의 능력이 부족할 때 수신자는 수동적이 되거나 아니면 발신자와 매체에 종속되고 만다. 반대로 정보수용에 큰 어려움이 없는 사람은 상호작용과 커뮤니케이션이 수월해지는 것은 당연한 일이며 정보 감각이 우수한 것이다.

또한 정보의 비물질화 현상이 가속화될 뿐만 아니라 자료의 소유에서 이용으로의 전환이 용이해짐으로써 문화, 교육, 정보로의 접근성이 훨씬 높아졌다.[23] 흐르는 정보를 소유하는 것보다 빨리 소비하는 태도가 중요해졌다. 기업에서 경영프로세스의 속도를 높이는 것이 경쟁력으로 간주하는 것도 같은 이유다. 신속한 의사결정과 시간을 줄이는 프로세스를 개발해 소비자 니즈에 부합하려는 마케팅이다. 그 뿐만이 아니라 상품의 배달도 속도전이다. 맥도날드의 퀵서비스 레스토랑(QSR)은 배달속도를 줄임으로써 시장의 40% 이상을 점유하고 있다. 미국 레스토랑 프랜차이즈 회장 레이빙 브랜즈(Raving Brands)는 빠른 의사결정을 내리기 위해 아이디어회의를 매주 개최 한다. 새로운 아이디어가 기업의 생존을 좌우하기 때문이다.

역설적으로 정보가 쌓이고 많은 것도 문제다. 많은 정보는 짐이 될 수 있다. 사용하기 전에 정보가 생산되고 대기시간이 늘어날 때 마치 상품이 재고로 남는 것처럼 정보유통에 시간문제가 발생한다. 정보를 무조건 모으고 쌓아두는 것은 어쩌면 정보를 죽이는 것이나 다름없다는 점에서 정보 과잉의 부정일 수 있다. 정보생산이 늦어지면 정보를 받는 측에서는 소비와 실천의 기회가 날아가버린다. 물론 보통 프로세스는 업무시간(task time)과 시스템 내에서 시간(time in system)을 허비해 결국 정보효용가치가 상실된다. 그러므로 정보가치의 원활한 흐름을 위해 보고라인을 줄이거나 팀원들의 업무처리 속도를 개선하되 정보를 유통시키는 시간을 가능한 줄이는 지혜가 요구된다.

리앙쿼마오(편저)의 《세계경제를 리드하는 유대인 상인 vs 원저우 상인》에서 보면 유대인들과 중국 원저우(溫州) 두 상인들의 성공비결은 다름 아닌 '정보와 속도'로 보았다. 세계최대의 컨티넨털 곡물회사를 운영하는 벨기에 유대인 미카엘 푸리보아는 정보 수집을 위해 돈을 아끼지 않았다. 그는 1973년 구 소련 수상 브레즈네프(L. Brezhnev, 1906~1982)가 미국을 방문한다는 비밀정보를 미리 입수해 이용함으로써 수백만 톤에 이르는 곡물 거래를 성사시킬 수 있었다.[24]

---

23) Jacques Attali, Une Bre've Histoire de l'avenir, 양명관(역) 『미래의 물결』 (서울 : 위즈덤 하우스, 2007). pp.178.

중국최고 갑부로 알려진 궤메이 전기회사 황관위(黃光裕, 1969~)는 기업투자 시 30%의 확신만 있으면 바로 실행했다. 일을 추진할 때 방향만 정확하고 구체적이지 않아도 30%의 확률만 있으면 바로 행동에 옮기고, 그리고 속도를 중시하며 가능한 빨리 실행했다. 그는 3 개월 동안 사업계획서를 만들고 사업계획서의 마침표와 문장부호까지 완벽하게 갖춘 다음에 행동에 옮기는 것을 거부했다. 궤메이는 기업을 경영하면서 특히 시장정보를 정확히 파악해 필요물건을 사고 팔며 고객의 '반응속도'에 맞춰 성공을 이뤘다.[25] 지역간에 작은 가격불일치를 이용해 사고 파는 과정을 밟았다. 중국, 러시아, 한국을 오가는 보따리 장사들은 지역간 시간 차이를 이용해 가격 차이를 이용해 수익을 올리는 사람들이다.

워렌 버핏(Warren Buffett)[26] 역시 즉흥적 결정을 중시한다. 최고의 자원은 바로 시간이라면서 수많은 투자 제안들에 대해서 10초 정도에 노(no)라고 결정을 내리곤 했다. 투자의 적정성에 대해 전광석화 같은 결정을 내리는 투자의 귀재였다.[27] 그리고 날카로운 분석력과 위험관리가 성공의 원천이었다. 사실 투자 및 금융상품정보가 실시간으로 공개되는 증권시장에서는 시간대별 행동이 주효하다. 주가지수(이를테면 종합주가지수 : KOSPI, 코스닥지수 : KOSDAQ)들을 판단하고 행동하는데는 시간적 영향이 좌우한다. 흔히 볼 수 있는 옷과 화장품 광고는 대개 저녁 시간대에 집중된다. 많은 사람들이 저녁시간에 미래를 위해 자신을 보호하는 활동으로 채워지고 있는 점을 이용하기 때문이다.

그렇다면 우리가 인정하고 넘어가야 할 것이 있다. 그것은 시간(time) 개념에서 24시간 생산활동사회에서 모든 경제주체들이 조화롭게 시간에 적응해야 부를 창출할 수 있다는 사실이다. 곧 시간의 동시성에서 보면 지역간, 국가간 변화속도의 차이는 속도의 충돌이다. 비슷한 예로서 미국 NSA는 통신감청자료들에 기초한 산업스파이 행위가 일어날 수 있음을 아래와 같은 이류로 설명한다.[28]

---

24) 리앙퀀마오(편저), 김종호 · 박홍수(역) 『세계경제를 리드하는 유대인 상인 vs 원저우 상인』(서울 : 한티미디어, 2006), pp.37~40.

25) 우아룬(吳阿倫), 『중국 최고 갑부 황관위의 승부』(서울 : 황금나침반, 2006), pp.87~88.

26) 투자의 귀재로 '오마하의 현인'(oracle of Omaha)으로 불리는 워렌 버핏은 미국 자본주의 상징인 버크셔 해서 웨이의 CEO 와 최고 투자 책임자(CIO)이다. 버핏은 1956년 친구와 친척이 맡긴 단돈 100불로 주식에 투자한 것을 시작으로 버크셔 해서웨이의 자산 규모를 2,480억달러로 키워내면서 세계 제2의 부자가 되었다.

27) Mark Tier, The Winning Investment Habits of Warren Buffett & George Sorus, 박진곤 · 손태건(역) 『워렌 버핏과 조지 소로스의 투자습관』(서울 : 국일증권경제연구소, 2006), pp.219.

28) James Bamford, Body of Secrets : Anatomy of the Ultra-Secret National Security Agency(New York : Anchor Books, 2002), pp.139 이하.

- 시차가 다른 지역들간에 활동하는 경우 미국 기업들이 일시적으로 이익이 기대되는 정보와 결과를 유럽과 아시아로 통보할 때 시차에 의한 이익을 침해 당할 수 있다.
- 다국적 기업들간에 케이블을 통한 화상회의를 진행 할 때 탐지당할 수 있다.
- 중요한 계약을 하면서 지역적 거리를 두고 협상해야 할 경우 기업대표들은 그들의 본부에 자문을 구해야 할 때 핵심내용이 상대방에게 노출될 수 있다.

근대를 넘어 강대국의 주요 조건은 시스템(제도), 교육, 소프트파워 정보력이었다. 이중에서도 국가와 기업을 경영하는 사람들은 의심할 여지없이 '실시간 정보'를 중심으로 현상황을 파악하고자 한다. 미국이 강대국의 자리를 지킬 수 있는 것은 다른 나라보다 월등한 지식체계와 정보력이 있기 때문이다. 미국 당국자들은 단순히 계몽주의자들과는 달리 정보를 유혹적인 대상이 아니라 현존하는 사실들, 이익 관리적인 생산정보에 대한 관심, 그리고 상대 국가나 기업에 대해서 깊고 다양한 지식정보를 통해 지배력을 강화해 왔다.

5-2. 정보경제의 확대

제레미 리프킨(Jeremy Rifkin)은 《노동의 종말》(1995)에서 '소유'를 대체하는 접속(access)이라는 개념을 사용해 '접속의 시대'라고 표현했다. 접속은 현실세계에서 네트워크를 통해 사이버 세계로 들어가는 것을 의미한다. 네트워크에서의 경제지식재산의 확대, 생산에서 서비스로의 가치이동 등 특징들을 반영한다. 비물질적인 지식과 정보 아이디어, 브랜드 이미지 등이 부를 창출하는 시대다.

지식기반경제는 일반적으로 생각(idea), 정보, 지식이 혁신과 더불어 경제성장을 뒷받침하는 것을 의미한다. 미국 경제 칼럼리스트인 데이비드 워시(David Warsh)는 신경제학의 생산요소를 사람과 아이디어, 재료로 보았다. 새로운 주장은 아니지만 아이디어가 가장 중요하다고 했다.[29] 지식경제는 물질의 디자인, 개발, 기술, 마케팅, 서비스에 종사하는 경제 운영시스템을 말한다. 지식기반산업은 하이테크, 교육과 훈련, 연구개발, 금융투자 부분을

---

29) David Warsh, Knowledge and the Wealth of Nations, 김민주 · 송희령(역) 『지식경제학 미스테리』(서울 : 김영사, 2008), pp.18~20.

포함하는 것으로 이해될 수 있다. 미국은 보유지식과 자산을 국가차원에서 관리하는 SIP(State Inventory Project)를 추진하며 교육, 정부, 공공부분을 연결해 국가적 지식활용시스템을 구축하고 있다.

게다가 신경제를 이끄는 신기술 패러다임은 엄청나다. 반도체칩은 18개월마다, 저장기술은 12개월마다, 초고속 인터넷은 6개월마다 그 용량이 두 배로 늘어난다고 한다. 특히 정보기술은 시간에 비례해서 발달하는 것이 아니라 기하급수적으로 발전한다는 것이다. 미국 미래학자 레이 커즈레일(Ray Kurzweil)은 이를 '수확의 가속 법칙'으로 설명한다. 예컨대 기술이 해마다 10%씩 발전하는 것이 아니라 첫해 10% 그 이듬해는 20% 그 이듬해는 40%씩 발전한다는 주장이다.[30] 그밖에 무어의 법칙(Moor's Law)을 모델로 개발된 몬산토의 법칙(Monsanto's Law)에 따르면 흐르는 정보의 양은 1년 내지 2년마다 두 배로 증가한다고 한다.

이러한 정보와 인터넷 혁명의 새로운 단계는 궁극적으로 비즈니스를 바꿔서 소비와 기업의 혁신, 노동 생산과 투자 등에 대한 변화를 몰고 온다. 더구나 꿈 같은 미래는 GNR(유전공학, 나노기술, 로봇공학) 혁명으로 발전할 것이라고 예상한다. 비트, 원자, 유전자, 뉴론은 자체적으로 혹은 다른 것과 융합되고 있으며 금융, 유통, 생산, 수송 등의 분야 모두가 세계 인터넷과 연결돼 있다. 인터넷 없이는 살 수 없는 세상이 되었다.

세계적으로 웹(Web)은 아직 진화 중이지만 유·무선의 발전, 정보의 도구에서 생활의 도구로 발전하고 있다. 수백억 개의 카메라폰 디지털 카메라로 찍어 올리는 헤아릴 수 없는 영상 정보가 웹을 통해 흐르고 있으며 많은 사람들이 이를 공유하고 있다. 정보 속도시대에서 우리는 자동차 안에서 필요한 정보를 얻을 수 있는 드라이브 인(drive-in) 시스템을 통해 필요한 정보를 확인할 수 있는 시대에 살고 있다. 우리에게 블로그와 사회적 미디어가 '새로운 구독시대'(age of subscription)를 열어주고 있다. 닷컴시대에 노마드(유목민) 식의 중요 사이트에 링크하며 살아가는 시대이다.[31]

현시대는 정보경영의 시대이다. 정보는 정치와 경영에 접목되어 힘을 발휘한다. 정보가 정치적이고 권력적이다. 그러므로 지식정보사회는 수많은 정보의 생산과 소비사회를 어떻

---

30) Ray Kurzweil, The Singulariyt is Near : When Human Transcend Biology, (New York : Penguin Book, 2005), pp.41~44.

31) Robert Scoble, Shel Israel, Naked Conversations : how blogs are changing the way business tolk with customers, 홍성준(역) 『블로그 세상을 바꾸다』(서울 : 체온 365, 2007), pp.253~254.

게 경영할 것인가가 중요해지고 있다. 어떤 각도로 정보에 접근하느냐에 따라 정보의 적절성이 결정되기도 한다. 탈근대화 혹은 정보화로의 발전은 바로 지식정보 그리고 정보소통의 가능성을 높여준다. 탈산업경제는 바로 정보경제를 의미하며 탈근대화 내지 정보화는 인간 존재의 새로운 양식을 나타낸다는 의미에서 정보는 '유사경제' 에 속한다. 실제로 정보는 복잡한 세상 속에서 알짜 지식을 생산해 이것을 국가이익 및 기업경영에 적용하는 것이다. 요는 정보가 자신에게 절절한지는 정보를 소비하는 사람들의 기준에 따라 결정될 뿐이다.

판단력은 과학적이고 치밀해야 하며 숫자개념으로 나타낼 수 있다. 그리고 포부는 경험과 영감으로부터 생겨나는 담대함이다. 중국의 왕즈강(王志剛)은 의사결정에는 '7할의 판단력 3할의 포부' 라고 한다.[32] 장사원칙에서는 7030 법칙(선행의 기본정보 70, 경험정보 30) 이 작용한다. 스즈키 도시후미가 쓴《장사의 창조》에서 보면 정보는 장사에서 핵심 요소이다. 경험정보만으로는 부족하고 그 지역의 날씨, 축제 등 선행정보(기본정보)가 중요하다. 따라서 선행정보 70%와 경험정보 30%를 활용해 장사를 해야 한다고 주장한다.[33] 쓸모 없는 정보도 때때로 큰 도움이 된다고 충고한다.

그러므로 현시대 정보가 모든 것보다 우선순위에 놓이는 경제로 발전해 가고 있음을 반영한다. 내일의 승자들은 물리적인 재산을 소유한 사람이 아니라 좋은 정보들을 소유한 사람들이다. 항공사를 소유한 것보다 비행기가 언제 뜨고 행선지와 목적지를 파악하여 그 정보를 활용할 수 있도록 하는 여행상품 기획자가 훨씬 더 수익성을 내는 세상이다.[34] 이런 의미에서 아래와 같은 정보경제 발전 트렌드의 파악과 통찰력이 어느 시대보다 더 중요해지고 있다.

첫째, 정보의 상업화가 확대된다. 정보화가 진전되면서 정보 / 지식은 점차 이윤을 추구하는 회사들에 의해서 가공되고 처리되어 상품으로 만들어지는 이른바 정보의 상업화가 이루어지고 있다. 정보경제의 확대 및 상업화는 두 가지 측면에서 볼 수 있다. 하나는 국가기밀이나 기업정보를 타자에게 팔아 넘기는 것이고, 또 하나는 정보를 정상적으로 생산 판매하는 경우이다. 우선 고급정보를 지득하거나 소유한 사람이 개인의 이익을 위해 불법적으로 남에게 돈을 받고 팔아 넘기는 행위는 허다하다. 정보산업에 종사하는 사람들(산업스파

32) 왕즈강(王志剛), op. cit, pp.114, 155.
33) 스즈키 도시후미, 이석우(역)《장사의 창조》(서울 : 큰나, 2006), pp.156~158.
34) Bertrand Jouvenot, Le Journal de B. J. an Bureau, 김도연(역) 『BJ사무실의 일기 : 하룻밤에 마스터하는 기업과 경영』(서울 : 지형, 2006), pp.72.

이)은 냉전이 해체된 이후에도 '합리화 된 사업'으로 여겨지고 있는 가운데 적대세력에게 비밀정보를 넘겨주고 큰돈을 벌어보겠다는 현상은 예나 지금이나 마찬가지다.

또 다른 하나는 익명화된 자본주의 사회에서 개개인의 주체적 관여 혹은 협동을 통해 상호작용으로 정보상품을 판매하는 경우가 많은데 이제는 이것이 하나의 경제시스템이 되고 있다. 정보에 바탕을 둔 새로운 산업들 - 금융, 오락, 통신, 비즈니스 서비스, 교육, 문화콘텐츠 - 은 현대 경제사회에서 차지하는 비중이 증가하는 가운데 미국은 그 비중이 25%를 넘어섰다. 더구나 생명산업, 생물공학, 섬유류, 건축, 각종 소프트웨어들은 지적재산권이나 과학적 노하우로서 그 비중도가 15%가 넘고 있다.[35]

지식정보사회요 인터넷 시대에서는 주로 콘텐츠(contents), 컨셉(concept), 컬처(culture) 등에 의해서 기업의 가치가 창출되고 기업 브랜드가 만들어진다.

둘째, 서비스경제와 정보산업경제체제로 인한 노동의 성격이 변하고 있다. 하디티와 네그리(Michael Hardt, Antonio Negri)는 산업기계의 전통적인 기법은 정보 및 소통기술의 인공두뇌지성(cybernetic intelligence)으로 대체돼야 한다고 주장한다. 탈산업경제는 서비스경제(service economy)와 정보산업경제모델(information industrial model)로 변화되고 있다고 진단했다.[36] 사실 서비스업은 실제로 정보와 지식의 지속적인 교환에 기초를 두고 있다. 서비스 생산물이 물질재와 내구재로 귀결되지 않기 때문에 안토니오 네그리는 이런 생산에 포함된 노동은 비물질적 노동 즉 서비스 문화상품 지식 혹은 소통과 같은 비물질적 재화를 생산하는 노동이라고 규정했다.[37]

이러한 정보경제의 이행은 우선 지역적 생산의 탈집중화(분산)로 나타났다. 생산의 중심화가 해체되면서 생산의 탈영토화가 가능하게 되고 그리고 공장노동자들은 새로운 정보기술을 통해 소통하며 네트워크 생산체제로 이행되었다. 뿐만 아니라 정보는 사회적 기반(social matrix)으로서 생산자와 소비자 사이의 거리에 상관없이 생산자를 소비자와 직접 접촉하도록 하고 있다. 정보고속도로는 전자시장을 확장시키고 있으며 생산의 정보화와 비

---

35) Jeremy Rifkin, The Age of Access : The New Culture of Hypercapitalism Where all of Life is a Paid-for Experience, (New York, 2000). pp.55~60.

36) Michael Hardt. Antonio Negri, Empire, 윤수종(역)『제국』(서울 : 이학사, 2005), pp.377~380.

37) 비물질적 노동(immaterial labour)는 육체적 노동과 대비시켜 이해했던 정신노동 혹은 지식노동개념을 넘어서려는 의도에서 네그리가 사용하는 개념이다. 자동화와 컴퓨터화에 따라 정보화가 이뤄지면서 서비스노동 및 정신적 노동의 증가 등으로 변화된 노동의 특징을 지칭하는 개념이다.

물질적 생산의 중요성이 증가하면서 자본은 일정한 영토를 초월해 이동하고 있다.

셋째, 새로운 컨버전스로 '새로운 디지털 시대'를 예고하고 있다. 2007년 1월 8일 미국 라스베이거스에서 열린 전미(全美) 최대 소비자 가전쇼(CES : consumer electronic show)에서는 이런 가능성을 보여주었다. 디지털시대의 핵심은 뉴 컨버전스(새로운 융합시대)를 열어 간다는 진단이다. 통신 · 방송이 묶이는 것, 나노 바이오 로봇기술이 합쳐지는 것처럼 이제는 콘텐츠와 테크놀로지가 하나가 되는 세상이 되었다고 빌게이츠, 게리 샤피로(Gary Shapiro), 월트 디지니 CEO 로버트 아이거(Robert Iger) 등은 강조했다. 최근에는 기술(technology), 엔터테인먼트(entertainment), 디자인(design)의 머리글자를 딴 TED 컨퍼런스가 주목받고 있다. 여기서는 정보기술(IT)업계 기업인들과 문화, 과학 등 '큰 질문들'에 대한 대답이 제시되고 있다.[38]

이상의 내용을 다시 한번 정리하면 사람들은 인터넷 접속, 주문형 서비스(on demand service)를 이용하는가 하면, 유 · 무선인터넷, 휴대전화인터넷 등의 '디지털홈네트워크' 시대가 가시화되고 있다. 첨단 정보통신기기들을 통해 차세대통합네트워크(NGCN : Next Generation Convergence Network)시대로 접어들고 있는데 동 NGCN은 방송 통신 융합서비스인 디지털 미디어센터(DMC) 사업이나 가전제품의 원격제어, 광대역 통합망, 유 · 무선 연결이 가능한 차세대 인터넷과 같은 인프라구축이 포함된다.

이 같은 진행은 이미 미국 등 선진국들의 경우 디지털시대로의 카운트다운에 들어갔다. 디지털 기술인 고해상HD(Full HD) 제품들이 쏟아져 나오면서 MS, 인텔, 애플, 그리고 삼성전자와 LG전자 등은 더 깨끗하고(해상력), 보다 편리하게(이용성), 더 잘 보이게(색상의 선명성) 하는 첨단기술을 놓고 상호 경쟁하고 있다. 애플컴퓨터사(Apple Computer Inc) 회장 스티브 잡스(Stev Jabs)는 2007년 1월 이후 회사명을 'Apple Inc'로 개명하고 아이팟 전화 휴대폰을 묶어 '아이폰'(i phone)으로 생산해 큰 성공을 거두고 있다. 이른바 사용자 환경(UI : user interface)에 맞추는 것이다. 디지털 회로는 다중작업(multi- tasking), 네트워킹, 스케줄 관리, 그래픽, 보안, 비디오, 오디오 등 우리가 필요한 작업을 해결하는 방향으로 발전하고 있다.

넷째, 가공된 정보를 기업생산성과 이윤 창출에 적극 적용시키고 있다. 정보는 가공과정을 거치면서 부가가치가 늘어난다. 정보를 수집하고 분석, 생산할 때는 우선 자료가 갖고

---

38) Business Week, March 12, 2007.

있는 본질적인 가치 내지 효용성을 중시한다. 그럴 때 정보는 부가적인 가치(process added value)가 생겨나고 마지막으로 사용자에 의해 이익적 가치로 전환된다. 사실인즉 정보는 나에게 들어와 나로부터 나갈 때는 보다 더 높은 가치가 있어야 한다.

CNN 방송의 경우 한 건의 아이템(소식)이 20초 30초 혹은 2~3분 동안 방송되는데 이것이 모두 입력돼서 방송이 끝나자마자 바로 시청자의 요구에 맞춰 즉각 인터넷으로 송출된다. 뉴스의 아이템 하나 하나가 순식간에 cnn.com에 뜨는 것이다. 그러므로 좋은 정보는 그 자체로서 큰 가치가 있지만 그것을 가공하면 부가가치가 더 붙게 마련이다. 원출처 정보가 가지고 있던 정보가치보다 몇 배 몇 십 배 수준으로 치솟을 수 있다. MP3 메모리 방식의 디지털 오디오 북이 인기를 끌고 MP3 메모리 방식의 콘텐츠가 늘어나면서 정보의 부가가치를 늘릴 수 있는 것도 비슷한 맥락이다.

비슷함을 넘어 미국 등 선진국들의 사회발전은 바로 가공된 정보를 생산하는 능력과 새로운 정보부문의 이윤을 극대화하는 경제적, 문화적 환경을 창출해 가는데 있다. 지식관리 시스템 개발 업체인 트라시스코(www.trasysco.com)는 기업을 대상으로 경제·경영 관련 콘텐츠를 2001년 7월부터 제공하고 있다. 이런 발전은 곧 정보의 시너지효과를 높이고 새로운 지식과 통찰력을 발휘할 수 있는 능숙한 기업조직으로 발전할 수 있음을 반영한다.

지난 2006년도 가장 훌륭한 아이디어는 인터넷상에서 재미있는 경제활동을 촉진하면서 돈을 벌 수 있는 가상공간 세컨드 라이프(www.secondlife.com)가 미국 경제주간지 비즈니스 위크(BW)가 선정한 최고의 아이디어로 뽑혔다. 또 인터넷에서 손쉽게 구할 수 있는 무료 소프트웨어와 웹 2.0과 관련한 사용자 제작 콘텐츠(UCC) 등도 이용자들의 시간과 비용을 아껴주는 아이디어다. 뿐만 아니라 마이스페이스 닷컴 등 소셜 네트워킹(social networking) 사이트들 역시 웹 2.0 바람과 함께 전 사회적으로 급속히 확산돼 인력관리와 마케팅의 수단으로 적극 이용되고 있다.[39]

다른 교훈적인 예들이 많지만 결론적으로 소비자들이 원한다면 어느 곳 어떤 형태로도 콘텐츠를 공급한다는 것이다. 인터넷이 휴대폰 안으로 들어오고 있는 것도 같은 논리다. 사람들의 수많은 경험과 연구 결과물들이 정보의 형태로 우리들에게 들어온다. 그런 정보를 지닌 사람들은 다양한 블로그, 웹사이트, 사진 공유 사이트(예를 들어 Flicker)에 들어가 그곳에 자기 의견을 붙이며 소통한다. 인터넷을 통해 새롭게 구축된 교류방식인 블로그의 게

---

39) Business Week, 'The Best & Worst of 2006', Dec 18, 2006, pp.98~102.

시물이나 댓글을 통해 서로 집단적인 대화를 하는 '블로그스피어' (blog sphere, 블로그 계)
에서 오픈 소스까지 전 영역에서 광범위하게 나타나고 있다.

5-3. 정보의 개인화 맞춤화

일반적으로 '맞춤' 이란 눈맞춤 혹은 맞춤상품, 안성맞춤이라는 말로 이해된다. 맞춤 생
산은 컴퓨터, 청바지, 서적 등에 적용되는 주제였다. 사실 이 시대는 많은 장애를 극복하며
맞춤정보를 생산하는 시대로 접어들었다. 개인 이용자들의 관심과 요구에 맞는 서비스를
맞춤식으로 제공하는 것이다. 비슷한 맥락에서 맞춤정보는 사용자의 욕구에 부합하는 것
으로 감정적인 반응을 일으키는 이미지를 갖는다. 맞춤보고서(niche report)를 통해 사용자
는 작성자에 대한 믿음과 신뢰를 보내는 것이며 생산자는 그들의 요구에 정확히 반응하는
것으로 시스템 내에서 상호 작용하는 방식이다.

따라서 정보는 개인화(personailzation)되거나 맞춤화(customization) 형태로 생산되고
유통된다. 정보는 유통기한이 없다. 정보의 세계 역시 정보의 생산자 및 판매자 시장
(seller's market)에서 정보구매자 시장(buyer's market)으로 전환되는 추세이다. 모든 사람
은 나만을 위한 정보, 나만을 위한 메시지를 원한다. 그러므로 정보생산자들은 소비자들의
요구에 맞는 '맞춤정보' 의 생산이 필요해졌다. 모든 사람의 정보 요구 수준이나 필요한 감
각이 다르기 때문에 맞춤 정보는 더욱 흥미를 끄는 분야이다.

이러다 보니 정보의 메시지는 개인화의 성격을 띤다. 정보는 여럿 중의 하나가 아니라
나만을 위한(only for me) 맞춤정보를 요구하고 있다. 정보사용자는 때때로 전화기 앞에서
최신 정보를 얻고 맞춤정보가 들어오기를 기다린다. 그렇다면 당신은 사용자 맞춤전략
(user-tailored strategy)을 고안하고 또 이를 실현하기 위해 지속적으로 내, 외부의 정보를
수집 정리하며 그것을 정직하게 해석하는 것이 중요해졌다. 특히 외부에서 수집한 자료들
을 독특하고 의미 있게 차별화된 가치로 전환하여 최고 사용자에게 전달될 때 이는 바로 국
가이익을 창조하는 전략이 된다. 사용자 입장에서 맞춤형 정보를 요구한다면 생산자들과
의 대화시간도, 정보 요구상황도 '맞춤형' 으로 돼야 한다.

한 발 더 나아가 사회적으로 개인 소비 콘텐츠가 인기를 끌고 있다. 어떤 의상을 입고, 무
엇을 먹을까, 어떻게 여행할까 등의 삶의 구체적 방식을 알려주는 내용들이 그것이다. 현재

구글의 경우 전문 영역검색(Vertical Search)과 같은 다양한 검색방법을 제공하고 있다. 그 가운데 구글 로컬(Google local), 학위논문을 검색하는 구글 스칼러(Google scholar), 구글 맵스(Google maps), 구글 뉴스(Google news), 구글 엔서스(Google answers) 등은 다양한 콘텐츠로, 맞춤식으로 지식검색 서비스를 하고 있다. 그밖에 시장에서 상품소비 트렌드를 국제적인 웹 포털사이트를 통해 소비자 정보를 얻는 방식도 널리 쓰인다. 전 세계적으로 약 8900만 개의 달하는 블로그에는 다양한 정보가 올라와 있어 이를 소비하는 고객들이 계속 늘어나고 있다.[40) 그래서 이렇게 말할 수 있다.

> **' 현대인들은 가상공간에서 또 다른 삶을 살아간다.**
> **가상공간은 정보를 얻으며 살아가는 놀이터이다 '**

　대단히 시사적이지만 현대는 정보생산과 동시에 소비촉진이 이뤄지는 시대이다. 정보생산자와 사용자 관계를 보면 생산자는 정보소비자의 요구에 맞춰 주는 것이다. 정보생산의 가장 주요한 키워드는 정보사용자(고객)라는 점에서 정보생산자들은 새로운 정보소비자들의 끊임없는 욕구를 직접 다루고 있는 사람들이다. 정보는 어떤 이익을 가져다준다는 대상으로 보면서도 심득(心得)으로, 즉 마음으로 터득하고 생활에 적용하는 습관이 있을 때 정보 소비를 잘 할 수 있다.

　광범위하게 논의되는 일이지만 새로운 소비자들은 자기가 선호하는 상품이 시일 내 원하는 색상, 재료 등이 마음에 들면 기꺼이 웃돈을 지불하고 맞춤상품을 소비한다. 정보화시대에서는 각 개인이 전 세계를 상대로 자신만의 시장을 가질 수 있고 하나의 1인 경영주체로 발전할 수 있다. 과거 산업사회의 질서와 규범은 더 이상 통하지 않고 새로운 정보지식사회의 논리와 가치만이 지대를 넓혀가고 있다. 미국의 20세기 폭스영화사는 "프로슈머 시대에는 더 이상 모든 소비자가 똑같이 울고 웃는 대량시대는 없어졌다"고 선언했다.

　너무 확장되는 듯하지만 작가 닥 설스(Doc Searls)는 이제 수동적 고객에서 능동적 생산자로 바뀌고 있음을 설명한다. 소비자 경제는 단순히 생산자가 지배하는 시스템으로써 소

---

40) 미국 여론조사 회사인 TNS(Taylor Nelson Sofres)그룹 데이비드 라우덴(David Lawden)회장의 조선일보 Weekly BIZ(2007. 8. 18일, C6) 인터뷰내용 참조.

비자들은 콘텐츠를 현금으로 바꾸는 것에 불과하였다. 그러나 애플은 소비자들에게 생산자가 될 수 있는 도구를 제공함으로써 시장과 경제 모두를 급격히 변화시켜 가고 있다.[41] 사람들의 정보소비도 시장 친화적으로 이뤄진다는 뜻이다. 결국 여러 함의(含意)를 정리하면 정보의 이미지(브랜드)가 계속 축적되는 가운데 정보소비는 사용자(소비자) 요구에 맞도록 생산해야 한다는 사실이다. 그리고 이를 성공시키기 위해서는 소비자 요구에 초점을 맞추고 방향감각을 유지하는 일이다. 일종의 정보생산이 창조적 백화점(creative department)처럼 되어야 한다는 뜻이다. 이를 위해서 다음 요소들을 이해할 필요가 있다.

- 정보소비자의 다양한 욕구 성향을 파악하고 차별화 소비 욕망을 충족시켜라. 행복물질(호르몬)이라고 부르는 세로토닌이 나오도록 하라.
- 소비자(사용자)의 편익성을 고려하라. 쉽고 간결하게 축약적으로 제시하라.
- 내용을 현재 진행형 시제로 쓰고 조직의 가치와 조화를 이루게 하라.
- 생산자는 평정심을 잃지 말고 절제절명의 순간으로 사용자에게 집중하라.

우리가 간과하지 말아야 할 것이 더 있는데 하나는 문제를 해결하는 솔루션 정보라는 개념이고, 다른 하나는 필요한 정보를 실시간으로 지속적으로 조직 내에 제공하는 일이다. 전자의 경우 대부분의 정보소자들이 원하는 것은 '주문형 정보'에 이어 '결과 지향적 솔루션'이라는 정보가 중요하다는 뜻이다. 온 디맨드(on demand : 주문형 서비스) 솔루션이 발전하고 있다는 것으로 고객(소비자)의 욕구를 파악하는 일, 그리고 이에 맞게 생산하는 '맞춤형 정보'를 제공하는 일이다. 정보생산자는 자신이 만든 정보가 최고사용자에게 신뢰받을 때 솔루션 정보로 인식될 수 있어야 한다. 이베이(eBay)의 CEO인 멕 휘트먼(Meg Whitman. 여, 51)은 1998년 이후 치밀한 데이터 분석력으로 이베이를 초고속 성장궤도에 올려놓았다. 그녀는 '측정불능이면 관리 불능'(If you can't measure it, You can't control it)이란 신념으로 시시각각으로 변하는 상황데이터를 분석해 맞춤형 대책, 즉 솔루션을 내놓아 성공을 거뒀다는 것이다.[42] 맞춤형 정보에는 현실적인 인식의 반영, 실시간적인 정보 제

41) Chris Anderson, The Long Tail: Why the Future of Business is Selling Less of More, (New York : Hyperion, 2006), pp.63~64.
42) 조선일보 土日 섹션 Weekly Biz 2007. 7. 14~15, C2.

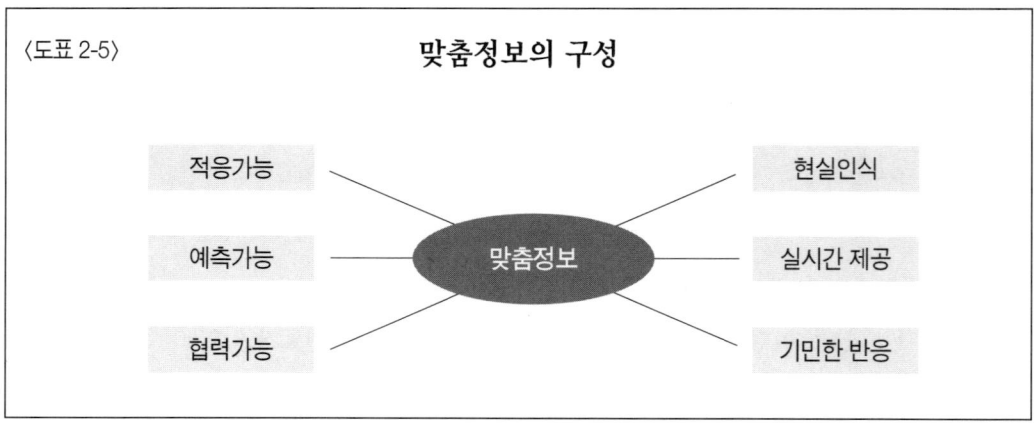

〈도표 2-5〉　　　　　**맞춤정보의 구성**

적응가능　　　　　　　현실인식

예측가능　　　맞춤정보　　실시간 제공

협력가능　　　　　　　기민한 반응

공, 사용자에 대한 기민한 반응, 그리고 정보의 실질적 적응 가능, 예측가능한 정보, 정보의 협력 공유 가능성의 구성 요소가 뒷받침되어야 한다.〈도표 2-5〉

또한 후자의 경우, 정보기술과 비즈니스 업무처리의 융합으로 이른바 RTE(real-time enterprise)시대로 진입했다는 사실이다. 여기서 RTE는 무차별적 다량의 데이터가 아니라 필요한 정보를 전 조직에 걸쳐 개개인에게 지속적으로 전달하는 체계를 의미한다.[43] 개별화 및 특성화로 발전하는 사회에서는 인터넷 프로토콜(TCP IP)이 하나의 포맷(HTML)으로 표준화된 것처럼 맞춤화되어 제공하고 있다는 의미다. 인터넷 업체인 '인터파크'는 최저가 쇼핑법을, 바쁜 직장인을 위한 쇼핑법을 내놓고 있는 것이 좋은 예들이다. 그리고 백서마케팅도 유행하고 있는데 이는 시장정보를 손쉽게 소비자들에게 실시간대로 제공하는 마케팅 방법이다.

한 발 더 나아가 웹 2.0 신조류를 타고 '맞춤정보의 자동배달' 방식이 뜨고 있다. 예로서 국내 ○○회사는 기업과 공공기관 등의 홈페이지에 모든 정보를 인터넷 사용자들에게 자동으로 배달해주고 있다. 정보를 받아보고 인터넷 사용자들은 정보이용료를 내지 않고 받기만 한다. 대신 서비스료는 정보를 제공하는 운영기업 등이 부담하는 방식이다.(한국 경제신문, 2007. 1. 19) 이른바 정보경영시대에 즉시 반응하는 실천적 마케팅 전략이다.

웹 2.0 시대에 구글은 자사의 전자지도(map) 정보와 GPS 기능을 결합한 사회적 지도

---

43) Michael Hugos, 딜로이트 컨설팅코리아(역), 『스피드 경영의 실행전략 RTE』(서울 : 21세기북스, 2006), pp.13.

(social map) 서비스를 시작했다. 이 서비스는 휴대폰 화면을 열면 자신이 등록해 둔 친구가 어디 있는지 지도상에 위치를 표시해 준다. 또한 SK텔레콤, KTF, LG텔레콤 한국위치정보 등은 인터넷으로 '자녀위치정보 확인서비스'를 하고 있다. 밖에 나가 활동하는 자녀들의 일상생활을 휴대전화로 자녀들의 위치정보를 확인할 수 있다. 이른바 '폰 안의 자식'으로 반경 1km까지 정확하게 알 수 있게 된 것이다. 2000년부터는 위치기반서비스(LBS : location based service)가 발전하고 있는데 전자지도와 통신망 인공위성 컴퓨터 기술을 결합한 위치추적 기술로 교통, 관광, 음식점, 주유소, 부동산업체, 공공기관 등의 위치정보를 제공하는 서비스가 한창이다. 이른바 공공 서비스 내지 정책자문이 가능한 위코노미(WEconomy : 우리 WE, 경제 economy의 합성어) 시대이며 '사회의 정보화'를 통해 효율적인 비즈니스 행위가 가능한 시대이다.

여기다 UCC 열풍도 거세다. 능동적이고 창조적인 역량을 갖춘 아마추어 전문가집단(proteur : professional amateur)들에 의해 생산된 콘텐츠로서 PCC(proteur created contents)로 진보하고 있다. 다양한 문화적 요구가 반영된 퓨전 콘텐츠(F — contents)가 보편화 될 것으로 예측한다. F — 콘텐츠란 이용자의 다양한 문화적 욕구를 반영한 것으로 형식적으로는 온라인과 모바일의 융합이요, 내적으로 재미(fun)·기능(faction)·감동(feel)이 어우러져 다양한 즐거움을 주는 콘텐츠다.[44] 이를 통해 영화 연극에서 이미 발표되었던 유명작품들이 새롭게 리메이크 되어 문화상품으로 퍼져 나가고 있다.

이렇다 보니 필요한 정보가 블로그 등 가상공간에 올려지고 특정 소비자들을 기다리고 있다. 가상공간은 사회 모두의 의견을 들을 수 있는 '우리' 통로가 된다. 이런 통로를 이용하지 못하면 이웃을 잃고 고립되기 쉽다. 가상세계에서 적응하지 못하는 사람 '소외된 계급'일 수 있다. 블로그 등에 자신의 정보를 올리는 것도 소외를 극복하는 일이다. 정보처리 생산자들이 미디어 콘텐츠를 제작해 인터넷에 올리면 할머니, 할아버지, 아이들이 이러한 콘텐츠의 소비자가 된다. 참신한 아이디어로 무장한 아마추어들이 인터넷에서 유명세를 타고 있는 것도 우연한 일이 아니다. 남이 없는 아이디어와 정보를 가졌을 때 사람들은 그것에 접속하고 소비하기 마련이다.

---

44) 한국문화콘텐츠 진흥원, 『2007년도 문화콘텐츠 산업 10대 전망』(2007. 1.9)

" 모든 일은 인간 안에서 출발해 인간으로 마무리된다. 인간 관계가 바로 되지 않고서는 인생에서 승리를 거둘 수 없다"

➜ 출처 : 존 맥스웰(John Maxwell)의《함께 승리하는 신뢰의 법칙》에서
➜ 의미 : 정보는 상호 신뢰에서 출발하며 신뢰는 인간관계의 초석이란 점을 강조한 말.

제6장
정보소비와 유통 그리고 사회문제

제6장
정보소비와 유통 그리고 사회문제

정보는 길 없는 흐름이다. 홀로 있음도 아니다. 그렇기 때문에 정보소비는 주어진 정보를 성찰하고 어느 기회를 통해 자기관리와 이익을 위해 사용하는 기술이다. 성공적인 소비를 위해서 정보마인드와 습관을 기르고 상세한 정보 자료 목록을 만들며 명확히 무엇에 이용할 것인가를 가름하는 것이 정보의 내면화이다. 아름드리 나무가 하나의 씨앗에서 시작되듯이 정책결정자에게 올리는 특상정보 역시 작은 관심으로부터 시작된다. 정보의 프로세스 시에 주어진 자료, 사례연구, 미팅, 포럼, 세미나 등을 통해 폭넓은 의견을 듣고 정리하는 자세가 중요하다. 정보는 성격상 사회과학의 뷔페다.

전 세계는 모든 정보의 80%가 인터넷 상에서 실시간 접속이 가능해질 것으로 본다. 모든 메시지는 이런 네트워크를 통해 흐르며 강력한 이미지를 전달하고 있다. 그러나 우리가 필요로 하는 핵심적 정보는 희소하다. 훌륭한 정보를 얻기가 어렵지만 잘 분석된 정보를 얻는 것도 또한 힘들다. 그것은 문제의 모래알 같은 정보가 눈앞에 널려 있지만 이를 소비하는 지혜가 필요하다는 것을 시사한다. 정보를 선점하고 독점할 때 실패를 줄일 수 있고 예속을 피할 수 있으며 나아가 위기관리 혹은 비즈니스 정보로 연결시킬 수 있다. 정보를 토대로 국가 관리는 물론 경제투자와 문화적 영향력을 행사하기 위해서는 현실주의에 대응하는 핵심정보가 요구된다.

지난 몇 십 년간 우리 사회 속에서 정보의 생산과 전파 그리고 소비 과정을 경험했다. 의

사소통 관련 미디어 채널이 증가되었고 정보의 확장도 크게 늘어났다. 이제는 과거의 수동적인 정보수혜자에서 능동적 정보소비자 시대로 변화되었다. 통신기술 발달과 함께 지구촌 시장이 열리면서 네트워크에는 막다른 골목이란 게 없어지게 되었다. 정치적으로는 어떤 정부도 국민들의 정보에 대한 접근을 통제할 수 없게 되었다. 경제적 함의 역시 지구 반대쪽 사람들이 바로 우리 곁에 사는 사람들처럼 가까워진 것이다. 자연히 경제행위에 참가하는 사람들이 엄청나다는 것, 모두가 돈을 벌고 배우고 존중받으려는 갈망에 허기진 상태다.[45]

6-1. 정보판단의 왜곡과 정보소비의 실패원인

우리가 삶의 과정에서 경험하듯이 현실은 우리가 어떻게 생각하느냐에 따라 달라진다. 집착이 큰 나머지 확신의 함정에 빠질 수도 있다. 어떤 결정을 하는데 있어서 확실한 데이터에 집착하는 경향 속에 반대되는 자료들에 대한 거부반응을 보이거나 부인하는 경향이 있다. 이와 관련해 무수히 많은 정보자료를 걸러내는데 두 가지 한계가 있다. 하나는 다양한 종류의 정보를 인지하고 다룰 수 있는 뇌의 용량, 즉 지적 용량이라는 한계이다. 이는 지적능력이 사람마다 다르다는 점을 상정한다. 또 하나는 주어진 환경에서 이용 가능한 자료 자체의 한계이다. 지적능력의 한계와 자료의 한계, 그리고 분석자들이 현실을 왜곡할 때 정보 실패가 일어난다는 사실이다. 사실상 정보활동 특히 지식정보가 생산되어 실제 사용되고 소비되는 과정, 그리고 적용상에 일어나는 논쟁도 많다. 정보사용에서 윤리 문제, 안전, 평등의 문제가 제기된다. 최종 사용자는 정보를 자기 이익의 수단화로 생각하거나, 실제 수단의 극대화를 추구할 때도 있다.

한편, 정보는 현실로서 정보의 자유주의는 지식뿐만 아니라 지혜를 가져오며 이런 것이 계속될 때 지혜의 강국이 될 수 있다. 흔히 우리가 돈 없는 게 죄라고 한탄하는 것처럼 이제는 '정보 없는 게 죄'가 되는 세상쯤으로 생각한다. 전례 없이 데이터가 폭주하는 현상 속에서 데이터를 아는 것보다는 데이터에 접근해서 이것들을 어떻게 서로 연결할 수 있는가

---

45) Clyde Prestowitz, Three Billion New Capitalists : The Great Shift of Wealth and Power to the East, 이문희(역) 『부와 권력의 대이동』(서울 : 지식의 숲, 2006), pp.111~112.

하는 능력이 더 중요하다. 단순한 자료들의 양이나 질만이 아닌 필요의 총체적인 이해가 있어야 한다.

그런데 플라톤이나 소크라테스의 철학에서 보듯이 인간의 실존은 무지와 지혜의 중간물이다. 정보는 누구나 필요한 것이지만 그것을 소유했을지라도 사용할 줄 모르면 정보의 본질을 결여한 것이다. 지혜 있는 정보 분석관이 생산한 특수정보라도 사람은 결코 완벽하지 못해서 동물적 존재로 그것을 알아차리지 못하는 경우가 많다. 인간은 복잡한 현실 속에 숨겨진 유·무형의 의미를 알아채지 못하는 경우가 많을 뿐만 아니라 추상적 지식(abstract knowledge)에 빠져서 그릇된 판단을 할 때가 많다. 경고의 말을 한다면 정보의 왜곡은 정보사용의 이탈이나 다름없다. 그렇기 때문에 정보의 소비는 성찰적 합리주의적 태도가 필요하다.

○ 정보판단의 왜곡

문명은 정보를 필요로 하는 것이지만 정보를 하는 사람들은 일반지식인들과 다르게 행동과 실천으로 하는 직업이다. 어떤 상황에서도 정보는 흐르고 분석대상이 된다. 정보는 '보고 싶다 듣고 싶다'는 마음속에서부터 시작된다. 정보판단보고서는 여러 조각으로 이루어진 것을 통합한 결과다. 정보의 세계는 자기 나름의 생명을 가진 무엇이다. 정보를 하는 사람은 말하기, 듣기, 경험, 이해, 동의, 확신 과정을 거쳐 현상을 분석하는 것이다. 때로는 거꾸로 보고 뒤집어 생각할 때 고갈된 상상력의 샘물이 솟아날 수 있다.

그렇다면 당신의 정보보고서는 어떤 상품인가. 보고서를 스스로 상품이라고 생각해 보았는가. 열정적이고 효용가치가 높은 지적 상품인가. 아니면 국가이익관리와 기업의 생존문제를 간과한 상품인가. 문제해결방법을 제시한 상품으로 내용 면에서 얼마나 가치가 있는가. 그리고 정보분석 판단의 실패는 없었는가를 평가해 보는 것은 정보를 직업으로 하는 사람들의 기본적인 작업이다. 일반상품에는 '품질보증서'가 있으나 (정보)보고서에는 '내용보증서'가 없기 때문이다.

모든 것은 사회관계이다. 사회관계 내지 사회성은 서로가 구별되는 요소들 사이의 관계에서 일어난다. 정보가 사회적 가치와 숨은 변수를 찾아내는 것이라면 그 분석과 사용에서 실패가 없어야 한다. 정보판단의 실패로 인해 사용자들의 혼란을 유발할 수 있다. 실제로 수집, 분석, 사용 과정에서 결합법칙의 오류, 분석판단의 오류, 정보소비자들의 남용으로 인한 문제들이 발생한다. 까닭에 정보왜곡을 피하는 핵심과제로서 정보보고서는 ▲개인적인 환상이나 습관 혹은 개인 선호로 접근하지 않았는가? ▲사회적 맥락에서 공적이고 이익적인가? ▲당파성 편들기, 이데올로기적 편향은 없었는가? 등의 질문은 조직적 차원에서 공식적으로 유익한 정보인가를 항상 염두에 두고 접근하게 된다는 사실을 지적하는 항목들이다. 결국 정보의 실패는 주변상황 혹은 어렵게 잡은 정보에 대해 주의 깊게 보지 않은데 기인한다.

그뿐만이 아니라 인간들에게는 게으름, 탐욕, 분노, 오만, 편견, 시기 등 부정적으로 이어지는 악마적 요소가 있다. 정보환경이 '환장할 만한 사태'에 직면할 때도 있다. 모든 판단은 정확한 정보를 근거로 결정하여야 하지만 그렇지 못할 때가 많다는 얘기다. 인간에게는 유약함과 단호함이 공존한다. 좋은 보고서는 하루의 정책결정으로 이용되지만 실패는 몇 날 몇 년간 아픔으로 남는다. 정보에 실패하는 조직은 '불필요한 조직'으로 전락한다. 정보의 신뢰성이 무너지면 국가안보도 기업의 이익도 상실된다. 따라서 정보분석의 실패는 ▲자기 중심적인 오류, ▲현재 선택에 대한 지나친 합리화, ▲자료의 선별성 실패, ▲미래를 서투르게 예측 판단할 때 등 다양한 요인들이 작용한다.

몸에 난 작은 부스럼   섣불리 고치다가   생사람 잡는다.

| (상황) | (판단) | (오판, 실패) |

더구나 사람들은 사물을 보는데 일반적으로 긍정적 감정과 부정적 감정이 작용한다. 긍정적 감정은 자신감, 희망, 집념, 결정 같은 심정이다. 이때는 큰 그림을 볼 수 있는 능력, 새로운 아이디어를 계속 받아들이는 능력, 다양한 정보를 통합하는 능력, 변화에 대처하는 창의적인 접근법을 발견할 수 있는 능력이 주어진다. 반면에 부정적 감정은 분노, 걱정, 공포 같은 것이다. 늘 위험한 순간에 처할 때 많아진다. 생활 가운데서 일어나는 사건 현상에 대한 무관심 혹은 현실을 인식하는 방식이 부정적이다.[46]

그릇된 인식은 잘못된 생각에서 생겨난다. 사람들은 자기 중심적으로 접근한다. 자신들이 모든 것을 알고 있다는 식으로 착각을 한다. 어떤 사용자들은 정보를 지나치게 신뢰한

---

46) Robert M. Tomasko, Bigger Isn't Always Better : The New Mindset for Real Business Growth, 하중길(역) 『거대기업의 종말』 (서울 : 토네이도, 2007), pp.135~136.

나머지 남들에게 충고를 구하거나 충고에 귀를 기울일 필요가 없다고 생각한다. 모든 것을 스스로 할 수 있다는 착각을 한다. 이런 착각은 오만함과 거만함에 빠지면서 유용한 피드백에 귀를 기울이지 않고 자신의 과거 경험과 방법대로 처리하려 한다.

문제는 사용자의 정보요구 − 수집 − 분석 생산 − 사용 배포라는 정보순환 사이클 단계마다 존재하는 모순들을 제거하지 못할 때 일어난다. 세계는 복잡해서 명백하지 않는 불확정성(indeterminacy)을 나타낸다. 지구촌 사회의 정치, 경제, 사회, 문화 범주는 갈등과 무질서처럼 얽혀 있다. 그만큼 정보판단이 어려워지는 배경이 된다. 이와 관련해 칼 포퍼는 《시행착오를 통한 학습》에서 3단계 모델을 제시한다. 그것은 자연과학이나 사화과학에서 출발하는 ▲어떤 '문제'의 인식이다. 문제는 혼란이 발생할 때 일어난다. 여기서 문제는 다수성(pluralism)의 성격이 많다는 것이다. ▲해법들의 시도단계로 문제해결을 위한 시도들이다. 주관성이 작용할 때가 많다는 것이다. ▲제거 단계로써 부정적 성격을 띠는 요소들을 제거하거나 오류를 해소하는 일이다.

이런 것들이 실질적으로 성공할 때 행동의 주체는 제기된 문제를 해결할 수 있다. 곧 '문제 − 해결들의 시도 − 제거'라는 3단계를 거처 실패를 줄일 수 있다고 설명한다.[47] 정보판단의 성공적 가치는 예를 들어 3×4 = 12이지만 그 내용의 가치는 3×4 = 13이 될 수 있다는 얘기다. 곧 주관적 사고과정이 발생하는 제3의 요소가 더 중요하다고 말한다.[48] 수학에서 말하는 명제인 '참' 그것을 '정리'라고 하는데 이는 '진리'라고 했다. 그러나 정보는 참 = 진리라는 의미만은 아니다. 정보 자체의 역설일 수 있는, 또한 정보는 불완전성(incompleteness)을 지니고 있기 때문이다. 누구나 경험하는 것이지만 우리 삶 자체에 불완전성이 작용한다. 불완전성이란 모호하고 논쟁의 여지가 많다는 것을 의미한다. 감정적 인간에 의해 만들어진다는 사실에서 역설이지만 인간이 비합리적이듯이 정보 또한 비합리적일 수 있다. 이 뜻을 3단논법식으로 제시하면 다음과 같다.

---

47) Karl Popper, All Life is Problem Solving, 허영은(역) 『삶은 문제해결의 연속이다』(서울 : 부글북스, 2006), pp.166~167.
48) 칼 포퍼는 형이상학이라는 의미와 관련해 제1세계(물리적 현상이 일어나는 세계, 돈 나무 등 실재) 제2세계(정신적 현상이 이뤄지는 세계) 제3세계(인간정신세계, 문학작품 오페라 미술 같은 추상적 세계)로 분류했다. Karl Popper, All Life is Problem Solving, 허영은(역) 『삶은 문제해결의 연속이다』(서울 : 부글북스, 2006), pp.280~283.

➡ 인간은 비합리적이다.

➡ 정보는 인간에 의해 만들어진다

➡ 따라서 정보는 비합리적이다.

비슷한 의미로 정리하면 정보분석과 생산에는 '점쟁이형' 과 '확인형 분석가' 가 있다. 전자는 자신의 영감이 시키는 대로 하거나 단순히 육감적으로 어떤 트렌드를 참고해 접근하는 경우라고 한다면, 후자는 자료에 대한 충분한 검토와 사회과학적인 논리를 적용해 평가하는 사람들이다. 분명히 확인형 분석가는 적극적 정보활동가로서 자료를 읽고 연구하고 사전 답사하고 예측을 한다. 우수한 분석관은 감정적인 행동가가 아니고 합리적이고 논리적인 사람들이다. 정보는 '이성적인 열정' 의 대상이기 때문이다.

따라서 사용자는 정보에 대한 균형된 시각으로 명분과 실리 사이에서 실리를 택하며 사용할 수밖에 없다. 최고 정보경영자 위치에서 단호하게 실리적으로 정보를 이용하는 일이다. 본질적으로 정보수집 분석과정은 사용자가 요구하는 목적에 맞추는 것으로서 정책결정자는 정보과정의 모든 프로세스에서 가장 중심부에 위치하는 사람이다. 정보보고서의 영향력과 정도에 있어서 사용 시 최선의 결과와 최악의 결과는 무엇인가. 보고서의 실제 효과 가능성 및 의사 결정과정에 어떤 영향력을 갖는가를 항상 생각하고 소비하는 것이다.

미국 CIA 및 랜드연구소 등 많은 정보전문가들의 정보실패(information failure)에 대한 연구에서는 다양한 원인을 제시하고 있다. 주로 정보생산 판단의 장애물은 ▲자료의 부족, ▲시간의 제약성, ▲조직차원의 협동·협력의 부재, ▲최초 현장 현상의 몰이해, ▲휴리스틱(주먹구구식 접근)한 행동, ▲주관적 선입관, ▲예산의 제한, ▲구성원들의 지적무능 등을 제시하고 있다. 또 토마스 쿤(Thomas S. Kuhn)은 과학·정치적 영역에서 만족스러운 설명을 내리기는 매우 어렵다고 지적했다.[49] 이는 정보 분석과 관련된 이론적 틀이 정형화되지 못했음을 의미하며 또 그렇게 될 수도 없는 것이다. 이와 관련해 순수하게 학문적으로 실행되어야 하는 것은 아니지만 이들 정보 분석의 실패 배경을 찾아보면 다음과 같다.

첫째는 정확한 자료와 충분한 자료를 망라해 분석하기보다는 자신이 처한 상황에서 일부 주어진 자료를 중심으로 분석하는 경우이다. 불확실한 상태를 지속하느니 차라리 부정

49) Barry Barnes, "Thomas Khun" in Quentin Skinner(edt), The Return of Grand Theory in the Human Science, (New York : Cambridge University Press, 1985), pp.85~88.

적인 정보(뉴스)일지라도 이를 끌어다 사용하는 것이 인간의 본능이다. 이때 언론계에서 말하는 불랙계 정보(총회꾼, 우익단체, 폭력단, 범죄조직과 연결된 정보)도 사용할 수 있다. 사실 인터넷에는 이런 불랙계 정보도 올려지는데 이때의 정보는 진실을 그대로 알려주기보다는 의도적으로 왜곡된 정보일 수 있다. 그렇게 보면 자료의 대표성(representativeness) 문제가 발생한다. 어떤 집합에 속하는 사상(事象, event)이 그 집합(모집단)의 특성을 그대로 나타내는지의 여부다. 곧 실패의 배경으로 정보자료의 신뢰성 문제와 관련돼 있다.

따라서 분석자는 정보의 출처가 믿을만한가. 또한 심층적인 현지조사를 거쳐 작성된 것인지를 검토한다. 자료 전달과 분석과정에서 정보의 정확성이 떨어지지 않았는지를 확인한다. 결국 현대는 정보가 부족한 것이 아니라 혜안의 눈으로 알짜 정보를 찾아낼 줄 아는 안목이 부족하기 때문이다.

둘째는 시간의 제약성이다. 모든 행동과 업무시간에는 한정(time pressure)이란 개념이 작용한다. 충분한 시간적 여유를 두고 자료를 검토할 수 없는 상황에서 자신의 이해 정도가 단순히 자료수집 선택에 몰두하다가 시간을 낭비하는 경우가 많다. 분석 과정이나 정책 선택에서 사람들은 편익과 리스크 관계를 갖게 되는데 이때 주어진 시간이 적으면 자기 감정에 치우쳐 빠른 결정을 하게 된다. 그런가 하면 시간이 부족한 사람은 가장 최신의 공개 정보를 즉각적으로 전달해 주는 인터넷 온라인 정보를 사용할 수 있고 잠정적 편익에 따라 불과 몇 초 안에 자료를 선택해 분석할 수도 있다. 그렇다고 느린 템포의 음악이 나온다고 해서 보고서 작성에 시간을 끌어서도 안 된다. 요리를 한다고 할 때 타이밍에 따라 재료들을 섞어야 최고의 맛이 나듯이 정보처리에는 시간성이 크게 작용한다.

셋째는 조직 차원의 정보판단 오류이다. 정보분석은 혼자 하는 것이 아니라 조직원들이 한마음으로 단결해 한 목표에 집중할 때 성공할 수 있다. 훌륭한 보고서는 직원들의 정보공유와 지식에서 위대한 아이디어가 첨가돼 생산된다. 개인 각자의 경험과 지식을 합친 총량은 진리의 근원이며 그것은 소수의 경험과 지식에서 나온 대안보다 더 심오하다.[50]

그러나 조직위계 구조 속에서 권한의 부재 혹은 담당한 업무의 목적과 절차 실천에 대한 자율권이 주어지지 않고 상부의 철저한 관리를 받게 된다. 이럴 때 직원은 아무런 발언권이나 결정권이 없는 하나의 도구에 지나지 않을 뿐이다. 다시 말해 조직의 진정한 상품은 조

---

50) Frank Newport, Polling Matters : Why Leaders Must Listen to Wisdom of the People, 정기남(역) 『여론조사』 (서울 : 휴먼비지니스, 2006), pp.45~50.

직문화로써 관료주의적 '조직 병'에 걸리는 경우가 많다. 그것은 ▲관료주의에 의한 현상유지, ▲관료들이 늘 법률 테두리 안에서만 생각하려는 경향, ▲기관장의 관심에만 집중할 시 일어나기 쉽다. 그런 점에서 창조적 조직문화가 중요하다. 조직문화는 리더의 산물이다. 리더십은 학력, 연령, 직급, 성별에 관계없이 일종의 정신력이요 삶에 대한 태도다.

우리는 지식생산을 위해 노력하지 않는 것이 아니라 왜 보고서를 생산하느냐라는 의식이 명확하지 않을 때도 정보실패를 가져온다. 그저 관례대로 적당히 보고서를 써대고 있는 것이다. 때로는 수동적으로 쓰기도 한다. 정보활동이 일종의 노역이 될 때 실패를 가져오기 쉽다. 무엇보다 어떤 기준으로 자료를 모으고 보고서를 작성하느냐 하는 문제는 그 조직의 문화와 사용자의 관심에 따라 좌우된다. 실제로 조직문화는 조직의 성패를 결정하는 주요 변수이다. 정보의 왜곡 혹은 잘못된 정보판단은 조직 차원에서 공범자들일 수 있다.

넷째, 사물판단에 주관적인 선입관이 작용하거나 아니면 어떤 일에 지나치게 집착하는 확신의 함정(confirmation trap)에 빠지는 경우다. 선입관 혹은 편견은 다른 사람의 진실을 보지 못하는 경우다. 선입관은 다양한 차이를 무시하고 한 가지 가치만 보려는 본질주의적 신념을 고수하는 태도다. 그리고 확신의 함정은 자기가 선호하는 데이터에 대해서 관대한 반면, 반대되는 자료들에 대해서 거부하는 반응을 보이거나 부인하는 경향이다. 그래서 아무리 정보전문가라도 객관성을 가장한 주관적 함정에 빠지는 실수를 범하기 쉽다. 때때로 사람들은 흔히 사회적 현상에 대해 주관적인 판단을 하게 된다. 사진이 현장성과 확실성을 담보한다면 평론가가 말하는 내용은 주관적이고 심미적이다. 결국 정보에서의 선입관은 실패의 근원이다. 다산 선생은 선입견을 버리고 객관에 기초해 냉철하게 판단하라는 의미에서 '공심공안법'(公心公眼法)을 제시하고 있다.

그런가 하면 미국 CIA 활동과 관련해 보편적 규범에 역행하는 반문명적 행위도 폭로된다. 9·11 테러나 이라크 파병, 미군 병사의 가혹행위 같은 일이 일어나는 이유는 희생자들을 같은 종류의 인간이 아니라고 믿기 때문이다. 인간은 서로 비슷한 사람들과 한패가 되는 것이 아니라 한패가 되고 나서 비슷하다고 판단하는 것이다.[51] 또 인간정신은 자신이 목격했고 경험했다고 믿는 것에 과도하게 의존함으로써 착각을 일으키게 된다. 이성적 판단코다 감각적인 본능이 강하게 작용하는 것이다. 그러므로 정보세계에서 '오류의 일반화'는

---

51) David Berreby, Us and Them Understanding Your Tribal Mind, 정준형(역)『우리와 그들, 무리 짓기에 대한 착각』(서울 : 에코리브르, 2007), pp. 87~91.

흔한 일이다. 자료가 계속 흐르고 있지만 이것을 잡지 못하는 상태, 열정이 부족한 경우 정보의 사용가치인 내재적 가치(intrinsic value)를 찾아내기 어렵게 되고 결국 정보판단 소비의 실패를 가져온다.

다섯째, 충실치 못한 관찰 및 현장조사를 게을리 했을 때이다. 정보분석과 판단의 기준은 어디까지나 충실한 현장조사와 정확성이 생명이다. 자신이 직접 보지 않는 한 어떤 비즈니스의 문제도 진정으로 이해하고 있는지 확신할 수 없다. 관찰하는 바를 철저히 이해하고 정확히 판단하기란 결코 쉬운 일이 아니기 때문이다. 완벽함은 이 세상에 속한 것은 아니지만 가능한 퍼펙트게임(perfect game)이 되도록 한다. 실제 미국 안보기관에서는 과학용어인 그래뉼래러티(granularity), 즉 시시콜콜할 정도로 '자세한 정보, 깊은 정보' 라는 뜻의 용어를 강조한다. 마치 TV의 미세한 화소(畵素)처럼 아주 자세한 정보를 뜻하면서도 뭔가 고급스러운 분위기를 자아낸다는 것이어서 사람들이 어떤 현상을 새로운 시각으로 보고 평가할 때 이 단어를 활용한다는 것이다.[52] 요지인즉 완벽함이 결여된 정보활동의 차이, 환경의 몰이해, 추론적 태도 등이 정보 실패의 배경이 된다.

여섯째, 휴리스틱(heuristic : 쉬운 방법. 어림셈)과 바이어스(bias : 편향)에 빠지는 행동이다. 휴리스틱은 그렇게 될 줄 알았다는 식의 사후판단 편향이라는 반응이고, 바이어스는 자료의 결합법칙(compound event)을 어기는 것 내지 결합오류라는 의미를 갖는다. 다시 말해 휴리스틱이란 알고리즘과 반대의 개념으로 종합적이고 전체적인 분석을 통해 의사결정을 하기보다는 그때그때 쉽게 단순하게 얻을 수 있는 정보를 바탕으로 의사결정을 내리는 현상이다. 흔히 정보활동에서 나타나기 쉬운 것은 합리성 / 비합리성, 이기적 / 비이기적, 감정의 자제 / 비자제 등으로 인해 휴리스틱과 바이어스가 발생한다. 인간은 사회과학적 확률이론에 따라 판단하는 것이 아니라 주먹구구식으로 판단하는 약점을 가지고 있다. 곧 휴리스틱(heuristic)한 방식 때문에 현실 인식의 편향 혹은 왜곡(bias)이 나타날 수 있다.

사실 정보판단 및 소비에 있어서 인간의 주관성을 완전히 배제할 수는 없다. 내가 무엇을 보고 그것을 어떤 식으로 인지하느냐에 따라 보고서 방향이 달라질 수 있고 소비 성격이 달라진다. 로버트 링거(Robert J. Ringer)는 누구나 3F에 대한 면역결핍증을 앓고 있다고 진단한다. 즉 기본적인 인격과 상관없이 모든 사람들은 명성(fame), 돈(fortune), 가족(family)

---

52) Washington Post, Feb 7, 2007.

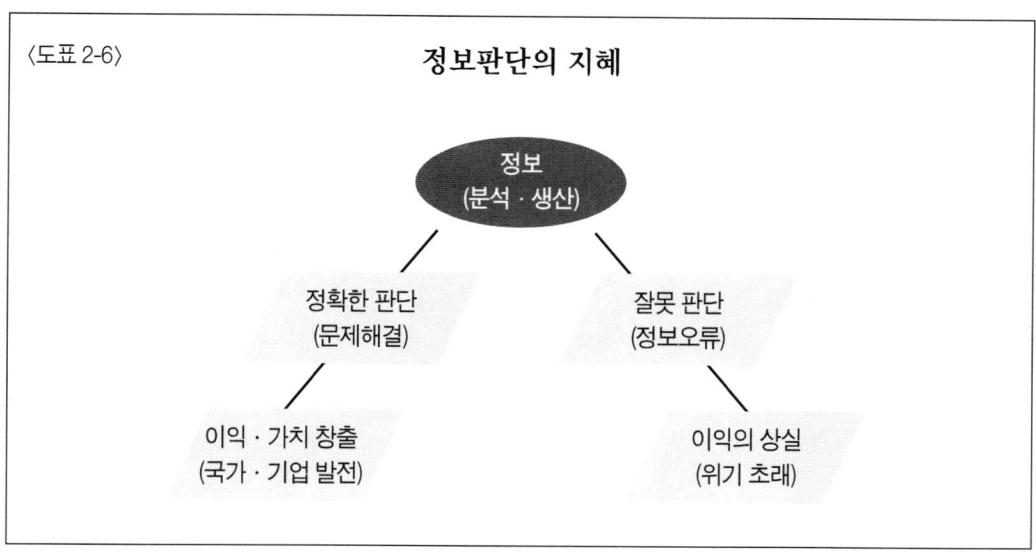

〈도표 2-6〉 **정보판단의 지혜**

정보
(분석·생산)

정확한 판단
(문제해결)

잘못 판단
(정보오류)

이익·가치 창출
(국가·기업 발전)

이익의 상실
(위기 초래)

이라는 3F가 걸린 문제에 대하여 극도로 추한 모습으로 빠질 수 있다고 했다.[53]

따라서 정보의 가치는 주어진 정보를 올바르게 판단하고 소비하는 일이다. 〈도표 2-6〉에서 볼 수 있듯이 조직의 지속적인 성장 발전을 위해서는 정보의 왜곡 없이 국가 관리와 이익에 기여하는 사실 판단과 소비가 이뤄질 때 사용자와 조직의 정당성 및 합리성이 진정으로 보장된다. 잘못된 정보는 잘못된 길로 인도하며 상대와의 싸움에서 지는 게임이 될 수밖에 없는 것이다.

결론적으로 정보소비자나 생산자 모두 물의 가르침대로 마음의 수평을 유지하는 자세가 요구된다. 정보를 조작하지 않으면 당연히 진실된 길로 나가게 되어 있다. 현재의 어려움이나 당장 눈앞에 이익이 있다고 해서 잔머리를 굴릴 때는 치명적 오류에 빠지기 쉽다. 정보 분석 생산자는 자신의 실력과 지혜를 파는 공급자임을 잊지 말아야 한다. 지식정보는 무엇을 위한 가치로써 그것은 인류를 위한 아주 오래된 소망들, 즉 자유, 평화, 행복, 즐거움을 위해서 필요한 요소다.

---

53) Robert J. Ringer, Action!, 최소영(역)『Action! : 움직이지 않으면 아무 일도 일어나지 않는다』(서울 : 한얼, 2005), pp.129.

● 정보소비의 실패원인

삶의 과정은 욕망의 불꽃이다. 모든 것을 태워버리면서 새롭게 창조하는 것이 현대인들의 생존비결이다. 우리의 존재를 보호하고 발전하기 위해서 정보를 소비하는 것, 곧 스스로삶의 생존방식을 확보해 가는 일종의 기반확보수단이다. 그러하기 때문에 정보소비에서도총알 같은 실행력이 요구된다. 동사형 정보를 획득해 소비하는 것을 의미한다. 더구나 많은사람들이 따끈따끈한 정보를 고대한다. 급하면 사설 흥신소로 달려가기도 한다. 사실 국내에서도 개인정보를 뒤지는 흥신소가 많다. 내 개인정보를 동의 없이 엿보는 업체들, 이를테면 초고속 인터넷 회사, 휴대전화 대리점, 중고차 매매업소, 방문판매업체, 결혼정보업체, 헤드헌팅 업체, 기획부동산 업체 등 이루 말할 수 없다. 더구나 민간 신용업체(신 흥신소)에게 수수료를 지불하고 개인 신용정보를 조회하는 업체들로써 은행 카드사, 금융회사 등5,000여 곳에 이른다. 이제 고객정보는 바로 회사의 자산이 되고 있는 것이다.

경제 불황 속에 소자본 무점포 프랜차이즈 업이 늘어나면서 지나친 유행, 아이템 한탕주의식 '먹튀' (먹고 튀자) 현상이 많다는 점에서 사업 관련 정보가 필요하다. 그러다 보니 최근 시중에 사설 '정보지' 가 나돌면서 각종 루머, 개인의 명예훼손, 허위기업정보로 인해 피해를 보는 사례가 늘고 있다. 심지어 사설 정보지를 통해 근거 없는 허위정보가 무분별하게생산·유통되는 것이다. 예를 들어 특정기업의 부도설이나 자금악화설의 유포로 증시작전세력이 정보지를 이용 주가조작 수단으로 이용된다.

또한 유명인의 사생활, 연예인 X—파일처럼 확인되지 않은 사생활 정보가 가득 실려 있어 '인격적인 살인' 을 당하기 일쑤다. 이런 찌라시(전단지) 유통은 1990년대 중반 이후 정치인 기업인들이 소환되면서, 그리고 증권가를 중심으로 '길거리 정보' 를 전문으로 수집, 분석, 배포되기 시작했다. 돈이 되는 장사로 취급되고 있는 것이다. 우리 속담에 '아니 땐굴뚝에 연기 날까' 하는 말이 있듯이 사람들은 길거리 정보 혹은 '카더라' 소식에 더 열광한다. 공식통로의 미흡, 커뮤니케이션 구조의 후진성으로 인해 사람들에게 막후, 이면(裏面)에 대한 앎의 욕구가 작용하기 때문에 이런 현상이 자주 일어난다. 이런 반응은 결국 어느 한 부분에 있어서 정보가 부족한 때문이다.

우리는 때때로 혀를 찌르는 정보에 매달리게 된다. 그러나 특별한 정보는 음모론에 빠질수 있다. 학자들은 음모이론들 가운데 다수가 아무도 예상치 못한 사건이 갑자기 일어났을때 발생한다는 사실을 발견했다. 일례로 젊고 매력적인 사람들(존 F. 케네디, 마릴린 먼로, 엘비스 프레슬리 등)의 죽음이나 대형사고(KAL 858기 폭파사건)가 일어났을 때에 주로 일어난다. 또 정보에 대한 호기심도 정보사용의 실패를 초래하기 쉽다. 호기심은 지식의 공백에서 비롯된다. 정보의 양이 많아질수록 모르는 사실에 더 집착하게 된다. 지식의 공백은 사람들의 홍미를 유도한다.[54) 그리고 정보를 잘못 소비하면 저급의 만족을 가져오고 실패를 초래하게 됨은 물론이다.

이런 현상은 어제오늘의 일이 아니다. 《지식의 사기꾼·과학의 사기꾼》(하인리히 창클)에서는 지식인, 과학자들의 '조작'을 비판하고 있다. 획기적인 연구결과를 발표하지만 그것이 '조작'되었다면서 많은 사람들이 인위적 실수나 '위조'를 한 것으로 판단한다. 사기꾼들은 가짜를 만들기 위해 '위조'(forging)하거나 미리 정해놓은 답에 맞춰서 측정값을 조작하는 '다듬기'(trimming) 혹은 입맛에 맞는 자료만 선택하는 '요리하기'(cooking) 등을 한다는 것이다.[55) 다는 아니지만 과거 정보꾼(사용자)들이 권력을 남용하거나 남을 지배하는 수단으로 사용되었다고 비판받는다. 그러나 생산된 정보를 사용자가 외면하거나 국민으로부터 배척받는다면 새로운 지식정보사회 역시 새롭게 발전될 수 없다. 더구나 정보 수집자 분석자 사용자들이 모두 따로 일을 하는 경직된 구조에서는 글로벌 전략정보를 생산할 수 없다.

그러면 왜 정보 소비의 왜곡과 실패가 계속 일어나는가. 사실 정보의 세계는 결함과 왜곡된 부분이 많다. 정보의 실패는 군사적 실패를 가져 올 수 있다. 미국 CIA는 9·11 테러 직후 이라크에 대량살상무기가 있다고 백악관에 보고했지만 그것은 잘못된 판단이었다. 2002년 조지 테넷(George J. Tenet) 당시 CIA 국장은 "사담 후세인이 대량살상무기를 보유하고 있다는 것은 확실한 사실"이라고 보고되면서 미국의 이라크 침공은 시작되었다. 그 결과 이라크와 아프가니스탄에서 미국인 4,000여 명이 죽었다. 그것은 정보를 잘못 분석했거나 아니면 문제의 맥락을 무시했거나 정보사용에서 실천적 현장에서 잘못 사용했기 때문이다. 미국이 9·11 테러사건을 미연에 막아내지 못한 이유로 정보 역량을 잘못된 방향으로 사용했기 때문이라는 지적도 있다.[56)

---

54) Chip Heath, Dan Heath, Made to Stick : Why Some Ideas Survive and Others Die, (new York : Random House, 2007), pp.33~34.

55) Heinrich Zankl,, Fälischri Schwindler, Scharlatane, 『지식의 사기꾼』 김현정(역) (서울 : 시아출판사, 2006), pp.7~11.

56) Bill Gertz, Enemies : How America's Foes Steal Our Vital Secrets- And How We Let it Happen(New York : Crown Forum, 2006), pp.11~15.

우리는 분석을 우리 삶의 일부로서 받아들이고 있지만 가능한 근거만을 바탕으로 접근하려 한다. 정보분석판단에 있어서 자신이 설정한 주제와 가정을 책상 위에 올려놓고 성찰하며 접근하고 있다. 그러나 사회심리학자 칼 바이크(Karl Weick)는 보이는 것의 한계를 넘는 능력의 중요성을 설명한다. 우리는 보는 것을 믿기보다는 저장된 기억이 우리에게 알려주는 사실을 바탕으로 경험하고 믿는다는 것이다.[57] 보이는 것만을 중심으로 판단하려 한다는 지적이다.

그러므로 정보소비의 실패는 흔한 것으로 특정 상황을 판단하는데 있어서 '왜곡의 깊이'를 집중적으로 살펴봐야 한다. 정보사용의 실패는 큰 문제에 의한 것이라기보다는 상식, 조심, 배려에 좌우된다. 그리고 나도 틀릴 수 있다는 솔직함이 있어야 한다. 정보사용은 의심을 하되 두려움, 상호간 신뢰하지 못하면 경쟁에서 이길 수 없다. 불완전한 정보의 문제는 역선택과 도덕적 해이가 포함되지만 또 다른 광범위하고 모호한 내용과 주제도 존재한다. 똑똑한 정보는 돈이 되는 것은 물론이지만 수지맞는 정보가 있고 꽝인 가짜 정보가 있다. 사회생활 속에서 불안전한 정보는 마술처럼 사라지지 않는다.

세상은 마음의 눈으로 보기 나름이다. 그러나 정보는 보기의 문제가 아니라 지각(Perception)의 대상이고 생산과 소비자들의 의지의 문제다. 정보활동은 정보를 하려는 의지(the will to intelligence)가 중요하다. 정보는 우환의식(憂患意識)의 대상이다. 워렌 버핏(Warren Buffett)은 단순히 자기가 어떤 행동을 하고 있는지를 모르는 상태를 위험이라고 불렀다. 일반 사람들처럼 인터넷이나 블로그 등 가상공간에서만 주로 노는 일차원적 활동이어서는 곤란하다. 누구나 정보를 알았으면 업계, 전시회, 세미나 등을 찾아다니며 사람을 만나고는 의견을 듣는 것이 가장 효과적이다. 정보사회에 살아가는 적응능력이 있어야 하는데 특별한 관심을 가지고 접근할 요소는 다음과 같다.

- 정보는 진정한 목적을 명확하게 설정하는 것이다.
- 시간과 공간 그리고 사회적 힘의 관계를 분석하는 일이다.
- 정보의 본질을 성찰한다.
- 정보는 조직이고 사람이다.
- 정보는 진리와 정의다.

---

57) Robert M. Tomasko, op. cit, pp.158.

　그러나 모든 자료가 상호 연결되고 통합되는 전체로 보일지라도 거기에는 아직 분명하지 않는 요소가 많다. 뒤집기와 비틀기의 정보도 많다. 정보는 불어나기도 하고 사라지기도 한다. 이른바 '데이터 스모그 현상'이 일어난다. 정보의 비효율성 때문에 우리들의 판단을 어렵게 한다. 그렇다고 아직 정보과학 혹은 사회과학에서 이런 복잡한 현실의 성질을 포착하는데 필요한 이론이나 방법은 없다. 다만 축적된 경험, 깊은 관심, 구성원들의 의견 나누기 등을 통해 상대적인 객관적인 판단을 내리는 것이다. 메시지를 받는 사람 입장에서 보면 전달된 정보가 처음 원하던 수준으로 작성될 가능성은 많지 않다. 게다가 현대사회는 이런 정보의 왜곡현상을 제거하려는 어떠한 준비도 되어 있지 않다. 그러므로 정보를 다루데 있어서 정보조작의 덫 그리고 정보왜곡이 명백히 존재하지만 이를 잘 식별하기란 그리 쉽지 않다. 낚시꾼의 객담은 허풍으로 가득 차 있고 희망 섞인 자랑으로 나타난다. 마찬가지로 허풍을 펴는 생각과 지식의 왜곡은 엄청난 결과를 가져올 수 있다.

　정보의 사용이 정치 권력적 코드에 고정되어버리면 실패와 두려운 교훈만을 남기게 된다. 보석처럼 귀중한 정보일지라도 이것을 소유한 사람의 스펙트럼은 감정의 칼날로 작용할 수 있다. 한편으로는 자신감, 충만감, 만족감을 느낄 수 있도록 사용하거나 반대로 분노, 보복, 질투, 우울 등의 심리상태 속에서 상대방을 굴복시키고 파멸시키는데 사용할 수 있다. 무의식의 분노를 자각하고 조절하지 못한 상태에서 정보를 함부로 이용할 수 있다. 좋은 정보를 갖고 있어도 충성과 신뢰성이 없으면 칼날을 잡고 있는 것과 같다.

　만약 이러한 리더십이 정당하게 발휘되지 못할 때는 구성원들의 능력과 실력 발휘에 필요한 가치가 적절히 투영되지 않는다. 전문화된 특기자들이 임용되지만 일반적인 각종 자료의 조사, 인습의 문화에 따라 따분한 업무를 참아내며 일할 뿐이다. 곧 기능의 전문화가 되어 있지 않아 자신들의 능력을 발휘하지 못할 때 주어진 임무는 싫어지기 마련이다. 게다가 정보의 유통에서 수직적으로 정보가 상부에서 하부로, 하부에서 상부로 전달될 때 정보의 화석화가 나타나기 쉽다. 그리고 수평적으로 정보가 한 부서에서 다른 부서로 전달되지 않는 경우 정보의 공유가 일어나지 않는 것은 물론이다. 따라서 조직 목표와 국가이익 차원에서 개인이나 집단의 어려움을 초래하는 정보 소비에서의 실패 배경을 다음 3가지로 간단히 요약해 볼 수 있다.

　첫째는 정보소비자가 정보소비 시 정확한 목표를 가지고 있지 않을 때 일어나기 쉽다. 조직의 목표뿐만 아니라 개인의 목표를 충족시킬 만한 업무가 눈에 띄지 않는다는 사실이다. 그러므로 정보소비자는 새롭고 복잡해지는 시대적 추세를 인지하고 이에 대응할 수 있는 방법을 찾아 소비하는 일이다. 정보소비자는 정보 요구 과정에서 원하는 주제를 분명히 밝히고, 모호하지 않은 요구를 하고, 생산자는 누이 좋고 매부 좋은 식의 대답을 피하며, 본래 정보 요구에서 벗어나지 않은 내용인가를 확인해야 한다.

둘째는 정보에 대한 전체적인 가시성(global visibility)과 실시간 내 즉각 반응하는 능력이 부족하거나 정보흐름의 동기를 보지 못할 때 정보소비의 실패가 일어난다. 최고 사용자들은 즉시 행동할 수 있는 역량 정보를 바란다. 역량이란 행동할 수 있는 능력이다. 이 말은 필요한 시간 내에 의미 있는 결정을 내리고 그 결정을 수행하기 위해 정보를 가용하게 만들기 위한 정보전달 시간을 가능한 축소하는 것을 의미한다. 그것은 단순히 기록해 두는 정보가 아니라 속보로 사용자에게 보고될 때 도움이 되는 정보이다.

셋째는 경제이론에서 찾아볼 수 있는 '정보의 비대칭이론'(Analysis of Market with Asymmetric Information)을 통해서 정보사용의 실패를 이해할 수 있다. 2001년 10월 노벨 경제학상을 공동 수상한 미국의 조지 애커로프(George A. Akerlof) 교수가 발전시킨 현대 정보경제학(Modern Information Economy)에서 금융·노동시장에서의 정보의 비대칭이론을 살펴볼 수 있다. 그가 말하는 정보의 비대칭이론이란 금융·노동시장에서 경제주체들이 상대방에 대한 정보가 부족할 때 당초 예상과 다른 결과를 초래하게 된다는 학설이다.[58] 곧 정보가 부족하면 시장기구가 제대로 작용하지 않기 때문에 효율적인 자원배분이 이뤄지지 않는 이른바 시장의 실패가 나타날 수 있다는 것이다.

정보 비대칭 관계에서는 한쪽은 정보를 알고 다른 쪽은 모르는 상태에서 일어나는 '역선택'(adverse selection) 현상을 논한다. 그는 '시장은 완전한 정보를 갖고 있다' 는 기존의 경제이론을 비판하면서 시장왜곡 현상을 '정보격차' 로 설명했다. 국가정보기관이나 금융회사들이 사람을 채용할 때 취업을 원하는 사람의 정보를 모르기 때문에 원하는 사람이 아닌 '피하고 싶은 사람' 을 채용하는 역선택이 일어나게 된다. 또 비슷한 일례로 가족 중 세상을 떠난 사람의 장례를 치르기 위해서 장의사와 관련된 정보 없이 장의사를 찾아갔다가

---

58) 조지 애커로프 교수는 1970년 레몬시장(The Market for Lemons)이라는 논문을 통해 역 선택이론을 제시했다. 예로서 가령 중고차를 사고 팔 때 차의 상태에 대해 사는 사람과 파는 사람이 정보를 공평하게 공유하지 못하면 값 형성에 영향을 미친다는 것이다. 팔려고 하는 자동차를 낮은 가격에 구입하더라도 만족하지 못하고 시장에서 철수하는 왜곡 현상이 빚어진다고 분석했다. 즉 판매자가 구매자보다 많은 정보를 가지고 있는 상황에서 구매자는 실제 값이 낮은 차를 포기하고 다른 차를 선택하는 역 선택이 일어난다고 설명한다. 이는 신용정보의 공개와 투명성제고가 효율적인 상품거래에 도움이 된다는 것이다.

는 그곳 사람의 권유대로 따를 수밖에 없을 것이다.

인터넷이 강력한 힘을 가지고 있지만 정보의 비대칭이라는 현실을 완전히 해결하기란 매우 어려운 것이다.[59] 또 정보의 상당 부분이 다소 불미스러운 성격을 지니고 있음은 분명하다. 그러므로 사회가 투명해지고 정보의 효과를 높인다는 것은 역선택을 최소화하는 길이다. 개인들은 자신의 이익을 극대화하려고 노력하는 과정에서 각자 불리한 정보는 숨기고 유리한 정보를 내놓기 쉽다는 점에서 역선택은 계속될 수밖에 없을 것이다.

이상에서 우리가 인정하고 넘어가야 할 정보소비의 위험 내지 사용의 실패배경과 관련해 ▲사용자의 개인적 판단 잘못, ▲정보를 생산한 사람으로부터 오는 위험, ▲조직 내 시스템의 문제 및 내부절차 운영의 문제점에서 찾아볼 수 있다. 그러므로 우리는 정보의 질을 향상시키거나 혹은 불완전한 정보에 의해 야기되는 손해를 줄이는 창의적인 해결책을 만들어내야 한다. 여기서 말하는 창의성은 생존의 문제로서 문화적인 배경 및 교육과 직결된다. 실증적 탐색과 성찰, 인문학 자연과학들간의 통섭(consilience)이 이루질 때 가능하다. 많은 세미나와 현장학습이 활성화되는 실천적 학습으로 창의성은 높아질 수 있다.

교훈적이지만 워렌 버핏(Warren Buffett)은 자신의 투자의 오류, 실패, 시행착오를 기록으로 남겨 그의 실수에 대한 모든 것을 www.berkshirehathaway.com에 올려놓고 있다. 그는 자신의 실수로부터 배워라. 자신의 실수와 거기서 무엇을 배웠는지를 설명하라. 실수를 인정하고 거기서 어떻게 수습했는지 그 역량을 가름하라. 두려워 말고 실수를 인정하라고 충고한다.[60] 신은 스스로 무너지는 사람에게 먼저 실패를 맛보게 한다. 이기는 것이 항상 지는 것보다도 더 좋은 것이 아닌가.

6-2. 정보 불평등의 문제와 정보격차

민주주의 기초는 권리와 의무 앞에서 평등이다. 그러나 상식적으로 법이 만인에 평등하게 적용되리라고 기대하는 것 자체는 어리석은 일이다. 정보 역시 만인들에게 똑같이 필요

---

59) Steven D. Levitt & Stephen J. Dubner, op. cit, pp.62~64.
60) Robert P. Miles, Warren Buffett Wealth : Principle and Practical Methods Used by the World's Greatest Investor, 권루시안 (역) 『워렌 버핏 실전가치투자』 (서울 : 화매, 2005), pp.115.

하고 사용되는 것은 결코 아니다. 정보는 월드 와이드 마인드로 작용하지만 그것으로부터 벗어난 사람들이 많다. 정보소비는 결정적인 실행의 수준에서 차이가 나고 결국 불평등의 배경이 된다. 정보의 정치경제학적 의미가 커지면서 정보소비 여부에 따른 부의 편중도 심화되고 있다. 만일 정보를 남들과 같이 활용하지 못하고 절대빈곤층으로 추락하게 되면 나 자신뿐만 아니라 후대에서도 역시 절대빈곤층으로 살아가게 될 것이다.

현대인들은 복수의 조직 내지 소속에 들어가 있다. 사회조직 틀 속에서 다양한 권리와 의미를 갖게 되고 여러 장소에 따라 통제를 받거나 규칙을 지켜가며 살아간다. 이런 상황 속에서 정보격차는 경제자본 − 사회자본 − 문화자본 차원에서 이용하는 수준에 따라 불평등을 초래하게 된다. 나아가 가정, 학교, 직장, 사회에서 어떻게 접근하고 활용해서 자신의 '취향'에 맞도록 재구성하는 등 문화적 욕구를 실질적으로 어느 정도 실현하는가 등에 좌우된다.

더구나 이 시대는 심각한 수준의 경쟁사회 속에서 필연적으로 패배자와 낙오자가 나올 수 있는 사회구조다. 마르크스에 있어서 계급간 불평등 문제는 자본가의 착취에서 찾았다. 생산수단에 대한 계급투쟁을 통해 해결하려 했다. 베버(M. Weber)는 불평등의 원인을 경제적 차원, 개인의 시장 위치(market position)와 전반적인 생애기회에서 찾는다. 가령 관리직이나 전문직에 종사하는 사람은 그렇지 못한 사람보다 경제적 생활이 부유해져 간다는 것이다. 미국 하버드 대학 종교학과 브라이언 파머(Brian Palmer) 교수는 오늘의《오늘의 세계적 가치》에서 "왜 풍요로운 세상에서도 불평등은 멈추지 않는가" 라는 질문을 한다.[61] 불평등한 세계에서 우리는 어떻게 살아야 하나? 사람들이 불평등으로 상처받을 때 우리는 무엇을 해야 하나. 이에 대한 반응으로 역사가 하워드 진(Howard Zinn)은 사회적 불평등 등 심각한 문제가 있다면 정부 주도로, 또는 법으로 해결할 수 없다고 강조한다. 그것은 인민들이 스스로 실천할 행위를 통해서 해결돼야 한다고 주장한다. 민주주의는 인민들이 행동하는 것이지 정부가 행동하는 게 아니라는 것이다.

정보의 자유로운 이용은 지구촌 모든 사람이 이익을 위해서 함께 나누는 것이다. 유토피아처럼 상상 속에 꿈의 세계인 듯하지만 사실은 천편일률적으로 모두에게 이익을 가져다주지 않는다. 정보에서도 정보과잉 현상이 넘치는 가운데 정보 불평등이 구조화되고 정보소

---

61) Brian Palmer, Global Values 101 : A Short Course, 신기섭(역) 『오늘의 세계적 가치』 (서울 : 문예출판사, 2007),pp. 11, 21~22.

비의 차이도 제각각이다. 정보격차는 단순한 지식격차가 아니라 정치적 불평등의 문제로 제기되어 사회, 경제, 문화적 불평등의 문제로 확대된다. 정보격차 및 비대칭적 관계는 역 (逆)선택 혹은 도덕적 해이(moral hazard)을 초래한다. 나쁘게 말하면 지식정보사회에서 온 갖 사기와 협잡이 생겨난다는 뜻이다.

부연하자면 사람들간에 지식정보의 가치 및 지식활동에 대한 비대칭관계에서 정보 불평 등이 일어난다. 지식 가치에 대한 비대칭은 한쪽은 정보의 가치를 잘 알고 있는 반면에 다 른 한 쪽은 잘 모르는 이른바 미비정보(incomplete information)의 게임이 된다. 지식정보 활동에 대한 비대칭적인 상태는 예로서 조직 내 상급자와 하위층간에 실제로 하는 활동을 잘 알지 못할 때가 많다. 한쪽은 상대의 활동을 보기 쉽지만 다른 한 쪽은 보기 어려운 소위 불완전 정보(imperfect information) 게임이 된다. 이렇게 보면 정보를 많이 가지고 있는 조 직과 그렇지 못한 사람간에 불평등 현상이 초래한다. 국가 간에도 마찬가지다.

확대해서 글로벌 경제에 참여하는 사람들과 여기서 제외된 사람들을 구분하는 틀로서 정보격차(digital divide)를 말한다. 정보격차는 가진 자와 못 가진자를 분리하는 실질적 격 차, 즉 사회적 격차를 나타낸다고 한다.[62] 정보격차의 핵심은 '누가 더 많은 정보를 취득 사 용하고 있는 가?' 라는 것과 관계된다. 한 걸음 더 나아가 정보격차는 불평등의 근거로 보기 보다는 가상세계를 바라보는 '새로움의 자세' 와도 관련된다. 정보 불평등은 사회구조에 문 제가 있지만 우선 개인의 무능과 관련돼 있다는 얘기다. 많은 정보를 접하면서도 그 속에서 유효한 정보를 찾아내지 않는다면 '의도적 무시' 가 아닐 수 없다. 이것에 따라 결국 정보격 차의 원인과 배경이 된다.

이러한 불평등 관계에 대해 국제전기통신연맹(ITU)은 좁은 의미의 정보격차를 수치화했 다. 각 국가간의 정보격차를 파악하는데 있어서 유선전화 회수, 핸드폰 이용지수, 컴퓨터 보급률, 인터넷 이용자수, 이용금액, 문맹률 등을 근거로 국가 정보화격차 수준을 매기고 있다. 심지어 IT지수도 나오고 있다. 기존의 엥겔지수(식음료비 / 총 소득비)가 고소득층과 저소득층을 구분하는 잣대였다면 IT엥겔지수(총통신비용 ÷ 총 소비 지출)가 정보의 빈부 격차를 나타내는 지표로 활용될 수 있다.[63] 따라서 정보격차를 줄이는 것은 하층을 벗어나

---

62) Peter Senge, C. Otto Scharmer(others), op. cit, pp.158~159.

63) IT지수는 IT엥겔지수 같은 개념으로 통신비용(휴대폰 + 집전화 + 인터넷요금 등)은 우리나라 구매력 환산지수 (PPP : purchasing power parity)를 기준으로 달러로 환산한 금액이다. 유무선 전화와 인터넷 이용, 단말기 교체 비용이 포함된다.

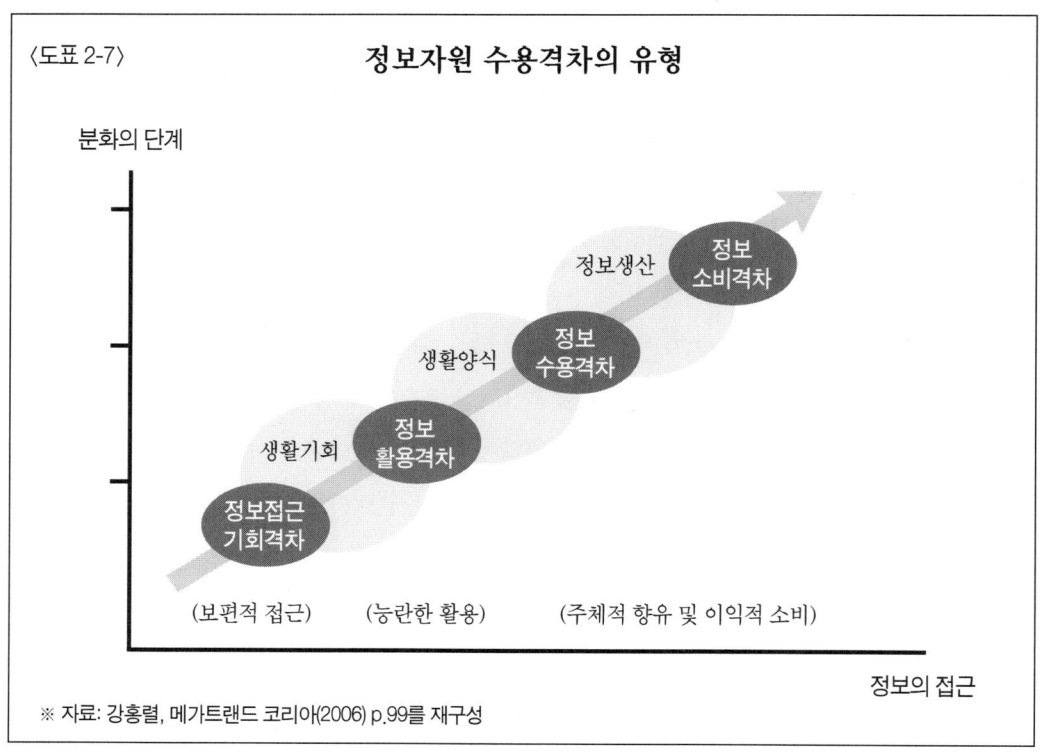

〈도표 2-7〉 **정보자원 수용격차의 유형**

분화의 단계

정보생산 정보
소비격차

생활양식 정보
수용격차

생활기회 정보
활용격차

정보접근
기회격차

(보편적 접근)　　(능란한 활용)　　(주체적 향유 및 이익적 소비)

정보의 접근

※ 자료: 강홍렬, 메가트랜드 코리아(2006) p.99를 재구성

는 길이다. 중·상류층으로 상승하는데는 정보격차를 줄이는 것이 필요하다. 따라서 정보불평등 및 정보격차의 원인은 구체적으로 정보기술에 대한 접근 능력, 이용능력, 생산적 활용능력에 따라 좌우된다.[64]

구체적으로 정보자원을 망라한 정보격차를 보면 첫째 정보불평등은 우선 정보기기 및 정보소스에 대한 접근의 기회, 즉 정보접근 기회격차에서 발생한다. 정보는 인터넷에서 통용되는 소통수단이다. 인터넷은 일종의 매체로서 정보를 가진 자의 손에서 갖지 못한 사람들에게 전달되는 훌륭한 능력을 지니고 있다. 그러나 인터넷 등의 접속이 어렵다거나 컴맹일 경우 자신만의 전유물인 정보의 우위를 유지할 수 없을 뿐더러 자신을 비참하게 만들기도 한다. 좀 생소하지만 사람들은 정보기기에 기반한 차별을 받게 된다는 말이다. 분명히 정보화사회에서 정보기기의 활용 능력이 부족할 경우 모든 소통과 생활기회를 잃게 되는

---

64) 강홍렬(외), 『메가트랜드 코리아』(서울 : 한길사, 2006), pp.99~100.

것은 당연하다.

둘째로 사회 불평등 체계의 원인으로 지식정보의 향유와 활용정도가 크게 작용하는 정보 활용 격차가 일어난다. 지식정보의 활용 여부에 따른 정보 격차가 일어나고 사회적 불평등의 배경이 된다. 정보사회에서는 지식정보가 사회경제적 자원의 핵심이라는 점에서 더욱 그러하다. 온라인상에서 모든 사람들은 정보에 대해 동일한 접근 권을 가지고 있지만 개인의 능란한 활용여부에 따라 불평등 구조가 나타난다.

셋째는 온·오프라인상을 떠다니는 많은 정보 콘텐츠의 획득 및 이를 효율적으로 가공 처리하는 능력과 직결된 정보수용여부에 따른 정보격차가 일어난다. 국가와 기업 및 개인은 다양한 정보를 챙기고 이익으로 분석하는 능력이 있어야 한다. 네트워크 연계기능을 통해 인터넷 가상공간의 다양한 정보를 수집 분석하는 한편, 디지털 통신기기의 활용으로 방대한 정보를 가공해 새로운 부가가치를 만들어 내는 능력이 요구된다.

넷째는 주어진 정보를 어떻게 이익적으로 잘 소비하느냐에 따라 정보소비 격차가 생긴다. 먹고 자고 사는 것이 우리 생활로서 그 속에 흐르는 정보를 찾아내고 자신이 풀어가야 할 과제를 발견하는 사람이 일등 소비자이다. 정보의 희소성, 정보의 비대칭으로 인해 어떤 의사결정과정이 불확실하지만 자기 이익 관리와 생산성을 높일 수 있는 정보를 찾아 소비하는 일이다. 노벨경제학상을 수상한 하이에크(Friedrich Hayek, 1899~1992)는 시장경제에서 개인들이 갖는 지식, 자신과 관련된 최소한의 정보(국지적 지식)만을 가지고 자신의 이익을 좇아 판단할 때 경제 전체가 효율적으로 작동된다고 했다. 이 시대는 누구나 정보네트워크화에 심혈을 기울이며 정보소비시장을 개척하는 일이 매우 중요해졌다.

또 하나 주목할 것은 미디어 접근 및 정보소비 형태가 신구세대 및 사용공간에 따라 차이가 있다는 점이다. 우리가 알고 있듯이 정보는 가장 부유한 사람이나 가장 가난한 사람들이 똑같이 사용한다. TV를 시청하다 좋은 뉴스 아이디어가 있으면 대통령도 알고 가난한 농부도 소유할 수 있다. 분명히 인터넷 역시 현시대 대중매체 커뮤니케이션을 위한 수단이다. 모든 정보는 유익하고 누구나 소비할 수 있다. 정보는 머스트 해부(must have)의 대상이다. 그러나 정보소비는 신·구세대에 따라 상대적인 소비(relative consumption)로 나타나기도 한다. 이른바 세대간 정보소비량이나 수준이 다르다는 의미에서 정보소비의 부조화(disharmony of consumption) 현상이라고 할 수 있다. 엄격히 말해서 사람들에 따라 정보 불평등이 초래되는 것은 단순히 개인의 잘못도 아니지만 국가와 사회체제의 잘못된 관리 때문만도 아니어서 개인으로 하여금 정보시민으로 살아가려는 자세와 훈련이 더 필요한 것뿐이다.

특히 정보를 얻고 소비하는 방식이 사람들마다 좀 다른데 어른들과 아이들의 인터넷 사용 수준에서 보아도 차이가 난다. 아이들에게는 인터넷이 그들만의 공간이요 큰 놀이터다. 인터넷을 오로지 의사소통 대화의 수단으로 이용하는 경향이 많다. 반사회적인 온라인 세계로 숨어드는 것은 아닐지라도 청소년들은 좋은 정보를 얻는 것보다 대화를 우선시 한다. 때로는 자기만의 은밀한 방에서 가족들의 감시를 피해 게임이나 포르노를 보려는 경향이 크게 나타나고 있다. 반면에 어른들은 좋은 정보, 유익한 생활정보를 얻겠다는 목적의식으로 인터넷을 이용한다.[65]

여성들의 경우 가족 혹은 친구들의 감시를 피하기 위해 자신의 정보 노출을 최소화하기 위해 문자메시지를 주고받고는 바로 '지우기'를 함으로써 다른 사람들의 감시의 시선을 피해가고 있다. 가정주부들은 채팅이나 핸드폰을 이용할 시 가족들이 공동으로 쓰는 거실을 피해 자기만의 밀실(안방)로 들어가 정보를 주고받는다. 그리고 여성들만의 네트워크를 형성하고 정보를 교환하고 사회적 이슈를 만들어 내고 있다. 일종의 유유상종으로 가치와 신념이 비슷한 사람들끼리 어울리는 공간이 만들어지고 있는 것이다. 사이버 공간에서 자기이해실현 및 은밀한 놀이공간으로 여기고 있는 것이다.

그러므로 가상공간에서 사적인 영역과 공적인 영역의 충돌을 가져 올 수 있다. 최근 들어와 사람들은 신체와 사회생활 공간의 상호 관련성이 갖는 의미를 특별히 인식하기 시작했다. 휴대전화 혹은 PC를 통해 자신들만의 사적영역이 만들어지면서 공공영역(public sphere)과 마찰을 일으킨다. 감청에 대한 불안 때문에 사적인 휴대전화가 개인의 사생활을 충분히 보호하지 못한다는 주장이 있는 것도 같은 맥락이다. 결국 정보시민으로서의 소양과 훈련이 필요할 뿐이다. 산이 아름다워도 가까이 가보면 바위와 흙 나무가 서 있는 모습이듯이 어느 기관 사이버 사이트상에 좋은 정보가 있을 것으로 판단하지 말고 실질적으로 접속해 유익한 정보를 만날 수 있어야 한다.

토마스 프리드만(Thomas L. Friedman)은《세계는 평평하다》에서 글로벌화를 거론하면서 지금 우리는 웹 3.0 세대에 살고 있다는 것이다. 그는 1.0 세대는 국가가 중심이었고 2.0 세대는 기업이었다면 3.0 세대는 변화의 주체이자 동력은 개인이라고 주장한다. 글로벌화

---

65) 가와무라 도모히로(河村 智洋), "새로운 생활방식" 우메사오 다다오(외), 김성민(역), 『IT는 인간을 행복하게 만드는가』(서울 : 한국 출판 마케팅 연구소, 2007), pp. 161~180.

3.0 세대는 개인들이 급변하는 국제사회에서 변화에 적응해야만 살아갈 수 있다고 했다.[66] 마이크로소프트(MS) 빌케이츠 회장은 '3달러 학생 패키지' 판매를 통해 정보격차를 해소하기 위해 노력하고 있는 것도 비슷한 맥락이다. MS제품의 장기적 독점적 지위를 위한 것으로 의심받는 것이지만 컴퓨터 보급률이 낮은 지역이나 국가에 컴퓨터와 소프트웨어를 싼값에 보급하는 UP(ultimated potential) 프로그램을 내놓고 있다. 세계청소년들의 정보생활을 업그레이드하려는 전략적 사고에서 나온 것이다.

우리가 하고자 하는 말은 누구나 소망적 사고가 실현되기를 바란다면 디지털 혁명에 동승해야 한다는 사실이다. 정보기기들을 능숙하게 다루는 사람들은 보다 유능해질 수 있다. 정보격차가 지식사회 발전에서 나타난 모순이지만 교육투자를 통해 극복할 수 있을 것이다. 그리고 삶의 목적을 세우면 보물(정보)이 보일 것이다. 만약 그 보물을 찾았다면 지체없이 수집해 내 것으로 만들어야 한다. 이것은 결국 나를 위한 것이다. 기원전 4세기 전국시대 사람 양주(楊朱 : 夏나라의 현인)는 내 정강이 털 하나가 천하보다 중하다고 했다. 그는 '천하보다 나를 위해 살라'는 '위아'(爲我,) 즉 이기주의(egoism)를 말한다. 공자(孔子)도 자신을 위한다는 '위기'(爲己)를 말하고 있다.[67]

6-3. 네트워크상의 일탈과 정보통제의 한계

현대의 새로운 사회현상 문제들은 정보사회에서 많은 연구 과제를 안겨준다. 정보사회로의 급격한 변화, 기계-인간의 커뮤니케이션 증가와 융합, 그리고 지적소유권 강조, 개인정보보호 등의 사회문제가 새롭게 등장하고 있다. 모바일 기술이 세상을 바꾸고 있는 가운데 현실세계와 UCC 가상세계가 갈수록 닮아가며 그 경계마저 모호해지고 있다. 이제는 남녀노소 구분 없이 자유롭게 인터넷을 사용하는 가정과 더불어 사회가 정보화되고 있다. 그러나 정보와 문명이라는 시대가 과연 인간을 행복하게 만들고 있는지에 대한 물음이 많이 터져 나온다.

---

66) Thomas L. Friedman : The World is Flat : A Brief History of the Twenty-First Century(New York : Picador/Farrar, 2005), pp. 52~54.
67) 김시천, 『이기주의를 위한 변명』 (서울 : 웅진하우스, 2006), pp.40~48.

유비쿼터스 사회를 만들어가고 있지만 원치 않는 네트워크상의 일탈은 심각한 수준을 넘어섰다는 비판이 많다. 사이버 세계는 '통제 불능의 아나키'처럼 변하고 있다. 사이버 푸어(cyber poor), 사이버 리치(cyber rich), 사이버 테러(cyber terrorism), 버추얼섹스(virtual sex), 사이버 포르노(cyber porno) 같은 용어가 매스미디어에 자주 등장한다. 길거리 어느 곳에서나 특정 기관과 기업들에 의해 추적당하고 이메일이나 휴대폰 통화내용 등 비밀내용이 지켜지지 않는다. 이런 현상이 심화되면서 정부나 기업의 비밀정보, 개인 비밀들에 대한 악용 문제들이 더 이상 이슈화되지 못한다. 네트워크가 넓게 퍼져 있지만 문제는 생활에 영향을 미치는 네트워크의 질이다.

영국의 공리주의(功利主義) 철학자 벤담(J. Bentham)은 1791년 중앙의 감시용 탑에서 죄수들의 일거수일투족을 감시하도록 만든 원형감옥(panopticon)을 제안했다. 1967년 포토스 캔사는 폐쇄회로텔레비전(CCTV)을 만들어 중앙통제실에서 한꺼번에 여러 행동을 관찰할 수 있도록 고안해 냈다. 푸코(Michael Foucault)의 저작들은 훈육사회(disciplinary society)에서 통제사회(society of control)로의 변화를 제시했다. 훈육사회는 관습, 습관, 생산을 규제하는 것이고 통제사회는 감시, 배열장치나 분산된 네트워크를 통해 사회적 명령이 구축되는 사회다. 인터넷은 개인의 놀이터지만 그것은 사적인 공간이 아니라 익명적으로 다른 사람들과 만나는 공공영역이다. 때문에 사이버 스페이스상에서 막말로 딴짓을 하지 않는 넷 윤리가 필요해지고 있다.

인터넷상에서는 선정주의적 내용도 많다. 대중의 주목을 끄는 흥밋거리가 올려진다. 어찌 보면 가상공간은 신시티(sin city)처럼 보일 때도 있다. 인터넷 상에서 벌어지는 범죄, 잘못된 동호회, 미니 홈피와 포털사이트에 올려지는 악플(인터넷 게시판에 올리는 네티즌들의 악의적 댓글)이 넘쳐난다. 명예훼손과 인신공격, 심지어 죽은 자에 대한 악플도 많이 볼 수 있다. 어지러운 죄악의 공간으로 착각할 정도로 선과 악이 혼재한다. 가상공간에서의 인간 상호작용은 전통적 삶의 양식과 가치를 위협하는 행태를 보인다는 점을 부인하기가 어려워졌다.

인터넷 악플들은 공공의 적(official enimies)에 대한 무차별적 비난을 쏟아낸다. 적절하게 위장된 사회에서 기만적인 행위, 비합리적 행동과 대망상적인 댓글, 무지와 탐욕의 징후들이 인터넷상에서 유통된다. 악성 댓글을 올리는 사람들의 마음에는 자신이 믿고 옳다고 생각하는 것을 다른 사람들에게 강요하는 나머지 자기 생각과 다르면 곧 바로 '틀렸다'고 몰아 부친다. 비판이 아닌 비난으로 치닫는 모습이다. 사회적 흉기인 악성댓글(악플)을 집중적으로 생산하는 사람들은 키보드 워리어(keyboard warrior), 즉 인터넷 전사요 싸움꾼들이다. 이들의 특징은 뚜렷한 사회활동 없이 인터넷에서만 활개친다. 일상생활에서 소심하고 익명적 공간에서 공격적 활동을 하며 특정 안티가 아니라 악플 자체에 쾌감을 갖고 악플을 올려 울분을 해소하는 등의 특징을 지닌다.

인터넷상에는 내 영토가 있고 적의 영토가 있다. 정치 경제적으로 적대시하는 국가에는 실존의 적의 영토뿐만 아니라 스페이스상의 영토도 있다. 인터넷 해킹을 통해 집단적인 협박과 파괴가 자행된다면 가상공간의 영토를 침범한 것이다. 가상세계인 '세컨드 라이프' 에서 벌어지는 사이버 분신인 아바타(avatar)를 통해 제2의 삶을 살아가는 3차원의 게임도 보인다. 그런데 이 세컨드 라이프에서도 돈과 섹스 그리고 범죄가 넘쳐나고 있다. 창녀와 마약상 어린이와 성인아바타가 성관계를 맺는 방까지 등장하고 있다. LG경제연구원은 2007년 7월 UCC를 통해 음란물이나 유해물이 급속히 확산되고 있는데 포털업체인《다음》의 경우 하루 올라오는 동영상 1만여 개 중 음란물이 200~300개가 된다고 했다. 특히 UCC를 통해 악성코드나 바이러스가 배포될 수 있으며 개인정보가 유출될 수 있다고 경고했다.[68]

2007년 1월 다보스 포럼에서도 해커들이 트로이 목마처럼 PC에 침투시켜 놓은 트로이 바이러스 프로그램이 퍼지면서 해커의 영향권 아래 놓인 컴퓨터 네트워크를 의미하는 봇네츠(botnets)가 퍼지고 있다고 했다. 컴퓨터 범죄인 피싱(phishing), 모핑(morphing), 이메일 가로채기 등으로 정보보안 문제는 심각하다. 한 명의 해커가 수백만 수천만 달러를 쉽게 훔쳐낼 수 있는 상황이다. 해킹과 보안은 쫓기고 쫓는 게임이 되었다. 인터넷에 접속하는 컴퓨터 수는 현재 6억대에 이르는데 이중 4분의 1정도는 봇네츠에 속해 있어서 사이버 범죄에 이용될 가능성이 있다고 경고했다. 90% 이상의 사람들이 개인정보 유출에 심각한 우려를 나타낸다. 사실 구글이나 위키피디아, 각종 블로그에 자신과 관련된 정보가 올라 있을 경우 이를 수정하거나 벗어나기가 사실 쉽지 않다.

또 정보세계는 턱없는 루머도 많다. 일종의 정보제공자(intelligence provider)들로부터 시작된 헛소문은 '카더라' 로 이어지면서 널리 퍼져나간다. 흔히 '발 없는 말이 천리 간다' 는 말이 있지만 지금은 인터넷 문자메시지가 순식간에 지구촌 사회로 퍼져나간다. 그런가 하면 인터넷상에서 사람들끼리 서로 글이나 자료를 그대로 가져오거나 가져가는 일종의 '퍼뮤니케이션' (퍼 나르기 + 커뮤니케이션)을 통해 검증 안 된 악성 루머가 넘쳐나고 있

---

68) LG경제연구원, 『UCC역기능 대책 시급하다』(2007. 7. 16)

다. 증권거래소에서 떠도는 말들과 유인물은 장밋빛 분석으로 포장해서 입에서 입으로 퍼지고 있다. 웹 2.0으로 대표되는 새로운 매스커뮤니케이션 시대 속에서 국가와 기업에 대한 부정적 정보가 일순간에 전 세계로 퍼져 나간다. 일종의 문화적 오염 혹은 정보전염병(information epidemics)이 넘쳐나고 있는 것이다.

문제는 경쟁업체나 웹사이트에 대한 공격과 함께 '적대여론'을 올려놓는 것이다. 특정 집단이나 인물을 왜곡, 중상하기 위해 누군가의 불순한 목적을 이루기 위해 의도적으로 허위정보를 유통시키는 데마고기(demagogy : 선동)인 수가 많다. 증권가의 루머, 유명 정치인과 연예인들에 관한 유언비어는 데마고기의 전형이다. 데마고기에 사로잡히면 이성과 판단력이 마비되거나 증오와 공격에 의한 황당한 결과를 가져오게 된다.

그래서 미국 하버드 대학 법학과 잭 골드스미스(J. Goldsmith) 교수는 《인터넷 권력과 전쟁》에서 세계화 중심축인 인터넷의 한계를 지적한다. 오늘날 인터넷이 국경 없는 세계를 만들 것이라는 전망이 무성하다. 자본 상품 및 서비스가 어느 때보다 국경을 자유롭게 넘나들면서 영토에 기반을 둔 민족국가는 갈수록 입지가 좁아질 것이라는 근거에서다. 그러나 인터넷 개발자들과 정부와의 갈등, 야후 등 서비스업체와 각국 정부가 줄다리기, 파일공유 운동을 둘러싼 기업과 네티즌들간의 마찰 등은 도처에서 일어나고 있다. 인터넷이 사회의 동질화를 촉진하기보다는 '국경 있는 인터넷'이 생긴다고 지적한다. 정부는 도메인 네임과 인터넷 주소를 배정하고 관리하는 루트(root)의 권한을 둘러싸고 인터넷운영자들과 충돌하고 있다.[69]

온 세상을 연결했다는 인터넷 공간에서도 국경은 엄연히 존재한다. 인터넷 사용도 국내에서 국한되는 경우가 많다. 한국의 인터넷 사용자들은 웹을 통해 친구를 만나기보다 동네 친구들과 채팅하거나 지방에 있는 가족들과 이메일을 하는데 더 많은 시간을 소비하고 있다. 현재 마이크로 소프트(MS)의 메일서비스 핫메일(hot mail)상에서는 40억 개의 이메일이 교류되며 그중 34억 개가 스팸으로 차단되고 있다. 미국 연방정부는 2003년 반스팸법(CAN — SPAM act)을 제정하여 적용하고 있지만 스팸메일은 홍수를 이룬다.

그런가 하면 데이터 베이스 시스템의 기반을 강화하면서 미국의 악시엄(Axciom), 초이스 포인트(Choice Point) 같은 회사들은 수억 명의 개인정보(이름 · 주소 · 주민등록번호 ·

---

69) Jack Goldsmith(others), Who Controls the Internet? : Illusion of a Borderless World, 송연석(역), 『인터넷권력과 전쟁』(서울 : New Run, 2006), pp. 210~218.

면허증·신용도 등)을 수집해 사용함으로써 소비자들 자신도 모르게 팔리고 있다. 우리나라도 이와 비슷한 상황이어서 정보통신부는 2007년 7월부터 인터넷 실명제(본인 확인제란 용어로 변경)를 시행하였다. 적용대상은 하루 방문자 30만 명 이상인 인터넷 포털과 20만 명 이상인 언론사이트다. 제한적이지만 실명제가 도입되면 악플이 많이 줄어들 것으로 보고 있지만 그 효과는 미지수다.

　흔히 인터넷 사이버상의 '일탈'이 공공의 적으로 몰아치지만 IT기술들을 이용한 콘텐츠들은 우리 인간의 기분을 좋게 만들거나 e-라이프 창조는 인터넷 자본주의를 키우는 긍정적 자유일수도 있다. 이들은 정부의 규제나 간섭을 조롱하면서 '야경국가'론을 외치고 있다. 문제는 지식정보 유통과 질서의 문제, 그리고 반칙이 없어야 한다는 사실이다. 정보 접근에 따른 실생활의 관계성, 정보를 판단하는 개개인의 안목이 중요한 의미를 지닌다. 잘못된 정보에 대해서는 이를 바로 잡으려는 성숙한 시민사회의 힘과 견제도 필요한 것이다. 인터넷 등 미디어에 대한 유의미한 즐거움의 공간과 시간이 돼야 할 것이다. 인터넷을 통한 소프트웨어 서비스가 미래전략이다. 정보재의 올바른 사용의 지혜가 요구되는 상황이다.

　끝으로 어느 사이트 블로그에 가입하는 것은 일종의 '사회계약'이다. 여기에 백인, 흑인, 지식인, 무식한 사람의 구별이 없는 공간이다. 사이버 자유주의자들이 말하는 차별과 고통이 거의 없는 만남의 장소이기도 하다. 가상공간에서 블로그에서 퍼블리즌(publizen)들은 '나를 봐 주세요, 나를 클릭해 주세요'하며 손짓한다. 신인간으로 불리는 퍼블리즌들은 주로 인터넷을 사용하는 젊은 세대들로 개인적 삶과 생각을 다른 사람들에게 알리고 전파하기를 좋아한다. 그러나 각국 정부가 인터넷에 대한 무조건적인 자유를 용납하지 않을 것이며 현실 세계의 법과 규범을 적용시키는 통제, 그리고 정보의 여과 등 정부의 조정 통제는 계속될 것이다. 그러하기 때문에 정신 없이 많은 사이트에 접속만 할 것이 아니라 인간으로서 교양과 소양을 익히고 배우기 위해 세상과 접속하는 자세가 중요하다.

" 디지털 혁명으로 기업의 비즈니스 기반 자체가 자산, 투입물, 제공물,
유통 고객의 순에서 고객, 유통, 제공물, 투입물, 자산으로 바뀌었다"

➡ 출처 : 필립 코틀러(Philip Kotler) / 마케팅 분야의 1인자로 불리는 미국 노스웨스트 대학 석좌교수
➡ 의미 : 인터넷을 통한 정보 확대에 따라 소비자 주권이 날로 증대되는 만큼 기업은 상품 중심에서 탈피해 시장 및
　　　　고객 중심으로 변하지 않으면 안 된다는 의미.

제3부

현대소비사회에서의 정보소비구조와 변동

●●● **21세기는** 소비자 중심의 경제체제로 이해된다. 소비자는 왕으로 지칭된다. 같은 맥락에서 과거 정보를 생산해서 일방적으로 소비하던 시대에서 이제는 소비자 중심시대로 전환되고 있다. 2007년 1월 다보스 포럼(WEF : World Economic Forum)에서는 국가기관과 거대조직들의 정보생산과 소비의 독점이 개인과 소그룹의 독점으로 전환되면서 정책결정에 큰 역할을 미치고 있다고 했다. 권력방정식의 변화(shifting power equation) 시대를 맞고 있다는 진단이다. 기술이 발전하고 정보가 광범위하게 공유되면서 정보 소비자의 권한이 증대되고 있다는 설명이다.

누구나 정보생산자 겸 소비자다. 고급정보는 특정 전문가에게 필요한 것이지만 대부분의 정보는 대중적인 정보(popular information)이다. 대부분의 정보소비자들은 특별한 이슈들에 대해 아주 민첩하게 반응한다. 우리의 삶도 일종의 경쟁이라면 우리 모두가 가족 경영자라면 단순한 직업인으로서 기계적 인간이 아니라 그와 동시에 정보를 종합적으로 선택해 소비할 수 있는 정보경영자가 되어야 한다. 그 이유는 누구나 정보를 만들고 소비하기 때문이다. 그러면 정보소비를 어떻게 할까 고민하는데 얼핏 행복한 고민처럼 들린다. 그러나 문제는 그렇게 간단치 않다. 우선 주어진 정보를 어떻게, 어떤 목적으로 사용할까(목표), 누구를 대상으로 사용할까(사용자), 언제 사용할까(시간) 등이 고려될 수 있다.

정보에서는 수집 분석이라는 처리과정이 중요하지만 더 조심해야 할 것은 '소비결과'에 초점을 맞추는 일이다. 일방적 정보생산 및 정보제공만으로는 정보소비 가치와 효과가 떨어진다. 정보의 올바른 소비는 치명적인 실수와 잘못된 행동과 관련된 영역이다. 그래서 정보수집에 대한 어려움보다는 분석과 소비에 대한 어려움(risk)이 더 많다. 그렇기 때문에 정보 상품은 경영진과 개인 그리고 소비자간에 신뢰(trust)가 핵심이다. 정보에 대한 신뢰가 갈 때 정보사용 혹은 소비는 명분과 실리 사이에서 '실리'를 택할 수 있다. 안토니오 다마지오(A. Damasio)의 《스피노자의 뇌》에서 감정의 통제와 관련 '중요한 결정을 할 때는 감정을 배제하라'고 일러준다. 누구에게나 인생에서 가장 어려운 문제는 '의사결정'이다. 인간의 삶은 끝없는 선택이요 의사결정과정이다. 그러므로 주관적 감정이 아니라 이성적 '실리'를 택해서 정보를 소비하는 지혜가 필요하다. 이제는 정보를 생산하는 지혜보다 소비를 잘하는 시대로 접어들었기 때문이다.

또한 이 시대에 놀랄만한 정보의 범람은 매우 강력한 트렌드이다. 하지만 그 역(逆)트렌드인 정보의 불평등 혹은 정보의 악영향이 동시에 현실로 부각되고 있다. 정보의 악영향은 우리의 일을 훨씬 어렵게 만들고 있다. 사람들은 신빙성 없는 정보의 바다에서 허우적거리며 회의감에 빠지기도 한다. 그래서 정보를 하는 사람은 네거티브 한 눈초리도 필요한 때이다. 모든 행위는 연기(all action is acting)일 수 있기 때문이다. 정보세계에서는 기본적으로 '성선설' 사고보다는 '성악설'에 기반해 정보를 '믿을 수 없는 것'으로 생각하며 정보를 소비하는 자세가 요구된다. 오늘날 우리사회는 그 어떤 결과도 상상할 수 없는 위험한 사회가 되었다는 의미다. 그러나 더 중요한 것은 모든 자료들은 하나의 자산(asset)으로 바라보는 태도다.

정보생산을 넘어 정보소비사회로

제7장
정보생산을 넘어 정보소비사회로

모두가 인정하듯이 현대는 지식정보사회다. 지식(wissen)은 특정 진리를 내포한다. 지식은 확실성 또는 확신의 뜻을 내포한다. 정보는 보이지 않는 이미지, 지각의 산물처럼 보이지만 물성(物性)을 지니고 흐른다. 촛불이 다른 촛대에 불을 옮겨 준다고 해서 그 불빛이 없어지지 않는 것처럼 정보는 옮겨지면서 가치를 갖는다. 정보를 나눠주고 흐를수록 오히려 많은 사람들에게 이익을 줄 수 있다. 그러나 지식정보사회에서는 신속하고 간결한 사고가 중시된다. 정보사용의 지혜는 단순한 필요성이나 억제와 강요에 의해 나오지 않는다. 자유로운 창의력과 실용주의적 자세일 때 다가온다. 랄프 에머슨(Ralph Waldo Emerson)은 "지혜로운 사람은 많은 것을 아는 자가 아니라 쓸모 있는 것을 알아보는 자" 라고 했다. 이어 '모든 행동의 기원은 하나의 생각' 이라고 말했다. 보고 듣는 것이 많을수록 사고의 폭이 넓어지고 아이디어가 나오며 삶의 어려움을 극복할 수 있다는 뜻일 게다.

현대는 창조적으로 지식과 정보를 생산하는 사람들로부터 정보를 사용하는 사람들에게로 시장이 전환되고 있다. 창조하는 사람들의 모습이 다양하지만 주로 정보수집자, 분석가, 저술가, 그리고 데이터를 여러 형태로 만들어 서비스하는 사람, 논문 발표자, 슬라이드 쇼, 도표 등을 만드는 사람들이다. 이제까지 이런 사람들이 전체 업무량의 70~80%를 차지하고 있다. 또 앞으로도 대부분의 사람들은 뭔가를 창조하는데 많은 시간과 예산을 투입할 것이다.

　　그러므로 현대는 자신이 직접 요리해서 먹는 것처럼 자신이 정보를 생산하고 소비하는 시대이다. 더구나 자본주의 사회는 모든 것이 소비재가 되는 세상이어서 정보 역시 가공된 지식으로 누구나 소비하는 대상이다. 정보는 아무리 많이 생산하고 소비해도 지나침이 없을 것이며 동시에 정보 소스(출처)는 무한대이다. 하지만 나에게 필요한 정보가 있는 것 같고 없는 것도 같은 상황에 빠질 때가 많다. 요는 그 많은 정보로 나는 과연 무엇을 할 수 있을까. 어떤 이익관리에 필요한가. 어느 분야의 정보를 집중할 것인가 하는 자기 성찰에는 부족한 편이다. 극단적으로 말한다면 사용되어야만 살아 있는 정보로서 이런 정보는 선택이 아닌 필수이다. 정보를 갖고 있다는 것은 자기 실현적 가능성을 높여준다.

7-1. 정보소비사회의 구조와 변동

　　생각해 보면 길을 떠남에서 무수한 현상과 만난다는 사실에서 우리는 시·공간 밖에 있지 않다. 사람을 찾아 진리를 찾아 먼 길을 가는 것뿐이다. 그 길에서 만난 여러 현상들을 우리는 알지 못하고 무관심하게 살아왔다. 현실의 모습들이 살아져 가는 이 시간 실증적으로 무엇을 선택하고 다른 가능성을 찾아갈 것인가 하는 것은 각자에 대한 현 존재의 물음이 아닐 수 없다.

　　지식·정보는 시·공간을 초월해 진화하고 흐른다. 정보는 때로는 우리가 '나눔' 아니면 다른 사람에게 '맡김' 상태로 존재하기도 한다. 정보의 특징인 정(靜)과 동(動)이 조화를 이뤄 또 다른 정보를 만들어낸다. 정보생산과 유통에 소요되는 비용이 크게 줄어들면서 정보의 다양성과 양이 기하급수적으로 증가하고 있다. 정보의 절대량의 증폭으로 양질의 정보를 선별하는 기능이 앞으로 주목받게 된다. 풍부한 콘텐츠와 전문가의 선별기능을 결합한 지식코칭(coaching)형 상품이 개발되고 있는 것도 같은 맥락이다. 코칭이란 업무성과를 향상시키고 수정하기 위해서 체계적으로 디자인된 대화를 말한다.[1] 코칭기술은 문제 제기의 미학으로 해결을 돕는 일이다. 예리한 질문으로 상대방의 사고력을 높이고 해답을 찾도록 하는 것이며 타인의 역량을 향상시키는 방법이다. 같은 의미에서 정보는 코칭의 지식배경이 되며 행동과 태도를 바꾸는 조언자 혹은 영혼의 안정을 강화시켜주는 요소가 된다.

---

1) Bab Wall, Coaching for Emotional Intelligence, (New York : Amacom Book, 2007), pp.67~68.

◐ 정보지식화의 능력 확대

더구나 통신기술이 발전하고 시민사회가 성숙된 나라에서는 정보자유가 활성화되어 있다. 정보 접속 접근의 자유가 최대한 보장돼 있다. 접근성 랩(Accessibility lab)이 만들어지면서 소외되기 쉬운 사람들이 디지털 테크놀리지에 다같이 접근할 수 있는 솔루션이 개발되고 있다. 하지만 여기서 얻어지는 정보가 많고 수집 축적되는 정보가 쌓일지라도 흔히 알찬 정보가 없는 이른바 '정보축적의 역설' 일어난다. 진정한 상황을 판단하는 보석 같은 정보가 없다는 뜻이다. 실제적이고 확실하게 적용할 수 있는 정보자료의 확보는 진정한 만족감을 가져다주는 것이다. 이제는 정보자원평가(intelligence resource review)를 잘 수행할 수 있는 지적도전이 요구되는 시대이다.

' 너 자신을 알라. 그리고 다른 사람을 알라(知彼知己) '

일반적으로 지식화라는 의미는 지식 정보가 저장, 가공, 전달, 소비되는 속도나 양이 중요한 것이 아니라 지식의 질적 내용, 즉 얼마나 질적 수준이 높고, 이용자의 욕구에 부응하며, 고부가가치를 생산하는가에 좌우된다. 자원으로서의 '지식정보' 는 사람들이 그것을 생산하고 소화할 수 있는 인간적 능력(지식창조), 지식을 흡수하고 소화할 수 있는 능력으로 정치(Geist), 에토스(Ethos), 하비투스(Habitus) 등과 관련한 지식생산능력이다. 지식의 유통에 대해 일본의 노나카 이쿠지로 교수는 '지식의 창조' 에서 각 개인의 주관적 지식으로서의 암묵지(tacit knowledge)와 집단에서 통용되는 객관적 지식인 형식지(explicit knowledge)의 상호교환과 순환프로세스를 통한 질적 양적 발전이라고 정의한다.[2]

따라서 '지식화' 는 기존의 다양한 지식정보에 새로운 의미를 부여하고 배열, 종합하는 일이다. 여기서 말하는 지식화는 다음과 같다.

❶ 지식경제(knowledge economy)에서부터 나온 개념이지만 경험, 지식, 문화 등 인식과 믿음 형태로

---

2) 형식지란 책 비디오 신문 등과 같이 언어 기호로서 표현된 객관적 지식이고 주로 언어를 통해서 습득되는 지식이다. 반면에 암묵지는 조직문화와 같이 언어로 표현하기 힘든 주관적 지식으로서 경험과 은유를 통해 얻어지는 지식이다.

서 '지식의 지식에의 적용'이 이뤄지는 사회이다. 많은 지식이 모아져 융합되어 생산성, 효율성을 높이는 조직사회를 의미한다. 그래서 지식 담당자(men of knowledge)의 사회적 역할이 중시된다.

❷ 정보기반의 지식사회는 정보의 전달, 가공, 저장하는 기술 기반 위에서 질 높은 부가가치 지향의 지식을 생산하고 창조하는 사회이다. 기술혁신 출판·예술 등 문화산업, 연구소, 대학 등 지식생산부분과 정보유통, 가공, 저장부분과의 연관성이 중시된다.

❸ 지식기반의 정보사회는 단순한 정보유통, 가공, 전달이 아니라 고도의 지식이 신속하게 유통되고 저장, 가공되어 정보사회의 변동이 고도화되는 사회이다. 지식의 정보화가 기존 지식생산방식을 근본적으로 변화시키면서 동시에 정보가치의 잠재력을 활용하는 것이다.

❹ 지식창조는 늘 정보의 가공, 저장 등 지식정보창고들이 형성되고 정보의 신속 대량 전달로 범세계적 의사소통이 가능하다. 시간 기반의 지식생산과 창조가 이뤄지고 또 일반인들도 원초적인 지식생산이 가능하다.

❺ 지식정보경제는 상품으로서의 지식, 정보가 생산되어 지식재산권이 형성된다. 시장경쟁체제에서 지식정보는 곧 재화의 성격을 갖는다.

다소 임의적이지만 정보에는 수수께끼 같은 존재다. 인간이 정보를 어떻게 선택하고 사용하며 행동하는지, 그 결과로 어떠한 사회현상이 발생하는지 사실상 합리적으로 판단하기 어려운 점이 많다. 다시 말해 정보활동에는 감성적이며 비합리성을 나타낸다는 사실을 부인할 수 없다. 우리들이 합리적으로 선택하고 판단하고 사용가치를 추구하지만 여전히 휴리스틱과 바이어스가 따라 다닌다. 또 어떤 사건의 발생은 이미 이전에서부터 진행된 것으로 사람들은 그것을 알아채지 못할 때도 많다.

사람들은 관심 부족으로 정보를 발견하지 못하거나 이해하기 쉬운 정보에만 반응한다. 내 주위에 맴돌고 있지만 그것을 잡아당기지 못하는 경우도 많다. 지식정보생산은 삶의 목표, 기업과 국가의 전략적 목표를 향해 나가는 과정으로 삼아야 한다. 길가에서 어떤 이상한 것, 갑작스런 현상을 발견하면 천천히 걸어가며 화두들을 탐색해야 한다. 먹이를 노리는 매처럼 정보사냥이 필요하다. 하나의 사회현상에서 다양한 의미와 가능성을 발견하는 것이 정보활동이다.

오늘의 시점에서 돌아볼 때 글로벌 무한경쟁 정보와 지식의 확산, 첨단기술발전 등 안팎의 많은 변수들이 우리들의 삶을 변화시켜 가고 있다. 기업들은 이머징 마켓(emerging market, 금융·자본시장 부문에서 새롭게 급부상하는 시장)을 중시하고 공정한 경쟁과 혁신적 기술들을 키워 나가고 있다. 정보권력을 추구하는 집권자들 역시 신뢰할 수 있는 양질의 정보를 요구한다. 아니 국가와 큰 기업을 경영하는 사용자들은 입증할 수 없는 것까지 요구하는 경향이 있다. 인간은 확실성에 대한 욕망이 상당히 크기 때문이다.

하지만 우리가 좋은 정보를 갈구하고 있지만 더 중요한 것은 그 정보 자체가 아니라 그 정보로 무엇을 위해 사용할 것인가를 명확히 해야 한다. 정보기술이나 정보생산 이상으로 중요한 것은 정보를 어떻게 소비하느냐가 이 시대의 질문이다. 그렇다고 정보량이 많다고 해서 다 좋은 것은 아니다. 정보는 목적이 아니라 소비 수단이다. 동일한 정보를 바라보고 사용하는데는 일반적으로 사회적 필요에 따라 소비하는 대규모 소비고객과 국가와 기업 경영 지도자들이 독보적으로 사용하는 소규모 핵심사용자가 있다. 또 정보를 단순히 신문기사 대하듯이 가볍게 세상을 이해하는 정도로 정보를 취급하는 사람이 있는가 하면, 정보를 경쟁우위 전략 내지 자기 이익관리를 위해 사용하는 사람들이 있다. 이때의 정보는 각자 자기중심적 사고에 따라 그 가치가 달라지게 된다. 정보를 대하는 입장이 저널이스트인가 아니면 전문성을 띄는 프로페셔널인가에 따라 다르다. 전 세계의 정보를 자기이익에 맞도록 조직화하는 사람들이 전문가다.

● 정보소비의 극대화 및 비지니스 분석

우리가 정보를 소비하는 것은 어쩔 수 없이 물에 빠진 사람이 물을 마시는 경우와 같다. 정보홍수 속에서 고함 한번(성찰, 비판) 치지 못하고 물(정보)을 먹는 것이다. 이어령 교수는 자신이 지은 책《디지로그》에서 '정보를 먹어라'는 말로 디지털시대의 세상을 말한다. 옛날 한국인들이 시루떡을 돌리면서 온 동네 소식(정보)을 알렸듯이 현대는 시루떡 인터넷이 온 세상 소식을 전한다고 했다.[3] 옛날이나 지금이나 정보는 이렇게 해서 소비되는 것이다. 지식정보를 통해 우리가 이루고자 하는 구체적 목표를 이룰 수 있고 지혜를 얻을 수 있느냐의 문제일 뿐이다.

그러므로 정보의 소비적 의미를 만들어 내는데는 우선 정보소비는 정보와 미디어 체계 및 마케팅과의 결합을 통해 극대화된다. 쇼핑, 건강식품, 사랑, 정치, 직업 등 삶의 곳곳에서 우리가 사고하고 행동하는데 필요한 정보는 큰 영향을 미친다. 소비자들은 다양한 마케팅 메시지를 수동적으로 받아들이기보다 자신들이 기대하는 브랜드를 적극적으로 찾고 평

---

3) 이어령, 『디지로그』(서울 : 생각의 나무, 2006), pp.15, 37.

가하고 소비하는 경향을 보인다. 이를 설명하는 정보는 돈이며 지속적인 경쟁우위의 수단이다. 정보는 모든 사람들에게 필요한 행동과 지적 삶에 필요한 배경을 제공하는 것이다.

다시 말해 필요한 정보가 고객과 시장에서 어떻게 이용되고 비즈니스를 성공적으로 돕는가의 문제가 정보소비다. P&G(Protect & Gamble) 부회장 수산 아놀드(Susan Arnold)는 한국을 처음 방문(2007. 4. 30)해 한국의 소비자를 알아보기 위해 서울의 한 가정집을 방문했다. 한국 가정 안방의 정보와 아이디어를 비즈니스에 접목시키기 위해서였다. 한국의 젊은 엄마들이 어떤 화장품을 쓰고 실제 어떤 순서대로 제품을 바르는지 눈으로 확인하고 새로운 시장을 개척하기 위해서다. 필요한 정보를, 필요한 시간의, 필요한 상품개발에 사용하자는 행동이었다. 여기서 얻어진 정보는 상품생산 혹은 재화의 질서로 바뀌게 된다.

문화인류학과 마케팅이 만나 매우 독특하고 혁신적인 이론을 만들며 마케팅에 성공하듯이 정보와 마케팅은 불가분의 관계이다. 우리가 사는 곳은 소비시장이다. 소비를 촉진하는 정보가 넘쳐난다. 폭넓은 정보는 소비사회를 촉진시킨다. 매일 신문 속에 배달되는 상품정보는 소비를 자극한다. 소비에 만족한다면 평화와 행복을 느낀다고 한다. '나만의 커피'를 파는, 커피가 아닌 편안함, 행복함을 파는 '스타벅스'(Starbucks)[4], 만화영화가 아닌 꿈과 행복을 파는 '디즈니랜드'처럼 감동추구에 있다. 확실한 정보, 이익을 주는 정보는 사람들에게 감동을 선사한다.

그리고 또 하나는 지식엔지니어링 및 비지니스 분석(knowledge engineering and business analysis) 업무가 중시되면서 지식정보에 종사하는 사람들이 중요해지고 있다. 특히 이들은 프리랜스로 활동하는 경향이 많은데 미국의 프리랜서 관련 전문 사이트(http://www.freelancer.com)를 좀 보자. 이 사이트는 구인 구직 분야에서 편집(editing jobs), 저술(writing jobs), 카피라이터(copy writer), 그래픽디자이너(graphic design jobs), 웹디자이너(web designer) 등 다양한 분야가 소개되고 있다. 앞으로 게임전문가, 애니메이터, 문화예술 디자인, 사이버 검색요원, 웹 콘텐츠 기획자, 고객 데이터 관리자, 지식관리 컨설턴트, 온라인 소비자 마케팅 전문가, 자유기고가 등 양적 질적 성장을 거듭하고 있다. 게다가 정보사회에서만 원하는 시간에 맞춰 일할 수 있는 이른바 플렉스타임(flex time)이나

---

4) 스타벅스는 1971년 최초의 스타벅스 가게(Starbucks Coffee, Tea and Spice)로 창업해 개장했다. 하워드 슐츠 회장은 스타벅스가 편안하고 문화적 향기가 흐르는 가치를 불어넣는 커피 전문매장으로 키웠다. 곧 맛과 멋을 추구하는 신 세계를 만든다는 것이었다. 그 결과 2006년 말 8,500개의 매장을 운영하면서 연 매출은 53~54억 달러를 기록했다.

파트타임 업무, 온라인을 이용한 원격 재택근무 등의 선택권이 부여되고 있다. 일종의 디지털 유목민, 디지털 피풀(digital people)들이 성장하고 있음을 반영한다.

디지털 피풀들의 세상은 넓고 할 일도 많다. 디지털 혁명은 물론 정보지식 기반이 전 방위적으로 사회의 근본변화를 가속화시키고 있다. 우리들의 삶을 자동화하거나 접속하지 않으면 살 수 없음을 암시한다. 이미 경험하고 있는 일이지만 광범위한 변화 중에 하나는 웹 2.0 시대라는 사실이다. 수렵형 실천으로 인터넷에 떠돌아다니는 정보를 찾아 상업적 가치를 담은 콘텐츠로 만들어 내는 정보가공업이 비즈니스 웹 2.0의 주요 테마이다. 정보수용자들이 인터넷 곳곳을 누비며 필요한 정보를 일일이 짜깁기 할 필요 없이 원하는 지식정보를 파악할 수 있도록 해주는 정보가공업이 생겨나고 있다. 가상공간의 세계화는 지식정보 통합과 동시에 정보의 과잉, 과부화를 의미한다.

이상의 내용은 이런 뜻이다. 즉 과거 웹 1.0 시대는 정보공급자가 정보의 생산에서부터 정보 수집, 분석, 관리, 배포까지 책임지는 등 누리꾼(소비자)들로서 이들은 단순한 수요자 입장에 있었던 반면에 웹 2.0 시대는 이용자가 정보를 스스로 생산할 뿐만 아니라 기업 등의 상품, 정보 생산에서도 영향을 미치고 있다는 점이다. 그러므로 정보생산자는 다양한 정보소비자와 좋은 관계를 맺지 못하거나 사용자의 욕구를 염두에 두지 않고 오로지 공급자 입장에서 정보에 접근하는 태도는 온당치 않다. 정보생산자와 소비자가 하나 되는 프로슈머의 시대에서 양자는 더 밀접하게 작용할 필요성이 제기되고 있다.

◑ 이익적 소비와 영향력으로서의 정보

우선 정보사용에는 크게 이익적 소비와 남에게 영향을 미치는 정보소비자로 나타난다. 이익적 소비는 자기 조직과 국가에 얼마나 경제 안보적 이익을 가져다 줄 것인가를 판단하고 사용하는 일이다. 현재 가지고 있는 정보가 전체 조직의 이익과 경영프로세스 맥락과 일치할 때 분명히 이익적 소비를 가져 올 수 있다. 기존의 목적에 부합되지 않은 정보는 버리고 이익관리에 필요한 정보를 선택해 일관성 있게 사용할 때 이는 공공의 이익적 소비가 된다. 이때는 정보생산과 사용의 전면적인 상호작용으로 조직의 변화를 가져오고 이어 조직문화를 긍정적으로 구축해 갈 수 있다.

반면에 영향적 소비는 남을 어떻게 지배하고 내 의도대로 유도하고 목표를 이룰 것인가의 문제다. 정보의 사용목적은 반드시 상대방에 대해 이기고 경쟁우위에 서는 데 있다. 무엇인가 한방 먹이는 로켓 같은 똥침으로 사용하고자 한다. 그런데 정보의 본질은 그것을 사용하는데 있어서 불안과 갈등이 일어난다. 소비자들의 세계는 진보 대 보수 혹은 낙천주의와 염세주의 사이에서 정보사용의 방향이 달라진다. 정보의 사용은 상대방에 대한 제거, 보복의 수단이 되겠지만 더 본질적인 것은 가치체계를 변화시킬 수 있는 사용이다. 안보 군사 전략의 배경보다는 상대방을 감동시키고 설득시킬 수 있는 '가치 있는 정보'로 이용되어야 한다는 의미다. 요는 정보소비에서 경영자, 수집관, 분석관, 행정담당관 등 모두에 있어서 신뢰(trust)가 핵심이다. 훌륭한 정보는 사용자에게는 '하늘이 준 선물'을 소비하는 것과 같다. 가치 있는 정보소비는 국가와 기업조직들로 하여금 최종 목표에 도달할 수 있는 행위들이다.

따라서 정보는 '어느 누가 많이 사용(소비)하는가?'가 아니라 '어떻게 가치 있게 유효하게 사용하는가?'의 문제다. 아담 스미스(Adam Smith, 1723~1790)는 시장경제의 원동력으로 자기사랑(self-love)을 말하면서 이기심(selfishness)으로의 사용을 경계하고 있다. 이기심은 법을 지키지 않는 무분별한 탐욕이라면 자기 사랑은 정의의 법을 지키면서 자기이익을 추구하는 것을 의미한다. 정보활동이나 정보소비에서 자신만의 욕구와 이익만을 위해 사용될 수 없다는 이야기다. 거기에는 높은 도덕관과 정의가 수반된다는 뜻이다.

그리고 또 하나의 요소로 정보소비는 잠재력의 이행(fulfillment of potential)을 돕는 것이다. 각자 독특한 능력을 활용해 난관을 극복하려는 욕구가 있는데 이때 정보는 특별한 수단이 된다. 현대 사회는 영토, 자원 및 인구 등의 잠재적 권력 자원(potential power)이 강조되었으나 지금은 정보가 실제적 권력(actual power)으로 영향력을 갖고 있다. 앞에서도 언급했지만 정보는 ▲여러 형태의 안보 위협으로부터 국가주권과 영토를 지켜내는데 ▲국제정치 행위자로서의 영향력을 유지, 확대하기 위해서 ▲국가 관리에서의 사회질서 및 복지를 보존하는데 필요한 요소이다. 그러므로 정보소비는 생생한 현실 속에서 일종의 안정보장 활동의 핵심으로 작용한다.

그런데 우리는 신중하게 현실을 이해할 필요가 있다. 우리가 경험하고 있듯이 참으로 생존 경쟁은 우리를 많은 위험에 빠지게 하는 요인이다. 위험 요소들은 경제적, 기술적, 시장적 불확실성, 사회적 폭동, 극단주의, 살인적 경쟁, 비정부 단체들의 영향력 증대 등 여러 형태로 일어날 수 있다. 특히 각 나라마다 경제·금융 과학기술 분야에서의 우월성 지위를 누리기 위한 경쟁이 계속되는 가운데 그만큼 위기도 많이 겪게 된다. 복잡성으로 인해 의사결정이 지연되는 것이 사실이지만 계획을 바꾸고 신속하게 결정을 내릴 수 있는 능력이 중요한 생존 메커니즘이 요구되고 있다.

바로 이 점에서 권력 자원 중의 하나인 '정보'는 자국의 이해를 좀 더 잘 반영할 수 있도록 국제무대에서의 현 '게임의 법칙'을 잘 지키거나 수정하는데 필요한 요소이다. 전 CIA 부장 고스(Porter J. Goss)는 CIA가 존재하는 것은 행정부(대통령)의 정책을 지원하기 위해서라고 강조한다.[5] 한마디로 정부로 하여금 '다각적 방안'에 행동 가능한 의지를 갖게 하고 특수 수단의 사용 여부 및 방법에 대한 지식을 제공하는 일이다.

◑ 소비자들을 돕는 인포미디어리

정보소비자들에 대한 폭 넓은 서비스체제가 구축되고 있다. 정보생산자는 정보소비자로 하여금 개인에게 특유의 편익과 아이덴티를 포함하고 상대로 하여금 사용 가능한 정보로 인지토록 하며, 자기이익을 가능한 확대할 수 있도록 해 주는 시대가 되었다. 개인들에 대한 자본과 자산 그리고 급격한 시장변화에 적응할 수 있도록 돕는 정보서비스 체제가 일반화되고 있다. 이를테면 우수한 지식정보 창조자들은 상식과 통념을 깨고 현실세계를 움직이는 다양한 지식사회를 안내해 주는 보고서를 비롯해 치밀한 통찰력과 설득력 있는 논증으로 삶의 방향을 제시하는 생활정보들이 다양한 매체들을 통해 서비스되고 있다.

진정한 해법은 못 되더라도 정보는 인포미디어리(informediary)일 때 최대의 정보가치를 발휘할 수 있다. 인포미디어리란 information(정보)과 intermediary(중개)의 합성어로서 생산자로부터 구매자의 거래를 중개하는 정보이다. 인터넷에서 쏟아져 나오는 정보를 중개하는 입장에서 재정리하여 새로운 정보 베이스로 제공하는가 하면 정보를 정리하고 대화의 광장을 만들어 주는 것이다.[6] 기업에서도 마찬가지다. 기업에서는 고객만족이 아니라 '고객감동'을 말한다. 그렇기 때문에 전략적으로 고객 감동 경영을 하는데 있어서는 고객정보 시스템의 구축, 즉 고객정보화일(CIF), 고객의 소리(VOC), 고객만족지수(CSI)를 체계적으로 파악하고 분석하고 있다. 고객정보를 데이터베이스화 하여 이를 활용할 수 있는 시스템을 구축해 가고 있는 것이다.

그러므로 정보를 찾아주는 멘텟(Mentat)의 성장을 볼 수 있다.[7] 양질의 정보를 알려주는

---

5) Ron Suskind, The One Percent Doctrine, 박범수(역) 『1퍼센트 독트린』 (서울 : 알마, 2007). pp.550.

6) 가와세 마고토, 현창혁(역) 『전략적 사고 : 컴플리트 북』(서울 : 일빛, 2004), pp.42.

7) Mentat은 프랑크 허버트의 공상과학소설 '모래성'에 나오는 용어로 인공지능을 가진 인간기계와 같은 역할을 하는 장치들을 의미한다. 즉 고도의 정보를 독점하고 그것을 사용하는 정보전문가, 전문 웹사이트, 증권투자 분석가들이 이에 해당한다.

멘텟의 역할이 중요해지고 있다. 멘텟은 사고하는 기계(인간기계)처럼 행동하며 대량의 정보를 빠르게 흡수, 처리, 분석해 주는 수단이다. 멘텟은 데이터의 관련성 식별, 판단뿐만 아니라 신념, 가치, 감정 등 질적 요소에 기초해 분석하고 예측할 수 있는 기능이다. 그러나 멘텟은 정보를 다루는 사람들의 의도가 은폐되거나 잘못된 방향으로 정보를 보낼 수 있다는 점을 유의해야 한다.

그야말로 사람들에게 '삶의 기쁨'을 증진시키는 정보소비시대로 접어들었다. 이제는 사용자(고객) 중심의 철학으로 전환되고 있으며 소비자편익(userbenefit)이 강조되고 있다. 한탕주의에 젖은 빗나간 정보생산물이 아니라 이익을 담보하고 정책을 결정하는 사용자 중심의 철학을 표방하고 있다. 자기 생각에 앞서 이용자를 먼저 생각하는 철학이 담겨져야 하고 정보제공도 고객이 원하는 고급정보를 실시간 내에 제공해야 한다. 이른바 '정보의 마이시대'가 실현되고 있어 고객이 원하는 정보를 제때에 신속하게 제공하는 일이다. 투자정보를 제공해야 될 증권회사의 경우 곧바로 돈과 연결되도록 하는 일이다. 분명히 분석 보고서 내지 정보 상품은 고객이 절실하게 필요로 하는 정보가 되어야 한다.

7-2. 정보와 관계성의 가치

정보사회의 기초개념으로서 가상사회(virtual society)는 네트워크화 된 사회이다. 가상사회는 가상공간(사이버공간 cyber space)에서의 사회적 관계를 의미하고 있는데 특히 사회적 상호작용의 특성은 '물리적 공간의 거리를 초월하여 반(反)공간적(aspatial)'이며 서로 다른 시간대와 장소에서 의사소통이 이뤄진다는 점에서 비동기적(asynchronous)이고 비육체적이며 익명적이다. 사이버 스페이스는 실재 ─ 재현이라는 이원론적 전통에서 존재하는 것이 아니라 가상적 잠재력(virtuality)의 공간으로 존재한다.

그러므로 가상사회는 이미 알려진 대로 ▲구성원들의 의식과 객관화된 행위가 사회적으로 현실화되는 공간이다. 복수개념으로는 공동체, 협회, 모임 등을 의미하나 완전히 구조화된 사회가 아닌 다양한 소통 집단으로 구성되어 있다. ▲기술적으로 객관화된 인간들의 의사소통 장소로서 접속 인원수에 따라 내적으로는 사회적 유대에 기초한다. 그러면서 상호관계가 무정형적이고 일시적이며 부차적이다. ▲인간 상호작용을 통해 자생적 연대가 이뤄지며, 연결망에 참여하는 개인들간의 상호작용은 사회적 자본(social capital)이라는 혜택을 얻을 수 있는 호혜성의 원리가 작용한다.

뿐만 아니라 사이버 스페이스는 허구적인 개념으로서 세계 내 모든 정보를 합친 장소이자 탈(脫)육체화된 의식상태일 때 들어갈 수 있는 곳이다. 탈육체화는 컴퓨터를 통해 일어난다. 사이버공간은 정보기술에 의해 신체가 드러나지 않는 탈육체화로서 익명성, 시간과 공간의 축약과 확장이 이뤄지는 곳이다. 사이버 스페이스에서 정보를 조작할 수 있는 사람, 그들은 전문적 기술에 의존하는 개별적 해커일 수 있고, 집단적으로 힘을 행사하는 거대한 제도일 수 있다. 전자매체들에 의해 가능한 고해상도의 화상과 데이터 그래픽 표현 등 '합의에 의한 환상'으로 만들어져 소통된다. 실질적으로 전자게시판 — BBS, 채팅룸, 웹사이트, 전자도서관, 전자회의, 머드게임 MMDS, 쌍방향 TV 등 인간 커뮤니케이션과 교환, 상호작용이 일어나는 곳이다. 어쩌면 인터넷 창, 블로그는 '인생의 창'일 수 있다. 여기서 인간의 가능한 지식이 통합되는 것이며 창의적 지식과 부를 창출해 가는 배경이 된다

사실 지식정보사회는 수백 개의 기업이 그리고 수억 개의 통신 기기들이 인터넷과 연결돼 있다. 데이터베이스로서의 사이버공간은 지식과 정보의 생산, 유통과 소비를 일으키는 정보의 바다이다. 2011년까지 인터넷 인구는 전 세계 인구의 3분의 1인 20억에 달할 것으로 추정한다. 한국의 인터넷 사용자는 3,000만 명 이상이며 1,400만 이상의 초고속인터넷 가입자가 될 것이다. 또한 매일 1,000만 건 이상의 인터넷 뱅킹 거래가 이뤄지며 수천 건의 문서들을 안팎에서 출력할 수 있다. 2007년 4월에 있었던 코리아 IT쇼(Korea IT Show)의 주제는 'Enjoy Digital Convergence & U-Life'였다. 이제 의식주 모든 분야에서 IT와 관련된 정보통신 기반사회가 되었다. IT가 바로 U-Korea의 기반이고 미래의 삶을 결정하는 요소가 되고 있다.

🔵 관계 및 연결의 정보

그렇게 보면 정보는 어떤 연결(intelligence chain)이고 관계이다. 정보는 커넥티드(connected)되어 있어서 지구 반대편 아줌마와 연결돼 있다. 우리는 언제, 어디서나 노트북을 열면 다른 사람들과 만나게 된다. 인터넷 메신저를 통해 전 세계 어느 누구와도 연결될 수 있는데 이른바 6단계 분리(six degrees of separation)론에서는 6명만 거치면 누구와도 연결될 수 있다고 한다.[8] 이 같은 연결은 인간의 만남 혹은 관계성을 가지며, 그리고 바로 정보교류와 정보의 공유를 의미한다. 정보교류는 국가간 조직간의 대립보다 상생관계를 만들어 가는 것이다. 다른 별에서 오지 않은 사람이라면 지구촌 누구와도 만날 수 있는 시

스템 구축은 이 시대의 특징이다.

따라서 우리는 '관계' 라는 의미를 잘 이해할 필요가 있다. 관계란 비유하자면 사람이 언어를 사용하면서 '새' 는 '날다' 라는 개념을 연결시켜 새 = 날아가는 것으로 관계성을 떠올리게 된다. 관계라는 것은 경주 안압지(臨海殿址) 정원을 본다고 했을 때 정원과 붙어 있는 건물의 역사를 함께 보는 것이며 그 속에 녹아 있는 역사와 풍습, 권력 관계를 보는 것이다. 홈쇼핑이 잘 된다면 택배회사가 잘될 터인데 이는 홈쇼핑과 택배회사의 관계가 이뤄지는 것이다. 로미오와 줄리엣(Romeo and Juliet)은 우리가 익히 알고 있는 영화이지만, 문제는 여기에 등장하는 이야기의 구조들, 즉 다양한 요소들간에 얽힌 관계이다. 레비스트로스(Claude Levi-Strauss)는 혈족관계를 연구하면서 자신이 만난 사람들보다는 사람들 사이의 관계에 대해 연구를 깊이 했다. 여기서 혈족관계는 하나의 사회구조다.[9] 문화는 언어와 예술, 거주지, 역사, 전통 등이 어울려 있는 독특한 문화구조의 관계를 형성하는 것이다. 사회에 흐르는 정보와 다양한 현상들은 그 내용보다 사회구조의 메시지를 읽어야 한다는 뜻이다.

이러한 '관계' 는 무엇보다 네트워크 커뮤니케이션의 가능성을 높이는 배경이 된다. 동시에 지식과 경험의 거대한 융합을 만들어 낸다. 기업을 중심으로 볼 때 그 내용은 ▲속도의 중요성으로서 예측과 계획에 의존하는 방식으로부터 융통성과 신속한 반사작용을 도입하는 방식이 필요하고 ▲여기다 무형적 가치로서 기업의 전략, 생산하고 판매한 것의 비물리적 요소를 증가시키는 것을 지속적으로 행하는 것이 요구되며 ▲고도의 연결성으로 우리와 세계상의 대립이 아니라 각자의 발전이 보장되는 공동의 정보망, 경제망을 창출하는 능력을 의미한다.[10] 요약하면 국가정보의 경우에는 국내외 정보의 연결, 정보공동체들간의 정보협력과 공존의 관계망, 그리고 네트워크 = 관계 = 인맥 = 정보 = 자산의 관계를 결정적으로 만들어 낸다.

이런 점에서 관계성 역시 정보세계에서 중요한 개념이다. 정보는 사물과 인간과의 새로

---

8) 이른바 '6단계분리' 는 1967년 미국 하버드 대학 사회심리학 교수인 스텐리 밀그램(S. Milgram)교수가 편지전달 실험을 통해 세상은 6명만 거치면 모두 연결된다는 설명이다. 최근 마이크로소프트(MS)사의 에릭 호르비츠(E. Horritz)는 2006년 6월 인터넷 대화프로그램인 MS메신저에서도 6단계분리 이론이 적용된다는 사실을 확인했다.

9) James Boon, Claude L'evi-Strauss, in Quentin Skinner, The Return of Grand Theory in the Humans Sciences, (New York : Cambridge University Press, 1985), pp.161~163.

10) Stan Davis(ed), BLUR : The Speed of Change in the Connected Economy, 김한영(역),『변화의 충격 BLUR』(서울 : 씨앗을 뿌리는 사람, 2000), pp.103~105.

운 관계에서 유통된다. 정보의 조각들이 독립적으로 홀로 존재하는 것이 아니라 정보조각들이 서로 관계를 지닌다. 각 정보들이 어느 기관 어디에 연결되어 있는지를 본다면 움직이는 정보는 어디에 위치해 있고 왜 거기에 자리잡고 있는지, 그리고 이 흐르는 정보가 무엇과 연결돼 있는지를 쉽게 이해할 수 있다. 정보는 관계성 속에서 맥락성을 갖는 것이다. 행운의 여신은 사회와 잘 연결된 사람에게 역사한다.

7-3. 정보소유, 정보소비가치의 변화

권력은 모든 것을 지배하려는 인간의 본질적 힘이다. 정보는 국력이요 이익관리의 핵심으로서 인간의 욕구실현의 수단이다. 정보기관의 임무는 상대방(적)을 알고 적의 기습을 예방하며 내일뿐만 아니라 5년 후의 미래를 위한 전략정보를 사용자(대통령)에게 제공하는 일이다. 정보 자체는 더 이상 특정 전문가의 전유물이 아닌 시민의 것이다. 권력자 소수의 정보가 아니라 대중적 정보 소비시대다. 정보 소비자는 국가 안보 문제로부터 비즈니스, 금융, 그리고 뉴스, 오락, 건강, 스포츠에 이르기까지 우리가 생각할 수 있는 모든 주제에 대한 정보를 갈망한다.

그러나 정보를 지나치게 남용할 때 정보소비의 파시즘이 나타날 수 있다. 때로는 욕심이 큰 나머지 잘못된 정보, 허위정보까지 집어삼키려 한다. 통치하는 권력집단 사이에서 갈등과 분쟁이 일어날 때 권력에 대한 집착이 확대되면서 정보욕구가 강해지기 때문이다. 정보를 바르게 소비했을 때는 가장 효과적인 자원이 되지만 반대로 잘못 적용했을 때 가장 비싸면서도 국가의 위기를 가져 올 수 있는 정보소비가 된다. 그렇기 때문에 정보활동 및 소비의 핵심은 리스크 관리다. 정보는 이제 국가정보(론)이나 기업의 경쟁정보차원에서 벗어나 실질적인 개인의 문제, 미시적 생활세계에서 소비할 수 있는 안목이 필요한 시대가 되었다. 실제로 시민들의 관심은 정치 이념 및 사회적 관심에서 '개인적 생활'로의 관심들인 재산증식, 자녀교육, 건강, 취미, 섹스, 여가생활 등으로 변해가고 있다. 이와 관련된 정보들이 실제 우리 생활주변에서 폭넓게 다양하게 생산되고 유통된다.

정보는 전형적으로 현장 해석을 중심으로 한 긴급 사태의 반응일 수 있다. 한 영역에 집적된 정보는 입으로 전할 수 있는 말과 언어, 표어와 그림 등으로 기호화되고 각자 책상에 올라온다. 그래서 정보사용으로 인해 전 세계가 날로 평평해지고 있다고 진단한다. 이제 기업 국가 심지어 개인들마저 무엇을 기반으로 스스로 차별화하고 경쟁력을 갖출 것인가를 놓고 고민하는 시대가 되었다. 세상은 나의 경쟁자가 과연 누구인지 헷갈리는 불확실성의 무한경쟁시대로 치닫고 있다. 그러나 그런 불확실성보다 경쟁이 있기에 시장이 커지고 이익도 성장한다는 사실을 부인할 수 없다. 정보는 이런 현실성, 긴급성 내지 이익관리에 수행적인 힘으로 작용한다.

또 다른 해석으로 기업정치(corporatocracy)에서도 마찬가지다. 경쟁적 시장경제에서 살아남기 위해 정치권력과 손을 잡게 된다. 경제제국으로 성장하기 위해서 기업, 은행 및 정부가 결탁해 특정 국가들에 대한 재정적 혹은 정치적 영향력을 행사하는 시스템이 기업정치의 전형이다.[11] 기업 정치적인 형태의 다국적 기업들은 국가간 경계가 없이 자산과 인력이 유용하게 이동하고 생산수단을 통합해 가는 글로벌 기업으로 변해 가는데 있어서 정보는 필수적이다. 미국의 경우 금융과 정치력을 동원해 석유 등 자원을 확보하며 핵심이익을 관리하는 한편, 다른 나라로 하여금 미국 제품을 소비하도록 세계시장을 유도하고 있다. 현대사회의 특징인 소비자 중심주의를 강조하는 것이지만 인간의 기본적인 욕구와 탐욕에 더 큰 비중을 주는 일종의 국가적 소비자 자본주의 모습을 띈다. 생존과 소비를 위해 끊임없이 과감하게 베팅 하는 시대에 있어서 지식과 데이터, 정보, 심지어 무용지식까지 국제적 거래로 이뤄지고 있는 모습이다.

● 정보소비에 따른 정보순환 관계의 변화

정보의 소비가 중시되면서 정보의 순환모델이 변하고 있다. 크게 두 가지 차원에서 정리할 수 있다. 그 하나의 신패러다임은 공개출처정보를 중시하며 학계, 비즈니스계, 기타 민간 전문기관의 지식을 정보조직이 갖고 있는 기존 정보와 융합하는 '통합정보생산' 방식을 모색하고 있는 점이다. 그리고 또 하나는 그간 지배해 온 국가정보의 독점상태에서 기업 및 개인차원으로의 확대 전환이다. 전자의 경우 미 CIA는 전 세계적으로 발생하는 초국가적 이슈들에 대처하기 위해 국가정보국장(DNI)은 2007년 7월 '정보공동체 명령 301' (Intelligence Community Directive 301)호를 통해 다원적이며 다국가적 공개정보를 사용하는 신개념의 정보통합방식을 제시하고 있다. 주된 내용은 구성원들의 정세분석 및 의견제

---

11) John Perkins, Confessions of An Economic Hit Man, 김현정(역) 『경제저격수의 고백』 (서울 : 황금가지, 2005). pp. 15.

안 내용들을 전문가가 검토하는 '이해타당성 조사' 방법을 개발해 창의적이고 통합적 정보 생산의 필요성을 강조하고 있다. 특히 정보활동의 '통합·합동 100일 계획'(100 Day Plan for Integration and Collaboration)을 발표하면서 정책결정자들이 가능한 최고의 정보를 제공하는데 필요한 전문가 그룹이 다양하게 양성될 수 있도록 정보통합문화를 만들어 가는 것이 중요하다고 지적했다.[12]

후자의 경우는 과거에 해왔던 국가정보기관 위주의 정보생산과 서비스 개발에서 벗어나야 한다는 반성이다. 기존의 국가정보 군사정보라는 울타리를 넘어 기업과 개인 차원의 정보를 공유하고 다함께 소비하자는 점을 중시한다. 정보의 패러다임이 변하면서 생기는 고민은 바로 정보를 어떻게 유효하게 생산하고 사용하는가로 옮겨지고 있다는 뜻이다. 그것은 다시 두 가지 방향에서 찾아볼 수 있다. 먼저 정보의 소비자(고객) ➔ 채널(인터넷 등) ➔ 생산자로 이어지는 새 정보순환모델로 전환되고 있다는 사실이다. 정보가 단순히 국가이익관리라는 개념에서 벗어나 정보를 국가, 기업, 개인들의 문제해결이라는 차원으로 폭넓게 전화되고 있음을 보이는 것이다. 또 다른 하나는 미국 CIA 경우처럼 정보공동체가 말하는 '신정보패러다임'으로 공개출처 정보를 중시하되 앞에서 언급한 민간부문의 지식을 정부의 전문성과 자료를 융합해 완결된 정보를 생산한다는 '통합정보생산' 방식을 모색하고 있는 점이다.[13]

이러한 정보순환의 변화 모델이 기업에서도 생산과 소비관계가 변하고 있음을 보인다. 기업의 경우 그들의 우위를 돕고 시장조사를 통해 소비자들의 욕구를 파악해 시급한 문제를 해결하는 정보의 소비가치다. 지식정보시장은 단지 규모뿐만 아니라 부의 창출 시스템으로 전환하고 있음을 의미한다. 마케팅 분야의 1인자로 불리는 미국 필립 코틀러(Philip Kotler) 노스웨스트 대학 석좌교수는 디지털 혁명으로 기업의 비즈니스 기반 자체가 자산, 투입물, 제공물, 유통, 고객의 순에서 고객, 유통, 제공물, 투입물, 자산으로 바뀌었다고 주장한다. 인터넷을 통한 정보 확대에 따라 소비자 주권이 날로 증대되는 만큼 기업은 상품 중심에서 탈피해 시장 및 고객 중심으로 변하지 않으면 안 된다는 얘기다.[14]

---

12) Roger Z. George, "Meeting 21st Century Transnational Challenges : Building a Global Intelligence Paradigm", Studies in Intelligence, No 3, 2007.

13) George, Roger Z. Ibid.

14) 필립 코틀러의 저서들인 『마케팅 관리론』(1967) 『마케팅 A to Z』(2003) 『B2B브랜드 마케팅』(2006)에서 마케팅이론들을 살펴볼 수 있다.

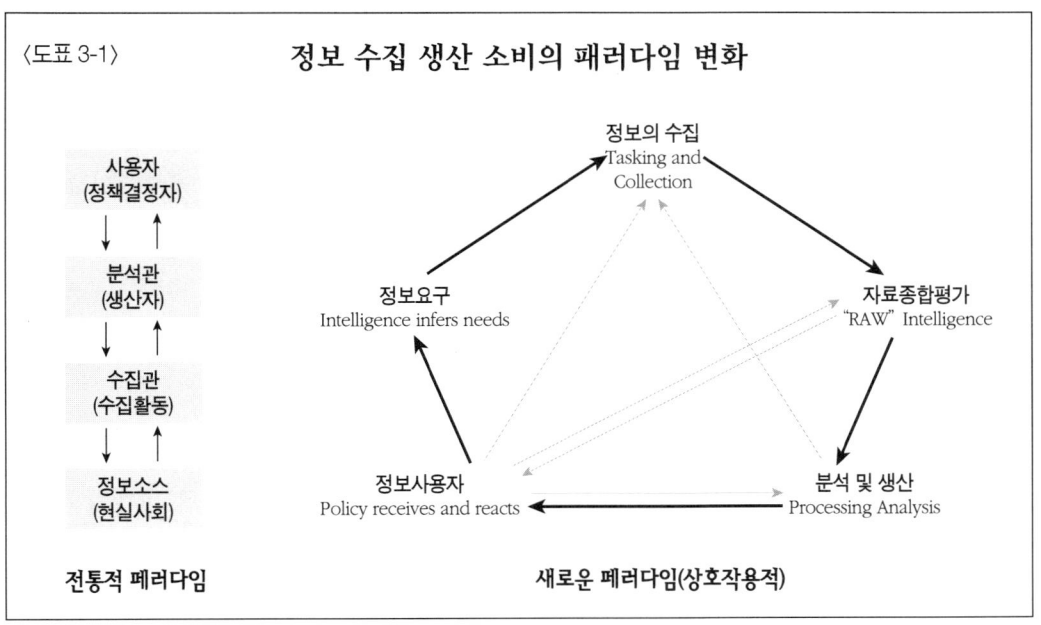

〈도표 3-1〉 **정보 수집 생산 소비의 패러다임 변화**

그렇다면 성공적인 기업 경영에서 정보생산과 소비의 지혜는 더욱 필요하다. 시장을 넓히기 위해 정보는 필수적이다. 내가 생산한 정보를 누구(who)가 소비하는가. 나는 수많은 정보소비자들에게 무엇(what)을 제공해야 하는가. 내 지식상품이 다른 것들과 얼마나 어떻게(how) 다른가 등을 성찰해야 한다고 했다. 이러한 현상은 지식정보의 프로세스가 빠른 속도로 진행될 뿐만 아니라 국가안보 차원의 정보는 물론 시공 경계를 넘는 전 사회영역으로 확대되는 것을 의미한다. 비경제적 영역에서 정보의 업데이트를 위해 아래와 같은 요소들을 살펴봐야 한다.

- 위기를 당했을 때 관련 정보가 필요하나 그 시간과 비용이 많이 든다.
- 정보판단에 실패할 경우 이에 따르는 이익 상실을 감수한다.
- 우발적인 사태에 활용할 수 있도록 다양한 정보창구를 알아둔다.
- 결코 정보사용이 만병통치약이거나 충분조건은 아니다.

비슷함을 넘어 이제는 단순한 정보생산과 소비가 아니라 삶의 방식에 변화에 따른 반성적(反省的) 성찰적 소비자세가 요구된다. 국가안보나 초국가적 경제만이 아니라 비단옷이나 패션과 같은 생활정보 등 안정적 라이프 스타일을 찾기 위한 실생활 정보를 사용하는 시대가 강조된다. 결국 정보는 ▲사용의 가능성 ▲유의미성 ▲적용 가능성 ▲보호가능성을 통해서 정보역량 구축이 필요한 시대다. 정보생산자들로 하여금 역동적이고 상호 연관된 지구체계 사회에서 더욱 효율적인 정보가 제공될 수 있도록 개인 혹은 관련 부서간에 네트워크화 할 때 과거와는 다르게 정보 수요자 내지 소비자들에게 유용한 정보를 제공할 수 있을 것이다.

가. 국가에서의 정보소비 : 권력생산과 국가이익관리

글로벌 사회체제에서 정보는 국력이다. 정보소비의 주체는 국가이다. 국가에서 정보사용은 국가이익관리다. 현 시점에서 국민 모두가 정보야말로 모든 의미에서 국가를 지키는 최고의 무기라는 점을 인식할 필요가 있다. 최강의 군대도 정보가 없다면 어떠한 기능도 수행할 수 없고, 기업에서도 정보에 의한 기업 활동을 하지 않으면 생존하기 어려운 것이다. 과학자는 자기가 발명한 특허가 어디에 써먹을지를 생각하지만 정보를 전문으로 하는 사람은 정보를 통해 국가의 이익관리 문제해결을 돕는 것을 생각한다. 마법의 총알을 준비하면서 모든 분야의 폭넓은 정보 패키지를 창출하는 것이 정보조직이다.

그러면 정보조직은 왜 생겼을까. 정보공동체는 역사발전 전반에 걸쳐 지속적으로 논의되어 왔고 성장하여 왔다. 농경시대에 마을을 돌아다니며 물건을 팔 때도 정보가 필요했다. 일반적으로 정보기관의 조직적인 정보활동은 1909년 영국에서 시작되었다. 당시 영국은 정보기관에 대해 전·평시를 불문하고 타국의 정보를 탐지하고 자국의 이익을 보호하는 임무를 부여하였다. 영국이 정보기관을 운영하자 이를 본받은 독일은 1913년에, 러시아는 1917년, 프랑스는 1935년, 마지막으로 미국은 1947년에 정보기관을 각각 만들었다. 그 이후 약소국들도 독자적인 정보기관의 필요성을 인식하고 정부 내 조직으로 운영하게 되었다. 세상에서 가장 똑똑한 정부조직으로서의 발전을 거듭해 오며 국가 이익관리를 해왔다.

미국의 조지 워싱턴(George Washington)은 독립전쟁 시 정보를 아주 유효하게 군사목적에 활용하였던 인물이다. 그 이후 정보는 군사작전의 불가결한 일부가 되었다. 그리고 현대에는 공식적으로 정보가 평화시는 물론 미국의 군사기획의 일부로 제도화되었다. 그것은 제2차 세계대전을 기해 정보는 실질적인 급성장을 이루었다. 지금도 특정한 나라를 넘어 전 세계를 대상으로 하는 전 영역을 압도하는 조직으로 활동하며 특수지식을 생산 소비하는 조직으로 진화하고 있다.

비슷한 맥락에서 우리나라의 공식적 정보활동도 찾아볼 수 있다. 공식적 첩보활동은 고종황제의 항일정보기관인 익문사(益聞社) 창설과 그 운영에서 시작되었다. 「대한제국」 (1897~1910)이 1902년 6월 통신사를 가장한 황제 직속의 국가정보기관으로 「제국익문사」 를 설립해 운영한 사실이 있는데 당시 61명 요원들의 활동영역은 「제국익문사비보장정」 (帝國益聞社秘報章程) 제5조~제8조에 자세히 규정되어 있다. 국내에서의 비탐활동(秘探活動) 대상은 정부고위관리의 동정, 경성주재 외국 공관원들의 활동, 국사범(해외망명자) 및 외국인들의 국내인 매수, 그리고 종교단체, 사회단체 등의 반국가적 행위 유무를 비롯해 외국인들의 침해행위에 대한 정보를 수집, 보고토록 하였다.[15]

◗ 국가 정보능력의 확대

이렇게 보면 정보활동 혹은 정보소비란 매우 역사적인 것이다. 지금도 각 국가간에 정보소유와 소비의 싸움이 치열하다. 정보는 뜬구름을 잡는 얘기가 아니라 펄떡 펄떡 살아 있는 정책을 놓고 벌리는 싸움이다. 전자통신 인프라가 발전하지만 그 취약성은 증대되고 있으며, 경제가 세계화되고 있지만 분열된 갈등과 국제범죄가 날로 늘어나고 있다. 이에 대응한 첩보기술들도 발전되고 있는데 정보주체들은 비밀출처의 정보는 물론 공개출처정보의 가치도 높아지면서 국가정보력을 강화해 가고 있다. 전통적인 비밀정보기관들은 점차 특정 공작계획을 세워 정보전을 벌리고 있거나 미국의 국가안보국(NSA) 같은 경우 방대한 감청시설을 운영하고 있다. 정보의 이익적 소비는 과학기술의 발달 및 사회과학적 탐구에 힘입어 그 가치가 더욱 확대되고 있는 것이다.

지구체계는 수많은 전쟁을 비롯해 민주주의, 사회주의, 공산주의, 시오니즘, 파시즘 등 정치적 사상들을 놓고 대립과 반목을 거듭하고 있다. 시간과 공간에 관계없이 피할 수 없는 적(敵)이 어딘가에 존재하는 것으로 간주하며 안보정책을 수립해 간다. 국가는 자신들의 주권을 어떻게 행사할 것인가를 놓고 정보출처를 개척하고 정보를 소비하게 된다. 미국은 전략적인 이익실현과 국제적 영향력을 확실히 하면서 농업의 지원, 첨단산업의 보호, 동맹국간 협력유지, 대테러전쟁을 수행하기 위해 군사비 등 연방정부 예산의 4분의 1 이상을 쓰고 4개 대륙에 1백만 명의 군대를 파견하고 모든 바다에 수많은 함대를 배치하고 있다.[16]

---

15) 이태진, 『고종시대의 재조명』 (서울 : 태학사, 2000), pp.387~401.
16) Jacques Attali, L'homme Nomade, 이효숙(역) 『호모노마드 유목하는 인간』(서울 : 웅진 지식하우스, 2005). pp.472~473.

하지만 정보소비자(consumers of intelligence)[17] 혹은 정책결정자들은 확실한 판단을 내리는데 있어서 혼란을 겪는다. 정책결정자들은 자신들이 판단하고 결정해야 할 사안이 주어졌을 때 충분히 정통하지 않은 탓도 있지만 '어떤 정책이 과연 유효한가?'를 판단하지 못할 때가 많다. 정책결정자는 정보공동체 구성원들의 조언을 받아들이며 훌륭한 정보를 생산할 수 있도록 정책의 방향과 그들의 관심분야를 경청하고 우선순위를 매겨야 하지만 그렇지 못할 때가 많다. 정보소비는 모두에게 사회적 사실로서 작용하고 있지만 이를 끌어다 적시에 소비하는데는 익숙하지 못하다.

따라서 정보생산자는 정책결정을 돕는데 있어서 상보된 보고서가 정책결정자 입장에서, 정보소비자 입장에서, 전공분야의 일반학자 입장에서, 정책추진 실무자 입장 등 다면적 역할 측면에서 살펴보아야 한다. 그러므로 정보사용자는 ▲정보보고서의 신뢰성, 활용성, 적시성과 함께 정치적 타당성이 내포되어 있는가를 판단한다. ▲정보상품이 정책결정에 사용할 수 있는 모델이나 적절한 분석방법을 통해 도출한 판단이고 그만한 가치가 있는가를 이해한다. ▲문제의 설정 및 해결방향에 있어서 국가 및 소속기관의 기본목표와 전략에 부합되는가를 검증한다. 즉 특정상황을 잘 설명하고 예측하여 핵심정책을 추진하거나 건의할 수 있는 내용들인가 하는 점을 살펴보아야 한다.

미국의 정보공동체는 기능적으로 다층적이다. 미국의 경우 정부의 정책과 정보의 관계는 상호 유기적인 관계이며, 모든 수준에서 정책결정자와 정보공동체의 관계가 협동적이다. 미 중앙정보국(CIA), 국가안보국(NSA), 연방수사국(FBI) 등 국가급 정보기관들로서 독자적 기능을 수행한다. 이들 정보기관들은 '비밀의 신전'들이다. CIA의 주된 역할이 정보사용자인 대통령과 정책입안자들에게 의사결정에 조언을 해주는 역할이라면, FBI는 정보를 알아내고 수집하는데는 다른 정보기관들과 다를 바 없지만 무엇보다 정보가 체포증거나 기소에 어떻게 활용될 수 있는지에 대한 존재이유를 먼저 따지며 활동한다.

---

17) 미국 정부기관의 주요 정보사용자는 백악관(대통령), 의회(상.하원), 국가정보국장(DNI), 국가안전보장회의(NSC), 국무부(DOS), 국방부(DOD), 연방수사국(FBI),국토안보부(DHS), 농업부(USDA), 무역대표부(USTR), 연방항공국(FAA), 기획예산처법무부(DOJ), 연방비상사태관리국(FEMA), 재무부(TREAS DEPT), 항공우주국(NASA), 에너지부(DOE), 국제개발처(AID), 마약통제국(DEA), 연방통신위원회, 상무부(DOC), 노동부(DOL) 등으로 볼 수 있다.

세계를 지배하는 정보제국주의

미국은 정보제국주의다. 미국 대통령은 '정보의 왕'이다. 세계지배권과 군사적 우위를 영원히 도전 받지 않고 유지해야 한다는 차원에서 정보제국주의적 입장을 취한다. 조지 W 부시행정부는 2002년 9월 국가안보전략을 발표하고 있는데 이는 미국의 영속적인 세계 패권(global hegemony)에 대한 도전을 제거하기 위해서 무력을 사용할 권한을 가지고 있다고 선언했다. 실질적으로 미국은 최첨단정보 자산의 보유는 물론 전 세계 59개 국가와 영토에 미군 기지를 두고 170개 국가에서 매년 비밀군사작전을 시행하는 나라로 제국이다.[18]

미국의 2003년도 정보예산만도 420억 불에 이르러 2006년에도 500억 불을 상회하고 있다. 전 세계 군비지출의 40%를 차지하는데 군사비 지출 2위 국가인 중국에 비해 7배나 된다. 미국 경제는 전 세계 경제에서 차지하는 비중은 1960년대 이후 25~30%를 유지하고 있다. 이런 국력을 자랑하는 미국은 자국 기업의 성장을 위해 정보협력 및 지원을 아끼지 않고 있다. 물론 국가정보기관의 산업경제 정보활동이 국민 세금으로 이뤄지고 있는 상황에서 과연 국가정보기관이 정부가 아닌 기업들, 즉 GM, IBM 등 기업을 위해 활동할 수 있는가, 혹은 국가공무원이 특정 기업을 위해 죽으라는 것인가 등의 비판적인 견해도 있다. 하지만 미 CIA 국장은 수시로 시그램사, IBM, 맨하탄 은행장 등 대기업 CEO들을 만나 정보공유 및 상호 협력 분위기를 만들고 특정사안들의 문제를 논의한다.

한편, 현대 정보전에서 감시, 수집은 초고속 통신망과 멀티미디어 정보의 중심이 되며 신뢰성과 적시제공을 위해 영상정보감시 위주로 전환되고 있다. 현대의 군사력은 정보전력 중심으로 재편되고 있다. 정보전력은 소프트 킬 중심의 군축에 저촉되지 않는 비살상력으로서 미래전에 부응하는 전력이다. 게다가 정보전력은 최대 전투승수효과를 유발하며 전쟁초기의 전쟁의 승패를 좌우하는 비군사적 파급 효과가 매우 큰 전력이다. 전쟁에서 전력 중심의 하드 킬(hard kill)에서 정보체계 중심의 소프트 킬(soft kill)로 전환됨으로써 2003년 4월 미국 − 이라크전쟁에서 보듯이 '정보전투원'(information warrior)이 전쟁을 주도해 가고 있다.

어디 그뿐인가. 미국은 우주의 통제에서 소유로 나가야 하며 우주의 소유는 국가 안보전략에 따라 영속적인 것이 되어야 한다는 입장이다. 미국의《비전 2020》은 우주군사화의 목

18) Robert D. Kaplan, Imperial Grunts; The American Military On the Ground, 이순호(역)『제국의 최전선 : 지상의 미군들』, 이순호(역) (서울 : 갈라파고스, 2007) pp.18.

적은 바로 미국의 국익과 투자자본을 보호하기 위해서 우주 차원의 군사작전을 지배하는 것이다. 완전무결한 지배의 필요성은 지구경제의 세계화에 있다.[19] 우주를 향한 경쟁들 파이어니어(Pioneer)와 보이저(Voyager) 우주왕복선 등은 외계 생명체 탐사와 지구밖의 문명 탐사계획(SETI)도 끝없는 인간의 정보욕구를 반영한 것이다.

국제정보시장은 정치 중심도시를 중심으로 해서 형성된다. 정치의 중심도시 워싱턴에서 매일 저녁 열리는 호화스런 파티는 저명인사들이 모인다는 점에서 거대한 첩보시장이다. 미국은 세계적인 정보제공자이며 정보의 출처(소스)로서 노련한 첩자들이 모이는 정보 전쟁터이다. 동시에 각국들은 온갖 정보전에 승리하기 위해 양질의 정보체계와 우수한 요원 확보에 힘을 쏟고 있다.[20] 어떤 경우든지 비밀정보요원들로 하여금 철저한 신분의 보호와 신분위장을 원칙으로 해 활동한다. 미국은 1982년 '정보조직원 신원보호법'을 만들어 신분노출 및 신분 누설을 금지하며 수집의 기밀성을 확보하기 위해 때로는 은폐(Cover) 혹은 관련 사실 부인(Deniability) 등을 동원하며 정보활동을 강화하고 있다는 사실은 잘 알려진 일이다.

뿐만 아니라 분석 판단 능력을 향상시켜가고 있다. 정보를 처리하는데 있어서 사람으로서의 한계를 극복하고 확률함수를 높이기 위해 노력하고 있다. 일례로 미국의 국가정보국(DNI)은 2007년 여름부터 각 정보기관의 유능한 분석관으로 구성된 분석 지원 및 신속대응 팀(RASER : Rapid Analytic Support and Expectionary Response)을 두고 고난도 정보목표 분석업무에 투입하고 있다. 정보수집의 사각지대를 최소화 할 수 있고 북한 이라크 등 중요 정보목표에 대해서 각 기관간의 조율 및 책임을 강화하기 위해 정보조정관(Mission Manager) 제도를 운영 중이다.[21]

그 배경은 복합적이다. 9·11 테러 사태는 정보의 중요성을 근본적으로 부각시킨 사건

---

19) Noam Chomsky, Hegemony or Survival : Americas Quest for Global Dominace(New York : Metropolltan, Book, 2003), pp.229.

20) 예로서 미국은 차세대 우수 정보요원을 확보하기 위해 국가 안보 프로그램인 보렌 장학금으로 200억불로 증액해 10만명의 고교생들을 대상으로 아랍어 중국어 한국어 우르두어를 교육시킨다는 것이다. 졸업하면 이들은 군대, 국무부, CIA 등에서 최소 2년간 다시 정보교육을 시킨 후 최소 1만명의 어학요원, 1천명의 공작관으로 양성한다는 것이다. Tim Weiner, "How to Make a Spy", Foreign Policy, Sept/Oct 2007. pp.46~47.

21) 정보조정관은 DNI내 특정사안별 정보를 수집 분석의 총괄 및 관련 부처간 통합과 성공적 임무를 수행하기 위해 운영되는 새로운 제도이다. Mike McConnell, 'Overhauling Intelligence' Foreign Affairs. July/August, 2007. pp.49~54.

이다. 미국 정보 전체가 바로 테러 관련 정보 수집에 집중하고 있다. 지구 어느 한 동굴에 숨어 있을 오사마 빈 라덴(Osama bin Laden)의[22] 손에 핵무기가 들어갈 수 있는 비밀경로를 알아내야 한다. 그러다 보니 테러 방지 명분으로 개인 정보수집과 시민행동 통제를 시도할 수밖에 없었다. 이른바 시민들의 민주자유주의 활동에 대한 국가적 권위주의적 공세 속에 사회통제를 강화하게 된 것이다.

우리가 살아가는 세계와 모든 사물에 대한 지배력은 강대국들의 국가적 욕망이다. 미국 정보공동체는 매일 수십억 개 이상의 정보를 수집하는데 이들 정보는 분석관을 통해 정확히 분석 처리되어야만 중요한 정책 결정을 도울 수 있는 정보 상품을 만들어낼 수 있다. 물론 정보공동체간 상호작용의 모순도 많다. 국내정보와 해외정보 수집과 분석을 통합 조정하는 문제가 미국 DNI의 핵심과제 중 하나이며 정보기관의 생산된 정보와 법 집행간의 장벽도 적지 않은 문제로 지적된다. 정보공동체 내 개별기관의 독특한 시각과 능력을 훼손시키지 않으면서 통합의 이익을 극대화할 수 있는 정보공동체의 새로운 문화 창조가 필요한 실정이다. 정보공동체에 속해 있는 16개 기관들은 독특한 업무목표와 수행능력, 자신들만의 특별한 문화와 신화를 갖고 있으나 정보기관 특성상 어떤 기관도 독자적으로 효율적으로 기능할 수 없는 것도 사실이다.

◐ 현실변화에 대응하는 정보조직

전체적으로 정보조직 내에서의 정보 질서의 변화는 불가피한 일이다. 미국은 대 테러 방지법(IRTPA)에 의거 정보공유 환경 조성담당관이 정부 안팎 및 정보부처간 정보공유 책임을 맡도록 한 것이 그것이다. 정보공동체 문화 개선에 있어서 '알 필요' 라는 기준에 근거하여 반드시 알 필요가 있는 관료들에게만 제한적으로 정보를 제공하는 기존 정책을 폐기하고 정보제공 책임이라는 원칙에 따라 정책결정자, 군 관계자, 분석관 등 다양한 사용자들에게 관련 정보를 책임지고 제공토록 권고하고 있다.[23] 뿐만 아니라 지방관료들을 포함해 민간부문의 종사자들과도 필요하다면 안보를 위해 정보를 공유해야 하며 일반 시민들의 협조가 안보에 결정적으로 작용할 수 있다고 믿는다.

---

22) 오사마 빈 라덴은 2001년 9월 11일 테러사건의 주범으로 미국 정부의 수배를 받고 있는 사람이다. 사우디아라비아 부호출신의 이슬람근본주의자로 '미국의 적' 임을 자처하는 인물이다.
23) Mike McConnell, 'Overhauling Intelligence' Foreign Affairs. July/August, 2007. pp.49~52.

'평화를 간절히 바라는 국민이 있기에 국가정보조직이 존재한다'

그래서 미국은 정보원사회(informant society)를 만들어간다는 비난을 받기도 한다. 정보 우선주의 혹은 정보우상화에 대한 시민사회의 저항도 있다. 9·11 사태 이후 2002년 8월 법무부는 팁스(TIPS) 즉 테러정보 예방시스템(terrorist information and prevention system) 이라는 작전이 필요했다. 전국적인 테러신고시스템인 동 프로그램의 초기단계에서는 트럭 운전사, 집배원, 기차 차장, 전기 가스 상하수도 수리공 등 미국 전역 10개 도시의 노동자 100만 명을 대상으로 테러활동 관련 의심되는 행동을 신고하는 공식 네트워크를 구성해 참 여토록 하는 방안이었다. 오하이오주 출신 연방하원 의원인 데니스쿠치(Dennis Kucinich) 는 이를 놓고 "마치 우리나라가 정보화 사회에서 '정보원 사회'로 바뀌고 있는 것 같다"라 고 꼬집었다.[24] 아니 미국은 폐쇄적인 국가로 전락했다는 비판도 나왔다. 9·11 이후 누구 나 이룰 수 있는 희망의 땅에서 두려움(fear)을 수출하는 국가로 전락되었다는 지적이다.[25]

● 정보조직들의 경제활동 지원

정보의 사회적 관계에서의 부작용이 있지만 국가이익의 손실을 극소화하려는 것이 국가 의 목표다. 미국은 경제활동에서 정보기관을 적극 활용하고 있다는 자체가 경제 사회적 합 의다. 무역외교에서 CIA를 적극 활용하고 있는데 이를테면 외국 대사관에 기업, 기술전문 가를 배치하거나 직접 USTR 회담에 배석해 경제협상을 지원하는 것이 그것이다. 외국 기 업 정보기관의 대미기업 정보활동에 대한 차단을 통해 '경제안보'를 지키고, 이를 위해 경 제분석 기법을 자체 개발해 평가하고 있다. 또 각국 기업의 불공정 무역관행과 산업정보활 동을 강화해 무역불균형과 지적재산권 침해에 대응한다. 특히 국가안보국(NSA)은 전자통 신 첩보내용을 분석, 평가하여 해당 기업과 협상 대표단에게 상대측 협상정보를 미리 탐지 지원하고 있다.

이렇게 현시대에 있어서 경제정보는 국가안보의 주요 요소로 등장하였고 국가경쟁력을 강화한다는 명분으로 산업정보활동을 벌이고 있다. 미국, 일본 등 선진국들은 국가정책에

---

24) Nancy Chang, Silencing Political Dissent, 유강은(역) 『정치적 반대세력 침묵시키기』 (서울 : 모색, 2006), pp.132.
25) New York Times, Sept 30, 2007, Thomas L. Friedman 시론.

필요한 정보나 외국과의 통상교섭에 필요한 정보, 외국의 불공정 거래에 관한 정보 등 합법적 방법으로 수집이 가능한 정보활동을 해온 것이 일반적 추세이다. 무한경쟁시대 속에서 정보의 수요측면은 날로 커지고 그 활동에도 큰 변화가 진행되고 있음을 반영한다. 미국 CIA 국장이었던 케이시(William Casey)는 재직 시 소련의 경제를 파악하기 위해「포춘」(Fortune) 지의 허브 마이어를 국가안전보장회의(NSC)에 영입해 소련의 경제 상황들, 즉 경화유통과 외국으로부터 벌어들이는 외화 수입의 흐름을 추적할 수 있는 체계를 수립해 추진했던 것이 좋은 예다.[26]

과거의 경우 국가정보의 사용자는 국가를 운영하는 사람들 혹은 조직에만 한정된다는 인식이었으나, 현대는 정보공개법 등의 제정으로 인하여 국가정보도 필요하다면 일반국민이나 기업에게도 제공해야 한다는 인식이 확산되고 있다. 이런 시점에서 새로운 정보이론의 확립, 새로운 정보 보호의 필요성이 제기되고 있다.

전체적으로 보면 어느 나라도 예외는 아니다. 프랑스도 기존의 경찰정보조직(RG, 통합정보)과 대테러정보조직(FST, 국토감시국)을 통폐합해 프랑스판 CIA 조직과 같은 중앙정보국(DCRI)을 신설하고 있다. 정보조직의 통폐합으로 정보조직의 구습타파 및 현대화를 통해 조직 내 정보공유와 의사소통, 테러와의 전쟁 능력이 향상될 것으로 기대하고 있다. 러시아 역시 2007년 9월 러시아판 FBI로 불리는 연방 수사위원회(SK)를 발족시켰다. 정부 고위관료들과 국가두마(하원) 의원들의 불법과 공무원 범죄 등 러시아 연방법 위반 사건을 담당토록 하고 있다. 러시아의 새로운 SK는 법무부 검찰에서 근무했던 1만 8,000명의 수사 요원으로 구성되었다.[27]

🔵 정부에 대한 정보조직(장)의 지위와 역할

국가정보조직들의 구축과 활용은 세계적 지위경쟁의 산물이며 국가의 귀중한 문지기 역할을 하기 위해서다. 정보활동의 비밀성을 유지해 국가이익을 지키도록 하면서 동시에 적절한 수준에서 비밀유지와 공개적 통제가 균형을 이루도록 법적 제도적 장치를 마련해 정보조직에 대한 감시와 통제를 하고 있다. 미국의 경우 정보감독법(Intelligence Oversight

---

26) Peter Schweizer, Victory : The Reagan Administration's Secret Strategy That Hastened The Collapse of the Soviet Union (New York : The Atlantic Monthly Press, 1994), pp.19~20.

27) 중앙일보」, 2007. 9. 15.

Act)을 통해 행정부 측에서는 대통령, 국가안전보장회의(NSC), 국회정보자문회의(PFIAB), 대통령이 임명한 정보감독위원회(IOB)가 있다. 그리고 의회 측에서는 상·하원 정보위원회(SSCI, HPSCI)를 중심으로 1981년 12월 4일 로널드 레이건(Ronald Reagan) 대통령이 승인한 '행정명령 EO12333'(Executive Order 12333)에 의해 감독이 이뤄지고 있다. 때로는 특정문제(국가안위)가 발생할 시, 예를 들어 미국의 9·11 테러 문제와 관련해 각계 최고권위를 지닌 인사들이 참여하는 위원회(Blue Ribbon Commission)를 설치해 정보조직의 기능과 임무를 조정할 권고안을 대통령에게 전달하기도 한다.

또한 자유주의 국가에서 정보기관 역시 정부에 속하는 행정부 기관으로 대통령뿐만 아니라 선출된 국민의 대표(의회)들 그리고 궁극적으로 국민 세금으로 운영된다는 점에서 국민들에게 책임을 지는 것이다. 그래서 정보조직에 대한 국가통제 등 여러 감시 통제 장치가 작용하는 것은 당연하다.

그러나 정보기관에 대한 감시와 통제는 현실적으로 한계가 있을 수밖에 없다. 복수 행위자들에 의한 감시와 통제가 있지만 정보기관들의 불법적 탈법적인 행위들을 완전히 차단할 수 없을 것이다. 요는 정보기관의 차원에서 법이 정한 범위 내에서 그리고 기존 법률에 위반하지 않는다는 구성원들의 의지가 필요할 뿐이다. 따라서 정보활동의 지침은 최고 사용자로부터 내려와야 하며, 정책결정자의 지시가 있어야 하는 것이다. 정보조직의 책임자는 정보조직의 내부적 차원으로 인사문제의 적절성과 업무통제가 중요하다. 그리고 비밀유지를 위한 보안대책 등 통제장치를 마련해야 한다. 미국의 경우 정책결정자로 하여금 다음과 같은 점을 염두에 두고 내부를 통제하며 조직을 발전시켜나가고 있다.

- 조직에 대한 법적 지위부여를 통해 존재의 정당성과 사회적 안정감을 갖도록 한다.
- 중앙집권적 체제의 유지가 필요하다는 점을 인식하고 정보공동체를 총괄해야 한다. 미국의 경우 크게 보면 정보기관들이 대부분 국방부 내에 속해 있다(국방정보공동체로 DCI). 그러나 국방부 산하에 NSA, DIA, NRO(국가정찰국), CIO(중앙영상정보국), 합동군사령부의 합동정보센터 등 13개 기관들이 있다.
- 정보조직의 '정보화율'을 한층 높이는 것이다. 정보효율성은 사용 가능한 정보를 합리적으로 반영하는 자산 가치다. 현대는 화상정보와 컴퓨터 등 첨단기술장비의 보유를 통해 정보업무 향상을 꾀하고 있다.

그런데 정보기관장의 역할과 관련해 정부에 대한 '협조'인가 아니면 '독립성'인가 하는 문제가 있다. 정보기관의 독립성은 조직 목표의 독립성과 수단의 독립성으로 나눠볼 수 있다. 전자는 법률과 제도에 의해 조직의 활동목표가 명시적으로 규정돼 있다. 따라서 정보기관의 독립성은 수단의 독립성을 의미한다. 물론 대통령이 지명하는 정보기관장에게 정보활동과 조직을 맡긴다는 점에서 수단의 독립성은 훼손될 수 있다. 정치권의 요청과 압력에 따라 안보정책이 달라질 수 있다. 그렇기 때문에 정보기관장의 임기는 정치적 입김에 좌우되지 않도록 임기를 보장하는 경우도 많다. 혹시 정권에 대항할 정보책임자가 정권 실세들에 의해 해임되는 것을 방지하기 위해서다.

물론 정부는 정보기관장에게 협조를 요구할 수 있다. 대통령은 최고 통치자이고 미국의 국가정보국(DNI)은 농장의 관리자와 같은 관계라고 할 수 있다. 아무리 유능한 정보기관장이라도 정권의 이해를 얻지 못하면 이상적인 정보활동이나 안보정책을 펼치기 어렵다. 그러나 대통령의 간단한 질문이나 어떤 문제에 관심을 보이면 정보조직이 엄청난 부문에 매달리게 되고 CIA 소속의 일개 직원에게는 절대 권력을 쥐어주는 것이나 다름없다. 그것은 때로는 엄청난 조직의 재앙을 초래할 수 있다.[28] 그러므로 사용자(대통령)와 정보기관장은 동전의 양면과 같다. 다만 동양의 치도(治道)에서 말하는 군자는 조화를 이루되 동화되지 않는다(君子和而不同)는 지혜가 필요할 뿐이다. 대통령은 화(和)할지언정 동(同)해서는 안 되는 것이다. '화'는 조화를 말하고 '동'은 이해관계를 의미한다. 정보기관장 역시 '진실의 순간'을 떠나서는 곤란하다. 조지 마셜(George C. Marshall)은 "나는 절대 대통령과 다투지 않았으며 모든 문제 해결을 위해 작은 문제라도 포기한 적이 없다."고 했다.[29]

● 정부와 대통령은 정보기관에 대해 가능한 정치권의 영향권에서 벗어날 수 있는 독립성을 명확히 보장할 때 정보조직은 국민으로부터 신뢰받을 수 있고 정보활동의 신인도를 높일 수 있다. 이를 위해서는 정보판단에 대한 신뢰가 필수이다.
● 정보기관장이 '한 시대의 정권'과의 협조는 불가피한 것이 사실이다. 최고통치권자와 집권당이 추진하는 국가안보정책 틀 안에서 행동할 수밖에 없다. 이런 점에서 정보기관의 독립

28) Ron Suskind, op. cit, pp.153.
29) Jack Uldrich, Soldier Statesman Peace Maker : Leadership Lesson from George C. Marshall, 나종남(역) 『조지 마셜 리더십』(서울 : 비지니스 맵, 2007), pp.229.

성이란 좁은 의미에서 정부 내에서 독립한다는 의미로 해석할 수 있다.

● 정보조직의 독립성은 정치권과 정보기관간에 최적의 관계로서 미래의 좋은 모델이 될 것이고 안보정책에 대한 국민의 존경을 높일 수 있다.

● CIA국장이나 국방부장관은 선거에 의해 선출된 관리가 아닐 뿐더러 선거에서 유권자 표를 의식할 필요는 없다. 다만 사용자에게 공정하게 정직한 중개자 역할을 하며 증거에 의해 움직여야 하는 정부의 고위 관리직이다.

다시 정리하거니와 국가는 원칙주의와 실용주의적 입장보다는 국제질서와의 조화를 통해 새로운 환경변화에 대한 해결 방법을 찾으며 정보를 모으고 소비한다. 그 배경에서는 주로 ▲한 국가의 국력은 절대적이거나 전지전능한 것일 수 없기 때문에 핵심적 국가이익전략 우선순위를 어디에다가 둘 것인가 하는 점, ▲어떤 방법을 사용하여 결정된 핵심목표를 실현해 나갈 것인가 하는 점, ▲상기 노력의 실패를 방지하기 위한 어떤 예방책을 채택해야 하는가의 문제들과 관련돼 정보를 생산 소비하는 것이다.

그런데 우리는 이 말을 주목할 필요가 있다. 분명히 정보조직의 운영 역시 정치력의 원천이라는 사실이다. 정보조직은 극도로 정치적이며 현실주의적이다. 조직 속에서 자신이 존재하는 이유와 이에 따른 조건은 정치적이고 이편 혹은 저편 식의 사고에 빠질 수 있다. 그래서 정보를 가진 자가 모사꾼으로 비칠 수도 있다. 그렇다고 정보조직은 '깡패 기관'이 되어서는 안 된다. 지나친 충성, 정보욕, 권력욕, 그리고 정치사회적 지배가 강화되면 관료적 비효율성이 나타나고 공포의 대상이 될 수 있다. 정보조직이 자칫 폭압기구로 보일 수 있다는 얘기다. 따라서 무엇보다 정보조직의 운영은 인력의 계속성과 건전성 그리고 즉응성, 결단력에 따라 운영되는 것이 바람직하다. 정보는 발생주의(result-based)에 의한 감사제도도 매우 중요하지만 성과측정 제도의 도입 및 재정지출 구조의 투명성 등 정보활동의 결과가 숨김없이 평가되어야 한다.

한편, 정보맨들은 상상하면서 활동하고 정치가이면서 동시에 과학자가 되어 최고의 종합적인 정보보고서를 내놓아야 한다. '한 시대의 정권'에 대해서 진실을 말하는 용기, 정보의 왜곡 없이 국가의 이익실현을 위해 충성하는 조직으로 정치적 계산 없이 모종의 브레이크 역할을 하는 조직이 훌륭한 정보기관이다. 업무의 성과와 관련해 기업에서는 성취나 좋은 결과라고 하지만 정보업무 수행은 '공헌'(contribution)이라는 말이 옳을 것이다. 공헌은 당연히 국가와 민족에게 충성하는 업무이기 때문이다. 특히 미국에서는 '설명의무'를 중시한다. 정책결정자(대통령)가 어떤 의사결정을 내릴 때 납세자인 국민 또는 스테이크홀더(stakeholder, 이해관계자)에 대해 설명책임을 져야 한다는 것이다. 그러므로 정보책임자는 사용자에게 구두로 설명하더라도 '설명책임'을 지는 것이며 국민들에게는 어렵지만 공개 허용범위 내에서 '설명의무'(public accountability)가 있다.

나. 기업에서의 경쟁정보와 정보 소비

진보란 문명을 향한 것이요 이성의 지배가 중심이 되는 발전이다. 사회역사 발전에 대한 평가는 치밀한 관찰과 직접적인 실험과 면밀한 측정방법 내지 분석법에 기초한다. 갈릴레오, 레오나르도 다빈치, 라이트 형제 같은 사람들 역시 수많은 시행착오와 장인정신으로 오늘날의 문명을 이뤘다. 이집트의 피라미드에서 미국의 디스커버리 우주왕복선으로 이어지는 기술 탄생과 발전은 21세기의 문명구조로 이어졌다. 경제에서의 대량생산과 소비는 수학, 자연과학, 정보과학의 지속적 발전으로 가능한 것이었다. 재화생산의 속도는 경제의 생산성과 관련돼 있다. 원래 인간은 이해득실의 경제성을 따지는 호모 이코노미쿠스(Homo Economicus)라는 점에서 고삐 풀린 자본주의를 발전시켰다.

현대 정보소비사회에서 기업은 이제 거대한 권력이다. 기업들이 글로벌 멀티그룹으로 진화하는데 있어서 정보 없는 경제는 더 이상 버틸 수 없다. 투자대상도 금융, 통신, 항공 등 인프라 산업부터 문화와 극장 체인, 유통업, 의료 산업, 식음료, 서비스 분야에서 정보의 필요성은 더해지고 있다. CEO들은 글로벌 사회체제를 넘어 글로벌 시장을 무대로 경쟁할 수 있는 기업을 갈망한다. 세계적 수준의 기업이란 시간, 공간, 국적을 초월해 언제 어디서나 누구와도 경쟁할 수 있는 능력을 갖춘 기업들이다. 삼성, 노키아, 듀폰, 도요타 등 글로벌 기업들은 끊임없는 핵심역량(core competency)의 구축은 물론 사업의 다각화, 미래시장 예측 등을 통해 세계에서 존경받는 기업으로 꼽힌다.

◐ 블루오션 개척에 필요한 정보

더구나 기업들의 불꽃 튀는 경쟁은 현지화를 통한 세계화, 즉 글로컬라이제이션(glocalization = globalization + localization의 합성어)으로 승부를 걸고 있다. 일본 오마에 겐이치(大前 硏一)는《The Next Global Stage》(2007)란 책에서 글로벌 경쟁의 중심은 국민국가가 아닌 지역국가로 넘어왔다고 주장한다.[30] 유연성, 개방성, 전문성을 갖추고 세계와 직접 소통하는 지역국가들이 발전하는 글로벌라이제이션의 시대를 말한다. 사실 지식정보사회에서 국가이데올로기를 벗어나 글로벌리제이션과 다문화주의 확산 속에 개인화 사물화(私物化)로 대체되고 있다. 세계가 경제문화체제로 통합되는 것이 현실이라고 한다면 자본, 노동, 정보기술의 국경이 없는 교류가 세계화이다. 세계화를 통해 정보를 공유하며 경쟁정보를 수집 평가해 기업이익을 창출하고 있는 것이다. 세계화화 신자유주의의 폐해를 지적하고 있지만 거스를 수 없는 게 세계화 물결이며 소비활동이 예찬된다.

현대정보소비사회는 네트워크 유비쿼터(network ubiquity)로서 전 세계적으로 10억 명이 넘는 사람들이 하나의 네트워크로 연결돼 있다. 인터넷을 통해 전 지구사회가 촘촘히 연결돼 있다. 2010년쯤이면 유비쿼터스[31] 사회로 진입하면서 일상생활과 비즈니스 환경이 바뀌는 시점이다. 1997년 존 바거(J. Barger)에 의해 시작된 블로그는 2007년 말 현재 그 사용자가 전 세계적으로 1억 1200만 명에 이르고 있다. 행정 기업업무의 절반이 온라인으로 처리되고 사회 전역이 광(光)섬유로 연결된 광대역 통신권역으로 묶인다. 폭넓은 커뮤니케이션과 더불어 소비형태의 문화화, 즉 소비의 문화성이 촉진되어 사람들의 지위가 기호화 된다. 소비행태와 수준이 사회계급을 상징한다.

그리고 많은 사람들이 글로벌 스탠드에 기반해 많은 아이디어를 개발하고 빠른 속도로 가치가 이동하고 있다. 기업들은 에너지난, 원자재난, 부동산 투기, 환경오염, 노동력 부족, 금융마찰, 투기자본 침투, 통상분쟁 등 간단치 않은 문제들이 너무나 많다. 이제 기업들은 시장에서 원하는 이익을 찾아 비즈니스 모델을 바꿔 나가지 않으면 생존하기가 어렵게 되었다. 기업들간에 먹히고 먹는 경쟁은 경계가 없다. 물론 M&A 과정에서 전문가들이 실사(due diligence)를 하더라도 거기에는 가정과 추정이 존재할 수밖에 없는 구조적 한계가 있다. 여기다 사회경제적 복잡성은 비즈니스, 금융 등 많은 영역에서 계속 증대된다. 일종의

---

30) 오마에 겐이치(大前 研一), The Next Global Stage(워튼스쿨 경제경영총서 6), 송재용(역), 『다음 단계의 글로벌 무대』(서울 : 럭스미디어, 2006), pp.125~129.

31) 유비쿼터스는 라틴어로 물이나 공기처럼 시공을 초월해 '언제 어디에나 존재한다.' 는 뜻이다. 장소에 상관없이 자유롭게 네트워크에 접속할 수 있는 환경을 말한다. 백과사전에 따르면 1988년 미국의 사무용 복사기 제조회사인 제록스의 와이저(Mark Weiser)가 '유비쿼터스 컴퓨팅' 이라는 용어를 사용하면서 처음으로 등장했다. 당시 와이저는 유비쿼터스 컴퓨팅을 메인프레임과 퍼스널컴퓨터(PC)에 이어 제3의 정보혁명을 이끌 것이라고 주장했다. 이는 컴퓨터에 어떠한 기능을 추가하는 것이 아니라 자동차 · 냉장고 · 안경 · 시계 · 스테레오장비 등과 같이 어떤 기기나 사물에 컴퓨터를 집어넣어 커뮤니케이션이 가능하도록 해 주는 정보기술(IT) 환경 또는 정보기술 패러다임을 말하는 것이다.
유비쿼터스화가 이루어지면 가정 · 자동차는 물론 산꼭대기에서도 정보기술을 활용할 수 있다. 유비쿼터스 네트워크가 이루어지기 위해서는 광대역통신과 컨버전스 기술의 일반화, 정보기술 기기의 규격화 등 정보기술의 고도화가 전제되어야 한다.

드라마틱한 복잡성이요 코드의 혼란이 계속된다.

그래서 다양한 아이디어 기술과 정보를 가지고 기업을 선도하는 지식창출자(knowledge generator) 혹은 창의적인 아이디어를 조합해서 기업의 혁신을 이끄는 지식브로커 (knowledge broker)들의 기능이 강조되고 있다. 지적모험을 하면서 지식정보에 대해 남달리 생각하는 사람들이 지식브로커이다. 그들은 업무의 구체화, 정보의 분석평가, 멘토링, 의사결정 과정에 참여하며 조직의 이익관리를 돕는 사람들이다. 경제 사회적인 영역에서 자신들의 메시지와 지식정보를 세상에 널리 전하는 사람들이고 조직에 영혼을 집어넣는 전문가들이다.

경제는 심리게임이라고 하지만 자본주의 미래를 결정하는 요소는 소비와 기술, 인구 등 3가지로 볼 수 있다. 특히 소비를 억누르는 것은 인간의 탐욕을 억제하는 것이나 다름없다. 기업들은 돈 냄새가 나는 곳이라면 물불 가리지 않고 뛰어가고 있다. 기업인들은 항상 헝그리 정신을 갖고 '생각하는 투자'를 하며 소비재를 생산한다. 기업인들뿐만 아니라 해외에서 활동하는 외교관, 상사원, 여행객 모두는 경제전의 전사요 정보원들이다. 새로운 돌파구가 될 블루오션(blue ocean)을 헤엄쳐 가려는 열의가 대단하다. 시장경제의 모든 신경체계를 파악하기 위해 정보의 숲을 헤매고 있는 형국이다.

우리나라 또한 지식집단의 효용극대화 및 경제 금융정책 연구에 박차를 가하고 있다. 우리나라는 기업부설 연구소로 1만 3000개 시대를 열고 있다. 과학기술처가 '기업연구소 설립신고 및 인정제도'를 도입한 1981년도에 관련 연구소가 46개에 불과했으나 2006년도 말 1만 3324개에 달해 연구 인프라를 구축해 가고 있다. 삼성전자는 미국 특허건수에서 세계 빅2 기업으로 올라섰다. 정부연구개발비 투자도 100억 불을 돌파했는데 2007년도 9조 7,629억 원(105억 2,000만 달러)을 투자해 8번째 투자 진입국이 되었다.[32] 이제 경제정책, 금융시장의 예측 판단은 물론 개인투자가 그리고 비즈니스맨들과 시민들의 기대에 부응하는 가치 있는 지적 생산물이 나올 수 있는 기반이 마련돼 가고 있다.

🔵 기업들의 국가정보조직과의 협력 및 기업 자체의 정보팀 운영

모든 조직들은 자신들에게 던져지는 도전에 의해서 응전하도록 독촉 받는다. 그것은 다름 아닌 정보역량의 확대이다. 국가정보조직과 거대 기업들은 정보공유를 해가며 도전에

---

32) 『한국경제신문』, 2007. 1. 23.

대응하고 있다. 1980년대 이후 미국의 역대 CIA 부장(Wiliam Webster, Robert Gates, James Woolsey)들은 미국기업과 해외시장진출을 지원하고 미국기업에 대한 외국의 첩보활동을 근절하기 위해 정보력을 사용해야 한다고 주장하고 있다.[33] 그 이후 미국의 정보공동체들은 전략적 견지에서 미국 국가안보이익에 직·간접적으로 영향을 미칠 수 있는 새로운 경제정보 및 방첩활동 전략을 마련해서 전 방위적으로 활동하고 있다.

또한 대기업들의 경우 별도의 정보팀 제도를 도입하고 있다. 기업 내 정보팀들은 자사의 '피해 최소화'를 위해 은밀히 활동하고 있다. 정권변동기, 경쟁심화 시에 오너 일가의 보호, 지배구조와 관련된 그룹 보호, 계열사의 지분 문제, 호의적 거래 등의 기업정보를 보호하며, 나아가 정부의 국정감사 혹은 시민단체 등 활동에 대응하는 정보를 수집, 분석해 대응하는 임무를 맡고 있다.

알아차리기는 쉽지 않지만 국내 5대 그룹은 10명 정도의 정보팀을 배치, 각종 정보를 수집하고 있다. 보통 부사장을 책임자로 다른 대기업과 정부부처 정치권 등에 대한 팀별 전담반을 운영하고 있다. 가공된 고급정보는 그룹 내 최고위층 3~4명에게만 회람돼 정책판단의 중요 근거로 사용하고 있다. 기업에서 위기관리에 대처하기 위해 운영되는 정보팀들은 위기 시에 리스크를 관리하는 '조기경보팀' 성격으로 환율, 유가급등, 대통령 선거예측, 검찰의 수사방향, 타 기업의 부도사태 등을 예측해 자금손실을 최소화하고 있다.

특히 비즈니스정보는 어떠한 산업에서든 경영의사결정에 있어서 빠져서는 안 되는 중요한 요소다. 비즈니스 인텔리전스(BI) 솔루션은 기업의 경영에 큰 도움을 준다. 닷컴 기업들만이 비즈니스 정보가 필요한 것이 아니라 전통적 제조산업에 있어서도 특정 목적을 위해 필요한 지식이다. 기업 내의 데이터베이스에 있는 거대한 양의 정보를 빠르게 분석하여 대응하고 있는 것도 같은 맥락이다. 비체계적인 정보로부터 비즈니스 인텔리전스를 추출하는 방법을 동원해야 하는데 이때 조직 내 질서에 따른 정보수집 및 소비에 있어서 다음과 같은 요소들을 살펴봐야 한다.

- 경영모델의 혁신 수준 및 인재보유 정도가 어느 정도인가?
- 당장 변화의 감각 및 어떤 대안들이 우리 조직에는 있는가?
- 현재 진행되는 업무프로세스가 합리적인가?

---

33) Asia Times, Jan 29, 1997.

● 경쟁자들이 어떤 트렌드를 따르고 있으며 도전하고 있는가?
● 현상 유지 바이어스를 넘어 어떤 대안들이 가장 가능하고 경쟁력이 있는가?

일반적으로 조직관계의 구조적 변화 내지 지각의 새로운 양식은 계속 나타나기 마련이다. 최근 경쟁기업들은 한계 없는 상상력으로 미래비전을 제시하며 기업의 가치를 높여가고 있다. 이를테면 미국은 새로운 마켓 리서치용 '몰래카메라'를 슈퍼마켓이나 백화점, 패스트푸드점 등에 설치해 놓고 방문객 수와 이들의 성별, 연령별, 인종별 분포는 물론 구매형태까지 파악해 소비자의 구매행동을 분석 대처하고 있다. 기존의 보안 카메라와는 다르게 실시간 디지털 영상을 컴퓨터로 보내 화면분석이 가능토록 하고 있다. 물건을 고를 때 진열대에서 고객의 눈동자가 어떤 상품에 얼마나 머무는지, 고객의 시선이 어떤 동선(動線)을 그리는지, 웃는 표정인지, 얼굴을 찡그리는지 등도 알아내기도 한다.

때로는 몇 명의 고객이 와서 구경만 하고 돌아가는지, 실제로 구입한 사람의 비율은 얼마나 되는지 등의 자료도 수집한다. 심지어 패스트푸드점에서 손님이 음식을 사기 위해 기다리는 시간, 메뉴판을 보는 시간, 주문할 때 걸리는 시간까지 계산해 낸다. 이 같은 관심은 모두 21세기 새로운 경영패러다임인 고객지향성, 개인지향성, 공생지향성, 학습지향성이라는 특징에 맞춰 가는 것이다.[34) 소비사회의 전체적 메시지를 통합하려는 행동인 셈이다.

물론 미국 시카고 슈퍼트랙(Shopper Track)은 380개 쇼핑몰과 130개의 소매점에서 4만여 개의 카메라 사진을 수거 분석해 관련 기업에 제공하고 있는 것과 관련해 소비단체들은 프라이버시 침해를 우려한다. 마켓 리서치용 카메라는 상품진열대나 계산대 구석 등에 숨겨져 있어서 사생활침해를 당한다고 주장한다. 사실 감시는 권력이다. 촬영장비가 소형화되고 카메라폰이 확산되면서 몰래 카메라는 엄청난 사생활 침해 가능성이 높은 것도 부인할 수 없다.

기업들의 소비자 욕구 판단을 위한 정보분석

그러나 정보통신기술의 발전과 함께 소비자 주권시대가 되면서 기업의 감시체계는 더욱 강화되는 이른바 소비자 감시(vigilante consumer) 트렌드가 형성되고 있다. 얻어진 정보의 상품화, 재화로서의 가치를 뽑아서 소비의 실제 모습을 파악하려는 것이다. 사실 기업에서

---

34) 가와세 마고토, op. cit, pp.93~94.

의 성공적인 정보수집과 사용은 기업의 성장발전을 좌우한다.

그래서 세계적 차원의 전략적 도전에 맞서는 경쟁정보운영이 필요하다. 잘 짜여진 전략은 운명을 어느 정도 조절할 수 있다. 세계는 하나의 경제권으로 통합되고 있다. 기업은 새로운 유형의 수요, 획기적인 비즈니스모델을 찾기 위해 지식·정보를 요구한다. 신성장엔진을 개발하는데, 아니 한판승부를 거는데도 핵심적 정보가 뒷받침되어야 한다. 많은 기업들이 신규 사업의 성공가능성을 점치고 뛰어들지만 성공여부는 로또복권 당첨확률보다 어려운 것도 사실이어서 정보에 대한 접근능력을 향상시켜 가는 일은 기업의 생존과 연결돼 있다.

말할 필요도 없이 어떤 기업들은 타국과 제휴, 합작한 회사들의 기업경영의 투명성을 확보하고 파트너 기업들의 불법로비, 투자자금 빼돌리기, 범죄 집단 뒷돈 대주기, 장부조작 등을 방지하기 위해 비밀탐정회사를 고용하기도 한다.[35] 그뿐만이 아니다. 세계도처에서 시장논리가 작용하는 가운데 다국적 기업들은 경제개발, 투자 관련 정보들을 얻기 위해 공식, 비공식 로비스트들을 동원한다. 기업이 고용한 로비스트들은 일종의 '정보장사꾼' 들이다. 한 가지 예로 100개에 달하는 미국 의회 의료업 관련 법안에 영향력을 행사하기 위해 지난 7년간 제약회사들이 고용한 로비스트 숫자는 무려 3,000여 명, 이들에게 지출한 돈은 7억 5,900말 달러에 달했다. 이들의 투자(?)는 미 무역대표부(USTR)의 통상 협상과정에서 그대로 위력을 발휘한다는 점이다.[36]

미국 시장에서 삼성전자가 2006년부터 일본 소니, 샤프, 마쓰시타를 누르고 1위에 올라설 수 있었던 것은 기술의 혁신이 핵심이지만 유통망 경쟁과 정보싸움에서 이길 수 있었기 때문이다. 기업들은 불확실성과 리스크 관리, 에너지, 원자재 가격 상승, 인수·합병의 위협 등 큰 퍼즐 판을 블루오션으로 헤쳐 나갔다. 여기서 말하는 블루오션(blue ocean)은 현재 존재하지 않는 산업을 나타내며 아직 우리가 모르고 있는 새로운 시장 공간과 미개척 시장을 향한 수요창출과 고수익 성장기회로 정의된다.[37]

또 지적할 필요가 있는데 기업의 성공 여부를 가름하는 것, 자기 확증과 사회적 원인결과

---

35) 전문탐정회사 직원들은 미국 중앙정보국(CIA)이나 연방수사국(FBI), 영국의 해외정보국(MI-6)을 비롯해 각국의 전문비밀정보기관출신이 주류를 이룬다. USA Today, July 3, 2001.

36) Joseph E. Stiglitz, Making Globalization Work, (New York : W.W.Norton & Company, 2007), pp.10~12.

37) 블루오션전략은 유혈경쟁으로 빚어진 핏빛(red ocean)과 대비되는 개념으로 가치 도약을 통해 비경쟁시장을 창출함으로써 경쟁자체에서 벗어나려는 전략이다. 2005년 김위찬 유럽경영대학원(INSEAD)교수와 르네마보안교수의 공저인 블루오션 전략에서 유래했다. 자세한 것은 W. Chan Kim and Renée Mauborgne, Blue Ocean Strategy, (Boston : Harvard Business School Press, 2005), pp.5~6.

를 판단하는데는 질 좋은 정보가 있어야 한다는 점이다. 이때 예측과 의사결정을 하는데 있어서 물질적인 문제제기, 분석, 해결방법 찾기 선택은 모든 관련 정보를 근거로 한다. 예측과 의사결정이 이뤄지는 매 단계에는 정보에 의지하는 것으로[38] 경쟁정보(CI : competitive intelligence)에서는 주로 SWOT(강점—strength, 약점—weakness, 기회—opportunity, 위협—treats) 분석하고 있는데 이와 관련된 주요 분석보고서를 찾아보면 다음과 같다.

- 기초정보(foundation information)
- 생산성정보(productivity information)
- 역량정보(competence information)
- 자원배분정보(allocation of source resources)
- 핵심취약성 분석(급소분석 linchpin analysis)
- 기회분석(opportunity analysis)
- 대안분석(alternative analysis)
- 경쟁 가정분석(analysis of competing hypotheses)

정보판단은 인간의 의도나 가치를 가지고 그 실현을 위해 사색하고 예측하고 변경하며 환경을 바꿔 나가는데 있다. 마음이 현실을 창조하는 것이며 상상이 현실화되는 것이다. 더구나 정보는 상상 속에서 채워진다. 정보처리 단계에서 잘 발달된 상상력은 편견을 극복하는 데서부터 출발한다. 정보는 전략, 정세관찰, 평가, 능력판단을 위한 문제 해결의 핵심 자원이다. 여기서 말하는 핵심정보란 현실 경쟁구조에서 국가, 기업이익을 계획하는 기술이며 정보활동 무대 역시 핵심정보를 포함한다. 정보활동은 일종의 억제행위이고 그 요지가 되는 것은 상대방에게 나의 의지를 강요하는 것이다. 정보는 사물을 객관적으로 바라보는 통찰력과 관심에서 출발하는 것이어서 정보를 잘 판단하는 것은 그 현상(사건)을 완전히 이해하고 그것과 소통하는 것이다. 그럴 때 결정적 성공요인을 발견할 수 있다.

---

38) 왕즈강(王志剛), 박경민(역), 『위기를 극복하는 창의적 CEO의 조건』(經商百憾誠), (서울 : 멘토르, 2005), pp.114~155.

● 기업 활동의 리스크를 줄이는 정보

불확실성과 리스크를 줄이는데 정보가 핵심적으로 동원된다. 물론 정보사용의 법칙은 불확실하다는 점이며 리스크 또한 상황에 따라 달라질 수 있다. 우리가 말하는 '위험'은 지식 이해 경험, 그리고 능력과 관련되어 있으며 이들 요소들의 상이한 조합에 따라 유동적인 개념이다. 불확실성과 리스크로 인한 모든 결과를 알 수 없다는 공통점을 가지고 있지만 불확실성은 내재된 결과의 분포를 확실히 정의할 수 없는 반면에, 리스크는 그 확률분포가 어떠한지 어느 정도 알 수 있다. 리스크는 실패 또는 손해를 볼 가능성이 높다면, 불확실성은 어떤 상황으로 전개될지 '알 수 없음'을 뜻한다. 사실 리스크나 불확실성은 근대와 함께 나타난 현대성의 한 징후라고 할 수 있다

그러나 마크 티어(Mark Tier)는 리스크가 측정 가능하고 일어날 수 있는 사건을 꾸준하게 찾으면서 이익의 확률을 측정하라고 조언한다. 그가 소개하는 조지 소로스의 성공비결은 리스크를 적극적으로 관리하는 것이었다. 그는 '회피전략'을 채택할 시 ▲투자하지 말라, ▲리스크를 줄여라, ▲적극적으로 리스크를 관리하라, ▲보험 계리사처럼 리스크를 관리하라는 것이었다. 그리고 투자전략가들은 시장과 자신의 감성을 연결시키지 않는다. 시장에서 무슨 일이 일어나든 대가들은 감성적으로 흔들리지 않는다. 냉정하게 마음을 가다듬는 능력을 갖고 있는 것이 공통적 특징이다.[39]

뿐만 아니라 기업이 크게 발전해 상장을 하면 그 상장사 분석을 맡은 애널리스트들은 해당 종목의 재무제표 경영상태 전망 등 모든 것을 평가한다. 심지어 기업문화수준, 화장실 청결도, 복지시설, 사원들의 복장 상태, 점심식사 수준, 얼굴 표정, 회의 시간 등 문화적 요소까지 평가하여 리스크를 점검하고 있다. 항상 팩트(facts)를 의식하여 검토하고 데이터들을 통해 사실을 확인하는 자세가 중요하다는 점을 일깨워준다. 결국은 조직문화가 기업의 성패를 좌우한다는 사실이다.

뿐만 아니라 정보전문가를 확보해 대응하는 것도 바람직한 방법이다. 힘(정보)을 쥐고 있는 사람들이 전문가다. 경제에서 재화 얻기가 어렵듯이 좋은 정보를 얻는데도 쉽지 않다. 그러므로 '비밀신전의 문'을 열어 가는 정보전문가는 어느 시대나 필요했다. 주식시장에서 나타나는 투기 열기, 거품 폭락(panic) 등의 정상적 경제이론으로는 설명하기 어려운 비정

---

39) Mark Tier, The Wining Investment Habits of Warren Buffett & George Sorus, 박진곤 · 손태건(역) 『워렌 버핏과 조지 소로스의 투자습관』(서울 : 국일증권경제연구소, 2006), pp.75, 81.

상적 현상은 너무나 많다. 적어도 증권분석전문가가 투자수익을 올리는데 도움을 줄 수 있을 것이다. 생물체처럼 움직이는 경제상황을 족집게처럼 판단하는 사람들, 학제를 넘어 자유자재로 넘나드는 멀티 플레이어로서의 정보전문가는 더욱 필요해졌다.

원래 프로는 자립적인 존재로서 정치나 이데올로기 지배에 따르지 않는다는 의미에서 자유로운 사람이다. 자신의 능력과 지식을 최대한으로 발휘해 조직의 이익과 결부시키는 일이야말로 전문가의 최대 과제다. 최근에는 인문학 경영 경제학 전공자들보다 수학 이공계 출신들이 필요해졌다. 물리학자들은 수학과 통계학 컴퓨터 프로그래밍에 능해서 갈수록 복잡해지는 금융상품의 개발과 예측에 필요한 적임자라는 평가를 받는다. 파생금융 상품을[40] 개발하는 금융시장분석가 내지 금융공학전문가(financial engineer)들이 우대받고 있다. 명석한 에이전트들은 피상적인 것을 피하고 깊은 지혜 속으로 빠져 들어가는 전문성을 발휘하는 사람들이다. 예술계의 레오나르도 다빈치처럼 작품에 생명력을 불어넣는 사람, 제품에 생명력을 넣는 디자이너들과 같이 정보생산자는 사용자에게 방향을 제공하고 감명을 주는 사람들이다.

물론 사회체계가 그러하듯이 전문가들의 지위 위계구조들은 차별적인 분포를 이루고 있어서 맞춤형 전문가를 구하기 어렵다. 더구나 지식이 구전되지 않고 문서화되지도 않을 경우 핵심인력 보유는 결정적으로 어려워진다. 그러나 정보를 하는 우수인재들에 대한 충원이 이루지지 못하면 국가와 기업의 생명은 끝이다. 조선시대 세종대왕은 "인재가 길에 버려지고 있는 것은 나라 다스리는 사람의 수치"라고 했다.[41] 얼리 어답터(early adapter)로서 최신의 정보 상품을 항상 남보다 먼저 사용해 보는 매니아들이 되어야 한다. 새로운 트렌드, 비즈니스 범주에 꼭 맞는 사람들로 하여금 경쟁적 위치에 적응토록 하는 전문가들이 필요한 시대이다.

◐ 기업 및 영업비밀의 보호활동

내 이익을 지키기 위해서는 고급의 기업·산업정보를 보호하는 것이다. 기업이 비밀을 갖고 있는 한 기업정보의 유출은 계속 일어날 것이다. 우리가 알고 있듯이 외국정부나 그

---

40) 파생금융상품이란 통화 원자재 등의 미래가격 변동 위험을 회피하기 위해 만들어진 첨단금융상품으로 외환선물 환 거래, 주식 채권과 관련된 스왑 옵션거래 등을 의미한다.
41) 박현모, 『세종 실록 밖으로 행차하다』(서울 : 푸른역사, 2007). pp.280.

대리자들은 지적재산권과 기술을 훔치거나 심지어 부정한 방법으로 획득해 사용함으로써 기업의 제품개발과 생산성을 위협하고, 나아가 개인과 기업 또는 국가 등이 소유하고 있는 경제적, 사회적인 이익을 상실할 수 있다. 아마도 스파이들은 우리의 '영혼까지 엿보는 자'들로서 상대방의 약점을 노리고 공격하기 위하여 적합한 때를 기다리는 사람들이다. 만약에 비밀 노출 사건이 발생했다면 그 비밀내용에 대한 전체 구성원들의 적극적이고 의식적인 경계심이 상실된 결과이다. 비밀 노출 시 개인은 생계의 손실을 입게 되고 기업은 계약을 포기하게 되거나 시장의 상실을 가져온다.

따라서 영업 비밀을[42] 보호하기 위해서 평소 보안을 강화하는 한편, 과학적인 보안시스템을 구축해야 하는데 아래와 같은 쟁점들을 판별할 수 있어야 한다.

- 보안을 소홀히 할 때 회사도 모르게 유출된다.
- 인재가 유출되면 기밀정보가 새어나가기 쉽다.
- 아무런 준비 없이 기업 간 교류를 하다가 핵심정보가 유출된다.
- 폐품이나 쓰레기로 인해 소리 없이 기밀이 유출될 수 있다.
- 내부의 첩자가 남에게 기밀을 팔아 넘긴다.

미국의 경우 「미국경제스파이 법」(Economic Espionage Act of 1996 : 18 U.S.C§1839)에서 보면 영업비밀이라 함은 모든 형태, 유형의 재정적, 사업적, 과학적, 기술적, 경제적 또는 공학적 정보로서 유형(Patern), 계획(Plane), 편집(Compilation), 프로그램 도구(Program device), 공식(Formula), 디자인(Design), 원형(Prototype), 방법(Method), 기법(Technique), 공정(Process), 절차(Prodecure) 등을 포함하며 유형무형의 여부, 물리적, 전자적, 그림도화, 사진자료, 또는 문서상으로 저장, 편집, 표시되었는지의 여부에 따라 달라진다.

이상에서 제시된 기업에서의 정보소비 관련 설명은 비관주의적 태도에 도움을 줄 것이다. 그것은 정보가 재화로서 기업에서의 정보소비의 필요성을 암시한 것이다. 더구나 21세

---

42) 영업비밀(Geschäa ts-und Betriebsgeheimnis)이란 각국마다 개념정립이 약간씩 다르거나 입법적으로 규정되어 있지는 않다. 다만 판례법에 따라 논할 때 영업비밀은 ①기업경영과 관련이 있고 ②제한된 사람들만이 알고 있는 즉 공지성(offenkunding)이 없으며 ③소유자가 이미 비밀로 유지하려는 의사가 표시되어있고 ④비밀로 유지할 때 소유자의 이익이 있는 사실이어야 한다.

기 혁신은 단순한 발견이나 발명 창조 이상의 것으로 피나는 경쟁력이 생존의 수단이라는 점에서 그러하다. 미국의 정보공동체들은 전문 과학기술영역으로 눈을 돌려 GNR(유전공학, 나노기술, 로봇기술 및 인공지능) 등의 유망한 첨단기술들을 보호하고 이를 수집하는 임무를 수행하고 있다. 더구나 각국 정부의 경제정책이나 첨단기술들은 수많은 규제를 벗어날 수 없다는 점에서 경쟁정보의 수집과 생산 소비는 매우 주요한 요소다. 근대 경제전쟁은 국가권력을 장악하고 그것을 통해 자기 영토 내의 자원과 외부세계 경제영토와의 교역을 배타적으로 점유하려는 정치적 투쟁의 불가결한 요소다. 비밀스런 정보수집 및 정보소비는 한 기업이 다른 기업을 넘어서는 헤게모니적 배경이 된다.

다. 대중적 정보소비와 집단지성

18세기 이후 대중(people)이라는 표현이 생긴 이래 세상은 점점 더 대중이라는 군중들이 늘어나고 그들의 힘도 사회발전과 함께 성장해 왔다. 여기서 대중은 밀집된 군중이거나 닫힌 군중이라기보다는 자생적 대중이거나 열린 대중이라는 상태를 의미한다. 열린 대중은 어느 방향 어느 곳으로 열려 있다는 뜻이며 그 자체가 사회 속에서 성장한다는 의미로 근대적 시민사회 성격을 나타낸다. 근대적 시민사회는 국내뿐만 아니라 국제사회에서 작용하는 '존재론적 조건' 들을 이해하고 사회문제에 대한 해석, 가용한 자원, 국가이익에 관한 의견을 나누고 참여하는 사회운동의 핵심이다.

같은 맥락에서 현시대 대중적 정보소비자들이 날로 늘어나고 있는데 이들 역시 시민사회 형성에 크게 이바지한다. 정보소비는 아름다운 개인주의자, 리베로형 인간으로 살아가는 사람들로 이른바 '지적 대중' 들이다. 사이버 공간에서 교수, 연구원들도 아니고 전문적인 학업을 쌓은 것도 아닌 이들은 지식의 대중화와 함께 기존 지식인들의 담론을 수용하는 데 그치지 않고 사이버 공간에서 자신들의 새로운 지식과 논리를 제시하는 사람들이다.[43] 일방적 수신자에서 새로운 '발화자' 로 등장하고 있는 사회세력(social force)들이다. 이들의 활동은 엘리트들이 아무리 무시하고 비판하지만 흔들리지 않는 집단지성(혹은 지혜)을 나타내고 있다. 집단지성은 현 시대의 살아 있는 대중의 시대정신이라고 할 수 있다.

---

43) James, Surowiecki. The Wisdom of Crowds, (New York : Anchor Books, 2004), pp. 24~27.

💿 정보화 시대에서의 열린 대중

지적 대중들은 특정 분야만을 위해 집중하는 것이 아니라 사회적 현상, 사건들에 공개적으로 발언하고 비판하는 사람들이다. 이 사회는 백가쟁명의 세상이다. 탁월한 지성과 전문성과는 거리가 있으나 지적대중들도 이 시대의 지식인이고 정보생산자이면서 동시에 소비자들이다. 지식인들의 배타성, 보수성의 반작용에서 비롯된 대중적 지식인들은 학회, 학벌 중심의 닫힌 구조에서 벗어나 자신들만의 색깔을 보이며 기존의 논리와 주장들을 비판해가는 사회참여자들이다. 우리나라의 경우 IT 산업의 발전과 함께 국민의 높은 교육열이 만들어낸 집단적 이성일 수 있다.

지적 대중들은 특정 위치에서 고고하게 선 채 온갖 몸과 머리로 자신들의 아이디어와 에너지를 방출하는 사람들이다. 볼테르, 소크라테스, 파스칼 등은 모든 것을 알려고 했던 세련된 지식인들이다. 사실상 닫힌 군중 속에 속하지 않으면서 자신들이 바라는 계급적 역할을 확대시킨 사람들이 그들이다. 과거에도 이 같은 비주류적 익명의 대중적 지식인들이 있었다. 우리나라의 서민들 속에서 유행하던 토정비결, 점술가, 풍수지리설, 미륵신앙, 도교의 신선사상 등 익명의 지식인들이 당시 지배이데올로기와 갈등 혹은 공존하는 형태로 우리 삶에 일부분으로 작용해 왔다. 대중이라는 말이 권력의 눈으로 보면 지배와 피지배라는 이분법적인 시각으로 보이지만 사회행위의 주체로서 대중은 다층적인 생활과 삶, 복합적인 일상을 살아가는 비제도화된 사람들일 수 있다. 사회구조 혹은 체제에 포섭된 대중 내지 정치적 헤게모니에 포섭되지 않은 일반적인 지식인들이라는 성격을 갖는다.

그런데 대중적 정보소비자들의 경우 국가나 기업처럼 전문적 정보수집과 분석 생산 처리기술이 부족할 수 있다. 많은 정보를 어떻게 체계적으로 수집할 것인가에 대한 판단과 기술의 이해가 없이 자기 취미 혹은 관심사항에 맞춰 행하는 경우가 대부분이다. 자료나 정보는 성격상 스스로 아무 말도 하지 않기 때문에 대중들은 구체적으로 정보의 개념과 이론 측정방법을 이해하지 못하고 흥미 위주로 처리할 수 있다. 더구나 정보처리 방식이 제각각이고 다양한 분석 수준에서 떨어질 수 있다. 그런 점에서 대중적 지식참여자들을 변별적으로 판별할 수 없지만 다음과 같은 현실과 이상을 나타낸다.

- 정보 분석이 분석전문가에 의하지 않고 정보수집에만 열중한다.
- 적절한 사회과학적 접근 내지 분석 연구팀들이 부재하다.
- 개인들간의 상호작용(정보탐색 선택 평가)이 없거나 일치하지 않는다.

● 면밀한 객관적 분석을 회피하고 여타의 여론, 사람이 흥미를 가질 수 있는 분야에 몰두하는 경향이 있다.
● 대중적인 경향과 맞아떨어지는 정보에 초점을 맞추고 이와 모순되거나 상충되는 정보는 무시하거나 회피한다.

물론 인간의 완벽이란 기대할 수 없듯이 대중들의 정치, 경제, 도덕적 영역에서 비전문적 지식인일 수 있다. 간결하게 느낌을 표현할 수 있는 아마추어들일 수 있다. 그러나 그들 역시 가장 좋은 정보를 획득하여 그것을 충분히 이해하고 분석한 후 현명한 결정을 내리고 싶어한다. 그들은 전문지식이 없더라도 다른 사람들로 하여금 쉽게 이해하고 널리 전파할 수 있도록 정보를 단순화시키는데 익숙하다. 그런 점에서 그들은 정보의 왜곡 결과를 낳을 수도 있으며 공동의 선과 사회적 쟁점에 명쾌한 답을 내 놓을 만한 시간이 부족할 수 있다. 혹자는 대중지식인들의 성장은 이른바 지성의 종말을 가져 올 수 있다는 우려도 한다. 하지만 특정분야의 전문가일지라도 대중적 지식인들의 아이디어를 받아들이고 배합하는 것은 중요하다. 반(反)지성주의는 아니지만 지식의 일반화, 평등화가 촉진된다는 뜻이다.

정보소비자는 특정국가 기업의 경영자들뿐만 아니라 상류층, 중류층, 하류층 모두가 정보소비자들이다. 정보의 평등권을 말하지만 정보를 소유하고 적절히 쓰는 사람은 상류층으로 진입할 가능성이 높다. 무엇보다도 디지털경제로 이행되면서 혹은 정보의 집중도가 심화되면서 부의 편중도가 심각해지고 있다. 그들에게는 궁극적인 목표가 있고 고민하면서 자신과 가족, 조직, 국가를 위해 쓸 수 있고 멀리 내다보는 안목과 여유로움을 가질 수 있다는 의미에서 희망적인 대중이다. 존엄성은 떨어질지 모르나 현실의 살아 있는 정보생산자요 소비자로서, 아니면 사회에 대한 비판과 저항의 이미지를 생산해 낸다.

대중적 지식인이지만 자본주의라는 세계경제(world economy) 속에서 정보소비는 권력활동이고 경제적 이익관리다. 정보사용을 위해서는 원하는 정보가 어디에 있는가를 정하고 생산자로부터 더 많은 정보를 이끌어내 소비할 수 있는 것이 오늘의 사회 모습이다. 사실이 그렇다면 당신은 정보를 늘 필터링하며 즉시 사용할 수준으로 정리하여야 한다. 주어진 지식정보가 얼마나 신뢰할 수 있는지, 얼마나 빨리 신속하게 처리할 것인지, 정책적 대안으로 사용할 수 있는지를 늘 파악하는 것이다. 정보의 속성상 오해와 억측을 해소하기 위해서는 다음 요소들을 간과해서는 안 된다.

- 정보가 들어 있는 목록을 작성한다.
- 원하는 정보가 어느 곳 어느 자료에 수록되어 있는지를 살핀다.
- 실제로 필요한 자료를 찾아 정리한다.
- 원출처 혹은 보고서를 작성한 사람에게 접근해 자세한 정보를 요구한다.

정보는 여러 채널을 통해서 흐른다. 인터넷을 통해 흐르는 정보를 매개로 해서 동호인 커뮤니티를 형성하기도 한다. 인터넷을 통해 사람들이 자신과 마음이 맞는 공동체 속에 들어가 커뮤니티를 형성한다. 새 키우기 사이트(petbird.com), AOL의 시니어 넷(senior net) 같은 것들이다. 더욱이 요새 젊은 창조세대들은 인터넷과 무선네트워크, 이동통신 등으로 다양한 정보를 수집하고 디지털기기로 사진, 음악, 동영상 같은 콘텐츠를 생산해 인터넷에 올리며 다른 사람들과 공유한다. 공공영역에서 사회적 관심이 되는 쟁점, 정치 관련 문제들이 토론되고 의견이 조정되는 공공토론의 장이 되고 있다. 지식경제가 발전되면서 인터넷을 통한 즉각적인 토론과 반응이 나타난다는 점에서 세계정보의 동시화(synchronize)가 이뤄지고 있다. 일종의 정보의 글러벌화이다.

그런데 인간은 개인이 아닌 군중 속에서 생각하고 살아간다. 인간들에게는 확실히 '흉내내기' 성격을 갖고 있다. 계급, 신분, 재산 따위의 차이에 따라 개별적 존재로서의 행동이 다를 수 있지만 사람들은 스스로 사회적 거리를 극복하며 움직이는 습관이 있다. 어떤 사람의 강한 주장이나 행동을 보고 사실일 것으로 믿으며 따라가기도 한다. 거짓정보로 사람을 깜짝 놀라게 하거나 분노를 일으키지만 이를 듣고 따라가는 경우도 있다. 물론 어떤 정보는 사람을 움직이지 못할 때도 있다. 그러나 많은 경우에는 하찮은 정보에 사회 전체가 발칵 뒤집힐 수 있다. 정보의 폭포수모델(information cascade)은[44] 이런 현상을 이해하는데 도움을 준다. 정보는 감정이입적인 성격이 강하다는 점에서 사회문화적 전염의 한 형태를 이룬다.

비슷한 맥락에서 대통령 선거 등 정치적 이슈가 있을 때마다 인터넷은 선거여론을 주도하는 공간으로 변하고 있다. 권력이 인터넷에서 나온다는 말이 나올 정도다. 이른바 폴리티

---

44) 정보의 폭포수모델은 작은 정보가 시장에 영향을 미치지 못할 때, 아니면 하찮은 정보가 시장전체에 큰 영향을 미치는 경우가 있다. 정보가 사회에 영향을 미치는 형태로 폭포수처럼 퍼져 나가는 것을 의미한다. Watt J. Duncan, Six Degrees : The Science of a Connected Age,(New York: W. W. Norton, 2003), pp. 204~207.

즌(politizen : Politics와 netizen의 합성어)들이 인터넷에서 정치적 의견을 개진하며 선거여론 형성에 주도적 역할을 하고 있다. 일종의 군집효과가 일어나는 것으로서 선거 시 '될 사람을 찍어주자' 는 식의 군중 선동이 작용하기도 한다. 군집효과는 자신의 독자적인 지식과 상관없이 다른 사람의 행동에 근거해서 같은 결정을 내리는 경향을 의미한다.

◐ 웹 2.0과 집단지성 시대

사실 우리는 개인적인 선택을 하는 것 같지만 조직 속에 있는 개인은 조직문화를 공유하며 일하는 집단적 업무를 하게 된다. 삶의 과정이 그러하듯 관료주의적 맥락과 업무 구조 속에서 작용하며 살아간다. 웹 2.0이라는 새로운 정보서비스가 진행되면서 정보를 생산하고 전파하는 집단지성(collective intelligence)시대가 되었다는 진단이다.[45] 제롬 글렌(Jerome Glenn) 유엔미래포럼회장은 위키피디아와 야후 등을 '집단의 지혜' 라고 규정하고 집단 지혜와 실시간 피드백으로 축적되는 '집단지성' 을 국가경쟁력을 좌우하는 것으로 보고 있다.[46]

이 같은 집단지성은 집단구성원 각자가 돌발적인 방식으로 사고할 때 얻어지는 지능이다. 개개인이 스스로 정보를 끌어오고 업데이트 하며 정제되고 관리, 감독하는 거대한 개미 군단과 같은 협업으로 이뤄진다. 가상공간에 접속하며 댓글을 올리는 것은 좋은 예다. 세련된 언어로 불안정한 삶의 모습을 올려놓기도 한다. 일상용어의 뒤집기를 통해 세상을 조롱하기도 한다. 물론 댓글은 순기능과 역기능을 포함하고 있다. 하지만 개인의 경험과 아이디어가 합쳐진 집단지성이 사회적 영향력을 갖는다. 집단지성을 활용하거나 활용할 수 있는 서비스가 웹 2.0 서비스다. 웹 2.0 시대는 기존질서에 '참여와 협력' 이라는 가치를 추가한 혁명적인 변화를 의미하며 정보의 생산 및 소비라는 동시성을 나타내고 있다.

그렇게 보면 의심할 여지없이 집단지성은 가상공간 등에서 점차 확대되고 있다. 대중적

---

45) 집단지성은 프랑스의 디지털 철학자로 불리는 피에르 레비(Pierre Levy) 캐나다 오타와 대학 교수가 1994년 출간한 책《집단지성》에서 시작된 용어로서 "개인으로 할 수 없는 일을 집단은 가능케 한다"라고 했다. 그리고 2004년 미국 뉴욕커의 칼럼니스트 제임스 서로위키(James Surowiecki)가 '대중의 지혜' 라는 개념을 도입함으로써 집단지성은 더 구체화 되었다. 그래서 개인은 답을 몰라도 집단은 알고 있다는 것이다. 특정조건에서 집단은 그 집단 내 가장 우수한 개인보다 더 똑똑하다. 전문가라고 해도 매번 정답을 내 놓을 수 없지만 집단은 그럴 수 있다고 서로위키는 설명한다. 자세한 것은 James, Surowiecki, The Wisdom of Crowds, (New York : Anchor Books, 2004)를 참조.
46) 신지은(외), 『세계적 미래학자 : 10인이 말하는 미래혁명』(서울 : 일송북, 2007), pp.67~68.

지식인들은 가상공간에서 사회적 여론을 주도하거나 사회적 약자의 대변자로 활동한다. 대중의 지혜와 힘을 기업들이 사업에 활용하는 소위 위키노믹스(wikinomics) 활용기업들이 늘어나고 있다. 인텔은 자체 '인텔피아'를 운영하면서 1년에 5,000페이지 이상의 콘텐츠가 축적됐고 총 웹사이트 접속건수가 1,350만 건을 넘을 정도로 인기를 모으고 있다. IBM은 '위키센트럴'이란 웹사이트를 개설해 아이디어와 정보를 교환하도록 했는데 1년여 만에 12만 5,000명이 사용할 정보로 커졌다.[47] 기업의 브랜드가 유튜브(You Tube) 같은 인터넷 사이트에서 결정되는 세상인 것이다. 기업이 과거처럼 브랜드를 컨트롤하는 시대는 지나갔다.

위키노믹스 시대에 들어와 정보의 물질적 재화로서 작용하는 것은 누구에게나 가시적이며 개인적인 소비다. 개개인에게 있어서 정보는 수행적 기능을 한다. 정보재가 물질적인 구체화로 나타나는 것은 일상생활을 통해 정보를 어떻게 이용하는가에 달려 있다. 정보재는 물질문화의 범주로서 연령, 성, 계급, 직업, 관심 등에 따라 달리 표현된다. 사람들의 생활양식, 의식들이 다양화, 이질화, 혼성화되는 다중 사회(multitudes society)가 되고 있다. 더 나간다면 컴퓨터, 인터넷이 급속도로 보급되면서 신흥 디지털 지식계급인 디제라티(DIGERATI : digital + literati)가 대거 양산되는 시대를 맞고 있다.[48]

따라서 이 말을 주목하자. 사회적으로 지식정보의 범용화(commoditization)가 이뤄지고 있다는 사실 말이다. 여기서 '범용화'란 누구든지 성공적으로 사용할 수 있는 것, 구체적 안목이 없어도 널리 사용되는 것을 의미한다. 세상이 평평하다고 하듯이 지식 정보는 무궁무진한 편집이어서 명확한 비전을 갖고 디테일에 초점을 맞춰 정보를 가공하면 내 것이 되고 남에게 도움을 줄 수 있다. 요는 이런 범용화를 뛰어 넘는 기술과 집중력 상상력과 열정적인 에너지가 필요한 시대이다. 필요한 정보수집을 위해 하루에 20% 이상의 시간만 투자하는 것도 삶의 지혜이다. 아울러 대중적 소비자들(혹은 파워 블로거)은 다음과 같은 경향을 띄며 소비한다.

● 지식 정보에 대한 모방성, 시각성, 표절 등 따라하기를 한다.

---

47) Business Week, March 13, 2007.
48) John Brockman, DIGERATI : Encounters with the Cyber Elite, 김원희(역), 『디지털시대의 파워엘리트』(서울 : 황금가지, 1999), pp.35~36, 419. 참고적으로 디제라티 웹사이트는 digerati.edge.org이다.

- 국내외적 사건과 유행에 민감하게 접속함으로써 전염성이 강하다.
- 자신만의 주제를 중심으로 댓글과 답글로 소통한다.
- 기존의 도서관 네트워크를 넘나든다.
- 유익한 정보를 먼저 발견하고 전파하는 사람들이다.
- 인터넷 · 블로그 인맥을 형성한다.

결론적으로 가상공간에서 사회적 연결성과 관계 형성이 이뤄지면서 사람들은 수많은 정보를 검색하고 차별화하며 평가, 소비하고 있다. 행동파 지식인들은 인터넷 특강, TV · 라디오 출현, 신문 · 잡지 기고 등을 통해 활동하고 있다. 시민 지식 네트워크를 통해 북클럽, 출판사, 창업동호인 등 가상공간 클럽들도 늘어나고 있다. 이제 전문 지식인들과 대중적 지식인들의 경계는 점차 허물어지는 듯하다. 권위 있는 지식인들, 전문서적들이 그들의 훌륭함을 나타내지만 영화 · TV · 드라마에서 볼 수 있는 기발한 이야기꾼들의 지식은 더욱 가치를 발하고 있다.

그런 점에서 요새 시민사회의 정보사용자는 근본적으로 영리하다. 대중 지식인으로 많은 정보를 얻으려 노력하며 대체로 논리적이고 분석적이다. 이들은 자신에게 알맞은 정보를 찾아 서비스 받기를 원하며 훌륭한 정보찾기를 즐기고 있다. 사람들은 자신의 이익관리, 감성과 꿈을 이뤄 가는데 필요한 정보를 추구하는 소비자주의적 삶을 추구하고 있다. 그러나 정보소비자들은 모든 정보를 검색, 소유할 수 없다는 한계에서 잘 선택할 수 있는 기술과 결단력이 필요한 시대다. 내게 필요한 정보가 무엇인지 기준을 설정해 놓지 않으면 우리는 정보홍수 속에서 살아갈 수밖에 없을 것이다. 많은 정보는 무거운 짐이 되기 때문이다.

" 전쟁은 총 대신 아이디어와 정보, 폭탄 대신 경제를 이용해 승리를 거둘 수 있다."

➡ 출처 : 제임스 켄턴(James Caton) / 세계미래연구소 CEO
➡ 의미 : 현대 전쟁은 총 대신 아이디어와 정보 그리고 폭탄 대신 경제력이 우선된다는 것을 지적한 말.

제8장
재화세계에서의 지식정보의 소유와 소비활동

제8장
재화세계에서의 지식정보의 소유와 소비활동

정보는 요람에서 무덤까지 필요하고 누구나 이를 소비한다. 사람들의 생활과 마음속에서 정보가 소통되고 있어 이를 적절히 소비할 수 있다. 정보는 계속 질주한다. 인체의 혈액에 비유되기도 한다. 혈액순환이 잘돼야 건강이 유지되듯이 정보가 잘 소통돼야 조직이 굴러간다. 그런 점에서 정보는 사회적 힘이다. 전략기획수립에 있어서 정보의 힘은 중요하다. 정보에 근거한 전략적 의사결정이야말로 무한경쟁적 국제체제 시장에서 성공의 가능성을 높여준다. 각자 나름의 지혜와 경험이 필요한 영역이다.

거듭 강조하지만 정보란 독특한 것, 말할 수 없이 독특한 것이 아닌 현실적 욕망의 대상이라고 할 수 있다. 정보를 수집, 생산한다는 것은 주위에 돌아다니는 자료를 획득(수집)하거나 생산(분석)하는 것을 의미하기 때문이다. 간단히 말해서 정보처리 과정은 "나는 (자료를)자른다, 연결한다, 그리고 또…… 또…… "의 과정을 밟는 것이나 마찬가지다.

정보는 '사건의 축적과정'이다. 우리가 지식창고 안으로 들어가 보면 그 엄청난 정보량에 압도당한다. 진짜로 사람들은 필요한 정보가 무엇인지도 모르고 어떤 결정을 내리는데 매우 혼란스러워한다. 하지만 우리의 목적은 정보의 무덤으로 들어가는 것이 아니라 정보와 영감의 요람을 만들어 가는 일이다. 정보의 핵심은 수많은 정보를 수집(collection)하고 차별화(differentiation)해 선택(selection)하여 분석(analysis)해 증폭(amplification)하는 작업이다. 정보생산의 성공은 정밀한 수집기술과 정확한 분석능력에 달려 있다. 또한 정보소비는 정보의 필요성과 희소성(가치성) — 분석생산 — 전파교환 — 사회적 인식 — 이익관리(전략적 판단) — 미래 예측의 과정을 통해 유통된다.

분명히 모아진 정보를 서술적 분석적으로 가공할 때 진정한 과학으로서의 정보가 되고 사용자로 하여금 소비하는데 신뢰감을 준다. 그러므로 정보를 단지 일반적 통념으로 볼 것이 아니라 '특수한 무엇'으로 보는 태도가 중요하다. 케네스 갤브레이스(J. Galbraith)는 《풍요한 사회》(1958)에서 힘의 원천이 부(富)에서 지식으로 이전한다고 50년 전에 이미 밝혔다.[49] 분명히 정보의 생산은 사용자들에게 주요가치들, 즉 국가와 기업의 이익을 창출케 하는 핵심요소이다. 정보활동의 주요한 목적 가운데 하나가 이들의 가치창조는 물론 의사결정을 돕는 것이다.

8-1. 정보의 선택과 소비하는 기술

오늘날의 정보 소비자는 인터넷 덕분에 과거의 어느 때보다 많은 양의 정보를 만나게 된다. 정보는 바로 메시지로서 만민에게 전달된다. 정보는 흐르지만 분석 및 논리의 대상이다. 정보는 반대—논증의 과정을 통해서 세련된다. 정보는 주관적 감정이나 가치, 기대와 같은 인간적 속성을 제거할수록 그 가치는 높아지고 신뢰를 얻을 수 있다. 이런 점에서 좋은 정보일수록 나선형(spiral)으로 퍼져 나가며 많은 사람들이 접속하게 된다.

정보는 비즈(Buzz : 입소문)를 타고 흐른다. 나를 떠난 정보는 출발의 재화로서 일정한 재화 내지 브랜드로 작용한다. 정보소비자는 정보를 접할 때마다 손익계산을 하게 되고 합리적으로 소비한다. 정보는 곧 소비자들에게 풍성한 선택의 기회와 안목을 넓혀준다. 인터넷망으로 인해 공급자가 정한 가격에 일방적으로 구매할 수밖에 없었던 과거와 달리 오늘날에는 모든 매매가격을 비교하며 구매할 수 있다. 그리고 뉴욕 5번가의 명품 매장에 최신 제품이 걸리면 얼마 지나지 않아 서울 강남구 청담동 로데오거리 명품점에서 거래된다. 이 같은 현상은 판매조직의 글로벌화이며 정보소통의 결과이다. 인터넷과 인공위성으로 연결된 지구촌 소비자들의 소비기호가 실시간으로 변하는 것을 알아차리는 것은 정보소통수준이 그 만큼 높기 때문이다. 정보의 진위와 가치를 평가, 소비할 수 있는 능력, 정보를 가공

49) John K. Galbraith, The Affluent Society, 노택선(역), 『풍요한 사회』(서울 : 한국 경제신문, 2006), pp.21~27.

해 새로운 가치를 만들어 낼 수 있는 지혜가 더 없이 요구되는 사회다.

그런 점에서 정보소비는 무엇보다 정보선택에서부터 시작된다. 그 선택이 바로 개인의 이익은 물론 조직의 이익을 결정한다. 이익은 원인이 아니라 결과다. 정보의 수집, 분석, 사용의 결과로서 얻어지는 것이다. 우리가 무수한 블로그(blog)들을 읽고 있지만 거기에는 정보의 가치와 경중(輕重)을 한눈에 알아보기 힘들다. 정보가 많으면 많을수록 꼭 내가 알아야 할 것과 필요한 것을 구분하는데 혼란을 겪는다. 솔직히 인터넷을 통해 접할 수 있는 정보를 가지고 살아가기 힘들다. 뭔가 다른 한 차원 높은 정보를 필요로 한다. 이때는 미디어(신문 방송) 등의 속보에 관심을 가질 것인가? 아니면 질 높은 정보를 인터넷 속에서 찾아내 사용할 것인가를 놓고 선택할 수 있다.

그런데 인간 본성에 대한 심리적 통찰과 비즈니스 본질을 연결시키는 경영론이 발전하고 있다. 그리고 사물에 대한 몰입과 '관심'을 강조한다. '관심의 경제학'에서 말하는 관심(attention)이란 "넘치는 정보들 중 특정정보에 정신을 집중하는 것, 세상의 복잡한 혼란과 세상을 더 낫게 만드는데 필요한 결심과 행위 사이의 끊어진 고리"로 설명한다. 사람들은 다양한 정보를 지각하게 되는데 이중 유익한 특정정보만을 흡수하고 활용할 수 있는 개인의 능력, 즉 정보 수요자의 선별 능력에 달려 있다는 것이다. 더구나 자신의 이익, 희망, 욕구를 충족시키려는 나머지 헛정보에 매달릴 수도 있기 때문에 특별한 관심이 요구된다는 요지다.

그렇게 보면 현대 정보소비자들에게는 남다른 '관심'이 필요하고 개인이 특별하게 사회변화에 반응하는 일이다. 개인들은 지식정보를 창조하거나 교환하는데 분주할 수밖에 없다. 분명히 사람들은 자신들에게 직접적인 관련이 있거나 개인적으로 관심 있는 정보만을 선택하는 습관을 갖고 있다. 메시지가 개인화되고 사람들은 나만을 위한 메시지를 원하는 시대다. 과거 고전적인 정보는 국가 거대기업들이 제한적으로 사용했다면 이제는 거의 개인 사회적 행위들과 관련된 것이다. 사람들은 강아지 미용에서부터 청바지, 주방기구, 패션 할인매장 등에 대한 유익한 정보찾기를 한다. 아니면 사랑, 섹스, 인생, 죽음, 정치, 경제, 문화, 종교 등의 생활 정보를 나름대로 선택해 사용하고 있다. 만사에 정보의 뒷받침이 필요해졌다.

⊙ 정보의 실효성 상실

그런데 시간이 지나가면서 정보는 그 유효성이 떨어진다. 변화 속도에 따라 무용지식도 많아진다. 한 조사에 의하면 데이터를 기반으로 정보가 생산된 이후 1~2일 이내의 가치가 접근 빈도에 있어서 가장 높으며, 7일이 지나면 접근빈도는 현저히 낮아지고, 90일이 지날 경우에는 정보로서의 가치는 거의 사라지고 단순한 데이터로만 존재한다고 한다.[50] 앨빈 토플러(Albin Toffler) 역시 지식의 함정과 관련해 0.5초 지날 때마다 투자, 시장, 경쟁사, 기술과 고객요구에 대한 지식의 정확성이 감소한다고 했다.[51]

오늘날 수많은 정보가 넘쳐나지만 우리가 알게 모르게 전보다 더 쓸모 없어진 정보로 소멸된다는 뜻이다. 사실 우리가 보관 중인 전체 데이터의 10% 이하만이 사용되고 90% 데이터는 그저 자리만 차지한다는 사실은 지나친 말이 아니다. 그러면 사람들이 어떻게 가장 적합한 양의 관심과 집중력을 유도할 수 있을까. 꽝인 정보도 많다는 점에서 남다른 사고방식으로 다음과 같은 자세가 요구된다.

- 철저한 자료의 검토와 평가를 실행한다. 넘치는 정보의 양은 많으나 관심이 고정되어 있을 때 당신은 불필요한 정보의 지식을 제거하고 중요한 분야에 대한 관심을 집중할 필요가 있다.
- 자신에 필요한 특정 정보에만 관심을 갖도록 한다. 당면한 정보목표가 무엇인지를 이해한다. 정보를 무조건 '이게 웬 떡이냐' 며 덜컥 집어먹으면 탈이 날 수 있다.
- 정보의 양을 조절한다. 자신에게 들어오는 과도한 양의 정보를 줄이는 것도 필요하다. 자신들이 세심하게 정보의 양을 아끼고 적절히 조절한다.
- 지속적으로 교육과 훈련을 받는다. 교육은 장기적인 차원에서 생존해 가는 수단이다. 지식정보시대에서 경쟁력을 갖추고 있는 1등 인재 한 사람은 연간 1조 원 이상의 이익을 내는 기업과 맞먹는다.

뿐만 아니라 정보현상은 복잡하게 상호 관련되어 있어 이들의 상호관련성의 패턴을 찾아보는 일이다. 정보는 상호 관계적이어서 개별적인 조각의 정보를 다른 조각과 나란히 이어질 때 비로소 의미를 갖는다. 정보가 많을수록 다양한 혼합(편집)이 가능하고 무수하고도 폭넓은 정보를 만들어낼 수 있다. 컴퓨터, 휴대전화, UCC 및 디지털 기술의 확산으로 정

---

50) 이면희, 『3.0 CEO를 위한 명품경영』 (서울 : 청년정신, 2007). pp.574.
51) Albin Toffler and Heidi Toffler. Revolution Wealth, (New York : Alfred A. Knopf, 2006) pp.113.

보는 부를 창출할 수 있는 자원으로 평가된다. 하나의 리서치로서 인터넷 자료, 신문기사, 최신 발행된 신간 등 가능한 자료 모두를 검토, 평가해서 유익한 정보를 생산, 소비하는 것이다.

18세기 전통적 농업문명 사회 속에서 교역과 물물거래 등 교환이 제한적으로 이뤄지는 가운데서도 지식의 발견은 놀라운 것이었다. 한양대학교 정민 교수가 쓴《18세기 조선 지식인의 발견》에서 보면 18세기 조선 지식인들은 자료에 대한 수집벽이 남달랐다고 진단했다. 요새 말로 매니아, 몰입의 경지에 들어간 사람들을 벽(癖)이라고 했다. 벽이란 일종의 병이기도 하다. 지식인들 사이에 편집광적인 정리벽(癖), 종류를 가리지 않은 수집벽, 사소한 사물에까지 관심을 집중시키는 애호벽 등을 통해 지식정보를 편집했다. 흔히 '오랑캐의 나라'로 치부했던 청나라에서 수많은 서적과 서구과학기술이 쏟아져 들어오면서 이들 지식인들은 이를 새로 편집하고 재결합하여 지식시장을 형성했다. 흑산도로 유배간 정약전(丁若銓, 1758~1816)은 물고기와 해산물 정보를 정리해 '현산어보'(일명 兹山魚譜)를 냈고 다산 정약용(茶山 丁若鏞)은 귀양생활 20년 동안 500권에 달하는 각종 저작을 남겼다.[52]

앞에서도 설명되었듯이 정보란 단어는 라틴어의 '형성한다'(to shape)의 의미를 지닌 formare에 어원을 두고 있다. 그러므로 실제로 마음을 형성하는 자료들은 말한다. 정보보고서란 이런 정보를 걸러내고 취합해 표현한 것이다. 개별적인 정보를 선형적으로 정리하는 것이다. 이와 관련해 정보를 필터링 하는 기법으로 자기개발 전문가인 크리스토퍼 하우드는 인지재각인(cognitive reimprinting)이라는 개념을 설명한다.[53] 이는 뇌 속에 위치한 망상활성계(RAS : reticular activating system)는 여러 가지 기능을 담당하고 있는데 특히 두뇌로 도달한 정보를 거르고 필터링 하는 기능을 한다. 두뇌로 전달된 정보는 망상활성계를 거치며 의식세계로 가는 것, 무의식 세계로 가는 것, 늘 마음속에 남아있는 것 등으로 작용한다.

따라서 그는 사물을 정확히 지각하고 차이의 정보를 확인하기 위해 ▲지니어스 리딩(genius reading) 즉 극히 제한된 시간 내에 최대의 정보를 받아들이는 기법으로 자신이 의도하는 바를 명확히 한다. ▲마인드 맵(mind map)의 작성으로 받아들인 정보를 우뇌와 좌

---

52) 정 민, 『18세기 조선 지식인의 발견』(서울 : 휴머니스트, 2007), pp.91~97.
53) Christopher Howard , Visioning : Turning Passion into Profits , 김원호(역) 『비저닝』(서울 : 생각의 나무, 2004), pp.57~58, 133~152.

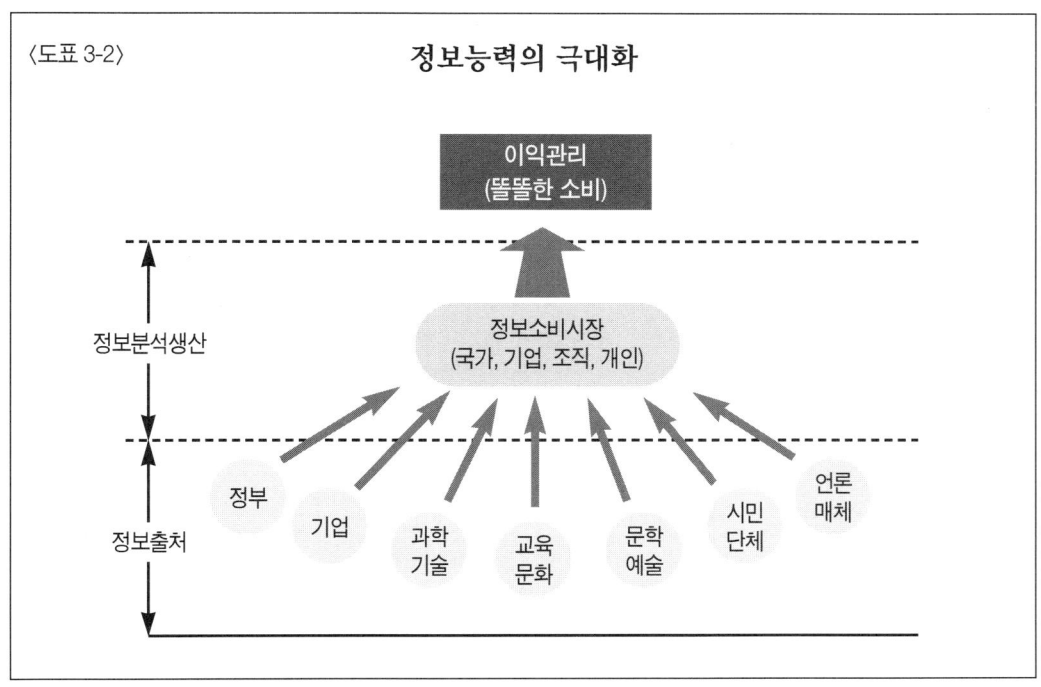

뇌로 분류해 보내는 기법을 읽힌다. ▲인지프로파일을 작성하되 두뇌로 입력된 정보를 의식적으로 목적에 맞게 꺼내서 활용하는 기법의 중요성을 강조한다. 인생의 비전(Vision)을 현실로 만드는 강력한 실천 능력, 막연한 것을 눈에 보이는 구체적인 형상으로 그려보라는 것이다. 그냥 보기(seeing)만으로 현상의 본질을 이해하기 어렵다는 점에서 지각(perception)하는 태도가 중요하다.

  그런가 하면 미국 미래연구센터(Institute for the Future)의 미래학자 폴 사포(P. Saffo)는 기업과 사회현상의 변화를 미리 읽기 위해서는 ▲사소한 단서들에 주목하라, ▲강력한 정보를 너무 믿지 말라는 것이다. 전자의 경우 때로는 무의미하고 실패한 것 같은 사소한 징후들이 모여 미래 예측의 강력한 단서를 제공할 때가 많다는 것이다. 반면에 후자는 미래 예측에서 흔하게 나타나는 과오는 강력한 정보 하나에 지나치게 의존할 때 나타난다고 말한다. 곧 사소한 정보라도 무시할 때 예측이 빗나간다고 말한다.[54]

---

54) Harvard Business Review, "Six Rules for Effective Forecasting" July / Aug 2007. pp.122~130.

● 정보소비 과정

정보를 찾아 소비하는 과정에는 두 가지 측면이 있다. 하나는 정보의 성공적인 선택 (selection) 및 통합이고, 다른 하나는 사용했을 때의 정보실패의 문제이다. 전자는 정보가 조각으로 혹은 조합으로 계속 흐르고 있어서 이들 각 조각들을 선택하고 통합(syntagmatic) 해서 지식상품으로 생산하는 일이다. 이런 보고서는 커뮤니케이션의 집단적 및 체계적인 수단으로 혹은 다양한 잠재적 해결책으로 작용한다.

그러나 후자의 경우 분석 용어로 정보를 비교(comparison) 혹은 대조(contrast)할 때 부적절하게 판단하거나 혹은 실패하는 것을 의미한다. 정보는 물질문화 속에서 쉽게 관찰할 수 없으며 나아가 논쟁과 속임수로 가득 차 있기 때문이다. 우리의 일상생활구조 자체가 가정(假定)과 알아차릴 수 없는 은유(metaphor)와 회의, 양가성(兩價性)으로 가득 차 있는 등 말할 수 없는 의미를 포함하고 있다. 특히 메시지는 권력적이어서 많은 차이를 드러내고 코드화되어 사용된다. 정보의 실질적 영향력 때문에 정보를 생산하는 입장에서는 사용자 내지 소비자에 대한 입장을 염두에 두고 정보업무를 수행해야 한다.

중국의 모택동(毛澤東)은 홍군들의 장정기간(長征期間 : 1934. 10. 16 ~ 1935. 10. 20일 까지 370일간, 2만 2,000km) 동안 정확한 정보에 의존하며 싸웠다. 모택동과 주덕(朱德)은 국민당의 신문을 탐독하고 인민대중들로부터 지형이나 적의 동정에 대해 항상 정확한 정보를 제공받았다. 모택동은 정보공작학교에서 정보공작원을 양성하는 가운데 여성과 소년, 행상인, 장인들을 교육시켰다. 이들이 수집하는 정보는 반동파들의 상황, 주민경제생활과 관련된 노임, 물가, 지주, 부농, 교통, 하천 등 군사상 필요한 것이 모두 망라되었다.[55] 순간적 판단으로 잘못된 결정을 내리기 전에 주어진 정보를 근거로 생각하고 또 생각하며 작전을 지휘했다.

분명히 정보소비는 먹고사는 생존의 문제를 넘어 미래의 이익과 안보를 위해 이해돼야 할 트렌드다. 그러므로 정보사용자는 최종사용자로서 자신의 시스템에 어떤 문제가 있는지 먼저 살펴보아야 한다. 정보분야의 CIO는 국가와 기업을 약속의 땅으로 비전을 강렬히 제시하며 이끌어 가는 모세(Moses)이기 때문이다. 국가정보사용자나 기업의 최고경영자는 자신들의 이익적 가치를 제대로 평가하고 그 가치를 확보할 수 있는 능력이 있어야 살아남

---

55) Ikujirou Nonaka. Ryoichi ToBe(외) 임해성(역) 『전략의 본질 : 위기를 경영하여 승리로 이끈 역전의 리더십』(서울 : 비즈니스 맵, 2006). pp.128~129.

을 수 있다. 따라서 정보소비자는 아래와 같은 점을 염두에 둘 필요가 있다.

- 어떻게 자신의 정보요구가 충족될 것인지를 점검한다.
- 올라오는 보고서를 어디에 사용할 것인가를 결정한다.
- 뉴스, 잡지, 전문지 등이 얼마나 유효하게 적용되는가를 점검한다.
- 사용자의 전략적 목표, 방법, 방향 등에 대해 구성원들이 얼마나 이해하고 있는가를 성찰한다.
- 사용자는 혹시 정치적 압력을 받고 있는지 판단하라.
- 잘못 사용했을 때 실수에 대한 책임의 소재와 범위를 상정하라.

◐ 정보소비 태도

정보물(情報物)은 어떤 목적에 사용 내지 '이용 가능성'에 중점을 둔다. 이용 가능성이란 어떤 사상(事象)이 출현하는 빈도와 확률을 판단할 때 이를 쉽게 적용할 수 있는가이다. 아무리 현명한 사람이라도 일일이 필요한 정보를 챙길 수 없다. 대통령이나 CEO들이 많은 정보를 얻을 필요도 없다. 쓸데없는 정보를 멀리하는 태도도 바람직하다. 그렇다고 부하직원들에게 자신의 귀와 눈을 의지할 수 없을 것이다. 정보소비자는 현실이익에 눈이 먼 나머지 얽히고 설킨 정보를 잘 판단하지 못하고 소비할 때는 낭패를 가져올 수 있다.

정보소비자들의 요구는 다양하다. 정보사용에는 양심적으로 국가의 의(義)를 위해 쓰는 양심적 소비자가 있는가 하면, 개인적 사용, 주종과 지배, 정치적 자본으로 이용하는 경우가 있음을 염두에 두어야 한다. 또한 정보소비자는 현재의 고객이 있고 또 앞으로 사용할 잠재적 고객이 있다. 현재 고객은 지금 정보를 소비하는 사람이고 잠재적 고객은 시간이 흐른 후 혹은 창구를 달리하면서 사용할 수 있는 고객이다. 무엇보다 정보사용은 개인적 탐욕에서 출발하는 것이 아니라 사회적 이익과 국가적 목적에 의해 소비되어야 한다. 조직의 가치와 개인 자신의 가치를 혼용해서는 곤란하다. 따라서 다음과 같이 생각하고 또 생각하라.

- 정보사용자(소비자)는 우리 조직 및 업무에 있어서 가장 중요한 사람이다. 우리와 같이 목적 정서를 함께 하는 사람이다.
- 사용자는 우리의 업무를 간섭하는 사람이 아니라 우리가 일하고 있는 목적 그 자체다.
- 사용자가 우리를 부르는 것은 영광이다. 우리가 사용자에게 보고하는 것은 사용자의 정책

결정을 돕는 것이다.

● 사용자가 우리에게 정보를 요구할 때 그것을 만족시켜주는 일은 기쁜 일이다.

● 깊이 생각하지 않고 너무 손쉽게 문제를 분석 평가하려는 욕망을 버려라.

그리고 일반 시민 정보소비자들도 일상 생활정보를 비롯해 기본적인 업무를 보완하는 일, 전문지식과 기술을 보완하는 일, 사회적 트렌드를 읽고 대응하는 일, 다양한 사회적 역할을 보완하는데 정보를 소비한다. 분명히 인터넷 사이트에도 지능지수(IQ)가 있는데 가령 인터넷 IQ는 검색할 시 필요한 응답이 즉시 나올 수 있는 준비된 사이트다. 이런 사이트는 핵심정보를 지속적으로 업그레이드 하는 가상공간으로 접속자들에게 유익한 정보를 즉시 제공한다.

그렇지 않아도 텔레비전, 인터넷, 무료신문에서 얻은 정보가 자기 지식의 99%라고 말하는 사람들이 이외로 많다. 인터넷에 오르는 글이나 동영상들은 천박한 이야기든 하찮은 사진이든 접속하는 사람들의 마음속에 그림자를 남겨놓는 내용도 많다. 해설의 덧칠이 없는 순수한 현장의 기록도 있어서 일종의 날것의 현상도 있다. 그러나 누구나 지식정보사회에서 생존해 가는데 있어서 구글, 네이버 등을 통해 창조적인 아이디어, 이벤트 사진, 브랜드에 관한 기사 등 유익한 내용을 늘 살피는 것은 개인 각자의 몫으로 다음과 같은 감정, 관찰, 직관, 비판적 접근이 요구된다.

● 쏟아지는 정보자료들에 대해 자신 스스로 무관심해지는 것을 경계하라.

● 전체 맥락에서 정보의 씨(핵심)를 이해하라.

● 당신만의 독특한 정보소비 방법을 익혀라.

● 당신 자신만의 주제, '특정관심' 의 상자를 만들라.

● 당신이 올리는 댓글 등의 영향력과 그 결과를 이해하라.

● 충동적 정보 생산과 소비행위를 삼가라.

● 연습을 통해 비판적 사고를 익혀라.

● 최소한 자신의 정보도 공개하는 것이 상대에 대한 예의이다.

경험적으로 문제해결이 어려워지면 답답해지고 머리가 아파온다. 때때로 정보 과잉에 빠지기도 한다. 검색하다 보면 한계상황에 직면하기도 한다. 정보의 세계는 머리 싸움터로써 권모술수가 가득한 '회색언어'도 넘쳐난다. 어떤 연결고리도 찾기가 어렵다. 그래서 우리는 많은 자료 중에서 실제 필요한 정보를 선택할 경우 선택의 부담을 느낀다. 정보는 어느 정도 조작(manipulation)적인 면이 없지 않아 많으며 또 단기적인 성공을 위해 무엇인가 이뤄내려는 의도가 깔려 있는 정보들도 있다. 따라서 정보선택에도 기술이 있는데 그 의미를 찾아보면 다음과 같다.

◉ 객관적인 정보선택 및 소비

누구나 양질의 정보를 선택하는 개인적 능력이 요구된다. 우리가 정보를 소비하는 것은 정보를 선택하는 것에서부터 시작된다. 밀려드는 정보 홍수 속에서 나에게 가치 있는 정보를 골라 사용하는데 있어서 가장 중요한 요소는 선택이다. 단순히 수동적이거나 습관적으로 혹은 조직적 관행으로서 선택하는 것이 아니라 분명한 목표를 충족시킬 수 있는 값진 자료를 찾아내는 능력이다. 물론 모든 것을 설명할 수 있는 이론이나 방법은 없을 뿐더러 정보세계에서 '완벽한 선택'이란 있을 수 없다.

그래서 정보수집 역시 이런 시간과 노력이라는 비용이 발생한다. 정보수집비용을 줄일 수 있는 길은 좀 더 싼 물건을 고르는 것과 같다. 검색에 소비된 시간은 '기회비용', 그러니까 너무 많은 시간낭비는 돈이 들어간 것이고 다른 큰일을 얻을 수 있는 즐거움이 날아 가버린 셈이다. 그러므로 정보를 소비하는 사람의 지위와 역할에 관계없이 각자 정보의 선택능력은 사람들의 정보적 뇌 혹은 '정보 아이디어'(intelligence idea)에 의해 좌우된다. 여기서 필자가 말하는 정보 아이디어는 ▲현실적으로 의미 있는 자료의 판단, ▲미래를 내다보는 예측가능성, ▲리스크를 피하는 위험 판단, ▲남을 이기는 전략적 판단을 말한다. 조그마한 가전도구를 하나 구매하더라도 여러 경로를 통해 많은 정보를 수집하고 대조하며 소비한다는 점을 생각해 보자.

뿐만 아니라 사물 판단에서 주관적 사고과정과 객관적 사고 내용의 구별이다. 칼 포퍼(Karl Popper)는 주관적인 사고과정(thought process)과 객관적인 사고내용 혹은 논리적 정보를 명확히 구분해야 한다고 주장한다. 주관적인 사고내용의 과정에는 임의적인 관계가 개입한다면 객관적인 사고 내용은 비판적 접근이요, 객관화와 공론화를 의미한다. 그러나 사람들은 어떤 도식(schema)이란 개념에 쌓여 있는 경우가 많다. 심리학자들은 '도식'을 어떤 개념이나 범주가 지닌 고유한 속성들의 모임이라고 해석한다. 도식은 우리 기억 속에 선(先) 저장되어 있는 많은 양의 정보로 구성돼 있는 그 무엇이다. 어떤 새로운 의미를 말하면 그 즉시 머릿속에서는 선험적인 고유 정보들이 작용하며 새로운 정보를 거부한다는 뜻이다.

흔한 말로 엔지니어는 자연의 힘을 어떻게 이용할 것인가를 연구하고 경제학자는 인간의 동기와 이윤을 어떻게 할지를 연구한다. 그리고 전통적 지식인은 일반 대중들의 일상생활과 분리된 학문세계에서 특별한 연구대상을 찾는다. 정보학의 출발은 정보의 수집과 분석 및 사용이라는 점에서 일상에서의 연구대상이며, 일반시민들이 사용하는 지식정보뿐만 아니라 정책 결정자들이 공감할 수 있는 특정정보를 연구하고 생산하는 일이다.

그렇게 되려면 누구나 정확한 사고를 위해서 새로운 정보뿐만 아니라 그 정보에 포함된 진실을 가려낼 줄 알아야 한다. 수시로 접하고 있는 수많은 정보들 중 사실을 근거로 하지 않는 것들이 상당수 존재하기 때문이다. 정보들 중 중요한 것과 중요하지 않은 것 혹은 타당성이 있는 것과 그렇지 않은 것으로 분류하는 것도 한 방법이다. 가령 '내가 신문에서 봤는데⋯⋯. 누가 그러는데⋯⋯.' 라고 시작하는 말은 진실보다 거짓일 수 있다.[56] 실제로 거짓소문은 많은데 이런 헛소문은 파괴력을 갖는다. 기업의 리스크를 가져 올 뿐만 아니라 대형사고 원인이 된다는 점에서 가짜정보(pseudo-information)를 조심해야 한다.

사실 가짜정보가 많다는 의미에서 정보는 단순히 윤리적 명제만으로 안 풀린다. 영국의 경제학자 알프레드 마셜(Alfred Marshall, 1842~1924)의 말처럼 '뜨거운 가슴, 찬 이성' (warm heart, cool head)이 요구되는 영역으로 실제 정보 분야에서는 간단히 윤리적 범주로만 해석하기는 어렵다. 다만 정보 분석이 잘되고 정책 권고안이 나와 있지만 사용자는 '합리적 의심' 을 가지고 꼼꼼히 읽고 이해하고 적용해야 할 대상이다. 정보 분석관들의 의견을 에누리해서 받아들이는 것도 정보소비의 실패를 줄이는 방법이다.

○ 정보소비의 사회적 책임

정보사용 시에 사회적 책임과 윤리문제가 따른다. 정보판단과 사용의 핵심은 적어도 '지지 않기 위한 전략으로부터 이기기 위한 전략' 으로 확대된다. 하지만 정보사용의 사회적 책임(ICR : intelligence social responsibility)은 생산과 사용에 있어서 사회 및 국가에 대해 합리적이며 정당하게 사용하는 것이다. 정책결정의 메커니즘에서 볼 때 정치권력으로 부

---

56) Karl Popper, All Life is Problem Solving, 허영은(역)『삶은 문제해결의 연속이다』(서울 : 부글북스, 2006), pp.172~175.

당하게 정보가 이용되거나 네거티브하게 사용됨으로써 도덕적 윤리적인 문제를 일으키게 되는 경우가 많다.

정치적 올바름에 관계없이, 사실을 말하기 어려운 것이 사실이지만 정보소비는 핵심적 가치가 있을 때 자기 결정으로 사용하는 것이다. 그러나 정보가 자신의 삶의 경영 혹은 기업경영에서 필요한 절차와 습관, 제도화되기까지는 소비된 것이 아니라 다만 학습여행 일 뿐이다. 지식정보가 개인과 조직 내에서 작용하고 헤게모니적 힘의 근원이 될 때 비로소 정보를 소비한 것이다. 지식정보를 통해 내 인생에 대한 어떤 결정을 내릴 때는 그것은 내가 책임을 지는 자기 결정론일 수밖에 없지만 소비를 주저할 때가 많다. 아무도 어떤 일이 일어날지 모르지만 의사결정을 해야 하는 마지막 순간에는 불안해지기도 한다. 훌륭한 정보일지라도 특정조직과 개인문제를 지배하는 양식과 가치에는 큰 차이도 있을 수 있기 때문이다. 따라서 정보소비에서 명쾌한 결정 내지 심리적 합의를 이루지 못하는 경우가 많은데 그 이유를 보면 다음과 같다.[57]

- 정보사용에 대한 불안감이다. 오류에 빠지지 않고 올바른 길을 가고 있는지 몰라 자신의 의사결정에 불안감을 느낀다.
- 부정적인 상상을 한다. 자신의 믿음대로 행동하는 것이 과연 맞는가. 소신 있게 행동할 때 그 결과에 대해 때때로 부정적인 마음이 든다.
- 실질적인 오류의 위험이다. 위험은 삶의 현실로서 우리가 직면한 어떤 의사 결정에 대해 행동을 취했을 때 그 결과를 예측하거나 통제할 수 없다는 존재의 불안전성이 있다.
- 자기 주장대로만 사용할 시 소외에 대한 두려움이다. 조직적인 분위기 상호 연결된 관계 속에서 분리되거나 고립되지 않으려는 필요성이 생긴다. 어떤 집단적 합의에 끌려가지 않을 수 없는 분위기가 지배할 때이다.
- 심리적으로 무언의 합의에 이른다. 충성심이 없는 사람이나 조직에 협력하지 않는 사람으로 평가되는 것이 두려워 끌려갈 때가 있다.

그러므로 이렇게 말할 수 있다. 정보의 올바른 사용이라는 의미는 깨끗하게(pure) 그리

---

57) Jerry B. Harvey, The Abilence Paradox, 이수옥(역) 『왜 아무도 NO라고 말하지 않는가 : 동의하지 않은 합의의 모순 에빌린 패러독스』(서울 : 크레듀, 2006), pp.35~45.

고 올바르게(right) 소비하는 것이라고. 깨끗하고 올바르게 사용하는 것은 단순히 도덕적 윤리적인 의미라기보다는 불순한 의도를 완전히 제거하는 것에 가까운 개념이다. 따라서 사회적 활동에서의 정보소비는 영속적으로 일어나는 것이지만 비도덕적인 치부를 위해서 혹은 남을 부당하게 지배하기 위한 부정적 정보소비는 위험하다. 당장의 이익을 위해 정보를 심각히 왜곡할 시 장차 큰 이익을 상실할 수 있다. 또 정보라는 것이 아무리 바람직한 환경에서 생산되더라도 특정집단이나 개인에게 들어오면 급속도로 왜곡될 수 있다. 정보소비를 무분별하게 자신의 더러운 음모에 정신이 팔려서 사회와 이웃에 해를 끼칠 수 있다는 점에서 정보의 선택 및 소비에 신중해야 한다. 간단히 말하면 정보사용자는 진실을 확인하고 국가이익을 위해 사용하는 것이다. 그러므로 정보 CEO는 부하 직원의 지나친 충성도 조심할 필요가 있다. 창조적인 긴장을 유지하며 직접 증명 가능한 자료들에 근거했는가를 살핀다. 나아가 보고자(생산자)의 방어본능을 허물 수 있는 유머와 공격성 등의 촌철의 글귀도 준비하는 것이 필요하다.

◯ 남을 따라가는 정보소비태도 지양

정보소비는 유행하는 정보에만 쏠리는 현상(herd behavior)이 일어날 수 있다. 상품소비의 경우 1등 상품이 시장선점업체로 집중되는 쏠림현상이 나타나는 것과 비슷하다. 이런 현상은 경제주체간 보유한 정보격차가 확대될 때 빈번히 나타날 수 있다. A 증권의 가치가 올라간다고 해서 이를 따라가는 '밴드효과' 즉 행렬의 선두에 선 악대차(bandwagon)를 무작정 따라가는 식은 '친구 따라 강남 가는 식'으로 남이 사면 나도 따라하는 유행을 말한다. 행동주체는 자신보다 정보를 많이 가지고 있다고 생각되는 사람을 추종하는 경향이 나타난다. 개인투자자들이 금융기관이나 외국인의 투자를 추종하거나 소규모 금융기관이 대형 금융기관을 따라 하는 행태도 이에 속한다.

이런 쏠림현상은 예나 지금이나 마찬가지다. 중국의 묵자(墨子)를 보면 초(楚)나라 영왕(靈王)이 '훌륭한 선비는 허리가 가늘다'고 하자 대신들이 너나없이 단식을 하는 바람에 굶어죽는 이가 많았다고 한다.[58] 요새 인터넷에 얼짱 몸짱 비결이 소개되면 수천 명이 접속해 정보를 얻고 그렇게 되려고 노력한다. 아마존 닷컴에 한 번 소개된 책은 연속 베스트셀러

---

58) 사오춘레이, 유소영(역), 『욕망과 지혜의 문화사전 몸』 (서울 : 푸른 숲, 2006), pp.119~127.

반열에 오른다. 이 같은 현상은 모두 붙잡기 위한 따라가기일 뿐이다. 인간이 어딘가에 자리 잡고 있어야만 한다는 심리적 반응이기도 하다.

그런데 세상에는 두 가지 정보가 있다. 보고 싶고 듣고 싶은 정보와 보고 싶지 않고 듣고 싶지 않은 정보가 있다. 특히 어떤 지도자가 듣고 싶고 보고 싶은 정보만 선호한다면 그 정보는 왜곡된 정보만이 전달될 가능성이 높아진다. 일본의 요로 다케시(養老 孟司)가 쓴《바보의 벽》에서는 현대인 70%가 바보의 벽에 가로 막혀 벽 밖의 세상을 보려하지도 들으려 하지도 않는다고 했다. 어떤 정책의 당위성을 설명해도 자기가 알고 싶어하는 것이 아닌 이상 다른 것에 대해 스스로 정보를 차단한다는 주장이다.[59]

그러나 경영자는 바보의 벽에서 벗어나 이들 두 가지 정보를 토대로 균형적 감각을 가지고 있어야 한다. 균형된 시각을 상실하게 되는 경우는 정보수집의 한계로 정보의 비대칭 상태도 경험하게 된다. 요는 균형된 시각을 갖기 위해서는 정확한 정보가 필수적이고 한쪽으로의 쏠림현상을 방지하고 위험을 줄일 수 있다. 정보소유의 격차가 줄어야 실패감이 줄어들고 남들과 동등하다는 생각이 채워진다. 정보가 모두 공동이익을 위한 것이라면 개인 소규모 집단들이 거시적인 정보 및 기업정보를 쉽게 획득할 수 있도록 인프라 구축을 확대할 필요가 있다.

● 자기만의 정보화일 유지

쉽지는 않지만 자기만의 독특한 정보화일 기록수첩을 유지하고 관리하는 일이 중요하다. 정보와 아이디어는 보이지 않는 공기와도 같은 무의식 상태에서 창조되는 끈이다. 아이디어가 떠오르면 곧 바로 이를 메모하기 위해서다. 어떤 펜, 어느 메모장도 상관없다. 메모광에게는 어떤 아이디어가 떠오르고 해야 할 일이 떠오르기 마련이다. 갑자기 "언제 본 듯한데 저걸 챙겼어야 했는데……" 하는 태도는 바로 메모를 해 두지 않았기 때문이다. 메모 습관이 없으면 번개 같이 떠오른 아이디어도 결국 사라지고 만다.

그래서 대부분의 유명학자, 예술가들의 공통점은 자기만의 독특한 수첩(이를테면 유럽 등 명가 위인들이 쓰던 몰스킨—moleskine)을 가지고 다녔다. 독특한 두께의 기록본능을 자극하는 감촉과 여백의 수첩이다. 업무관리의 전문가로 알려진 스테파니 윈스턴

---

59) 요로 다케시(養老 孟司), 『バカの壁』, 양억관(역) 『바보의 벽』 (서울 : 재인, 2003), pp.16~19.

(Stephanie Winston)은 머릿속에 모든 생각을 모아두는 잡기장을 갖고 생활했는데 그는 이를 캡쳐북(capture books)라고 했다. 일종의 아이디어 기록장이었다.[60]

> **' 모든 삶의 일상을 정확히 기록해 두고 싶은 마음은 누구나 바라는 욕구이다 '**

가령 여행 할 때마다 그 나라의 신화, 건축, 문화 등 사전적 지식들을 포함해 정보원의 수첩은 꽉 차 있어야 한다. 그곳 사람들이 입는 의상의 무늬가 구름무늬, 꽃무늬, 물결무늬 중 어느 색의 옷인가를 살펴 기록해야 한다. 이런 활동은 어느 곳에 '초점'을 두고 관심 있게 보는가에 따라 다르다. 눈으로 보지만 그것을 기록하는 것은 우리의 손이다. 인간의 경우 손으로 한번 잡으면 절대 놓지 않으려는 본능이 있는 것이라면 손은 바로 권력의 상징이다. 손끝으로 기록하는 것은 대상물을 하나의 정보로 만들어 가는 것과 같다.

그러므로 이 말을 주목하자. 항상 펜을 갖고 다닌다. 떠오른 생각을 언제 어디서나 기록해 둔다. 샤워 중에도 좋은 생각이 떠오르면 당장 중단하고 기록해 두는 습관이 필요하다. 혹시 사람을 만나서 명함을 받았다면 그 명함 여백에 그의 특징과 매력, 관심분야 등을 메모해 두어라. 그렇지 않으면 어떤 종류의 사회적 우위도 이룰 수 없을 것이다. 메모습관은 주먹구구식 정보활동을 피해가는 지름길이다. 똑똑한 머리보다 어떨떨한 문서가 낫다는 말이 있듯이 아무리 기억력이 좋아도 그때그때 간단히 적어둘 때 인간적 모순을 극복할 수 있다. 메모로 아이디어를 정리하고 기록하여 둠으로써 효과적이며 지적인 힘으로 이용할 수 있다. 자신의 삶을 개척해 가는 데는 기록의 습관이 첩경이다.

8-2. 지식정보의 부가가치향상 방향과 소비판단의 기준

정보는 언어와 기호를 통해서 이야기하기(story telling)와 사물의 묘사를 통해서 구체화된다. 그 결과 보고서는 종종 분석자 내지 화자(話者)의 바램(wish)이 섞여든다. 모든 판단

---

60) Stephanie Winston, Organized For Success, 김용섭(역) 『성공하는 CEO들의 일하는 방법』 (서울 : 해제, 2005) pp.131.

이 맞는 것은 아니지만 무엇이 만족스럽고 무엇이 불만족스러웠는지 보고서만으로 판단하기 어려울 때가 많다. 그러므로 진정한 분석관이라면 정보생산에서 보다 냉정해야 한다. 좋은 보고서를 생산하는 것은 사용자에게 충성하는 것이며 최고의 진리이기 때문이다. 또한 정책결정자는 하나의 방향을 필요로 한다. 정보사용자는 도달하지 못한 목표를 가지고 항상 존재하며 숙고한다. 아울러 정책결정자들은 완전하고 정확한 지식 그리고 행동의 기초가 되는 지식에 대한 욕망이 많다. 어떤 대상에 대한 끈질긴 갈망 그 자체이다. 그러므로 최종 사용자에게 새롭고 우월적인 정보를 제공하는 것은 정보생산자들의 책임이요 당연한 소명이다.

따라서 정보생산자는 상대방이 움직이기 시작하는 것을 예민하게 포착하는 것이다. 사회현상 속에서 정보는 어디에 누구에게 있는가를 찾는 능동적 정보활동이 중요하다. 여기서는 정보생산에 앞서서 ▲무엇보다 가능한 아이디어 즉 사용자의 욕구(wants)를 진정으로 해결해 주는 보고서인가 ▲분석을 통해 도달한 결론이 사용자 중심의 실행가능한 내용으로 쓰일 것인가 등이다. 한편 정보소비자는 소비를 행동으로 옮기는데 있어서 ▲최소한의 정보를 통해 의사결정을 하는 것, ▲어느 시기 어느 곳에 누구에게 사용하는가, ▲그 결과 이익은 무엇이고 무엇을 깨달았는가를 성찰하는 일이다. 사용자의 의사결정은 바로 행동을 촉발하는 것이고 나아가 명령의 효과를 나타내는 것이다. 정보소비자로서 '결단의 오르가즘'을 느낄 수 있어야 한다. 일단 정책으로 결정되었으면 그것은 조직의 명령으로서 더 이상 토론되거나 설명될 필요도 없으며 의심을 받아서도 안 된다.

◉ 정보소비와 정보의 부가가치 향상방향

일반적으로 정보의 가치는 세 가지로 분류할 수 있다. 그것은 ▲국가 차원의 안보 이익적 가치, ▲인간적 즐거움 또는 오락의 가치, ▲사회를 변화시켜 가는 장기적인 지식 교육의 가치, ▲행동을 변화시키는 능력으로의 실천적 가치다. 또한 정보를 소비하는데는 4가지 차원의 권리가 작용한다. 간단히 표현하면 정보소비를 통해 ▲이익·안전의 권리, ▲세상에 대한 알권리, ▲정보에 대한 자유로운 접근 및 선택할 권리, ▲정책 및 의견 반영의 권리이다.[61] 그러나 정보의 잘못된 사용이 정보의 가치와 인간이 열망하는 권리를 마비시킬 수 있다. 세계의 불신을 받게 됨은 물론이고 정보가치에 대한 불신도 생겨나게 된다. 조금

---

61) 노구치 토모, 김정화(역) 『돈 잘버는 회사들이 선택한 마케팅 테크닉 75』 (서울 : 비즈니스 맵, 2001), pp.23.

만 미리 생각하면 손실과 실패를 줄일 수 있다는 점에서 분석자들이 '좋은 게 좋다' 는 식의 정보 접근은 개인뿐만 아니라 사회에 큰 해를 끼치는 것이다.

따라서 처음으로 다시 돌아가 정보소비와 연결시켜보면

→ 모든 정보를 자신의 것으로 만들어야 한다.

→ 모든 정보수집 분석에 철저해야 한다.

→ 생산자는 정보소비자들에게 놀라운 보고서, 기쁨을 주는 지식상품을 내놓아야 한다.

→ 어떤 경우에도 사용자들의 불만과 반대를 포용하면서 즉각적인 반응으로 응해야 한다.

→ 국가와 기업에 이익이 되는 것을 남겨야 한다.

→ 정보의 사회적 책임(intelligence social responsibility)을 다해야 한다.

한발 더 나아가 정보경영의 핵심은 이익관리다. 아무리 좋은 정보와 분석을 잘해도 정보 사용자가 제반 이익을 관리하지 못하면 아무 소용이 없다. 진정한 소비는 기회가 오면 잡을 수 있는 능력을 가지고 살아가되 잡지 못하면 자신이 뒤떨어진다는 자각도 필요한 때이다.

정보는 등가관계를 갖고 있지 않거나 상대적 보편성이 다를 수 있다. 각 자료 단위들은 서로간에 차이에 의해 해석되고 대조되기도 한다. 정보의 생성조건 내지 발화조건도 다르며 또 이를 받아들이는 수신자 혹은 사용자에 따라 다르다. 같은 언어로 표현했을지라도 이를 사용하는 사람들에 따라 의미를 다르게 사용할 수 있다. 더구나 정보의 필요성에 대한 인식부족, 수집된 정보에 대한 관심부족, 각종 표준자료의 오용, 그리고 부서 사이의 이기주의, 개인적 타성 등 장애물은 한두 가지가 아니다. 실제로 주어진 환경 속에 자족하면 그 순간부터 정보조직은 한계에 도달하게 되고 위기를 맞게 된다.

더구나 정보소비자 입장에서 볼 때 보고서에서 나타난 내용이 사실이라면 ▲분석관 자신의 판단인가 혹은 가설인가, ▲문제해결 방안이 창의적이며 사용할 시 위험성은 없는가, ▲보고서가 중복 없이, 누락 없이, 착오 없이, 논리적으로 접근했는가를 검토하고 작성자에게 질문하는 것도 정보의 오판을 방지할 수 있는 길이다. 사용자는 빈번히 올라오는 보고서를 통해 그들의 능력과 헌신성을 평가할 수 있다. 사용자는 생산자의 능력과 신뢰성에 관한 최신정보를 입수해 어떤 사람이 올바른 판단과 충성을 하는지 판단할 수 있다.

그러나 우리에게 좋지 않은 버릇이 있는데 그것은 때때로 분석자들로 하여금 이런 저런

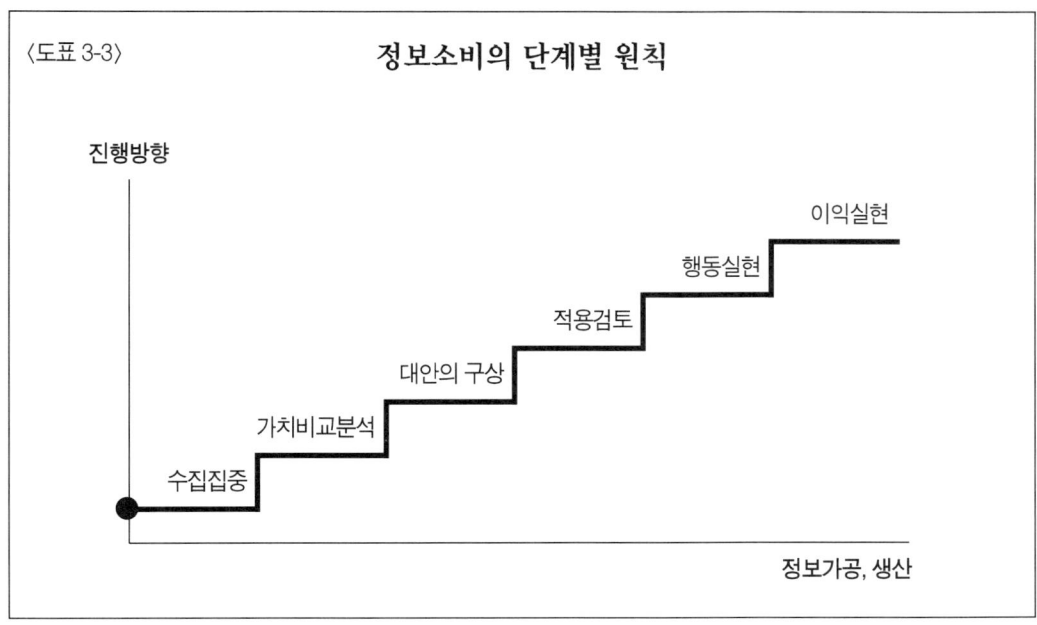

〈도표 3-3〉 **정보소비의 단계별 원칙**

진행방향

이익실현

행동실현

적용검토

대안의 구상

가치비교분석

수집집중

정보가공, 생산

핑계를 대며 불가피성을 말한다는 점이다. 그들은 '하지만 정말 어쩔 수가 없었어요. 남들도 다 그러는데'라는 변명은 부정직한 것이다. 흔히 사람들은 남과 비교함으로써 자신의 행동을 합리화시키려 한다. 마치 자신이 객관적인 것을 말하는 것처럼 보이려 한다. 실제로 정보를 하는 사람들 역시 편안함과 안정을 가져다 주는 '눈 앞의 만 원'에 흔들리기 쉽다. 당장의 이익에 눈이 어둡다면 멀리 보지 못하고 유혹에 빠질 수 있다. 때문에 사용자는 조직원들의 항변 내지 핑계를 허용하지 않는 원칙을 견지하는 것도 조직 문화 구축에 도움이 된다.

정보의 아웃소싱

인터넷이나 지구적 데이터들은 정치성과 특정가치를 지닌다는 점에서 정치학을 동반한다. 경쟁정보들은 재화의 구축, 재무회계와 업무혁신 등으로 정치경제학적 중요성을 지닌다. 정보하부구조 내에 권력자의 목소리 혹은 CEO의 세계관 내지 기업 가치들은 경쟁영역에서 다른 고객들과 충돌하기도 한다. 글로벌 경쟁이 과열되는 현대사회에서 다른 경쟁자들보다 우위에 서려는 경쟁압력과 도전에 따른 것이지만 요는 경쟁적 개념은 생산성이어서

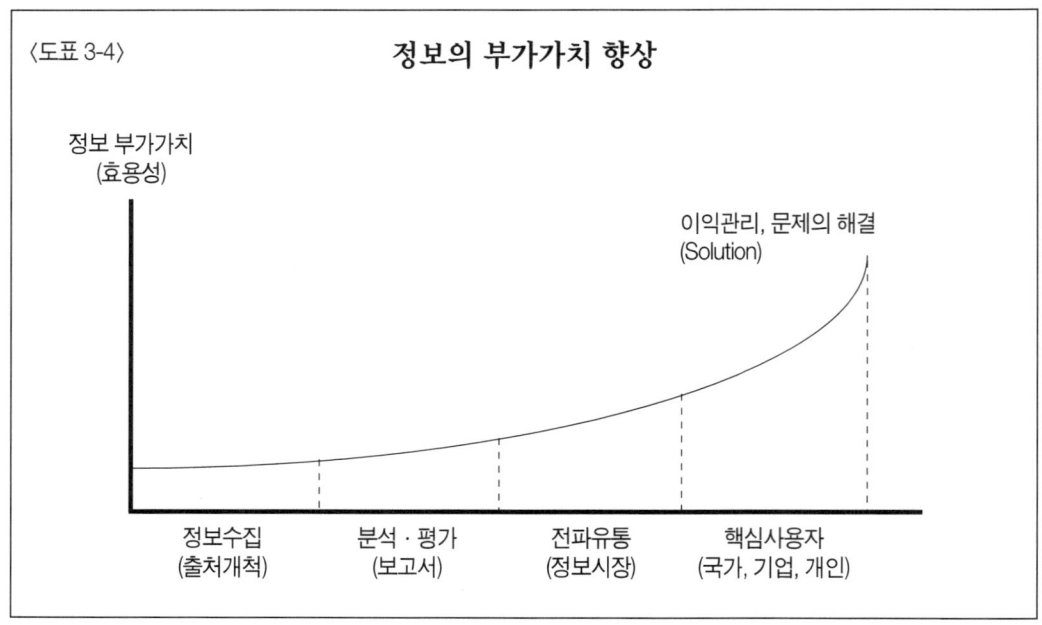

〈도표 3-4〉 **정보의 부가가치 향상**

이를 위해서 기존의 업무방식을 끊임없이 개선할 수 있어야 한다.

하나의 개선책으로 기업들이 하듯이 국가급 정보조직들도 정보의 아웃소싱(OS : outsourcing : 외주화)이나 제휴전략을 활용할 수 있다. 영국, 미국 등 정보기관들은 전략적 파트너로서 국제 기구, NGO 등 민간 영역들과의 협력을 통해 국제사회가 직면한 여러 안보위험을 극복할 것을 권고하고 있다. 워싱턴포스트지(WP)는 향후 5년간 미국 국방정보부가 정보업무의 분석 수집활동을 위해 민간기관과 10억 달러의 계약을 할 예정이라고 보도하였다. 안보, 국방분야의 많은 영역이 정부로부터 민간 영역으로 아웃소싱 되어가고 있어 민간 영역은 정보 보호의 필요성이 점차 감소돼 가는 추세이다.[62]

심지어 군사적전을 수행하는 특수부대(그린베레) 유격대 심리전 작전부대 활용에는 용병을 고용하는 경우가 많다. 분쟁지역에서 활동하는 용병들이 미국 정부와 계약을 맺고 중앙정보국(CIA)의 직접 통제하에 전쟁에 참여하고 있다. 이런 형태는 민간인들에 의한 전쟁

---

62) W Pincus, "Defense agency proposes outsourcing more spying", 19 Aug 2007, www.washingtonpost.com/wp-dyn/content/article/2007/08/18/AR2007081800992.htm?referrer(검색2007.11.18)

에 민영화 내지 비밀 작전의 전형이라고 할 수 있다. 정부조직이나 기업 조직들 모두는 여러 작업을 동시에 진행시키는 멀티태스킹(multi-tasking : 다중업무수행능력) 능력을 요구하고 있다. 멀티태스킹 효과를 높여 시간을 단축하는 수단으로 아웃소싱이 많이 활용되고 있다. 요즘 국가정보기관을 대상으로 한 아웃소싱 전문 회사들도 점차 많이 생겨나고 있다.

　이런 점에서 정보조직들도 공급자 위주의 조직에서 벗어나 글로벌 아웃소싱을 통해 유익한 정보를 얻는 것도 중요하다. 아이디어와 고급정보의 생산도 아웃소싱 하는 시대가 되었기 때문이다. 실제로 정보 아이디어의 아웃소싱이 경쟁력을 확보할 수 있다. 정보의 상호교류 협력은 일종의 통상으로 상대방의 좋은 것으로 자기의 모자라는 부문을 채워 가는 것이다. 하지만 더 중요한 것은 아웃소싱을 충분히 수용할 수 있는 유연한 조직 구조가 반드시 전제되어야 한다.

　이상에서 보듯이 좋은 정보가 있을 때 사용하지 않을 이유가 없다. 좋은 정보란 정보의 우월성을 인정하는 것이다. 정보우월성은 정보사용자들이 정보를 다른 지식보다 독특한 것으로 인식하는 정도와 관련돼 있으며 정보 소비자가 강력하고 활동적인 관계를 구축하는 데 절대로 중요한 의미를 갖는다. 명령과 같은 사용자의 의사결정은 화살과 같이 날아가 사회를 강제한다. 정보사용자는 보고서에 제시한 방향과 분석이 정책 결정에 어떤 결과를 가져올지 신중히 따져봐야 한다.

◑ 정보소비 판단의 기준

　그런데 정보의 가치를 판단하는 기준은 그 정보가 우리의 행동이나 선택에 어떻게 영향을 미치는가에 따라 다르다. 정보에는 비타민 같은 정보가 있고 항생제 같은 정보가 있다. 전자는 정책결정에 긍정적으로 효과가 나타나는 정보이나 정책결정에 영향을 미칠 수도 그렇지 못할 수도 있다. 그러나 후자는 문제해결의 결정적 영향을 미치는 강력한 정보다. 이런 정보는 소비자들로 하여금 자기활동에 믿음을 갖게 하며 모든 사회적 거래에서 주요 효과를 나타낼 수 있다. 강력한 정보를 갖고 있다는 사실 하나만으로 남을 굴복시킬 수 있고 우리의 인생을 바꿔 놓을 수도 있다. 전쟁에서 강한 군사력 등 물질적인 것만으로 보장되지 않고 정확한 정보가 적시에 뒷받침될 때 피 흘리지 않고 승리할 수 있는 것과 같다. 그러므로 정보는 인간 활동의 청사진이며 결정의 좌표, 목표를 명료화시킬 수 있다. 요컨대 정보는 현실적 의미를 정해주며 사고의 틀을 구성한다는 의미에서 다음과 같은 요소들을 살펴보는 일이 중요하다.

첫째, 정보소비의 비용과 가치를 파악한다.

정보에서도 경제 원리인 비용과 편익의 원리가 작용한다. 모든 선택에는 기회비용이 발생한다. 우리는 결정을 내리거나 행동할 때 자원을 투입한다. 다시 말해 자본주의 사회에서 '공짜 점심'은 없다고 하듯이 뭔가 대가를 치러야 한다는 원칙이다. 정보생산과 소비 역시 기회비용(opportunity cost : 뭔가를 얻기 위해 포기한 수입)이 따른다. 개인이 선택하는 것은 편익이고 포기해야 하는 것은 기회비용이다. 기회비용보다 자신이 선택한 것이 크다면 사람들은 선택을 주저하지 않을 것이다. 《맨큐의 경제학》에서는[63] 기회비용을 대포와 버터(Guns and Butter)로 설정하고 있는데 국방(대포)에 돈을 더 쓸수록 생활수준(버터)은 낮아진다는 얘기다. 사실상 수많은 정보를 분석하고 그 의미를 판단하는데 있어서 이미 국가와 기업, 개인들은 너무 많은 시간과 비용을 지불하고 있다. 그러나 사용자는 단순히 비용문제보다 내용의 진실성 여부에 더 관심을 갖는다. 만일 진실된 정보를 얻을 수 있는 수익이 비용보다 크다면 우리는 그 정보를 구입해야 한다. 우리가 살 수 있는 정보는 무궁무진하지만 일반적으로 자료는 시간(time), 장소(place), 계기(occasion)에 따라 다르다. 시간은 돈이기 때문에 정보를 직접 발굴하든 돈을 주고 사든 정보를 얻으려면 비용이 든다는 뜻이다. 정보는 안전한 가정(if)을 충족하는 일련의 조건이 된다는 사실에서 돈이 투입된다.

둘째, 데이터의 불안전성 확인과 오류를 검증한다.

데이터 함정을 검증하는 일도 중요하지만 오히려 데이터보다 데이터 분석이 중요하다. 데이터를 통해 기회의 시간을 알 수 있는데 흔히 사람들은 데이터가 의미하는 바가 무엇인지 알지 못할 때가 많다. 대개 혼란을 겪는 사람들은 겉만 보고 상황을 파악할 때가 있는데 데이터를 쉽게 얻을 수 있다는 이유만으로 데이터를 쉽게 믿을 시 엉뚱한 함정에 빠질 수 있다. 예를 들어 금융당국은 공정한 주식거래와 주가 안정을 위해 '조회공시'를 상장회사에 요구하며 투자들을 보호하고 있지만 대부분의 회사는 조회공시에 대한 정확한 정보를 내놓지 않는다. 다시 말해 명백함을 결여하고 있다는 뜻이다. 그러하기 때문에 투자자 스스로 테마주나 단기 자료통계에 근거해 실적이 좋은 기업을 발견해 투자할 수밖에 없다. 불완전한 정보를 극복하기 위해서 데이비드 헨더슨은 ▲문제의 중대성에 걸맞은 분석을 한다. ▲간단하고 실용적인 분석을 하려면 그 가치의 약 1%를 투자하라. ▲가능하면 완전한 정보의 가치를 계산하라. ▲한계수익(가치)이 한계비용(marginal cost : 재화와 서비스 한 단위

63) Gregory N. Mankiw, Principle of Economics, 김경환(역) 『맨큐의 경제학』(4판) (서울 : 교보문고, 2007), pp.5~6.

를 추가로 생산할 때 필요한 총 비용의 증가분)보다 클 때 정보를 구입한다.[64] 그러므로 주어진 데이터가 언제 편집, 작성된 것인지 아는 것이 중요하며 인간적인 측면, 감성적인 요인을 살펴봐야 한다. 불확실한 사회 환경에서 정책결정을 하는데 필요한 용기는 바로 정확한 정보가 있을 때이다.

셋째, 그렇다면 정보의 적정지점 내지 '정보의 규모'는 어느 정도여야 하는가.

물론 헤아릴 수 없는 것이며 무한적인 것이다. 그야말로 방대해서 정보홍수에 쌓여 있어 숙련된 정보전문가들이 이 업무에만 몰두해도 충분히 이를 다 처리할 수 없는 것이 정보의 세계이다. 우치다 카즈나리(Uchida Kazunari)는 정보가 많을수록 의사결정의 질이 향상될까라는 의문에 그는 절대 노(no)라고 단언한다. 필요한 것은 물 한 잔 분량의 정보인데 소화전을 갖다댈 필요가 없다는 주장이다.[65] 너무 많은 정보를 모으는 것은 해가 될 수 있고 정보가 지나치게 많으면 의사결정이 지연된다는 이야기다. 결국 한정된 정보 속에서 최적의 의사결정을 내리는 것이 관건이다.

여하간 완벽하지 않은 정보에 근거해 의사결정을 해야 하는데 이때 모든 정보에 대해 지적인 평가를 수행하고 이를 기반으로 어떤 결정이던 내려야 한다. 하지만 〈도표 3-5〉에서 보듯이 제공되는 정보의 수가 10, 20, 30, 40가지로 많아지더라도 예상 정확도는 증가하지 않는 반면, 예상(베팅)능력에 대한 자기 확신이 높아지는 것을 볼 수 있다.[66] 인간은 비합리적이어서 자료가 많다면 의사결정에 확신이 더 생긴다는 믿음이 있다는 것이다. 그러나 정보에는 많은 임의성(randomness)이 작용함으로써 적지 않은 문제를 파생시킨다. 실질적으로 수백만 명의 생명을 좌우하거나 수십억 달러를 투자하는 중대 결정을 하는 순간에도 필요한 정보를 모두 수집하지 못한다. 지나치게 많은 정보가 시간과 비용 면에서도 물론 낭비다.

또 단순한 관찰을 넘어서 네트워크로 연결되는 무제한의 정보와 온라인 쇼핑에 중독되는 것은 오히려 삶의 만족도를 떨어뜨린다는 지적도 있다. 미래컨설팅 회사인 WEB사의 사장 에디 와이너(Edie Weiner)와 회장 아놀드 브라운(Arnold Brown)이 쓴 《퓨터싱크》에서

---

64) David R. Henderson and Charles L. Hopper, *Making Great Decisions in Business & Life*, 이순희(역) 『판단력 강의 101』(서울 : 에코의 서재, 2006), pp.283.

65) 우치다 카즈나리, 보스턴 컨설팅 그룹(역) 『가설사고 : 생각을 뒤집어라』 (서울 : 3mecca, 2007), pp.39~47.

66) J. Edward Russo and Paul J. H. Schoemaker, *Winning Decisions : Getting It Right the First Time*, (New York : Doubleday, 2002) pp.123~124.

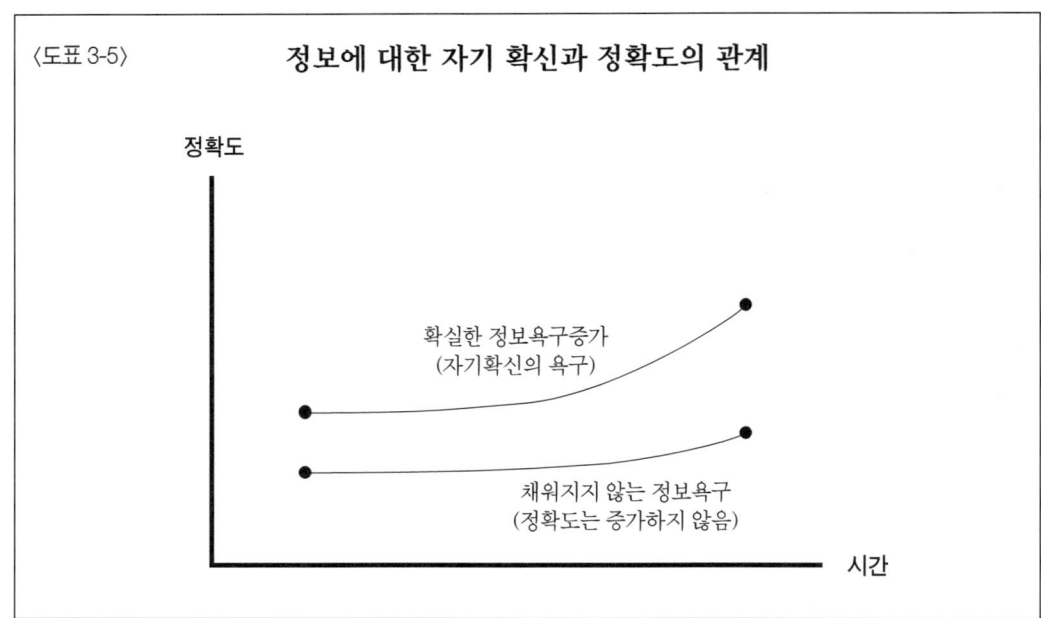

〈도표 3-5〉 **정보에 대한 자기 확신과 정확도의 관계**

정확도

확실한 정보욕구증가
(자기확신의 욕구)

채워지지 않는 정보욕구
(정확도는 증가하지 않음)

시간

※ 자료 : Michael J. Maubossin, More Than You Know, 황명수(역) 『미래의 투자 : 월가 최고의 애널리스트에게 배우는 투자 통찰력』(서울 : 위즈덤하우스, 2007),pp.39.

지적무능(educated incapacity)이라는 말을 사용한다. 지적무능이란 너무 많은 정보를 알고 있어서 도리어 명확하게 볼 수 없을 때 사용하는 단어다. 많은 정보가 창조적 사고를 방해한다는 생각이다.[67] 이런 점에서 누구나 정보균형을 찾아야 한다. 최인호가 쓴 소설 《상도》(2000년)에는 계영배(戒盈杯)라는 말이 나오는데 이는 넘침을 경계하라는 교훈을 던져준다. 욕구가 지나친 나머지 탐욕으로 흐르기 쉽다는 점을 경계하라는 뜻이다.

어째든 계속 손질되어야 하는 것은 정보이다. 정책결정자가 어떤 결정을 내려야 할 때 정보가 부족하면 더욱 위험하다. 지나치게 정보가 부족한 것은 역시 좋지 않다. 어설픈 지식으로 호기를 부릴 수 있다. 적정량의 정보는 자신 있고 신속하게 판단할 수 있게 해준다. 정보만이 우리 사회에서 살아남을 수 있는 동력이라고 하지만 과다한 정보는 오히려 우리의 판단을 어지럽게 할 수 있고 너무 적으면 큰 실패에 빠질 수 있다. 요는 정확한 정보, 신

---

67) Edie Weiner and Arnold Brown, Future Think : How to Think Cleary in A Time of Change, 안진환(역) 『퓨처 싱크』(서울 : 해냄, 2006), pp.7~8.

뢰할 만한 정보에 좌우된다.

넷째, 그렇다면 과연 정보는 얼마나 정확해야 하는가.

결론은 양보다 질이 우선이라는 점이 옳다. 문제는 질의 개념이 내용과 가치의 문제여서 단순히 확률개념으로 설명하기는 어렵다는 사실이다. 원래 인간은 확률의 이해에는 어려움이 많을 뿐더러 확률의 계산에도 익숙하지 않다. 그러나 정보를 수집하고 분석하는데 들어가는 비용은 정확성에 비례하기 때문에 이것은 결코 하찮은 문제가 아니다. 불확실한 의사결정을 이론화하기 위해 확률을 이용하게 되는데 어떤 경우는 70~80%의 정확한 정보만으로 목표를 이룰 수 있고 어떤 경우는 통계학자들처럼 정확한 정보를 원할 때도 있다.

잭 올드릭(Jack Uldrich)이 정리한《조지 마셜 리더십》에 인용된 말 중에 이런 권고가 있다. "당신이 매우 분석적이고 차분한 성격이더라도 당신의 최종결정은 최종 확신 이전에 끝나야 한다. 어떠한 상황에서도 충분한 시간과 정보가 주어지지 않는다. 기껏해야 80~85%의 정보가 주어지는데 당신은 이를 바탕으로 최종결정을 내려야 한다"[68]고 했다. 사실 확고한 결단력은 위대한 자산이지만 승률 100% 적중하는 정보사용은 거의 쉽지 않다.

기업들 역시 정보의 정밀성 대 속도에 대한 욕구와 관련 연구개발 R&D와 함께 다른 한편으로는 판매 사이에 존재하는 긴장을 해소하려 할 것이다. 분명한 것은 정보의 정밀성은 철학을 생산하는 것이 아니라 진실하고 비교 가능한 정보를 만드는 것이다.[69] 그만큼 정보는 결핍의 상태이거나 많은 경우 역시 위험요소를 내포할 수 있다. 상품에 '명품'이 있듯이 쏟아지는 정보 중에서 명품정보를 찾아내야 한다. 사실 학자들의 집요한 논리와 정의가 진리체계를 말하지만 이제는 정책기관 연구소들의 실질적 정보 그리고 현지 답사한 다큐멘터리 등 효율적인 정보가 더 선호되기도 한다.

다섯째, 생산된 정보 상품(보고서)에서 제시한 정책 권고는 보다 현실적인가.

이 문제는 조직의 습관, 조직 차원의 이기주의에 젖어 있는 경우가 많다. 정책권고가 긍정적 효과를 가져오는가, 이익의 관리를 위해, 그리고 위험요인을 제거할 수 있는가를 살피는 일이다. 냉혹한 현실세계와 실질적인 정책 입안과정에는 음모와 방해 모순이 팽배하기 마련이지만 인류의 진보발전을 위해 가치 있는 정보를 생산해야 한다는 말은 지나침이 없다.

---

68) Jack Uldrich, Soldier Statesman Peace Maker : Leadership Lesson from George C. Marshall, 나종남(역) 『조지 마셜리더십』(서울 : 비지니스 맵, 2007). pp.88.

69) Geoffrey Bowker and Susan Leigh Star, Sorting Things Out : Classification and Its Consequences, 주은수(역) 『사물의 분류』(서울 : 현실문화연구, 2005), pp.236~238.

정보업부와 관련한 비판적 사고는 최고의 노동이다. 보고서 내용 내지 정책 권고에 있어서 엄격히 '중도 혹은 중간' 의 입장이나 개념은 필요 없다. 다만 정책선택을 둘러싼 '중심적 가치' 가 무엇인가를 판단하는 것은 중요하다. 정보조직 내 차상급자들은 경험과 사고의 유연성을 가지는 인지주의적 함정에 빠지는 경우가 많기 때문이다. 밑에 있는 사람들이 혹시 국가이익의 실현이라는 중심적 가치를 벗어난 정보보고서를 올린다면 정책 선택의 제시가 아니라 개인적 가치를 제시하는 것이나 다름없다. 상위 행위자들의 코드에 맞추며 안주하려 한다면 조직과 이익을 상실하는 것이고 실패의 길을 가는 것과 같다.

더구나 정책권고가 추상적이거나 잘못되었을 때는 몽상적 정보 분석 아니면 유포리아 (euphoria : 근거 없는 병적인 낙관주의에 빠지는 상태)에 빠진 결과다. 문제가 발생시 인간은 핑계를 대기 쉽지만 진정성을 상실한 보고서는 하나의 소설일 뿐이다. 국가정보의 경우 정보라는 상품을 만들어서 안보 이익관리에 사용하는 것이며 내구성이 아니라 사용하고 버리는 소비재이며, 계속 다른 정보를 생산하고 교체하는 것을 의미한다. 그러하기 때문에 정보관은 예의 바르고 지적 수준이 높아야 하며 미래를 향한 정보(상품) 개발에 힘쓰는 사람이어야 한다.

여섯째, 정보소비의 '행동 개시시간' 의 문제로서 정보목표를 실현하고 어떤 손실도 초래하지 않으면서 정보의 사용 시기를 정확히 판단하는 일이다.

일본 오마에 겐이치(大前 硏一)는 우리는 시간 한 가운데 존재한다면서 문제해결능력으로 '즉전력' (卽戰力)을 제시한다. 경쟁에서 살아남기 위해서는 '즉시 실천에 사용하는 힘' 이 필요한데 이것을 익히는 방법은 어학력(영어), 재무력(자산 가치판단), 문제해결능력으로 꼽는다.[70] 이러한 삶의 방법들은 자신들의 가치를 증명하고 인생을 즐길 수 있는 힘이라고 조언한다. 정보 역시 즉전력의 힘이 된다. 정보소비를 행동으로 옮기는데는 최소한의 정보를 통해 의사결정을 하며 사실적인 정보들보다 직관적인 정보들과 함께 성찰 이해함으로써 혼란을 피할 수 있다. 정보의 중요성을 터득했던 대표적 인물 중에 한 사람인 리처드 버튼 경(Sir Richard Francis Burton)은 주관적이고 직관적인 사고 그리고 20%만의 정보로 행동을 결정하는 과단성 등이 그의 덕목이었다.[71]

---

70) 오마에 겐이치, 박 화(역) 『즉전력』, (서울 : 이스트 북스, 2007), pp.53 이하.

71) Robert D. Kaplan, The Coming Anarchy : Settering the Dreams of the Post Cold War, (New York : Vintage Books, 2000), pp.94.

다른 교훈적인 예로서 클라우디아 해먼드(Claudia Hammond)는《감정의 롤러코스트》에서 감정은 이성보다 지혜롭다면서 감정이 지능지수보다 문제해결능력에 영향을 미친다고 주장한다.[72] 감정이 우리를 사로잡기 때문이 아니라 비이성적으로 행동하게끔 만든다고 한다. 감정은 우리의 상황을 평가하고 신속히 반응하도록 돕는 것이어서 감정을 잘 규명하고 인식하면 문제해결에 도움이 된다는 뜻이다. 조지 마셜(George C. Marshall, 1880~1959)이 좋아했던 문구는 '인간은 행동하기 위해서 태어났다' 는 것이었는데 불완전하더라도 신속하게 행동하는 것이 완벽하지만 때늦게 행동하는 것보다 낫다는 신념을 갖고 있었다.[73] 세계적으로 이름난 투자자(회사)들 — 예를 들어 골드만 삭스, 루빈 폴슨, 풀볼커, 조지 소로스 등은 금융투자라면 시쳇말로 동물적 감각을 갖고 있는 사람들이다. 행동의 개시 시간을 성공적으로 포착했던 사람들이다.

일곱째, 그럼에도 불구하고 정보에 대한 믿음과 확신이 반드시 성공을 가져올 것이라는 근거는 없다는 경고다.

외교 전략에 있어서도 완벽한 정보를 바탕으로 수립할 수 없다는 지적이다. 영국의 군사 전문가 존 키건(John Keegan)은 정보가 아무리 좋은 것일지라도 반드시 승리의 필수 조건일 수 있겠지만 그렇다고 충분조건은 아니라고 지적한다. 중요한 것은 전쟁에서 정보가 아니라 무력(전투력)이라는 것이다. 전투에서 승리를 좌우하는 것은 정보보다는 지휘관의 신속한 판단과 병사들의 용기에 달려 있다고 한다.[74]

사실인즉 최고의 스파이 전문가 그리고 위성정찰에도 불구하고 여전히 결정적인 암흑지대가 있기 마련이다. 그것은 정보의 부족이나 정보의 과잉일 뿐만 아니라 그것들이 초래하는 혼란 때문에 발생한다.[75] 그럼에도 전쟁에서 정보의 중요성을 과대평가하는 이유 중의 하나는 작전정보와 고유의 첩보활동 및 방첩활동과 혼동하는 것이고 또 하나는 작전정보가 군사적인 이점을 획득하기 위한 정보임에도 불구하고 전략적 가치, 즉 상대방에 대한 체제 전복과 같은 의미로 확대하는 경향이라고 한다. 그러나 국가 수준의 첩보활동은 군사 작전

---

72) Claudia Hammond, Emotional Rollercoaster, 이상원(역) 『감정의 롤로코스터』(서울 : 사이언스 북스, 2007), pp.415~417.

73) Jack Uldrich, op. ci,t pp.76~87.

74) John Keegan, Intelligence in War : Knowledge of the Enemy from Napoleon to Al-Qaeda, 황보영조(역) 『정보와 전쟁 : 나폴레온에서 알카이다까지』 (서울 : 까치, 2003), pp.410~411.

75) Robert D. Kaplan, Worrior Politics, (New York : Random House, 2002), pp.10~11.

정보와 달리 연속적인 과정이며 외교 국방에 필요한 정보활동으로 여전히 중시된다.

물론 정확한 정보 없이는 어떤 전쟁도 승리할 수 없다. 또 첩보활동의 무용함을 말하는 것이 아니라 실시간으로 변화는 상황에서 정보와 지식이 얼마나 유용할까 하는 점을 늘 염두에 두고 정보소비를 해야 한다는 점이다. 특히 상황판단과 정보선택에 있어서 ▲현재 가지고 있는 정보가 전체맥락과 일치하는지의 여부, ▲기존의 목적에 부합되지 않는 일련의 정보를 선택하려는 욕구가 강한 충동적인 정보소비는 아닌지, ▲개인의 지나친 순응주의, 사용자 코드에만 초점을 맞추려는 의도는 없는지, ▲개인들의 자율적이고 독자적인 행동에 대한 지나친 간섭은 없는지 등 자기 개성적인 관찰과 평가에 따라 정보를 찾아내고 소비하는 것이 성공의 길이요 참다운 지혜다.

이상을 마무리하면서 강조하는 것은 정보는 일종의 비경합재화(non-rival goods)로써 많은 사람들이 동시에 그것을 사용할 수 있는 것이지만 수집된 많은 첩보들 중에서 걸러내기(windowing)를 거처 분석 평가라는 과정을 거칠 때 귀중한 정보가 된다는 사실이다. 설사 올라오는 보고서 중에는 쓸모 없는 내용도 많을 뿐더러 많은 보고서가 올라오지만 그것을 제대로 읽지도 않는 경우가 많다. 아니면 제목만 보고 쓰레기통에 버리기도 한다. 때로는 그대로 돌려보내기도 한다. 이때 분석팀들은 회송되는 보고서에 대해 다시 쓰지 않거나 보고서를 쓰기 위한 보고서 작성은 무의미한 것이다. 그리고 사회는 도박으로 가득 차 있다. 주어진 정보만으로 어떤 정책결정 혹은 행동으로 옮기는데는 세심한 주의력이 요구된다. 정보는 유의미성보다는 실천적 유용성에 달려 있기 때문이다.

8-3. 정보경영에서의 정보소비자와 생산자간의 관계

사람들은 정보에게 길을 묻는다. 혼란 상태에서도 패배당한 순간에서도 정보를 찾아 그 길을 묻는다. 당신이 세상의 중심이라고 하지만 정보가 없으면 아무것도 할 수 없음을 알게 될 것이다. 얼짱 혹은 몸짱을 만드는 일, 부자가 되고, 기업이 생존해 가는 일들이 모두 사람들의 멋진 꿈이겠지만 이를 실현해 가는데는 정보가 필요하다. 진정 고급정보는 정보사회에서 참으로 '유용하다' 는 가치를 지닌다.

은유적이지만 정보의 열쇠는 가치다. 정보의 가치는 솔루션이다. 정보는 우리들의 '라이프 솔루션' (life solution)이다. 역설적으로 정보가 없으면 국가나 기업, 개인 모두가 맡겨지는 임무를 충분히 수행할 수 없음을 의미한다. 곧 국가나 기업에 있어서 '절대 불가결한 지식'이 정보이다. 그래서 이런 정보는 특수한 기술과 경험을 가진 전문가가 아니면 다룰 수 없다는 지적도 많다.

그 중에서도 생산 보고자와 최종 사용자간의 관계 설정은 중요하다. 예를 들어 국가정보 기관 책임자(장)와 정보 최종 사용자인 대통령의 관계는 정보업무 수행에 있어서 매우 중요한 요소다. 일반적으로 대통령과 정보책임자간의 관계가 지나치게 긴밀해지는 것을 방지하여 '정보기관의 중립성' 내지 독립성을 강조한다. 그러나 대통령과 정보책임자간의 관계가 멀어지면 정보가 제대로 활용되지 못하는 위험을 초래할 수 있다. 세계화에 따른 신패러독스에 의해 생겨나는 다양한 안보환경을 조정, 대응할 수 없을 것이다.

대통령과 정보책임자간에 관계가 소원해지면 아무리 객관적이고 중요한 정보를 생산해 보고하더라도 정책에 활용되지 않으면 한낱 휴지조각에 불과한 것이 된다. 더구나 중요하고 가치 있는 정보와 불필요한 정보가 엄격히 구별되지 않은 채 상위계층에까지 보고될 때 올바른 의사결정을 내리는데 혼란스럽다. 아니 실패를 가져 올 수 있다. 그러므로 최고사용자는 아래로부터 올라오는 정보보고서들을 충분히 이해하고 활용하는가. 아니면 의사결정 전략과 잘 연결시키고 있으며 더 좋은 결과를 가져올 행동으로 바뀌지고 있는가를 성찰하여야 한다. 어렵게 얻은 특정의 정보로 영향력을 확보하고 나아가 이를 수용하는 사람들과 연계하여 더 높은 가치를 창출하는가의 피드백이 요구되는 것도 정보사용자의 역할이다.

사실인즉 "첩자는 군주의 가장 귀중한 조언자이며, 밤낮 없이 군주를 접견할 수 있어야 한다"는 손자(孫子)의 말은 매우 시사하는 바가 크다. 지금의 역사는 지난 수십년간 허약 체질에 지나지 않았던 정보기관을 이제 전략결정과정에 적극적으로 참여시키는 시대가 되고 있다. 즉 정보인의 역할이 그만큼 확대된다는 의미이다. 그렇기 때문에 정보생산자와 사용자간의 관계가 소원해진다면 이를 시정하기 위해서 양자간의 행정적인 장벽을 없애거나 정보업무를 세분하여 분산시킬 필요가 있다. 그러나 이럴 경우 오히려 크고 작은 지침을 바로 받을 수 없게 되는 경우가 생긴다. 지나치게 가까울 경우 기본적인 임무수행과는 거리가 먼 사적 활동이 돼 버릴 수 있을 것이다.

정치는 '정치가의 국민을 위한 정치'가 아닌 '정치가의 정치가를 위한 정치'로 변질되고 있는 것이 오늘의 현실이다. 정치가들은 법적 윤리적 책임보다도 지역주의, 파벌, 금권정치가 맹위를 떨치고 있기 때문이다. 사실 최고통치자(사용자)의 권력적 욕구가 강할수록 정보에 대해 요술지팡이처럼 생각하기 쉽다. 공공선택학파 제임스 뷰캐넌(James

Buchanan 1919~)은 정부 관료들을 이기적이며 정치적 비즈니스맨으로 보았다. 비즈니스 맨들이 수익의 극대화를 추구하듯 정치적 비즈니스맨들은 권력의 극대화는 물론 보이지 않는 도전자들과의 게임에서 이기는 비결을 추구한다는 지적이다. 이 말을 상기하면 권력자들의 입에 맞춰서 각국 정보기관들은 일하고 있는 것이나 다름없다.

정부와 기업의 비밀 그리고 경쟁하는 사람들의 비밀을 찾아내고 분석하는 일은 비밀정보기관들의 고유한 업무 중의 하나이다. 따라서 앞장(7장 3절)에서 밝혔듯이 정보사용자와 정보기관장의 업무협조인가 아니면 독립성인가 하는 문제들은 국가안보에 있어서 대통령과 정보기관장의 지위와 역할에 따라 달라질 수 있으며, 가치를 창출하는데 근본적인 이해가 작용하는 영역이기도 하다. 그렇기 때문에 국가권력을 위한 정보평가는 매우 어려운 작업이라는 점에서 신중한 분석을 필요로 한다. 정보는 정치적인 행위들이 갖는 '목표 자체'에 의미를 부여하는 것으로 일종의 가치판단이 중요한 것이기 때문이다.

◑ 국가정보에서의 정보생산자와 소비자와의 상호작용

정보활동(수집, 분석, 배포)은 어떤 행동과정이 성공할 수 있도록 하는 지식을 얻기 위한 자연스러운 노력이다. 정보의 규모는 인간의 욕심만큼 무한한 것이다. 다만 '고급수준의 정보 혹은 강력한 정보'를 얻기 위해서 우리는 늘 노력하고 있을 뿐이다. 그렇다면 정보생산자와 소비자는 어떻게 상호 작용하는가. 물론 정보생산자와 소비자가 함께 고민하고 협력해서 훌륭한 정보를 생산하는 일은 더 좋은 일이다. 그러나 정보생산과 관련해 보면 복잡하고도 주의 깊은 작업으로 진행된다. 다른 일반기관에서는 결코 찾아볼 수 없는 정보 업무들, 이를테면 특유의 인사, 조직, 정보행정 그리고 인간관계 등과 관련된 문제들이 수없이 발생하고 있다.

더구나 최고사용자인 대통령은 통치술(state craft)이 요구되는 자리다. 통치술은 지도자가 적대적인 요인들이 많이 쌓인 상황에 대처하는 기술이다.[76] 국가정보기관은 헌신적이며 효과적인 통치도구로서 대통령은 이런 정보기구를 정확히 파악하고 현명하게 운영하는 일이다. 최고 리더가 활용해야 할 통치도구는 행정부처들이지만 특히 정권의 핵심인 군사력, 정보력, 경제력에 대한 정책은 권력유지의 기반이 된다. 핵심적으로 정보력을 뒷받침하는

---

76) Carnes Lord, The Modern Prince : What Leaders Need to Know Now(New Haven and London : Yale University Press, 2003), pp.21~22.

국가정보조직은 정치학에서 말하는 통치를 가능케 하는 기관이다. 그렇기 때문에 정보조직은 국가가 필요로 하는 것을 만족시킬 수 있는 수단을 보유한다. 국가안보이익을 관리하는 것은 다름 아닌 정보기관의 몫이다.

정보의 사냥에는 옛날이나 지금이나 계속적으로 나타나는 장애요소가 많다는 것은 그만큼 어렵다는 뜻도 된다. 정보를 수집하고 분석하는 일련의 과정, 특히 정보의 수혜자인 사용자나 일반 국민들에 이르기까지 '정보'에 대한 이해나 이용에 있어서는 여러 가지 다양성 속에 '오류'가 있을 수 있다. 뿐만 아니라 정보를 생산하는 사람과 사용자 사이에는 미묘한 관계가 있을 수 있다. 즉 사용자 입장에서 주어진 정보(지식)가 완전하고 정확하며 적시성이 부족하였다면 그 지식은 소용없는 것이 되고 만다. 뿐만 아니라 사용자가 이 같은 정보를 가지고 의사결정을 하였다면 엄청난 재앙을 가져올 수도 있다. 예를 들어 북대서양조약기구(NATO)의 유고 주재 중국대사관 오폭사건은 정보판단의 잘못으로 인해 미국·중국 관계에 심각한 영향을 미친 바 있다. 그러므로 정보사용자 및 조직 관리자는 보고서의 실패 내지 내용이 부족하다고 생각될 때 그 이유를 자세히 살펴 대응할 필요가 있다.

● 직원들은 당신이 기대하는 바를 명확히 이해하지 못했을 가능성을 검토한다. 이 때는 관리자는 밑에 있는 사람들이 해야 할 일 자체를 명확히 하라. 당신의 지시가 너무 막연했을 가능성이 있다.
● 직원들이 충분한 분석 능력을 가지고 있지 못할 수 있다.
● 직원들이 일하는데 조직적으로 방해될 어떤 걸림돌이 있을 수 있다.
● 생산된 정보를 개인의 사적인 정보로 사용하거나 타인에게 넘길 수 있다.

이와 비슷한 원리로 정보사용자와 생산자간의 상호 신뢰성이나 의사소통이 안 될 때 비대칭적인 관계가 일어나게 된다. 맞춤정보를 원하는 측과 이에 답해야 하는 생산자가 서로가 알지 못할 때 양질의 정보를 생산할 수 없는 것은 당연한 일이다. 때문에 정보의 생산자와 사용자 사이에는 적절한 관계가 유지되어야 하며 혹시라도 형식적이거나 어떤 장애가 있어서도 안 된다. 사람들(생산자, 소비자) 관계에서 조직의 목표 규칙 등의 의견충돌 그리고 조작 가능한 정보의 성질을 고려해야 한다.

정보소비의 주체인 최고관리자는 늘 정보에 대한 기대감으로 차 있다. 정보소비를 통해 '자기 완성'을 추구한다. 긴장감 있는 사건 및 예상되는 '가설'에 대해 정확한 아이디어를 요구한다. 그러나 이때 사용자는 기대의 명확성(clarity of expectation)을 정보수집 및 생산자에게 제시하거나 지침을 주어야 한다. 사용목적 내지 전략적 게임의 방향까지 명확히 일려주는 일이다. 그때에 비로소 정보조직은 충성스런 분위기 속에서 정확한 정보를 생산해내기 마련이다. 반면에 사용자는 조직원간의 심리적인 갈등, 다시 말해 사용자는 종종 조직내 동료들간에 불화나 지적능력을 의심하여 낮게 평가하는 경우가 있다. 또한 개인의 지적능력에 대해 모욕을 주거나 경시하는 태도는 그들에게 소외감과 불쾌감을 불러 일으켜 결국 정보사용자와 생산자간의 괴리가 넓어질 수 있다.

또 다른 점을 지적할 필요가 있는데 정보활동과정에 있어서 소비자와 생산자(분석관) 사이에서 일어날 수 있는 의견의 차이를 어떻게 조정하는가이다. 자칫하면 과거와 같이 사람들간에 의사소통조차 자유롭지 못하거나 닫힌 정보기관으로 흐를 때 왜곡된 정보를 생산할 가능성은 높아진다. 미국에서는 이런 문제를 놓고 두 측면의 상반된 논쟁이 제기되어 왔다.[77] 하나는 정보사용자와 현장에서 활동하는 정보를 수집 생산하는 사람들간에는 다소 거리(distance)를 둘 필요가 있다는 입장이다.

만약 정책결정자가 정보요원과의 밀접한 관계를 유지한다면 객관성의 유지가 어렵다거나 입맛에 맞는 어떤 정책결정을 지지 반대하는 정보를 제공할 위험성이 있다는 것이다. 또 정보사용자들은 자신과 관련된 특별한 정책을 지지 혹은 반대하는 분석 결과물을 얻을 목적으로 정보보고서 작성 자체에 개입할 가능성을 우려한다. 다시 말하면 정보사용자와 정보생산자가 지나치게 가까운 관계를 유지할 경우 정보의 조작이나 '정치화'로 전락될 위험성이 증가할 수 있다는 지적이다.

○ 정보 책임시스템의 확립

이른바 정보 책임시스템(intelligence accountability system)을 통해 독립성과 신뢰성, 영향력을 지키려 하는 것은 가능한 정보사용의 부정을 방지한다는 의미가 크다. 엄밀히 말해서 개인적으로 혹은 사회관계에서 인간관계가 형성되지 않으면 좋은 정보를 제공하지 않을 것이지만 정보 민감성에 따라 적절히 대응하는 것은 각자의 몫이다.

반면에 위의 입장과는 달리 정보요원과 정책결정자간의 관계는 가능한 가까운 거리(proximate)에서 상호 작용해야 한다는 주장이다. 정보요원과 정책결정자간의 관계가 지나

---

77) Mark M. Lownthal, Intelligence from Secret to Policy(Washington, D.c. : C Q Press 2000), pp.13~14.

치게 멀어지면 정보공동체가 정보사용자의 요구를 잘 파악할 수 없게 되며, 따라서 유용한 정보를 생산할 수 없게 될 것이라는 우려이다. 사실 미국의 경우 이와 같은 가까운 거리의 정보체계가 선호되었으나 정보의 정치화를 초래할 위험성이 계속 지적되어 왔다.

미국에서는 카터(James Earl Cater Jr) 행정부(1977~1981년) 당시 조지 터넷(George J. Tenet) CIA 국장이 최고 정책결정자와 너무 가까운 나머지 정보실패를 가져왔다고 지적된다. 터넷은 카터 대통령과 해군사관학교 동기생으로 두 사람 다 독실한 크리스찬으로 도덕주의적이었다. 두 사람은 매우 친밀한 관계로 CIA 개혁을 단행하며 고참요원들을 대량 감원하는 한편, 이란 테헤란 주재 미국대사관의 인질사건을 예측하지 못했으며 또한 인질 구출작전도 실패했다.

반면에 울시(James Woolsey, 1993. 1~1994. 12) 국장은 대통령과의 관계가 너무 소원해 정보기관으로서의 제 기능을 수행하지 못하는 역작용이 있었다고 지적된다.[78] 최고통치권자에게 비위를 맞추려는 정보기관장들로 인해 정보활동 자체가 왜곡될 수 있지만, 더 큰 문제는 대통령과의 거리가 멀어지면 균형적 역활이 손상되는 것이다.

바로 여기에서 정보조직 내 실무차원의 수집관과 분석자의 관계가 밀접할 때 긍정적인 힘을 발휘하게 된다는 의견이 많다. 사실 현장에서 일어나는 정보시장을 가장 잘 알고 있는 사람은 현장에서 뛰는 하급직이다. 또 최전선의 정보활동가들은 현실로부터 멀리 떨어져 있는 본부 상급자들보다 유리한 위치에 있다. 이와 관련해 1990년 말 이후 분석관들과 수집요원들 간의 관계는 정보조직 내에서 많은 논란을 거듭하는 가운데 분석부서(DI)와 활동부서(DO) 간의 협력관계를 유지하는 방향으로 발전하고 있다. 단, 공작원과 공작기법 그리고 분석기법들에 대한 보안을 철저히 유지하여야 한다는 조건이 따른다. 하지만 '있는 그대로의 사실'을 정책결정자에게 전달해야 한다는 것은 모든 수집관이나 분석관들의 의무요 윤리성의 핵심을 이룬다. 현실적인 의미에서 그것은 바로 정보의 존재이유이며 정보문화이다.

또한 대통령과 정보조직 간의 관계를 원활하게 하지 못하는 이유로서 보안문제가 있다. 사용자의 욕망이 크지만 적시성과 긴박한 정책의 수립과 전략을 수립할 때 거의 그 내용이 비밀로 취급된다. 이때 생산자와 사용자가 어디까지 비밀로 유지하고 지켜가야 하는가의

---

78) Richard K. Betts, "The New Politics of Intelligence : Will Reforms Work This Time", Foreign Affairs. May / June 2004. pp.7~8.

문제가 발생한다. 정책이나 계획을 수립할 시 문제의 성격에 따라 비밀리에 업무를 수행하게 될 때가 많기 때문이다. 정보원은 가치가 큰 유효한 첩보의 출처를 필히 개척해야 하고, 보호해야만 한다는 점에서 절대비밀성을 유지하고자 한다. 만약 외부에 고급비밀정보를 누설하거나 암시(hint)하는 일은 모든 활동을 실패로 이끄는 결과를 초래하기 때문이다.

따라서 정책결정 과정의 적절한 비밀유지와 공개성 사이에서 타당한 밸런스를 유지하는 것이 필요하다. 정보생산자들이 엄격히 비밀을 지키다 보면 사용자들은 그 확실성을 오히려 의심하게 되고, 만약 비밀내용을 제공했을 때 정보사용자는 기밀을 누설하지 않는다는 보장도 없다. 또한 과잉의 비밀성은 정책결정의 자발적 발언이나 새로운 아이디어 탐구성을 방해할 수 있다. 그러나 고위층에 있는 사람은 무엇보다 '비밀출처내용'의 보안을 위해서 꾸준히 노력해야 한다는 사실은 여러 가지 비밀노출사건에서 보듯이 아무리 강조해도 지나침이 없을 것이다.

마지막으로 정보활용과 관련해 제기되는 문제는 최고 정책결정권자의 정보오용이 아니라 정보를 제대로 활용하지 않는 점이 지적된다. 정보사용에는 안정적(stable) 혹은 부정적(negative) 사용이 있을 수 있다. 전자의 경우 최고사용자가 어떤 새로운 정보를 획득했을 때 이를 바탕으로 조직의 경영진로를 안정적으로 바꿀 수 있는 용기를 갖고 사용하는 경우다. 정보의 효율적 사용은 바로 정책결정이며 하나의 사건이기 때문이다. 반면에 주어진 정보를 단순히 권력의 연장 혹은 개인적 권력 죽음을 두려워한 강박관념 속에 사용한다면 정보를 제대로 사용하지 않는 것이다. 정보사용자는 지적인 솔직함(intellectual honesty)이 있어야 한다. 정부정책이 의회 혹은 시민단체와 대립했을 때 정보판단 보고서를 참고할 수 있다. 이때의 정보는 정부의 목적과 기능에 대해 모종의 브레이크 역할을 하게 된다.

◑ 정보활동에 대한 지침의 문제

현대 정보조직들은 국가정보정책을 근거로 해 활동한다. 대부분의 정보정책은 양적·질적 불확실성을 다루는 것이어서 더 좋은 정보를 요구하고 있지만 극단적 도박에 가까운 의사결정을 내리게 되는 이른바 역사의 도박(gambling with history)을 시도하는 것이 바로 상대방의 의도를 판단하는 능력이다. 쉽게 말해서 상대방측의 정책의도(policy intention)를 파악하기 위한 것이며, 동시에 자기 자신들에게는 정책결정의 애매성을 감소시키는 방책이다. 상대국의 객관적 정세(objective situation)나 전쟁 잠재력(war potential)의 능력을 성찰하고[79] 이에 대응하는 것이다.

그런데 정보는 실제적인 행동을 취하기 위한 지식이라는 점에서 '지침의 문제'(the problem of guidance)가 매우 중요하다. 미국의 경우 정보활동에 관한 법적, 행정명령 내지 국가안전보장회의(NSC)를 통해 정보정책 지침을 내린다.[80] 가능한 정보정책 지침은 여러 가지로 이해될 수 있지만 법률, 행정 명령, 사법적 결정 등에 따라 결정되는, 그리고 정부의 어떤 '통치 행위'와 관련된 것이다. 곧 상대방 정부가 내리는 국가관리지침에 대한 대응책을 위한 지침이다. 이를테면 대통령이 상대국가의 전략적 능력과 특수 취약점에 관한 지식이 필요하다면 상대국의 가능한 행동방책을 능히 예측할 수 있는 지침이어야 한다. 가능한 정보활동 도출은 엄격한 의미에서 예측에 속하는 것으로 볼 수 있는데 그것은 오로지 정보기관의 지식과 경험에 기초한 추리판단능력에 따라 좌우된다.

구체적으로 말해서 최고 정보사용자는 무엇보다 특정국이 과거에 취해왔던 행동 방책을 먼저 이해되고 대상국이 ▲기존의 정책유형을 고수할 것인가, ▲행동노선이 생존적 가치를 가진 하나의 전통인가, ▲비합리성에 기초를 둔 새로운 정책방향으로 선회할 것인가를 살펴보아야 한다. 반면에 아측은 상대방에 대한 정확한 분석자료에 의거해서 상대의 행동방책을 판단 도출하게 되는데, 이때는 이른바 '의도'(intention) 또는 가능한 의도를 도출하기 위해 필요한 정보를 수집, 분석, 평가하여 사용자에게 상보하는 일이다. 대통령 지침에 의한 분석 판단한 정보는 상대방과의 조우, 의미작용에 대한 주체적인 인식이지만 무엇보다 아측의 이익관리와 훌륭한 정치적 안전감을 가능케 하기 위한 보고서를 생산하기 위한 것이다.

그런데 정보사용자 중에는 친정보주의자와 별로 관심을 보이지 않는 정보 무관심주의자가 있다. 정보력을 주도면밀하게 활용한 인물(나폴레옹)이 있는가 하면 경시했던 인물(히틀러)도 있다. 때로는 러시아 푸틴, 파나마의 마누엘 노리에가처럼 과거 국가정보조직에 있던 사람이 국가지도자가 된 경우도 있다.

미국 해리 트루먼(Harry Shippe Truman, 1884~1972) 대통령 역시 친정보주의자였다. 제

---

79) 전쟁잠재력이란 전쟁을 수행해 나갈 수 있는 가능한 능력을 의미한다. 현존군사력, 전투태세, 동원 가능한 전략적 능력 모두를 의미한다. 여기서는 주로 인구동원, 식량, 수송망, 정치구조, 사회구조 등 주요 항목들을 정확히 판단 한다.

80) 미국의 경우 정보활동에 대한 NSC의 제도적 역할은 정보수집의 우선 순위 선정, 업무 수행의 평가, 대통령 안보담당보좌관 중심으로 국외정보위원회(Committee on Foreign Intelligence)을 조직해 광범한 지침을 내린다. 그리고 정보사용자와 정보 생산자들의 상호 작용을 위해 정보사용자 위원(Consumers Committee)을 두어 사용자의 정보요구를 충족시켜가고 있다.

2차 세계대전 후 소련의 공산주의 팽창전략에 대응하는 과정에서 해리 트루먼 행정부 (1945~1953)에 의해 CIA가 창설되었다. 또한 미국 국가안보국(NSA)은 1952년 트루먼 대통령이 설립한 이후 이제 세계 최강의 통신감청기관으로 현재 약 38,000명으로 구성되어 있다. 에셜론(Echelon)은 전 세계 전화, 팩스, e-메일 등의 대략 30억 회선을 엿듣는 진공청소기와 같은 통신감청시스템이다.

레이건 대통령(1981~1988 재임) 또한 국가정보를 매우 신뢰했다. 국가 위신과 현실 중시 정책을 전개하는 과정에서 정보기관을 적극 활용했다. 위대한 미국 건설을 목표로 경제적으로 레이거노믹스와 군사력 확충, 국가정보기구를 확대했다. 레이건 취임 첫해인 1981년 12월 당시 60억 달러였던 CIA 예산을 4년 후 200억 달러로 증액했다. 인원도 카터 행정부 때와 다르게 CIA 인력을 30% 이상 증원했다.[81] 그밖에 민주주의 국가지도자 중 정보력을 훌륭하게 활용한 인물은 영국의 처칠(Winston Churchill) 수상을 꼽을 수 있다.

맥아더(Douglas MacArthur, 1880~1964) 장군 역시 정보에 근거해 전쟁을 지휘했다. 1950년 9월 15일 감행된 맥아더 장군의 인천상륙작전은 '세기의 상륙작전 혹은 5천대 1의 승부'라고 부른다. 상륙작전 계획이 여러 번 변경되는 가운데 맥아더 장군의 신념과 의지에 의해서 성공을 거뒀던 작전이었다. 여기에서는 세 가지 전술원칙이 있었는데 그것은 정보수집(상대를 안다), 기만과 양동작전(상대를 속인다), 병력우위(상대를 제압한다)에 기초한 것이었다. 당시 연합군은 인천상륙작전을 위해 미국 해군 장교들을 인천 앞바다 작은 섬에 잠복시켜 기뢰부설의 유무, 상륙부대의 진입로 탐색, 월미도와 인천항의 경비상태 등 다양한 정보를 수집하고 항공사진으로 암벽의 높이와 간만의 차(9.5m) 등 지형분석을 통해 이뤄졌다.[82]

이상에서 보듯이 정보조직은 최고사용자의 욕구와 불만을 끊임없이 찾아내 이를 해소해 주는 일이다. 정보의 임무는 정책수립자들에게 충분한 사실, 지식을 알려주고, 그들이 간과하기 쉬운 사실에 대하여 주의를 환기시켜 주는 멘토의 역할을 한다. 정보는 정책의 목표를 설정하거나 정책을 집행하고 담당하는 것이 아니라, 다만 이러한 목적을 달성하도록 도와주는 일종의 멘토 역할이다. 다시 말해 업무의 절차상 오류를 제거하는 일로서 관심, 참여, 설명, 기대충족 등에 대한 절차적 정의(procedural justice)가 바로 서도록 돕는 일이다.

---

81) Carnes Lord, op. cit, pp.244~245.
82) Ikujirou Nonaka. Ryoichi ToBe(외) op. cit, pp.289~290.

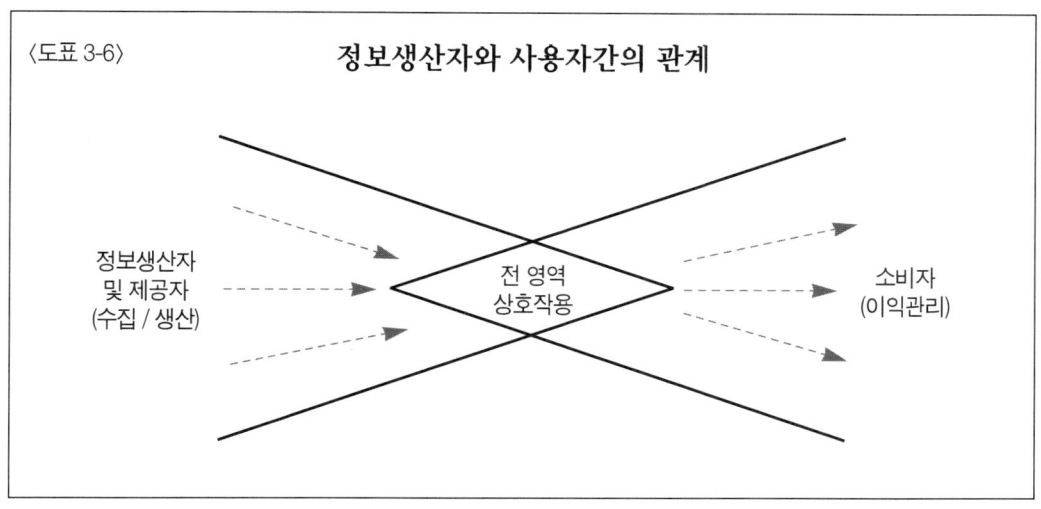

〈도표 3-6〉에서 볼 때 정보분석관은 정치, 경제, 사회 등 현실 속에서 조직의 경쟁력과 국가와 기업 관리를 위한 정보를 생산해 제공하는 것(판매하는)이고, 다른 한편은 정보사용자(소비자)편에서 국가 관리와 이익을 위해 쓰거나 조직의 강점을 보호하고 개발하기 위해 사용할 수 있다. 이때 정보 상품은 사용자에게는 현실적으로 변화하는 환경, 위험관리, 조직지식과 문화가 뭉쳐진, 다시 말해 국가 관리와 경쟁적 이익을 극대화하기 위한 최적화과정의 결과물인 셈이다. 그러하기 때문에 정보소비자와 생산자간에는 절대적인 신뢰와 충분한 의사소통은 물론 신뢰할 만한 아이디어, 조직의 유·무형자산의 집합에 관심을 가져야 한다.[83]

- 정보생산물(보고서)은 사용자와 기타 이해관계자들에게 이익과 의사결정을 돕는데 사용하는 것이다.
- 정보는 현재 혹은 미래 그리고 잠재적인 이익을 챙기고 발전할 수 있는 높은 기대와 창조능력을 만들어 낸다. 특히 정보는 '미래에 되어야 할 어떤 것'에 대한 답이다.

---

83) Kees van Heijden, Scenario(1996), 김방희 (역) 『시나리오 경영』(서울 : 세종연구원, 2000) pp.96.

● 어떤 내용의 정보 (특히 시비 거리 정보)가 공조직에서 분석 평가되고 검증될 때 정보 사용 가치로서 빛을 발하게 된다.

● 그러나 정보활동 자체뿐만 아니라 정보사용에서는 '치명적인 오류'를 범하기 쉽다는 점을 늘 잊어서는 안 된다.

그런데 정보사용자들은 정책결정과정에서 특정문제 발생가능성의 두려움 혹은 가상적이거나 위험들로부터 벗어나 현재에 안주하려 한다. 그러하므로 생산자들은 현실문제들에 우선 전념하고자 하는 자세가 중요하다. 하지만 생산자는 양적인 보고서 생산에만 관심을 가지며 자신의 관심분야를 계속 상보함으로써 정책결정자가 보고서(정보) 홍수에 빠지도록 한다. 뿐만 아니라 어려운 의전 절차와 위계구조가 작용하거나 보고서 형식과 절차 등, 다시 말해 구성원들의 음성적 권한 행사로 인해 보고서의 단절이나 허례, 지연 등의 문제가 발생하기도 한다.

따라서 정보의 사용자들로부터 적절한 지침과 신임이 없으면 국가정보조직은 필요한 지식을 생산할 수 없으며, 더욱이 정보기관의 주임무인 외국에 대한 정보활동도 지나쳐 버릴 수 있다. 정보를 수집하고 분석하는 것은 각 구성원들의 몫이지만 그것을 사용하고 정책화하는 것은 결국 조직이고 핵심 결정자들이기 때문이다. 분명히 정보흐름의 종착점은 사용자에 의해 유효하게 사용될 때여서 최고 정보사용자의 적절한 지침이 없으면 정보기관을 마비시키는 주요 원인이 된다. 그러므로 정보를 소비하며 정책결정을 내릴 때 사용자 자신의 성찰이 무엇보다 필요한 것이다.

◐ 바람직한 정보문화 구축과 인간의 자본화

정보조직을 비롯해 기업조직들이 스마트화되고 있다. 과거의 경마식 중앙 집중적 조직에서 다양성과 유연성이 강조되는 방목형 조직으로 변화되고 있다. 대규모 조직들은 근대에 들어와 덜 관료제적이고 보다 유연해지기 위해 조직을 재구조화하고 있다. 이것은 관리자들이 하층 직원들의 견해를 보다 포용하고 연공서열에 따라 임금과 의무가 연결되고 있다는 사실과 무관치 않다. 탈관료제라는 지배적인 조직형태로서 막스 베버(M. Weber) 식의 관료제가 점차 줄어드는 과정을 의미한다.

정보조직은 전통적으로 중앙 집중적이고 군대조직과 같은 수직구조로 운영돼 왔다. 그러면서도 현재는 기능과 임무가 철저히 세분화되고 비밀스럽게 운영되는 등 다문화조직

(multi- cultural organization)으로 변하고 있다. 각 나라들은 정보전문가들을 이용해서 더 높은 정보력을 가진 강력한 조직으로 바꿔가고 있다. 정보조직의 관리는 리더들의 톱다운 (top−down) 혹은 보텀업(bottom−up) 방식이 있지만 현대는 톱다운 방식의 리더십보다 밑에서 치고 올라오는 보텀업 방식의 리더십이 요구된다. 정보조직의 운영, 인사, 재무 등의 경영분야에서 이 두 가지 방식이 균형 있게 운용돼야 한다고 지적한다.[84]

현실적으로 정보 시스템은 문명사회의 조건임을 암시한다. 정보의 의미와 그 역할에서 보면 정보가 없으면 국가나 기업의 생존관리가 어려워진다. 하지만 제도(시스템)가 없으면 아무것도 존속할 수 없다. 그리고 사람들을 기계론적 사고보다 시스템사고(system thinking)로 발전토록 유도하는 것이 필요하다. 시스템 사고란 단선적이고 수직적인 문제해결방법이 아닌 조직을 살아 움직이는 유기적인 체제로 혁신해 종합적으로 해결하려는 구성원 모두의 사고방식을 의미한다. 최고의 아이디어와 정보를 얻는 것은 조직내부가 아니라 협력기관과 고객들이다.

미국의 사우스웨스트 항공사 허브 켈러허(Herb Kelleher) 창업자는 양파보다 오렌지 같은 조직으로 발전을 촉구했다. 말인즉 정보사용자들이 양파같이 껍질을 몇 번이고 벗겨서 먹는 것이 아니라 껍질을 한번 벗겨 바로 먹을 수 있는 오렌지 같은 조직이 필요하다고 설명한다. 동시에 조직에 필요한 전문성과 사회성을 두루 갖춘 인적 자본이 필요함을 강조한다. 구성원들을 이끌며 하나로 묶어 가는 조합형 인재가 더 중요해졌다는 것이다.

이렇게 볼때 가장 이상적인 방향은 조직 구성원간 특히 상하 구성원간의 상호작용이다. 예로서 고사 성어에 '줄탁동시'(啐啄同時)에서 의미하는 병아리 스스로 알 속에서 부리로 껍질을 깨는 노력과 동시에 밖의 어미 닭이 깨주는 식의 리더십이 필요하다. 정보를 생산하고 사용하는데 있어서 획일적 규범이나 지나친 엄숙주의, 통제적 이성이 지배해서는 안 된다. 구성원들의 자발적 참여의지와 이를 뒷받침하는 개방적인, 자유스러운 조직문화 그리고 이를 기다리는 최고경영자의 인내력이 중요함을 시사하고 있다. 권위 있는 상사들로부터 흔히 나타나는 정보활동에 대한 구조적 개입(structural intervention)이 자제되어야 한다는 의미도 포함된다.

정보조직들이 보유하고 있는 인력들이 조직이 목표로 하는 업무를 수행하는데 적합하지 못할 때가 많다. 더구나 사회복잡성, 불확실성에 따라 독점적 정보조직들의 정보생산은 더

---

84) John Deutch and Jeffrey H. Smith, "Smarter Intelligence", Foreign Policy, Jan / Feb 2000, pp.64~65.

〈도표 3-7〉 경험적 시스템과 분석적 시스템 비교

경험적 시스템	분석적 시스템
◆ 전체적인 관점	◆ 분석적 관점
◆ 활동적 : 기쁨 고통에 기초한 감정	◆ 논리적 : 합리성에 근거한 인식
◆ 관념적인 관계	◆ 논리적인 관계
◆ 과거에 경험으로 행동	◆ 사건에 대한 의식적 평가를 통한 행동
◆ 분명한 이미지 은유 속에 현실을 의식	◆ 추상적인 기호 언어로 현실을 반영
◆ 빠른 처리 과정 : 즉각적인 반응	◆ 느린 처리 과정(섣부른 행동을 자제)
◆ 변화에 느리게 반응(강렬한 경험에 의한 변화)	◆ 변화에 더 빠르게 반응(생각의 속도에 의한 변화)
◆ 단순한 통합 : 분열적이고 감정 중시	◆ 고차원적인 통합 － 상호관련성 중시
◆ 단순한 구별법 : 일반화 경향	◆ 세련된 판단 구분
◆ 수동적 경험주의 · 감성에 의존	◆ 적극적 경험주의 · 사고력에 의지
◆ 자기 확증 경험 중시	◆ 논리와 증거에 의한 정당화

※ 자료 : Epstein, Seymour. "Cognitive- Experiential Self-Theory : An Integrative Theory of Personality" in R.C, Curtis, The Relational Self : Theoretical Convergence in Psychoanalysis and Social Psychology(ed) (New York : Guilford Press, 1991), pp.111~137.

이상 비밀영역이 아니며 오히려 정보과잉이라는 문제에 직면했다. 역설적으로 다양한 소비자들이 원하는 정보를 생산하는데 어려움이 많다는 얘기다. 또한 인사관리체제의 모순으로 인해 업무운영을 촉진시키기보다는 어떤 장애요소로 작용할 수도 있다. 때문에 합리적인 조직문화로서의 '내부구조'를 만들어 높은 성과를 내야 한다. 개인의 지능이 높아지면 당연히 조직의 지능도 향상되기 마련이다. 리더들의 역할은 각 개인의 지능을 하나로 통합해 조작적으로 잘 활용하느냐로 귀결된다. 그러므로 정보조직이나 기업들의 혁신의 핵심은 협업(collaboration)이며 다제학적(multidisciplinary)인 동시에 글로벌해야 한다는 사실이다.

◑ 지식창조능력을 위한 학습조직

뿐만 아니라 조직적 자산의 효율적 관리 역시 경영자들의 몫이다. 조직적 자산은 크게 인간의 지식창조능력과 집단지식 즉 조직지(組織知)로 구성된다. 자원으로서의 지식정보를 생산하고 소화할 수 있는 개인적 능력(지식창조)도 포함된다. 여기서 전자의 '조직지'

란 조직차원의 지식으로 조직문화 시스템 그리고 업무프로세스 등의 활동을 의미한다. 후
자의 '개인지'는 개인차원의 지식, 개인에게 체화된 지식, 머리에 담겨져 있는 지식을 의미
한다. 개개인의 지식은 사회적 조직적 프로세스에 의해 새로운 아이디어로 창조됨과 동시
에 집단의 지식으로 공유되면서 풍부한 지식 형성의 모태가 된다. 지식경영이란 바로 학습
하는 조직(learning organization)이라고 할 수 있다.

선진기업들은 소비자들에게 신뢰받는 브랜드로서 높은 무형자산을 갖고 있다. 어렵게
만든 무형자산의 가치 구축에 힘쓰고 있다. 강렬한 브랜드를 소유한 기업들은 유무형의 브
랜드 자산(brand equity)을 통해 지속적으로 시장을 지배할 수 있다. 여기서 브랜드 자산이
란 지식정보의 뒷받침으로 이뤄진다. 이 때 주의할 것은 지식정보가 개인 및 조직적 자산으
로 관리되고 저장되어야 할 만한 가치가 있는가이다. 종이로 쓰여진 것이든, 사이버상에 흐
르는 것이든, 공식적인 것이든, 비공식적인 것들은 모두 본질상 조직과 개인의 자산으로 작
용한다. 이런 엄청난 양의 정보가 생산되고 종합되는 것을 자산으로 축적하는 일이다.

이를 위해서 무엇보다 인간의 자본화 및 핵심인재의 양성 배치가 필요하다. 글로벌화의
영향으로 인간자본과 아이디어가 자유롭게 이동하도록 한다. 사람 자체가 부(富)의 가치를
실현하는 원천이며 인재가 중심이 되는 현대사회다. 경제사회발전은 자원에 기대하는 것
이 아니라 인재들의 두뇌에 기대고 있다. 어느 조직에서든 전체 구성원의 1% 정도가 전략
적 사고를 하는 사람들로 알려지고 있다. 지식정보화 시대에서는 창조의 능력, 공감하는 능
력, 큰 그림을 그리는 능력이 필요시 되는 하이-컨셉(high-concept), 하이-터치(high-
touch)시대로 천천히 이동하고 있다.[85]

현시대가 가장 많이 요구하는 능력은 통합이고 조화다. 정보는 독립적인 존재라기보다
는 서로 연계되면서 덧붙여지고 있는 일종의 '움직임'이요 조화다. 움직이지 않고 무엇인
가를 만들어낼 수 없으며 정책결정에 영향을 미치는 지식상품을 생산할 수 없다. 그런 점에
서 정보전문가 역시 통섭적(consilient) 관찰력이 요구되는 전문직종들이다. 일반 서비스제
공자, 지식제공자, 상품생산자, 마케팅전문가 등과는 다른 특수한 전문 지식인이다. 똑똑한
정보맨이 조직의 든든한 자산이 아닐 수 없다. 사물에 대한 지배력은 조화를 통한 문제해결
능력에서 나온다.

그래서 다니엘 핑크(Daniel Pink)는 앞으로 능력을 보여주려면 기능만이 아닌 디자인(시

---

85) Daniel Pink, A Whole New Mind. (New York : Riverhead Books, 2005), pp.2~3.

각적 아름다움), 단순함만이 아닌 스토리(의사소통 설득), 집중만이 아닌 조화(분석 통합), 논리만이 아닌 공감(이해 배려), 진지한 것만이 아닌 놀이(여유), 물질의 축적만이 아닌 정신적 초월적 의미가 중요하다고 했다. 곧 디자인, 스토리, 조화, 공감, 놀이의미가 미래 인재의 조건으로 제시했다.[86] 비슷한 맥락에서 거장 르네 마그리트의 '보이지 않는 선수' (The Secret Player, 1927) 그림을 관람 갔다고 했을 때 이 그림은 단지 거장의 작품으로 보는 그림이 아니다. 충격적인 이미지로 혹은 생각하는 그림으로 받아들일 수 있는 미적 감각이 솟아나야 한다. 그럴 때 비로서 창의성(creativity)이 나온다. 창의성은 아무도 생각하지 못한 것을 스스로 찾아내 해결하는 능력이다.

상징적 속성이지만 신사업계획은 머릿속의 아이디어와 지적 노하우 및 정보에서 출발한다. 일종의 머리싸움이다. MS의 빌 게이츠는 아이큐전쟁에서 반드시 이겨야 한다고 했다. 제대로 된 사람을 써야 일이 제대로 된다고 믿었다. 하버드 비즈니스 리뷰(2007. 3월호)는 '똑똑한 직원들 이끌기'(leading clever people)를 안내하고 있다. 로브 고프(Rob Coffee) 팀은 똑똑한 직원들과 리더의 심리적인 관계를 조사했는데 똑똑한 사람들의 가장 큰 공통점은 보통 직원들과 매우 다르게 '리더가 그들을 리드하는 것을 싫어한다는 사실'이라고 했다. 그래서 리더는 조직의 비(雨)로부터 똑똑한 사람을 보호해야 한다고 조언한다. 여기서 '비'는 조직문화 규제와 정치적 역학관계를 의미한다. 경영자는 업무추진에서 있어서 구성원들의 마음을 하나로 연결시키는 '인화'의 능력이 있어야 한다는 뜻이다. 조직원간 '인화'는 결국 조직 내 '집합적 의지력'으로 전환되기 마련이다.

▶ 조직 내 위계서열의 파괴

사실 조직문화의 성격이 수평적인가 아니면 수직적인가에 따라 갈등의 수준이 달라질 수 있다. 현대 조직은 수직적 계선조직보다 수평적 체계로 많이 운영되고 있다. 팀을 중심으로 하는 수평적 경영체계 역시 더 조직화하고 세분화된 새로운 모델로 전환되고 있다. 한 명의 천재 CEO가 조직의 모든 결정을 내리는 경영방식은 이상 먹혀들지 않는다는 뜻이다. 조직 내에서 계급장을 떼고 말할 수 있는 조직문화가 될 때 참신한 아이디어가 나온다. 다양한 개성과 창의적인 아이디어가 분출되는 지식사회에서는 수평적 네트워크를 통한 조직 내부 구성원간의 의사소통과 지식정보가 공유되도록 하고 있다.

---

86) ibid, pp.4.

　　그래야만 불확실한 사회변화에 맞춰 질 좋은 보고서를 생산할 수 있다. 신속한 의사결정을 내리기 위해서 유연한 조직문화가 구축되어야 한다. 우리에게 익숙한 위계(hierarchy)와 서열(rank)에서 벗어나야 한다는 주장이 대세를 이룬다. 그러면서도 자율과 책임이 강조된다. 현재 상황에 대한 정확하고 균형있는, 편견이 없는 정보를 만들고 소비하기 위해서는 상·하간에, 수집·생산자간에 '이해당사자 정보시스템'(stake holder information sistem)이 필요해졌다. 이해당사자 정보시스템은 조직 내에서 일어나는 모든 일들을 구성원들에게 즉시 알려주고 행동토록 하는 시스템이다. 또 각종 규제와 보호, 심각한 비밀분류 등급 메기기는 결국 정보공유를 억제하는 원인이 된다는 점에서 수요자 소비자의 입장에서 가능한 정보공개가 고려되어야 한다. 조직과 자료에 대한 지나친 통제는 방어적 사고를 가져오고 경직된 문화를 낳게 되어 결국 긍정적 효과를 거둘 수 없게 된다.

　　물론 조직 내 권위에 복종하는 것은 지위와 역할에서 매우 중요하다. 하지만 때로는 항명이 조직을 살릴 수 있다. 종교적 신념이 아닌 이상 권위에 대한 복종만을 강요하는 것은 거짓말과 기만을 초래할 뿐이다. 권위에 대한 믿음만 강조하면 자신도 모르게 조직을 파괴하게 돼 조폭 조직 같은 의미를 내포하게 된다.[87] 모든 조직이 비슷하지만 정보조직문화 역시 기관장의 리더십에 따라 영향을 받는다.

　　그리고 정보사용자와 구성원은 충성심과 신뢰로 연결되어 있어야 한다. 사용자와 분석관 수집관 사이의 공감여부가 승패의 잣대이다. 정보조직은 노(no)를 하기가 어려운 분위기로서 예스(yes)가 나오는 문화다. 그러나 윗사람의 부당한 지시에 대해 No라고 할 때 짧은 긴장을 가져오지만 상사와의 충돌을 피하기 위한 Yes는 조직의 긴 불행을 가져올 수 있다. 그야말로 '정보 맨 정신'은 남다른 충성심과 기민성으로 위험과 불확실성을 극복하여 국가이익을 추구하는 창의적인 정신이다. 진짜 정보 맨은 자기 감정을 쉽사리 드러내지 않는 과묵함, 성공 실패에 일희일비하지 않는 진중함, 수많은 어려움을 참아내는 인내심, 국가 이익을 중시하는 정신적 성숙함을 갖춰야 한다. 이른바 조직과 개인의 '정체성의 정형화' 작업을 계속하는 일이다.

---

87) Jerry B. Harvey, op. cit, pp.107.

" 후기 정보화시대는 '의식기술시대'로 정의한다. 지금까지 첨단기술의 발전, 기계나 칩이 세상을 바꿔 왔지만 이제는 인간의 생각과 마음을 만들어 가는 시대가 되었다. 심지어 신체의 모습까지도 바꿔가고 있는(인간 복제, 유전자 조작) 시대성을 갖는다."

➧ 출처 : 제롬 글렌(Jerome Glenn) / 유엔 미래 포럼 회장

➧ 의미 : 사물은 인간의 욕구와 유혹에 의해 작동하는데 정보에 대한 욕구는 전략가들뿐만 아니라 일반시민에게도 마찬가지다는 의미.

정보자본주의 시대에서 관심대상으로서의 정보

제9장
정보자본주의시대에서 관심대상으로서의 정보

순수한 관심은 자연발생적이고 자유로운 것이다. 관심은 눈과 마음의 확대이다. 듣는 주제와 들리는 것, 지각주체와 지각되고 인식되는 것은 시간이 지나면서 멀리 떨어져 나가는 대신 경험적으로 듣는 것과 보는 것만이 남게 된다. 사실 우리들은 자연생태계에 살아가면서 땅위에 보이는 풀 한 포기와 곤충들을 잘 보면서도 땅속의 미생물들을 보지 못하는 경우가 많다. 마찬가지로 우리들 또한 겉으로 보이는 정보만 찾아 정리하고 아직 보이지 않는 정보들에 대한 수집노력을 게을리 할 때가 많다. 다원화된 세계시장을 따라가지 못하는 사람들, 기업이나 국가가 과거처럼 최상층 소수가 모든 정보를 독점하는 상태에서 의사결정을 내리거나 변화에 적응하지 못할 때 이를 프리드먼(Thomas Friedman)은 '정보면역결핍증(MIDS : microchip immune deficiency syndrome)' 이라고 지적했다.[88] 이는 일종의 정보에 대한 관심 결핍을 말하는 것이다.

누구에게나 상상(imagination)은 필요하다. 인간이 이룩한 모든 문화는 인간의 풍부한 상상력의 결과이다. 현실과 상상 중에 더 중요한 것은 상상이다. 정보 역시 미로 찾기와 같아서 때로는 상상의 날개가 요구되는 영역이다. 정보는 기억과 상상이며 즉시 실천이다. 정

---

88) Thomas L. Friedman, The World is Flat : A Brief History of the Twenty - First Century(New York : Picador / Farrar, 2005), pp.76~79.

보세계에서 정보란 대단히 어려운 작업이지만 지혜로운 정보소비는 평생의 관심대상이 아닐 수 없다. 미국에서 일어난 9·11 테러는 상상의 실패라고 인정한다. 알버트 아인슈타인(Albert Einstein, 1879~1955)은 상상에 대해 '삶의 핵심이며 다가올 미래의 청사진' 이라고 했다. 윈스턴 처칠(Winston, Churchill)의 지적 도덕적 중심원리는 '역사적 상상력' 으로써 매우 포괄적이고 현재와 미래를 예측하는 세련된 실천의식을 갖고 있었다. 처칠은 상상을 언어로 표현했고 글쓰기를 좋아했으며 산더미 같은 서류를 거의 소화했다.

9-1. 정보소비와 관심

요새 젊은이들은 TV보다 윈도우 PC와 함께 보내는 시간이 많다. 많은 디지털카메라로 찍은 영상을 인터넷에 올리고 있다. 그런 점에서 이 시대는 연결(connectivity)의 시대요 관계형성을 통해 의사소통을 넓혀 가는 시대다. 누구나 가상공간에 주소(IP)를 가지고 연결된 경험(connected experience)으로 삶을 꾸려가고 있다. 얼핏 멀리 떨어져 보이지만 세상은 그처럼 촘촘한 관계망의 연속인 것이다. 여기서 연속 연결은 모든 종류의 컴퓨터와 MP3 플레이어, X박스(게임기) 등 근·원거리에서 간편하게 연결하는 경험으로 세상 사람 모두가 연결되고 있음을 의미한다. e-메일로 친구와 소통하며 사회적 '관심' 거리를 공유하는 시대인 것이다.

그런데 사람들이 변화에 대해 느끼는 두려움 때문에 종종 변화에 대한 정보를 거부하거나 부인하는 경우가 많다. 자신들이 알고 싶은 것, 믿고 싶은 것만 믿으려고 한다. 물론 정보가 전부는 아니다. 정보가 필요조건은 되지만 충분조건은 되지 못한다. 하지만 우수한 해결책은 정보의 처리 및 풍부한 창조력에서 나온다. 정보를 효과적으로 이용하는데 장애가 되는 요인을 발견할 때마다 우리는 정보를 좀 더 열린 마음으로 수용하고 그에 합당한 방법으로 활용할 수 있는 기법을 찾고 시험해 보아야 한다.[89] 우리가 수많은 사람들과 신호보내기(signalling)를 할 때 각자의 존재를 드러낼 수 있고 이익을 관리할 수 있기 때문이다.

그야말로 같은 땅에서 더 많은 사람과 경쟁하기 위해서는 누구나 정보가 필요하다. 그러하기 때문에 정보를 취득하고 소유하는 습관은 이기는 습관을 기르는 것이나 다름없다. 정

---

89) Edie Weiner and Arnold Brown, op. cit, pp.7~8.

보는 명사형이라기보다는 동사형 정보가 중요한데 어느 것도 그대로 머물러 있지 않기 때문이다. 그런 점에서 누구나 정보수집에서 마지막 10%까지도 소홀히 해서는 안 된다. 우선 "정보의 선(先) 수집, 후(後) 확인 자세"가 요구된다. 좋은 정보는 하나의 꽃으로 세계와 연결돼 있어 먼저 소유하는 사람만이 주인이 될 수 있다. 독수리 같은 시선을 가질 때 정보의 주인이 될 수 있다. 핵심 정보를 한 눈에 알아보는 능력, 통찰은 각자의 몫이다.

● 관심과 열정

정보의 현실은 스냅사진과 흡사하다. 이런 사진에는 찰나의 정보와 의미가 담겨 있다. 찰나의 정보를 즉시 창조적 사고로 사용하는 것이 정보소비다. 그렇기 때문에 정보소비에서는 통찰(insight)의 자세가 요구된다. 정보소비의 핵심은 인사이트다. 통찰은 '거리두기와 바라봄'을 통해서 생긴다. 정보생산자 입장에서는 사용자의 요구와 관심에서 분석 대상을 얻는 것이다. 정보생산자가 사용자(소비자)의 내면으로 파고 들어가 어떻게 하면 감성적 만족, 참신한 해결책을 제시할 것인가를 놓고 고민하는 일이다. 해결의 정보는 얄팍한 정보가 아닌 사물의 본질을 통찰할 수 있는 안목을 말하는 것이다. 아줌마들의 가계부를 통찰하면 소비패턴을 볼 수 있으며 가치투자의 방향을 짐작할 수 있다. 만약 당신이 싫증나는 통찰력과 게으름이 있다면 결코 유의미한 자료를 잡을 수 없을 것이다.

사회 현상에 대한 종합적인 통찰과 추세(trend)에 대한 정확한 인식 그리고 가능한 정신적 집중을 할 때 사실적 가치가 보인다. 길을 가다가 느껴지는 즉흥적인 생각이 때로는 지혜이거나 영감일 수 있다. 이를 위해서 무엇보다 사물에 대한 관심이 중요하다. 아주 작은 단서, 가려진 의미를 포착하고 여기에 에너지를 집중해 무엇을 만드는 것, 이것이 관심의 진정한 뜻이다. 인간의 시각은 주의를 기울인 부문만 뇌로 전달돼 선명하게 기억되기 때문에 똑 같은 것을 봐서도 사람마다 기억은 다르기 마련이다. 어떤 사람은 허리선에, 어떤 사람은 종아리에 주의를 집중하기 때문에 관심여하에 따라 초점이 달라진다. 문제해결은 세밀한 관심과 비판적 사고에서 나온다. "당신은 일생동안 기억될 만한 순간을 잡으라."

독일 사회철학자 칼 포퍼(Karl Popper, 1902~1994)는 인간의 '열정'을 말한다. '세상의 모든 문제들과 사랑에 빠졌더니 어느 날 철학자가 되어 있더라'고 고백했다. 그는 인간의 삶이란 무엇인가라는 질문부터 시작해 결국 과학철학자라는 입장에서 학술연구자로서의 사회 '문제'들에 매료되었다.[90] 자신이 원하는 대상에 집중할 때 좋은 것, 유익한 것을 손으로 잡을 수 있었다는 의미다. 비슷한 말로 정보세계에 있어서 열정(passion)은 더 없는 중요한 덕목이다. 천재는 99%의 열정으로 만들어진다는데 열정은 자신의 꿈을 형상화하며 성공을 인도하는 에너지다. 반대로 사물에 대한 무관심은 귀중한 삶을 포기하는 것과 같다. 정보에 대한 열정은 사물에 대한 관심 그리고 그것을 정의(define)하고 평가하고 확인하는 마음의 자세이다. 열정, 끈기, 통찰하는 특별한 기질이 있을 때 역경, 도전을 극복할 수 있고, 정보의 실패를 줄일 수 있다.

그러하기 때문에 우리는 상상과 사물에 대한 남다른 관심과 함께 새로운 정보소스(출처)를 찾아가는 삶으로 변화되어야 한다. 게다가 정보의 코드는 정체성이요 사회적 삶에 대한 모자이크다. 자신의 직업에 대한 믿음, 삶을 규정하는 차원에서 자신의 정체성이 중요하다. 자신이 하는 업무가 무의미하다고 느낀다면 정체성의 문제가 있는 것이다. 무엇보다 만족감과 동기를 느껴야 한다. 부정적 인식이 작용한다면 충성심이 있을 수 없다. 미국의 금융황제라고 불리는 워렌 버핏(Warren Buffett)은 자기 회사에 일하기를 원하는 지원자에 대해 한 가지만을 질문했다고 한다. 즉 "당신은 광(狂)인가? 곧 열정과 전문지식을 갖고 있느냐" 하는 것이었다.[91]

○ 머리로 살아가는 지식근로자

정보를 하는 사람들은 지혜를 짜내는 사람들이다. 아인슈타인은 우주의 지도를 그리는 지혜가 있었다. 에디슨은 세계 최초의 지식노동자가 되었다. 일찍이 피터 드러커(Peter F, Drucker, 1909)는 지식정보사회에서 주체적으로 일하는 사람들을 '지식근로자' 라는 말을 사용했다. 지식근로자들은 육체적 노동이나 수작업 기술을 사용하기보다는 학교에서 배운 지식을 일터에서 활용하고 보수를 받는 변호사, 의사, 회계사, 엔지니어, 기업 관리자와 같은 사람들이다. 일반 노동자들과 달리 지식근로자는 이론적 분석적 지식을 획득하고 적용하는 능력이 비교적 우수한 사람들이다.

지식정보사회에서 지식근로자는 자신의 정보통신 수단을 이용하는 고용주, 관리자, 교수, 교사 등 다수의 직종에서 자유롭게 활동하는 사람들이다. 이들에게는 점점 더 독자적으로 일하는 활동영역이 넓어지고 있는 것도 현대사회의 특징이다. 가능한 부업 등을 통해 추

---

90) Karl Popper, All Life is Problem Solving 허영은(역) 『삶은 문제해결의 연속이다』(서울 : 부글북스, 2006), pp.143~160.

91) Robert P. Miles, Warren Buffett Wealth : Principle and Practical Methods Used by the World's Greatest Investor, 권루시안(역) 『워렌 버핏 실전가치투자』(서울 : 화매, 2005),pp.187.

가소득을 얻기도 하고 생활의 질적 향상은 물론 근로시간의 단축을 통한 자신들만의 여가 시간을 마련할 수 있다. 미국의 경우 지식근로자 관문을 통과해 그 자격을 얻고 있는데 그 것은 PSAT, SAT, GMAT, LSAT, MCAT 등이다.[92] 전문가주의(professionalism)가 갖는 특징 은 엄격하게 규정된 일련의 기준(자격)에 맞아야 한다는 사실이며 사회 이동에는 이런 자격 증을 상호 인정하는 '자격의 공통화'가 이뤄지고 있다.

나아가 현대 지식인들은 불확실한 디지털 사회에서 디지털 지능을 갖고 조직의 혁신을 수행해 가는 사람들이다. 특별히 디지털 지능이 요구되는 화이트칼라 노동자들에게 있어 서 인텔리전스의 발전 원천인 지혜, 소프트웨어가 절대 필요한 요소이다. 여기서 S/W란 정 신적 업무를 수행하는 과거의 '지게'와 같은 것이다. 소프트웨어, 지식정보가 이 시대의 재 화이지만 이를 만들어 내기란 매우 어려운 것이 아니다. 또 지식정보가 재화로 작용하지만 사회적 질서를 실체화하는데 필요한 가치를 발견하기란 그리 쉽지 않다. 정보의 원리는 사 회현상의 상호연관성을 찾아내 그 의미를 발견하는 관념체계이지만 정보소비에서는 신중 함과 정확성, 분석 본능이 핵심이다.

국가는 전문적이며 통찰력 있는 정보전문가들을 동원해 국가이익을 관리해 가고 있다. 이런 사실에서 국가정보기관이나 학술연구소들은 사회적 집단의 '지적 시장'이다. 물론 각 종 연구기관에서 많은 예측을 내놓지만 당연히 맞는 것도 있고 틀린 보고서도 있다. 하지만 때때로 이들 자료들이 불완전하지만 판단에 도움이 되며 정보의 희소성(scarcity) 때문에 매 력을 느낄 때도 많다. 신문의 작은 기사가 부동산 전문가들에게는 큰돈이 되는 정보일 수 있다.

본질적인 사실은 정보가 우리 주변 혹은 시장 속에 있다는 점이다. 눈으로 확인된 결과 는 궁극적으로 실체를 나타내는 정보다. 그럼에도 불구하고 사람들은 흘러 다니는 정보를 어떻게 잡을 수 있는지 정확히 모른다. 그 이유로 사람들이 가치 있는 정보를 만나도 이에 대한 관심과 통찰력이 부족하기 때문이다. 그러므로 정보를 찾을 때는 그 대상에 대해 마음 이 머물러야 하고, 눈이 머물러야 하며, 행동이 뒤따라야 한다. 마음과 눈이 한 곳에 이르지 못하면 행동이 나오지 않는 것은 당연한 일이다.

---

92) Daniel Pink, op. cit, pp.8~10.

◉ 관심 및 몰입의 대상으로서의 정보

정보는 관심의 대상이면서 사회적 상상의 대상이기도 하다. 관심은 동기를 유발하는 배경이 된다. 특히 관심이란 어떤 개별정보에 집중된 정신적 성찰이다. 사람들은 다양한 정보를 지각하게 되는데 이 가운데서도 특정정보에 대해 민감하게 반응하고 이에 따라 행동여부를 결정하게 된다. 관심을 지나 자신만의 상상과 감성은 구원(救援)의 영역이다. 상상이 현실이 되는 아이디어, 상상과 감성이 정보가 되는 것이다. 관심을 집중할 때 색다른 정보가 보이게 마련이고 이것은 지식으로 쌓여 행동으로 이어진다. 알버트 아인슈타인(A. Einstein)은 창조적인 일에는 상상력이 지식보다 중요하다고 단언했다. 사실 정보사회 이후 사회는 '꿈의 시대, 감성의 시대, 감동의 시대'로 지칭된다.

또한 간과하지 말아야 할 것은 특별한 정보에 대한 몰입(flow)의 중요성이다. 일반적으로 몰입의 즐거움을 경험하는 순간에는 에너지의 흐름에 따라 아무런 힘도 들이지 않고 자신이 저절로 움직이는 것 같은 느낌을 가지게 된다. 이른바 혼연일체 혹은 물아일체(物我一體)의 개념인 셈이다. 그래서 미국 클레어먼트 대학 칙센트 미하이(Csikszent Mihalyi) 교수는《몰입의 경영》에서 몰입을 경험할 때 느끼는 감정으로 ▲목표가 분명해진다. ▲피드백이 즉각적이다. ▲기회와 능력 사이의 균형을 유지한다. ▲집중력이 강화된다. ▲통제가 전혀 두렵지 않다. ▲시간에 대한 감각이 달라진다고 했다.[93] 실제로 업무에 대한 직원들의 몰입도가 낮으면 의욕적인 직원에 비해 안전사고 등 발생률이 62%가 높다고 했다. 몰입도가 낮아서 유발되는 손실 비용은 미국에서 매일 3,000억 달러, 독일은 900억 유로에 달한다고 한다.[94]

현실에 있어서 정보는 목적의식적 행동이다. 많은 행동을 하면 할수록 정신적 패러다임은 더 확대되고 무한한 힘을 발휘하게 된다. 심지어 천재성과 같은 텔레파시가 일어난다. 스포츠 선수들은 자신의 운동생각으로 밤낮 없이 눈을 감고 있어도 계속된다. 흔히 축구선수들이나 탁구선수들은 운동경기에서 볼에서 눈을 떼지 말라고 훈련받는다. 실제 이것은 정신적 초점이 어디에 있는가를 의미한다. 사람들이 어디에 집중하는가에 따라 결과와 성과가 달라지게 마련이다. 그만큼 집중이 필요한 것이며 자기 암시, 잠재의식, 창조적인 사

---

93) Mihaly, Csikszent Mihalyi, Good Business, 심현식(역) 『몰입의 경영』 (서울: 황금가지, 2006). pp. 75~99.

94) Rodd Wagner(others), 12the Elements of Great Managing 김광수(역) 『12위대한 경영의 요소』(서울 : 해냄, 2007), pp.341~342.

고, 무한한 지성은 지식의 최고봉으로 가기 위한 필수코스다.

지속적인 자기 반성과 피드백, 정보를 공유해 가면서 수행하는 정보업무능력은 집중과 몰입이다. 몇 분 몇 초라도 최대한 몰입할 필요가 있다. 현재 일어나는 특정 현상들은 몰입의 대상이다. 사람들의 혼을 쑥 빼놓는 스페인의 벨리댄스, 브라질의 삼바, 아르헨티나 탱고, 프랑스의 캉캉, 미국의 벌레스크 스트립쇼 등은 원색적인 감정, 관능적인 결합으로 몰입에 빠지게 하는 춤들이다. 물론 지나친 몰입은 위험한 요소를 갖고 있음을 간과할 수 없다. 몰입과 집중을 해도 여전히 집중력이 떨어지는 경우가 허다하다. 의미 없는 생각이 머릿속을 맴도는 하찮은 문제로 인해 고도의 집중력이 분산되기 쉽다. 이런 현상은 불가(佛家)에서 말하는 번뇌일 것이다.

결론적으로 몰입할 때 당신은 사물에 대해 깊이 사유할 수 있고 정신적 삼투현상(mental osmosis) 원리에 따라 당신의 뇌세포는 진실만을 채택할 것이다. 나폴레온 힐(Napoleon Hill)은 자신의 책《나폴레온 힐 성공의 법칙》에서 계획된 협력을 위해서 집중력(co-centration), 협력(co-operation), 조정(co-ordination)을 강조하고 있다.[95] 마이크로소프트(MS) 회장인 빌 게이츠(1955~)는 그가 관심이 있는 분야에 대해서는 완전히 집중하고 파고들어 마침내 그 분야를 완전히 이해하고 마는 성격이다. 그는 무자비하고도 저돌적으로 몰입상태에서 비전을 추구했다고 한다.[96] 유명한 골퍼들 역시 PGA 투어에서 몰입 상태의 들어간다. 쇼트 퍼트 하나에 4~5억 원의 상금이 날아가는 것을 생각하며 최고 상태의 몰입에 들어가고 올인 한다. 정보는 이와 같은 관심의 대상으로 몰입의 상태에서 얻어지는 그 무엇이다.

9-2. 사회적 소통수단으로서의 위키피디아 · 위키노믹스 사회

BC 2500~3000년경부터 AD 1600년대까지 4S라는 상품들, 즉 비단(silk), 향신료(spices), 소금(salt), 노예(slave) 등이 다양한 무역통로를 따라 거래되었다. 시공간을 넘어온 현대사

---

95) Napoleon Hill, The Law of Success, 김정수(역) 『나폴레온 힐 성공의 법칙』(서울 : 중앙경제평론사, 2007), pp.631.

96) Michael A. Cusmano, Richard W. Selby, Microsoft Secret, 삼성경제연구소(편), 『마이크로소프트의 비밀』(서울 : 삼성경제연구소, 1997) pp.47.

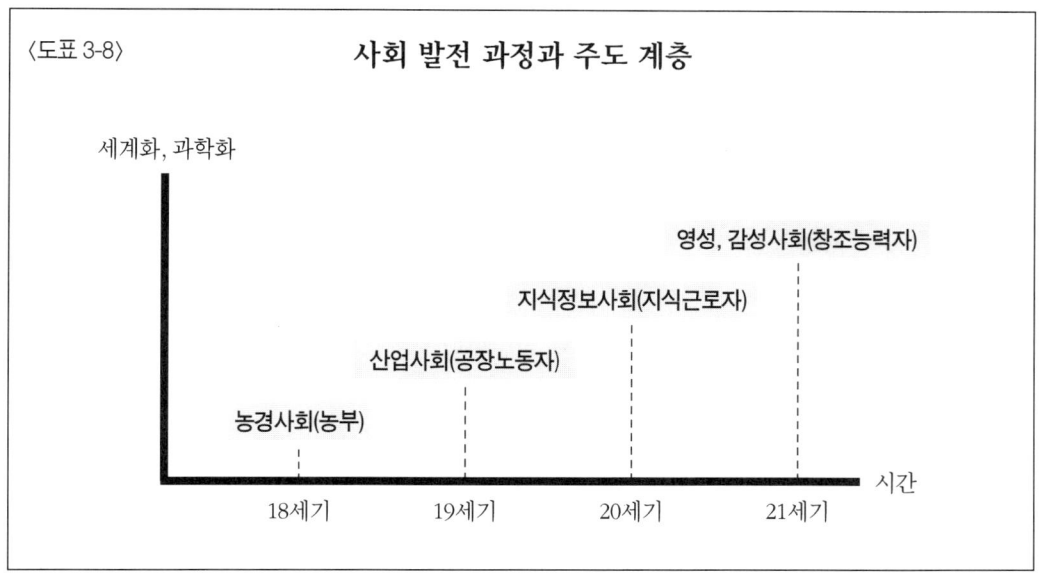

〈도표 3-8〉 **사회 발전 과정과 주도 계층**

세계화, 과학화

영성, 감성사회(창조능력자)

지식정보사회(지식근로자)

산업사회(공장노동자)

농경사회(농부)

시간

18세기　　19세기　　20세기　　21세기

회는 지식집약적인 제3의 물결에서 창의성과 지혜를 기반으로 하는 제4의 물결로 이동 중이다. 정보혁명은 주로 통신기술에 의해 촉진된다. 눈에 보이지 않는 무형자산과 소프트 파워가 경쟁의 승패를 좌우한다. 미래 트렌드 분석가인 에디 와이너(Edie Weiner)가 말했듯이 농경시대(3000년), 산업시대(200년), 정보사회(50년)를 거처 5년 뒤에는 인공지능 로봇 등과 같은 의식기술(conscious technology)이 지배하는 후기정보화시대에 진입하게 된다고 말했다.

　그러한 사회진화는 우연한 것은 아니다. 과학기술 발전에 따른 생산력과 물질주의가 지배하는 가운데 인간의 욕구가 진화한 결과다. 1990년대 말 이후 전자상거래(e-Commerce)가 증가되었고 농경사회에서 산업사회로 이동하는 과정 중 생산성은 50배 이상 향상됐다. 전자공학을 통한 정보의 속도 경제가 발전하고 있는 가운데 요새 사람들은 2~3개의 정보기기를 휴대하고 동영상과 음악을 즐기는 정보유목민(digital nomad)으로 살아가고 있다.[97]

---

97) 정보유목민은 휴대전화, 휴대용 개인정보단말기(PDA), 노트북 등 각종 디지털 장비를 활용해 시간, 장소에 구애받지 않고 자유롭게 이동하면서 업무를 처리하고 의사소통을 하는 계층으로 계층, 장소 등에 관계없이 자유롭게 떠돌아 다닌다는 특성을 지닌 용어다.

노마드(nomad)는 IT세대에 잘 어울리는 말이다.

거대한 주류로서 지구촌이 비슷하지만 유럽국가연합(EU)은 역동적이고 경쟁력 있는 지식기반 경제를 만든다는 목표 아래 2000년 3월 '리스본 전략'을 채택했다. 이 리스본 전략은 지식과 혁신기반의 성장 투자와 고용에 좋은 환경 조성, 고용창출 등을 추진한다는 프로젝트다. 미국 기업들은 벤치마킹, 6시그마, TPM BPR, 구조조정, 학습조직, 핵심역량구축, 블루오션 등 다양한 경영기법들이 제시되고 실질적으로 적용되고 있다. 기업경영 분야에서 '혁신시대'를 맞고 있는 가운데 미국의 순수민간기구인 국가경쟁력 위원회(Council on Competitiveness)는 3년마다 국가혁신지도자회의(National Innovation Summit)를 열어 국가 혁신 아젠다를 제시하며 '미국을 혁신하라'(Innovate America)라고 외치고 있다. 우리나라 역시 국가혁신시스템(NIS : National Innovation System)을 구축해 실천하고 있다. 이런 창조적 변화는 전 지구적 정보혁명이란 진보 속에 사용자가 원하는 새로운 지식상품을 만들어 국가이익을 만들어 가는 가치창조활동을 의미한다.

오늘날 세계시장의 창출은 재화 서비스 금융뿐만 아니라 노동시장을 크게 변화시키는 요소는 칼 마르크스의 《자본론》에서 규정한 일반노동이 아닌 지식노동의 형태로 변화되고 있다. 지식정보라는 것은 바람이나 구름처럼 자연스럽게 만들어지는 것이 아니라 우리의 목적의식적 작용과 지혜를 통해 전문적으로 창조되는 상품이다. 사회적 구성능력이 노동과 자본에서 지식정보의 권력세계로 전환되고 있다는 얘기다. 마르크스적 노동계급이라는 용어보다는 지식대중 혹은 정보시민이라는 새로운 주체적 사회세력이 등장하고 있다.

더구나 2001년부터 붕괴되었다는 신경제(new economy)의 거대한 변화는 지금도 매우 복잡하고 다양한 형태를 나타내는데 이와 관련해 필립 코틀러(Philip Kotler)는 ▲디지털화의 접속 가능성(connectivity)으로 인터넷, 인트라넷 이동전화기 등의 접속 ▲탈중개화(disintermediation)와 재중개화(reintermediation)로 다양한 부류의 중개인 등장 ▲맞춤화와 고객의 주도화(customerization)로 맞춤제품의 선호 및 고객 스스로가 제품을 만들 수 있는 세상, ▲산업 전반의 융합(industry convergence)으로 산업경계가 모호해짐을 주목했다.[98]

오늘날 인터넷 세상에서의 주요한 트렌드는 대부분의 새로운 응용프로그램들이 새로 만들어지고 있다는 사실이다. 기술혁신 제품의 개선, 가격의 하락 등 경쟁이 심화되고 있는

---

98) Philip Kotler, Marketing Management, 11thed, (NJ : Prentice-Hall, 2003), pp.37~40.

가운데 콘텐츠의 생산과 소비, 커뮤니케이션이 기하급수적으로 증가했다. 이런 트렌드는 결국 인터넷에서 모든 사람들간의 직접적인 상호작용이 확대되는 것을 의미한다. 블로그 열풍이나 미국의 마이스페이스(My Space), 영국의 베보(Bebo), 브라질의 오크(Orkut), 한국의 싸이월드, 일본의 믹시(Mixi) 같은 사회적 네트워킹 사이트들이 이를 반영한다.[99] 이들 매체는 수많은 정보교류와 공유 경험을 같이하는 주요 장소들이다. 또한 지금은 지구적 시민, 지식정보, 의사소통, 감성, 자율적인 가치 등이 중시되는 사회로 탈주하는 모습이다.

◐ 디지털 시대의 위키노믹스

디지털시대에는 기업의 문호를 활짝 개방하고 수많은 사람들의 참여를 통해 기업의 가치를 높이는 이른바 위키노믹스(wikinomics)가 새로운 성공방식으로 떠오르고 있다. 위키노믹스를 만든 사람은 캐나다 컨설팅사의 최고경영자 돈 탭스콧(Don Tapscott)과 컨설턴트인 앤서니 윌리엄스(Anthony D. Williams)다. 위키노믹스란 인터넷 이용자들이 스스로 만든 온라인 백과사전 위키피디아(wikipedia)와 경제를 뜻하는 이코노믹스(economics)를 합친 용어다.[100] 인터넷 이용자들이 질문하고 스스로 답변 첨삭해서 만들어진 위키피디아는 어느 백과사전보다 더 방대한 100만 건 이상의 정보를 담고 있으며 하루에 900만 건이 조회되는 대표적인 온라인 사전이다. 사람들은 위키피디아에 참여를 통해 만족감을 갖게 된다.

우리나라에서도 이 같은 생산적 커뮤니케이션이 확장되고 있다. 한국 국사편찬위원회가 2005년 말 온라인에서 《조선왕조실록》 원문 및 번역서비스를 시작한 이래 네티즌들이 오류를 지적해 교정(1964건 참여)했다. 서울시가 추진 중인 인터넷 오아시스를 통한 시민제안도 위키노믹스 형태로 4,701건(2007. 3. 12) 이 접수되었다. 이렇게 많은 시민들과 학생들이 다함께 사용하는 '집단지성 포털'을 만들어 가는 것은 각국 정부의 집중투자 대상이다. 각국은 '국가집단지성 포털'을 통해 날마다 업데이트 된 세계정보를 만들어가고 있어 누구든지 필요한 정보를 소비할 수 있게 되었다. 이제는 전 세계 집단지성(globel collective intelligence)의 시대로 접어들고 있다.

99) The Economist, The World in 2007, 현대경제연구원(편역), 『이코노미스트 2007 세계 대전망』(서울 : 한국경제신문사, 2006), pp.257~258.
100) Don Tapscott and Anthony D. Williams, Wikinomics : How Mass Collaboration Changes Everything(New York : Penguin Group, 2006), pp.21~25.

이렇게 전 세계적으로 확장되는 '위키노믹스'의 요체는 제품생산과 서비스를 개발하는 데 주도적인 역할을 담당한다. 대규모 협업(mass collaboration)과 참여의 필요성이 커지는 데 있다. 치열한 경쟁에서 생존해야 하는 기업들이 회사 내부뿐만 아니라 외부의 지식이나 지원을 활용할 경우 성공할 수 있다. 기업들은 전통적인 계급이나 위계질서에서 벗어나 자유로운 동료들이 많이 참여해 만드는 이른바 동료집단 제작(peer production)을 통한 가치 창출의 전형적 사례가 늘고 있다. 이제 자유분방한 블로거(blogger)들은 기업의 제품 혁신에 도움을 줄 수도 있으나 오히려 시장에서 결코 무시할 수 없는 소비세력이 되었고 아이디어 제공자들이다. 일종에 정보가 재화로 되는 소비문화를 만들어 가는 것이다.

이어령 교수는 IT(정보기술)가 RT(관계기술 : relation technology)로 바꿔주는 역할을 한다고 한다. IT에 기초한 전통적 국가정보와 금융정보를 넘어 인정과 사랑, 감동, 행복을 나누는 RT의 따뜻한 디지털 환경을 만들어가고 있다고 했다.[101] 기업이 신제품개발과 생산성 향상 등으로 연결시키는 크라우드 소싱(crowd-sourcing) 방식도 다름 아닌 디지털 기술에 의한 것이다. 상품 소비자들로부터 사회 트렌드 변화와 상품사용 후의 장단점을 듣고 새로운 제품 개발에 반영하고 있는 것이 오늘날의 마케팅 전략이다.

◐ 다중이 참여하는 크라우드 소싱

오늘의 시점에서 볼 때 영화제작이나 CD 플레이어, 온라인 게임을 만들 때 다중이 인터넷으로 자유롭게 참여할 수 있는 방법들이 넓어지고 있다.[102] 또 미국의 G마켓 '딜리셔스' (del · icio · us) 같은 '소셜 북마킹' 서비스는 사용자가 개인적인 목적으로 보관하고 분류해 둔 북마크에서 대중의 지혜를 이용해 정보의 중요도를 결정하고 분류하고 탐색하게 해준다. 미국 '디그닷컴' (digg.com) 등의 소셜미디어는 전문가가 아닌 대중의 참여로 뉴스를 모으고 중요도를 결정함으로써 보다 독자가 원하는 이슈와 여론을 반영해 지면을 만들어 가고 있다.[103]

이와 같은 크라우드 소싱이나 프로슈머의 개념은 국가와 기업들에게 유효한 무료정보를 제공하는가 하면, 새로운 상품에 대한 평가와 조사 등 고객들의 욕구가 무엇인가를 확인해

---

101) 이어령, 『디지로그』(서울 : 생각의 나무, 2006), pp.65.
102) Business Week, 인터넷판 2007. 1. 18.
103) www.fortytwo.co.kr/tt(검색일 : 2007. 4. 20)

상품생산에 이용할 수 있다. 물론 이것만이 아니다. 지금은 신문발간에서도 취재와 편집과정에서 독자를 참여시키고 있다. 미국의 USA투데이 언론그룹 가네트는 크라우드 소싱으로 독자 참여형 취재를 실험하고 있다. 신문사 편집국은 취재하려고 하는 정보를 온라인 사이트에 올린 뒤 독자들의 자유로운 투고와 토론, 제보를 받아 관련 내용의 확인을 거쳐 지면화(기사화)하는 방식이다. 우리나라 '오마이 뉴스' (Oh My News) 역시 시민 저널리즘을 이끌어가고 있는 인터넷 신문이다. 자발적 전문기자들과 편집자들이 수만 명 이상의 아마추어 시민기자들이 쓴 기사를 심사하고 편집해 기사화하고 있다.

거대한 시장을 대상으로 새로운 틈새 시장을 개척하며 상품개발과 고객관리에 있어서 정보 그 자체가 너무나 중요하다. 고객들의 행동양태를 파악해 고객 입장에서 가장 유리한 정보와 서비스를 시의 적절하게 제공하는 것이 기업들의 목표다. 이렇게 볼 때 모든 수준을 다루지는 못하지만 개인 블로그들이 기업들의 비즈니스에 미치는 영향이 커지면서 대기업들 사이에서도 기존의 마케팅 기본 공식이었던 PR(Public Relation) 대신 BR(Blogger Relations) 방식을 중시하고 있다. 경쟁업체들은 해외 상품바이어들의 요구를 충족시키기 위해 미국 등 인터넷 포털을 뒤지거나 '네이트 드라마 24클럽' 등을 매일 순화하며 그들로부터 유용한 상품정보를 획득, 사용하고 있다. 현실에 만족하지 않고 미래를 공격하는 통섭된 지식, 좋은 정보, 다양한 분석도구를 이용해 경쟁우위에 적응하고 있는 것이다.

9-3. 정보중심경제로의 사회구조 변화와 정보자본가 등장

돌이켜 보면 산업사회에서는 누가 산업화를 먼저 시작했느냐, 못했느냐에 따라 잘 사는 나라와 못 사는 나라로 갈라졌다. 그러나 지식정보사회에서는 정보화 수준, 정보의 생산과 소비가 '부를 향한 전쟁' 을 결정 짓는다. 그야말로 지금은 정보전쟁사회다. 세계는 실용주의 글로벌 스탠더드의 완전한 개방시대로 접어들면서 자유경쟁을 하고 있다. 자유무역협정(FTA)이란 것도 바로 세계화의 의미며 경쟁사회에서 살아남기 위한 짝짓기의 다름 아니다. 현실에 안주하지 않고 성장 동력을 찾는데 험난한 여정을 거듭하고 있는 것이다.

정보선진국들은 신흥발전국의 추격에 긴장하며 정보자본주의 혹은 정보중심경제(market-based intelligence)를 발전시켜가고 있다. 컴퓨터와 인터넷으로 상징되는 현시대 정보통신기술의 비약적인 발전은 문화 전반에 극적인 변화를 촉발하고 있다. 사람들이 점점 더 온라인상에서 사생활 및 업무생활을 하게 되는 상황으로 온라인 삶(online life)에 익숙해졌다. 사용자들이 수많은 컴퓨터와 웹 로케이션(web location)에서 정보를 접할 수 있게 됨에 따라 개인일정표와 접속가능 리스트 및 e메일 등의 응용 S/W가 보편화되고 있다.

이런 추세 가운데 인터넷 기업인 구글의 경우 이를 이용하는 사람들의 검색 행동을 데이터로 존안해 분석한 후 그 데이터를 필요로 하는 사람들에게 다시 파는 독특한 정보 사업을 운영하고 있다. 구글에 남는 데이터를 모아 2차, 3차 정보로 가공해 판매하는 것이다. 특히 인터넷에서 정보검색을 통해 상품구입으로 이어질 경우 이는 소비행동 패턴을 파악할 수 있다. 개인들의 데이터를 직접 팔 수 없지만 집단데이터를 통합 분석하거나 계층분석 혹은 클러스터(cluster)분석 등의 가공된 데이터는 이미 개인정보가 아니다.[104]

맥킨지가 기업 고객들에게 제공하는 것은 순전히 전문지식으로 첩첩이 쌓고 자료들을 분석해 낸 정보들이다. 이들 자료들은 지속적인 멘토링, 도전적인 경험, 집단학습 등을 통해 지식에 기초한 가치(knowledge-based value)를 만들어 낸다. 이러한 노력은 사용자의 의사결정을 돕는 것이며, 크게는 세계화 속에서 신자유주의적 경제법칙과 시장의 법칙에서 살아남기 위한 조치들이다. 어쩌면 스티븐 레빗(Steven D. Levit)이 상식과 통념을 깨는 '괴짜경제학(Freakonomics)'에서 말하듯이 기발하고 특유의 지적탐사를 통한 경제의 업그레이드가 필요한 시대다.[105]

◖ 정보중심경제로의 변화

정보중심경제로의 변화 특징을 보면 무엇보다 정보네트워크화의 시장구조이다. 어느 국가나 '시장제국'을 지배한다는 의미에서 정보유통으로 인해 학제간(學際間)이나 업제간(業際間)의 벽이 낮아지는 경향을 보인다. 국가나 기업의 활동, 상품생산, 기업 간 제휴 등의 모든 정보가 경쟁적으로 취급되고 있다. 때로는 조직이 결합되거나 개별기업들의 자주성과 독립성을 인정하는 참가형 네트워크화로 이뤄지고 있다.

이 같은 네트워크는 사회적 구조의 형태를 근본적으로 변화시킨다. 누구나 정보를 살펴보고 그 정보가 국가와 기업전략에 어떤 의미가 있는가를 검토하는 것은 네트워크형 시장구조에서 매우 필요한 작업이다. 모든 비즈니스에는 생산 - 판매 - 소비 - 구매 - 자본

---

104) 다치바나 다카시, 이언숙(역) 『멸망하는 국가』, (서울 : 열대림, 2006). pp.93.
105) Steven D. Levitt & Stephen J. Dubner, Freakonomics, (New York : Harper Touch, 2005) pp.81~84.

재정의 관계가 순환적으로 돌아간다. 아니면 경제발전은 성장(생산 투자 수출) − 고용이 늘고 − 소득이 증가하는 선순환 사이클을 유지하는데는 경쟁정보가 필요하다. 물론 정보 소비과정이 언제나 순조로울 수는 없는데 이는 시간적 압박을 받을 수 있기 때문이다.

기업에서는 정보가 상징적인 재화로서 조직운영과 밀접한 관계를 갖는다. 기업은 시장 차원에서 주식투자 상품거래 등에서 정보공개가 활성화되고 있다. 정부와 기타 기업 내 연구소들은 자발적으로 정보사용자들을 돕기 위해 정보를 공개함으로써 장기 생존의 길을 열어가고 있다. 상품개발과 고객관리에 있어서 정보 그 자체가 중요하다고 믿는다. 고객들의 행동양태를 파악해 고객 입장에서 가장 유리한 정보와 서비스를 시의적절하게 제공하는 것이 기업들의 목표다.

뿐만 아니라 지구촌 사회가 지위확보를 위한 소리 없는 정보전쟁을 벌리고 있다. 모든 정보의 소비는 이익관리라는 경쟁심이 깔려 있다. 세상 사람 모두가 잔인한 경쟁시대를 맞아 만인을 향해 소리 없는 아이디어전쟁을 벌리고 있는 것이다. 사실 한 개인으로서 경쟁력 유지가 여간 어려운 것이 아니다. 내 정보로 남의 정보를 이겨야 한다는 논리는 쉬운 일이 아니다. 게다가 모든 시장은 정보에 의존하고 있으며 공개된 정보는 누구도 이용할 수 있다는 주지성(主知性)이 작용하기도 한다. IT 기술의 발전으로 투자 − 생산 − 유통 − 소비의 모든 정보가 실시간으로 전 세계적 차원에서 공유되는 시대여서 더욱 그러하다.

경쟁정보의 목적은 기업의 비효율적인 자원운영을 개선하려는 비즈니스 요구에 의한 것이다. 경영정보에서는 시장에서 기업의 전략적 위치를 결정하는 요소가 된다. 기업능력은 연구개발, 생산절차, 생산라인, 마케팅, 자금, 판매, 배분 및 직원들의 능력에 관한 것이다. 그리고 상대방 기업의 운영계획과 약점, 능력 등을 파악해 경쟁 라이벌로 하여금 전략적 대책을 수립할 수 있도록 하는 것이다.

따라서 정보는 경쟁력의 엔진으로서 기업의 다양한 경쟁력의 원천이며 소비자들의 반응시간(response time)에 대응하는 핵심역량이다. 경쟁력을 갖추기 위해서 연구개발, 마케팅, 금융재무 등 기업조직에 있어서 정보는 새로운 생산재 중의 하나가 된다. 또한 기업들이 무한경쟁시대에서 국제화 / 지역화, 안정 / 불안정, 호황 / 불황, 집권화 / 분권화, 통제 / 자율 등을 잘 조정하고 진로를 선택하기 위해서는 무엇보다 기업정보가 필요하다. 일본의 손정의(孫正義, 1957~) 소프트뱅크(SoftBank co) 사장은 인터넷 시대 콘텐츠의 홍수 속에서 정보가 굴러다니는 산업 전체의 네트워크에 주목했다. 인터넷 통신, 네트워크 같은 정보의 '고속도로' 혹은 포털 미디어 사이트의 정보 입구를 선점해 부의 원천을 장악하고 불확실

성을 최소화해 가는 전략을 구사했다.[106]

신인철이 쓴 《공대리 성공시대》(2006)에서 보면 '정보의 차이' 혹은 정보 획득의 차이로 동료간의 승진과 실패가 갈라진다. 정보관리자는 모든 직장인의 업무능력을 높여주는 주요 위치에 있는 사람으로서 쓸모 있는 정보를 수집하기 위해서는 상대편에게 작은 것을 적절히 흘리고 큰 것을 얻으라고 한다.[107] 박용석이 쓴 《재테크의 99%는 실천이다》에서 보면 자산 20억 원대 한국 젊은 부자들의 성공투자 전략을 보여주고 있는데 이들은 생활정보지 등에서 최대의 정보를 모아 실전 투자에 성공했음을 보여준다. 자신의 정보와 지식을 총동원해 실행에 옮기는 사람만이 과실을 얻는다고 했다. 정보소비는 남보다 먼저 찾고 뺏기지 않는 자세가 필요하다는 점을 일깨워준다.[108]

이렇게 경쟁기업에 대한 분석에서는 업계의 역동성, 비용구조, 시장지배구조, 브랜드 차별화, 유통경로의 흐름 등을 다루는 것이다. 경쟁정보는 마이크로소프트사(MS)가 전략적 도전에 맞서기 위해서 힘을 기울여 온 주제였다. 경쟁력을 향상시키려면 자원을 확보해야 하고 시장 주도권을 유지하려면 경쟁업체보다 신상품을 더 빨리 출시하고 판로를 개척하는 일이다.[109] 자본시장의 펀드매니저는 18시간 이상 피 말리는 두뇌싸움을 한다. 그들은 주식시장 변동에 빠르게 대응한다. 코스피(KOSPI)지수와 코스닥(KOSDAQ)지수를 새벽부터 조간신문 증권사 자료 등을 체크한다. 증권사 애널리스트들로부터 시장정보를 듣고 주식매매를 한다. 월가의 애널리스트들은 깜짝 정보에 근거해 주식에 대한 보유, 매수, 매도의 의견을 제시하는 전문가들이다.

그리고 지금은 창의적인 소비경쟁에서 관련 정보가 판매를 주도한다. 누구에게나 효과적인 소비를 돕는 정보가 요구된다. 진열대에 상품이 많더라도 정보가 있으면 쉽게 선택할 수 있다. 정보가 정확하면 즉각적인 소비를 결정할 수 있다. 단순하게 생각하고 믿고 구매하는 이른바 초이스 휴리스틱스(choice heuristics)가 일어나게 된다. 고객에 대한 상품추천을 하는 것은 좋은 마케팅이 될 수 있다. 상세한 정보를 제공하면 소비자들은 이를 믿고 쉽게 구매할 수 있기 때문이다.

---

106) 조선일보 토요일 일요일 섹션 2007. 10. 13~14 인터뷰 내용.
107) 신인철, 『공대리 성공시대』(서울 : 김영사, 2006)에서 능숙하게 정보를 낚는 어부가 되는 것, 나를 위한 정보획득의 비책, 정보의 가치 부여 등을 이야기 식으로 소개하고 있다. pp.150~163 참조.
108) 박용석, 『재테크의 99%는 실천이다』(서울 : 토네이도, 2006), pp23~25.
109) Michael A. Cusmano, Richard W. Selby, op. cit, pp.606~607.

또한 이와 관련해 가치분석이 중요해지고 있다. 여기서 '가치'란 주관적이고 내재적인 것으로 인간의 정신적 노력의 목표로 간주되는 객관적 당위성을 의미한다. 조직을 인도하는 원칙이고 힘의 원천이며 행동양식을 결정하는 믿음이다. 그리고 가치분석이란 간단히 1% 가치의 내용을 사용 시 50~60% 이상의 효과를 나타내는 것이다. 곧 마케팅 전략의 재구성이 필요하다는 얘기다. 특히 소비문화에서 감성소비자가 늘어나고 있는데 소비자들은 감성적 만족을 추구하는 물품(명품)에는 기꺼이 돈을 쓰면서 실용주의적 소비, 즉 생필품 등에는 저가상품을 구매한다.

이 같은 가치소비가 늘어나는데는 ▲정보화의 영향으로 소비자들이 상품에 대한 해박한 지식을 갖고 있고, ▲자기 감정표현에 솔직한 소비자가 증가하며, ▲경쟁 속에 마케팅 공세, 파격적 가격인하 등으로 소비자들은 최소의 비용으로 최대의 주관적 효용과 만족(사치성 소비)을 구하는 시대가 되었기 때문이다.

◉ 정보상인 : 정보자본가의 등장

현시대에 있어서 마르크스적 계급 개념에서 보여준 프롤레타리아트(PT)가 새로운 자본가로 등장하는 것은 불가능한 일이 아니다. 이제는 인간의 특징인 인센티브(유인)에 누구나 반응하고 창조적으로 적응해 간다면 부자가 될 수 있다. 우리의 영혼은 부자로서의 성장을 추구하는 욕망의 덩어리다. 세계 부자들은 억만장자가 되었지만 거기서 머물지 않고 신기술 및 시장을 개척하는데 필사적이다. 최근 '창조적 자본주의' 혹은 '신자유주의'라는 이름 하에 피나는 경쟁을 하고 있는 가운데 경영자들은 정확한 시장정보와 투자정보를 간절히 바라고 있다.

경제적 차원에서 정보자본가들이 속속 등장하고 있다. 여기서 말하는 정보자본가들이란 통상적인 경제자본이 열악한 환경에서 최첨단 기술과 지적, 문화적 소양과 능력을 의미하는 문화자본과 사회적 관계를 의미하는 사회적 자본을 소유한 사람들이다. 전통적 부자 (old rich)들의 형태인 기업가, 지주, 금융업자 등과 달리 IT 산업 및 인터넷 유통과 결합해 돈을 벌어들이는데 온라인 경매와 주문제작 등 가상공간에서 이뤄지는 서비스를 통해 돈을 벌어들인 '정보상인'들이기도 하다. 가상공간을 이용해 돈을 버는 자본가가 있는가 하면 IT 기업 혹은 사이버 기업들에 종사하는 낮은 임금을 받는 사이버 프롤레타리아 계급이 등장하고 있다.[110]

마이크로소프트(MS)가 5년 동안 1만 명의 새로운 백만장자를 탄생시켰다면 2025년의 혁신경제는 무려 10억 명의 백만장자가 탄생할 것으로 예측하고 있다.[111] 이런 설명은 프랑스 사회학자 피에르 부르디외(Pierre Bourdieu)의 문화적 상징적 자본에 따라 계급집단이 구성된다는 개념을[112] 빌려 온 것이지만 특별히 IT 기술을 통해 자본을 축적하고 새로운 지배계급으로 성장한 계층들임을 반영한다.

정보자본가들은 현재 극소수에 불과하지만 매우 빠른 시간에 자본을 축적한 사람들이다. 사진 공유 사이트인 플릭커(flicker.com)의 창업자 슈튜어트 버터필드(Stewart Butterfield)는 창의적인 아이디어로 가장 영향력 있는 100대 인물(2006 타임)로 베스트 리더(2005년 비즈니스)로 선정됐다. 그가 창업한 플릭커는 웹 2.0 기업의 선구자로 꼽히며 회원 2000만 명을 확보해 세계의 현장 사진을 생생하게 전달하고 있다. 인터넷 기업 야후가 동 플릭커를 2005년 3월 3500만 달러(약 330억 원)에 인수해 세계를 놀라게 했다. 또한 유튜브(youtube.com)의 공동창업자인 채드 헐리(Chad Hurley)와 스티브 첸(Steve Chen)은 30대 초반의 최고경영자(CEO)요 최고기술책임자(CTO)들이다.

21세기에 들어와 웹 2.0 시대가 시작되면서 정보산업 및 혁신 갑부 모델로서는 아마존(Amazon)의 제프 베조스(Jeff Bezos), 웨버 벤처(Uber Venture)의 존 도어(John Doerr), 구글을 창립한 세르게이 브린(Sergey Brin)과 래리 페이지(Larry Page), 디그(Digg)의 켄벤 로즈(Kevin Rose), 유니온 스퀘어 벤처(Union Venture)의 프레드 윌슨(Fred Wilson) 등은 떠오르는 기업가요 자본가들이다. 이들은 전자상거래, 통신, 출판, 광고 등 전방위로 영향력을 넓히고 있다. 이들 갑부들의 특징은 험난한 도전과 창조성을 발휘한 사람들이다. 미국은 자본주의 모델과 다르게 또 다른 미래의 정보자본주의를 예고하고 있는 것도 같은 맥락이다. 현대의 자본가들은 IT 기업, 벤처기업들을 통해서 발전하고 있는데 MS가 독점적 지위를 갖게 된 것은 경제학자들이 말하는 네트워크의 효과 때문이다.

또 다른 성공 기업들이 있다. 이베이(e-Bay)는 1995년 프로그래머인 피에르 오미디호(Pierre Omidyar)가 산호세에 있는 자신의 재택 사무실에 앉아 옥션 웹사이트(Auction web)를 만들어 인터넷 공간에서 사람들로 하여금 팔 물건을 게시토록 하고 다른 사람들은

---

110) Holm Friede, Wir Nennen es Arbeit, 두행숙(역)『디지털 보헤미안』(서울 : 웅진하우스, 2007), pp.312~313.

111) James Canton, The Extreme Future, (New York : Dutton, 2006), pp.58.

112) 피에르 부르디외는 경제적 직업적 요인보다는 문화적 취향이나 레저활동에 기초해 자신을 다른 사람과 구분 짓고 있다. 광고업자 마케터 패션디자이너 디자이너 치료사 웹디자이너 등은 '욕구판매인(need merchants)'으로서 상징적 서비스를 제공하는 사람들이며 소비자 공동체의 문화적 생활양식에 영향을 미친다.

그 물건을 사가도록 운영했다. 그 결과 1998년 기업을 공개하면서 재산을 크게 불렸다.[113] 이베이(e-Bay)의 총 매출액은 2006년 500억 달러에 이르렀다. 이베이는 대부분 적고 지리적으로 멀리 떨어져 있는 전 세계의 약 33만 6,000개의 매장을 하나의 글로벌 마켓으로 모아놓은 온라인 커뮤니티다. 하룻밤 사이에 새 억만장자가 만들어내는 닷컴 경제의 위력을 보여주고 있는 것이다.

또한 마크 주커버그(M. Zuckerberg)는 닷컴세대 가운데 가장 빠른 시간 안에 억만장자에 오른 인물이다. 2004년 6월 주커버그는 하버드 대학을 중퇴하고 IT 분야에 뛰어 들어 소셜네트워킹 사이트 페이스북(Face book)을 창업해 성공했다. 페이스북 가입자는 4,900만 명으로 늘어났고 회사가치는 150억 달러에 이르렀다. 페이스북 소셜그라프(Social graph)는 네트워킹 시스템으로 이미 알고 있는 사람들까지도 서로 연결해 즐기는 음악, 취미, 글, 사진, 영상 등을 서로 교환하도록 해 성공했다.

핀란드의 최대기업인 노키아(Nokia, 1865년 설립)라는 기업 역시 '세상에서 가장 살기 좋은 나라'를 상상하며 기업을 키워나가고 있다. 핀란드를 '노키아 랜드'라고 부를 정도로 핀란드 경제에서 노키아가 차지하는 비중은 절대적이다. 1970년대 고무, 제지, 케이블 등 20여 계열사를 문어발처럼 거느린 기업으로 성장했으나 1992년 이후 이동전화 단말기와 정보통신 인프라 부문에 집중해 세계 1위의 휴대폰업체로 성장했다. 노키아 휴대전화 시장에서만 23억 달러의 순이익을 올리며 GSM 중심으로 휴대전화 표준규격을 만들었다. 요르마 올릴라(Jarma Jaakko Ollila, 1950~) 회장은 '통신과 함께 살거나 죽는다'는 열정 속에 매출액 대비 10% 가량을 R&D 업무에 쏟고 있다.

미국 IT 기업 · 혁신 갑부들의 재산 현황

➡ 빌 게이츠(MS)	530억 달러	➡ 세르게이 브린(구글)	141억 달러
➡ 래리 앨리스(오라클)	195억 달러	➡ 스티브 잡스(애플)	49억 달러
➡ 마이클 델(델컴퓨터)	155억 달러	➡ 제리 양(야후)	22억 달러

---

113) Emily Ross and Angus Holland, 100Great Business and the Minds Behind Them, (Illinois : Emily Ross& Angus Holland, 2006), pp.248~250.

우리가 잘 아는 퀄컴(Qualcomm) 역시 지적재산권 비즈니스가 중요한 상품이다. 국내외 기관들이 갖고 있는 특허를 다량 보유하고 다른 회사에 로열티를 받고 판매하는 회사들이다. 퀄컴의 '코드분활다중접속'(CDMA) 기술과 관련해 로열티 수입은 전체 영업이익의 90%가 넘는 알짜배기 사업이다. 또 일본의 가사하라 겐지(笠原 健治) 사장은 일본판 싸이월드라 할 수 있는 네트워크 사이트 '믹시'(Mixi)(www.mixi.jp)를 창립해 성공을 거뒀다. 그는 도쿄 증시에 상장해 많은 돈을 모은 벤처업계의 성공자이다. 그밖에 최대 인터넷 쇼핑몰 업체 라쿠텐(樂天)의 CEO 미키타니 히로시(三木 谷浩)는 일본 부호 6위에 올랐다.

그런가 하면 인터넷 기업인 아마존은 제프 베조스(Jeff Bezos)가 창업한 기업으로 재산이 100억 원을 넘는다. 베조스는 1994년 인터넷 사용이 현재 연 2,300%의 속도로 증가한다는 통계를 보고 1995년 7월 온라인 상에 아마존 닷컴(amazon.com) 웹사이트를 개설했다. 서점을 개설해 매출 70억 원에 근접하고 있다.[114] 이렇게 자본주의 시장 속에 인터넷 발전은 개인의 부를 축적하는데 크게 기여한다.

네이버의 수익성 역시 거침없는 '하이 킥' 이다. 2007년 네이버가 공식 발표한 예상 매출액은 8,000억 원으로 지난해 매출액 5,734억 원보다 40%쯤 올려 잡은 것이다. 여기에 NHN은 일본의 게임사업과 NHN 중국법인 '롄종' 의 매출액을 합치면 전체 매출액은 1조 원을 넘을 전망이다. 이렇게 네이버가 돈을 많이 번 이유는 국내의 키워드(검색어) 광고시장을 장악했기 때문이다.[115]

한국 토종 포털 사이트인 네이버는 1999년 6월 인터넷 사업에 뛰어들어 8년 만에 시가총액 6조여 억 원으로 코스닥 1위 업체가 되었다. 네이버의 성공비결은 검색 시스템, 네티즌들의 지식을 끌어내는 '지식 in' 서비스였다. 미국의 구글과 야후의 검색시장과 싸우고 있는 네이버는 웹 2.0의 확산과 동영상 UCC 사이트의 부상에 따른 새로운 시장의 공략이 필요한 상황이다.[116] 동영상 콘텐츠의 시대에 있어서 대중성을 띄며 이용자와 함께 가는 2.0 시대가 된 것이다. 동영상 콘텐츠의 시대에 있어서 대중성을 띄며 이용자와 함께 가는 시대에 우리는 살고 있다.

---

114) Emily Ross and Angus Holland, ibid, pp.136~137.
115) 키워드 광고는 네티즌이 정보검색창에 특정 단어를 입력할 때 검색결과가 화면에 스폰서 링크. '플러스프로' 라는 이름으로 광고주의 웹사이트를 링크하는 방식을 의미한다.
116) 장정훈, 『네이버 스토리 : 트랜드를 창조하는 지식군단』 (서울 : New Run, 2007), pp. 204 이하.

제4부

정보소비시대에서의 대응전략

●● **사람들이** 세상을 이해하는 정도는 그 시대가 보유한 정보량에 비례한다. 즉 세상을 보는 시각은 현실을 재정의할 수 있고 새로운 정보가 출현하면 그에 따라 계속 변하기 마련이다. 이런 변화는 새로운 모델을 구축하거나 아니면 조직 및 가치의 전환을 촉진하며 사회적으로는 사람을 계층화시킨다. 지식활동 및 유용한 정보를 생산해 내는데 있어서 보면 3류 지식인은 앞서 간 사람들을 따라가기 바쁘고 2류 지식인은 베끼기에 바쁘고 1류 지식인은 특별한 지식을 창조하는 사람들로 구별된다.

우리가 경험하듯이 현대사회는 친정보적 환경이 뿌리내리고 있다. 정보의 르네상스 시대로서 사회 친화적 정보세기로 변하고 있다. 끊임없이 유익한 정보를 추구하는 것이 사람들의 욕구라고 한다면 정보를 '사회적 정보'(social intelligence)로 만들어야 한다. 사람은 기본적으로 자신의 일을 개척하고 그리고 보다 나은 삶을 추구한다면 밀려오는 정보를 자신에게 필요한 지식으로 만드는 것, 이것이 사회적 정보다. 사실 사람들은 자신에게로 몰려오는 정보 중 20%도 인식하지 못하고 지나친다. 정보를 '끌어당김' 없이 경쟁구조에서 승리할 수 없을 것이다. 정보를 잡았다면 폭넓은 사고와 분석력으로 처리해야 한다. 그럴 때 조직이나 개인들이 정보를 기반으로 한 문제해결(intelligence-based solution to problem)이 가능해질 때 바로 사회적 정보로서의 가치는 높아진다.

정보는 마치 우리가 쓰는 지도(地圖)와 같다. 지도는 특정지역과 방향을 가르쳐 준다. 정보는 우리들의 사회적 배경, 그리고 사회생활에서 긍정·부정 아니면 반대 저지세력을 식별하는 역량이 된다. 정보는 때때로 상대방의 기(氣)를 꺾는 힘이 되거나 기를 살리는 힘으로 작용한다.

일본 전국시대 오다 노부나가(織田 信長)는 1582년 그의 부하 아케치 미스히데(明智 光秀)에게 피습당한다.(혼노사(本能寺)의 변) 노부나가는 전국통일의 야망을 가지고 강력한 중앙집권체제를 구축하려 했다. 암살자인 미스히데는 원래 노부나가를 잘 섬기는 부하가 아니었다. 요새말로 발탁된 케이스였는데, 그는 전국시대 여기저기를 떠돌아 다니는 방랑적인 무사출신이다. 그런 그가 노부나가의 눈에 들었던 이유는 유랑생활을 통해서 얻어진 정보력 때문이었다. 미스히데가 떠돌아 다니면서 수집한 각종 정보 특히 노부나가가 높이 산 정보는 전국 다이묘(大名)들의 성격과 약점 등 인물동향이었다. 그리고 또 하나는 쇼군(將軍)들과의 정보네트워크였다.

이같은 예는 정보가 어떤 것을 성취하는 힘, 행동할 수 있는 능력을 보여주는 힘으로서 정치 세력장에서 정보력은 필수적인 국가운영수단임을 일깨워준다.

그리하여 이렇게 말할 수 있다. 지식정보사회에서 정보소비생활을 위해서는 "누구나 끝없이 도전하라, 준비하라, 창조하라, 이해하라, 접속하라, 짧은 댓글을 올려라"고. 결국 우리 삶의 과정을 종이에 혹은 컴퓨터에 무언가 끄적거린다면 그것은 글쓰기의 시작이요 정보생산과 소비의 기초가 된다. 이른바 대량 지식생산시대에서 자기만의 '소품종 정보'를 만들 수 있다. 그러나 가상공간에는 '뻥(blank)'인 내용도 많다는 사실에서 신속하게 전달하는 '정보통조림'은 과장과 수식이 많은 정보라는 점에서 주의가 요구된다. 또 이런 '뻥' 내용을 퍼 와서는 나름대로 '뻥끼'를 부리고 있는 사람도 많다는 현실을 감안해야 할 것이다.

제10장
다가오는 미래사회에서의 정보소비
–정보의 미래

정보에는 국경이 없다지만 '보이지 않는 손'이 작용한다. 정보가 모호한 상태이지만 정보를 둘러싼 전쟁은 보이지 않는 전쟁이다. 대부분의 사람이 공감하듯이 가상공간은 너무나 많은 자료가 범람하는 돼지저금통이다. 이베이(e-Bay), 위키피디아(Wikipedia)들은 지나가는 사람들이 자주 들리는 사이트들이고 시간을 줄여주는 브랜드 사이트들이다. 요는 각자가 어떻게 지식 검색을 통해 시간을 줄여 돈을 벌고 이익을 관리하느냐가 정보소비의 핵심이다.

정보는 우리의 사고를 자극하고 사고의 자극은 바로 아이디어 창출을 이끈다. 창출된 정보는 유효하게 소비되는 자원이다. 그런데 사람들은 소비하지 않고 잠시 보류해 놓는 경우가 있다. 이 경우 정보를 처리하고 행동을 지시하는 두뇌의 능력이 문제된다. 사람은 주어진 한 순간에 부분적인 정보만을 처리할 수 없으므로 주의력을 잃게 된다. 여기서 주의력이란 다른 말로 말하면 정신력이며 물리적 에너지와 같이 주어진 과제에 일부 집중하지 않으면 아무 일도 처리할 수 없는 상태이다. 몰입과 관심의 결여상태인 셈이다.

정보는 소비하는 것이지만 정보는 성격상 비소비(non-consumption)상태로 있다. 정보는 비(非)소비자들, 다시 말해 정보를 사용할 줄 모르거나 그 중요성을 인식하지 못하는 사람들이 많다. 하지만 처음으로 만나는 정보가 무엇인지 모를지라도 그것을 추적하고 천천히 읽어나가면 알 수 있다. 정보에 대한 관심을 갖고 사귀는 만큼 가치가 보이게 마련이기 때문이다. 동네반장이 주민들의 사정(정보)을 알아야 어깨에 힘이 들어가는 법이며 학생 학부모들의 대학 선택은 각 대학 교육정보가 필요하다. 인터넷에는 건강식 정보(음식소재, 칼로리, 안정성 등)가 많이 올라와 있어서 주부들은 이 정보를 통해 함유된 칼로리 양을 조정하며 균형 잡힌 식단을 짜는 것도 일종의 정보소비다.

자신이 직접 활용할 수 있는 정보라는 재화는 변화 기회의 수단이 되며 사회적 선택을 가능케 한다. 더구나 경쟁사회에서 정보의 소유, 정보의 확대, 정보의 전파, 정보의 소비 등은 한 나라의 경제 및 안보와 직결돼 있다. 비유로 말해서 빌 클린턴(Bill Clinton, 1946~)은 1992년 대선에서 '문제는 경제야! 이 멍청아' (It's Economy! Stupid)란[1] 구호를 내걸고 승리했다. 이 말을 패러디 해 표현하면 '문제는 정보야. 이 바보야!' 라고 바꿀 수 있다. 정보는 이 시대의 핵심담론으로 눈앞에 놓인 정보를 당신은 끌어당기면 되는 것이다. 정보는 끌어당김부터 시작되고 우리의 생각에 따라 그것을 잡으면 된다. 끌어당김은 자연의 법칙이다.

10-1. 정보의 사회화 및 정보량의 확대

현재 목격하고 있지만 디지털 경제가 진전되면서 전자정부 실현, 전자상거래의 확대, 원격진료와 원격교육이 일반화되고 있다. 그러나 디지털 네트워크를 활용하지 못한다면 개인은 물론 어떤 조직도 생존할 수 없다. 흔히 디지털 시대에 있어서 국가적으로 전자민주주의 전자행정을 언급하지만 사람들이 이에 적응하는데는 변화의 동력이 바로 내부에서 비롯되기 때문에 자신의 부드러운 힘을 발휘할 수 있도록 하는 것은 자기 개혁 차원의 문제다. 디지털 라이프 스타일로 변해 가는 사회 속에서 자기 변화는 숙명적이라고 할 수 있다. 인터넷을 타고 무한 질주하는 정보를 붙잡아 소비할 수 있어야 한다는 뜻이다. 자신의 능력을 숙달시켜 생활의 정보화를 이룰 때 역동적인 사회생활에서 승리할 수 있다.

뿐만 아니라 전 세계적으로 사이버 커뮤니티를 비롯한 네티즌들이 성장하고 있다. 사이

---

1) 클린턴 대통령은 '정책벌레' 라고 할 정도로 많은 아이디어로 자신의 생각을 늘어놓는 습관을 가지고 있었다. 그래서 클린턴의 핵심 정치고문이었던 제임스 카빌은 이런 상황을 극복하고자 어느 날 선거운동원들이 볼 수 있는 화이트보드에 '문제는 경제야! 이 바보야' 라고 썼다. 그리고 이 문장은 선거기간 내내 핵심적인 캠페인이 되었다.

버 커뮤니티의 관점은 네트(Net) 사용자 간의 통신을 중시하며 사회적 관계를 맺는, 그리고 이들이 공동의 상호작용을 하는 공동체들이다. 네트워크와 네트워크를 사용하는 사람들로서 네티즌들은 그들의 공유문화를 만들고 네트의 공동체를 만들어 가는 사람들이다. 사회문화적인 가치를 만들고 네트를 구성해 온라인 공동체를 형성하는 주체로서의 네티즌들은 현대사회의 주역들이다.

언제 어디서나 하나의 단말기 하나로 유선전화, 방송, 인터넷, 이동전화 등을 모두 이용할 수 있는 유비쿼터스 환경이 만들어지고 있다. 머지않아 1기가바이트급, 꿈의 인터넷인 광대역 통합망(BcN)이 구축될 것이다.[2] 이제는 누구와 어디서나 접촉하고 접속할 수 있다. 개인으로서 아이팟(ipod)을 이용하는 사람들은 애플 음악 클럽의 멤버가 되며 클럽 회원들은 일종의 동호회요 부족이 된다. 가입절차를 통해 신규 회원이 되며 정보 소비자가 되는 것이다. 그야말로 인터넷은 우리의 삶을 안내하고 사회참여를 요구한다.

이제 사이버스페이스는 현실세계의 일부로서 권력과 자본이 개입하여 이를 통제한다. 사회적 영향력을 갖고 있는 집단으로 가상현실은 현실세계의 커뮤니케이션이고 다원적인 새로운 사회공간의 의미를 갖는다. 가상공동체이지만 그 구성원들은 자기 주장을 담은 홈페이지를 개설하고 그것을 전 세계와 연결시킬 수 있고 정보공급자(發話者)로의 역할을 한다. 요는 통신 인프라가 확대되면서 정보는 가장 효율적으로 사용할 수 있는 사람들이 생활의 해결방법을 찾고 전략적 사고를 하며 부를 창출하며 높은 계층으로 상승할 수 있다. 정보가 삶의 솔루션으로 작용하는 것이다.

사회구조적으로 현대는 네트워크 사회로 발전하고 있다. 인터넷은 커뮤니케이션이며 동시에 사회화를 촉진하고 있다. 기존의 사회적 유대를 강화하거나 새로운 유대관계를 구축한다. 익명적이지만 사람들을 만나며 그들을 알게 되거나 기억한다. 정보를 교환하고 공감하며 농담을 나눌 수 있다. 고립된 상태, 소식이 끊긴 소외 등의 장애물을 해결해 갈 수 있다. 의식이 있고 에티켓 등 뚜렷한 문화 양식으로 자리 잡아가고 있다. 종종 대규모적으로 즉각적인 감정을 만들어낼 수 있으며 이러한 문화는 일상화되고 있다. 파비엔 구 보디망 (Fabienne Goux-Baudiment) 세계 미래학회장은 국민들에게 정보에 대한 비판적 시각을

---

2) 광대역 통시망은 유·무선과 방송통신이 융합하는 추세에서 각종 네트워크를 인터넷프로토콜(IP)기반으로 통합한 차세대 통신망을 말한다. 기존 유선전화망(PSTN), 비대칭 디지털가입자회선(ADSL), 이동통신망, 케이블 TV망 등을 초고속으로 고도화 한 것이다.

기를 수 있는 교육을 확대할 것을 촉구하고 있다. 지금의 인터넷 세대는 노인이 돼서도 끊임없이 세상과 소통할 것이고, 나이 먹음이 능력과 지위를 대변하지 않는다고 했다.[3]

◉ 디지털 보헤미안 사회화

현대는 물리적인 기술의 변화뿐만 아니라 사회에 대한 관리기술이 크게 변하고 있다. 1977년 누구도 예상 못했던 실용적인 PC가 나오면서 현대사회는 컴퓨터 시대가 되었다. 음식점에서부터 전자기기에 이르기까지 다양한 복합기능을 컴퓨터가 해내고 있다. 다양한 기능의 소프트웨어는 단순히 비빔밥이 아니라 창조적 융합으로 이뤄지고 있으며 차별성 독창성 시너지 이미지가 담겨져 있다. 컴퓨터는 누구에게나 지식정보처리기(KIP : knowledge information processor)로 쓰이고 있다. 기업들은 다른 회사들의 신제품을 분해해 철저하게 분석하는 기술, 즉 분석공학(reverse engineering)을 통해 더 좋은 아이디어와 더 발전한 생존수단을 찾아가는데 컴퓨터가 동원된다.

그동안 우리나라는 도시화, 세계화, 소비중심주의가 '빨리 빨리' 문화를 만들었고 시간이 부족한 것처럼 느끼며 살아왔다. IT 상품들은 '빨리 빨리'를 지원하는 최첨단 제품들로서 우리 일상생활의 필수품이다. 우리는 정보사회에 뛰어들어 더 많은 정보에 목말라하는 정보매니아들로 하여금 다양한 정보기기들과 콘텐츠를 개발하고 있다. 이에 힘입어 오늘날 정보는 오락(영화, 게임, 스포츠), 교육(아동 및 성인용 도서, 교육자료, 공공도서관, 데이터 베이스), 커뮤니케이션(전자우편 e메일, 아이디어 교환, 그룹웨어 활동 등), 여행(예약 서비스, 호텔정보, 여행정보), 회계 통계(금융, 세제, 증권시장, 전자뱅킹) 등에서 많이 소비되고 있다.[4]

따라서 구성원 모두는 지식정보경영시스템을 통해 정보 재활용과 자유스런 접속이 이뤄지도록 해야 한다. 엑세스를 통해 국가와 기업의 이익을 관리할 수 있고, 나아가 고효율 고부가가치를 창출할 수 있다. 다행히 한국어는 세계지식 재산권기구(WIPO)의 공식 언어로 채택됐다. 영어, 중국어, 불어, 독어, 일본어, 스페인어에 이어 전 세계네티즌들이 일곱 번째로 많이 사용하는 언어 중에 하나다. 언어는 정보를 실어 나르며 우리에게 의미를 전달한

4) Michael A. Cusmano, Richard W. Selby, Microsoft Secret, 삼성경제연구소(편), 『마이크로소프트의 비밀』, (서울 : 삼성경제연구소, 1997), pp.615~618.
3) 신지은(외), 『세계적 미래학자 10인이 말하는 미래 혁명』(서울 : 일송북, 2007), pp.118~128.

다. 지식정보가 넘치고 통신기술이 발전하면서 사람은 한 평생 배워야 하는 시대가 되었다. 경쟁심 없는 편안한 삶의 시대가 지나가고 있는 가운데 혹시 도전할 수 있는 능력이 없다면 하류사회 일원이 될 수밖에 없다. 교훈적으로 말해 돈의 유무가 아니라 중류층, 상류층으로 상승하겠다고 하는 의욕이 없는 상태이다. 그래서 하류사회로 떨어지는 가장 큰 요인은 소득격차와 재산의 격차라기보다는 '의식격차' 혹은 의욕격차로 봐야 한다는 주장도 있다. [5]

우리 한국인들은 1인당 GDP 20,000만 불 시대를 넘어서면서 삶에 급급한 계층도 있지만 대부분의 사람들이 폭넓은 삶의 가치에 초점을 맞추고 있다. 경제적 풍요는 많은 사람들이 자기실현을 추구하는 기회가 되고 있다. 우리나라는 고령화와 저(低)출산의 문제가 있지만 점차 부국들과의 격차를 줄여가고 있는 중이다. 그런가 하면 10억 모으기, 부자아빠 되기, 아니면 하나밖에 없는 아빠를 '부자냐 가난뱅이냐'로 가르는 세상쯤으로 생각하고 있다. 그리고 금융 IQ를 절실히 바라는 시대가 되었다. 개인 각자가 인간 수명에 대해, 일에 대해, 놀이에 대해, 경제에 대해, 존재적 위기에 대해 비전과 신념을 가지고 대응할 때이다.

이런 질문과 관련해 정보의 사회화 및 정보량의 확대 모습을 몇 가지로 요약해 볼 수 있다.

첫째 수사적이지만 현대사회는 디지털 보헤미안 사회처럼 보인다.

홀름 프리베(Holm Friede)는 《디지털 보헤미안》[6]에서 사람들은 더 이상 어떤 장소에 묶이지 않고 세계로 네트워크를 형성하며 생활한다는 의미에서 이들은 디지털 보헤미안(Digital Bohemian)으로 불렀다. 그 의미는 어느 개인이 투쟁을 통해서 만들어지는 것이 아니라 국가, 기업, 가족을 넘어 시민사회로 형성되는 새로운 공동체다. 이제 인터넷상 전사들은 한 나라의 국민보다 세계시민이자 보헤미안으로 자발적이고 개인적으로 살기를 원한다. 우리에게 잘 알려진 《21세기 사전》의 저자 자크 아탈리(Jacques Attali)는 21세기 중요 코드로 유목(nomadism)과 가상현실(virtuality) 두 가지로 보았다. 둥지만 지키는 텃새가 아니라 넓은 5대양 6대륙을 찾아다니는 철새의 생존본능이 요새의 노마드 정신이라고 했다. 이들의 공통점은 불확실한 것을 향해서 새롭게 출발하여 창조의 시대를 열어간다는 점이다. 자신들이 운영하는 웹 사이트나 블로그를 통해 돈을 벌고 대기업으로부터 프로젝트를

---

5) 미우라 아츠시(三浦 展), 『下流社會』, 이화성(역) 『하류사회―새로운 계층집단의 출현』(서울 : 씨앗을 뿌리는 사람, 2006), pp.296~297.

6) Holm Friede, Wir Nennen es Arbeit, 두행숙(역) 『디지털 보헤미안』(서울 : 웅진하우스, 2007), pp.23~35.

지원 받거나 아이디어를 팔기도 한다.

둘째, 이 시대는 시간이 부족한 사회다.

사람들은 '시간이 없다'라며 푸념을 한다. 사실 현대인들은 늘 시간이 부족한 삶을 살아가고 있다. 한정된 시간에 처리할 정보가 너무나 많을 뿐더러 매일 쏟아지는 e-메일과 문자 메시지로 귀중한 시간을 허비하기도 한다. 누구나 경험하는 것이지만 스팸메일로 머리가 아프다. 그래서 세계미래사회회의(WFS : world future society) 회장 티머니 맥(Timothy Mack)은 '시간부족(time famine) 사회'가 올 것을 예견했다.[7] 사람들이 24시간을 다 소비해도 부족한 사회라는 사실이다. 이제 시간은 매니지먼트에서 하나의 중요 자원으로 취급된다. 미국 인터넷 장비업체인 시스코(Cisco) 존 챔버스(John Chambers) 회장은 빠른 기업이 살아남는다는 시간의 신화를 창조했다. 그는 '덩치가 크다고 해서 항상 작은 기업을 이기는 것은 아니지만 빠른 기업은 느린 기업을 언제나 이긴다'면서 속도경영을 강조한다.[8]

흔히 '시간은 돈이다'(F. Benjamin)라는 말을 한다. 시간은 유일한 희귀재여서 아무도 시간을 생산할 수 없으며 누구도 자기가 가진 시간을 팔 수 없다. 그러나 누구에게나 하루 24시간이 평등하게 주어져 있지만 주어진 환경과 시간을 어떻게 활용하느냐에 따라 그 시간의 효용가치는 달라진다. 부족한 시간이지만 어떤 일에 집중하고 몰입하느냐에 따라 엄청난 시너지가 발생한다. 우리는 빛의 속도로 움직이는 의사결정시대라는 사실을 잊지 말아야 한다. 러시아의 곤충학자 알렉산드로비치 류비셰프(Alexandrovich Lyubishev, 1890~1972)는 '1분도 소홀히 하지 마라'를 실천하기 위해 생을 마감할 때까지 시간통계노트를 작성해 전 세계에서 시간을 정복한 남자로 기억되고 있다.[9] 사람은 시간을 소비하는 사람이라기보다는 시간을 투자하는 사람이 돼야 한다. 그래야만 복된 삶이 될 수 있으며 시간을 지배하는 사람이 될 수 있다.

셋째, 정보통신기술 발전에 따라 통신기기들이 우리의 'life solution' 방식으로 발전 작용하고 있다.[10]

---

7) 시간부족사회란 축적된 정보와 실시간으로 변하는 기술을 소화하기 위해서 그리고 시간에 쫓기는 현상으로 경험해야할 것이 너무 많아 다른 어떤 자원보다도 시간이 귀해지는 것을 특징으로 하는 사회이다.(조선일보 2007. 1. 15일 티머니 맥 인터뷰내용 참조)

8) http://blog.naver.com/NBlogmain.nhn?blog. 2008. 1. 15.

9) Daniil Alexandrovich Granin, Eta Strannaia Zhizn 이상원·조금선(역) 『시간을 정복한 남자』(서울 : 황소자리, 2004), pp.202~204.

10) 이지평, 『차세대 Life Solution Business의 의미와 전개방향』(LG경제연구원, 2007. 10), pp. i~iii.

디지털 혁명에서는 정보통신 인프라와 디지털기술이 합쳐지면서 정보에 기반한 라이프 솔루션 비즈니스가[11] 현실화될 것으로 보고 있다. 이런 원동력은 다양한 정보의 신속한 처리가 가능해지는 한편, 여러 기업을 망라한 공급 사슬(supply chain)의 효율성을 높일 수 있을 뿐만 아니라 새로운 부가 가치를 만들어 가는 방법이다. 예를 들어 보안, 금융, 주거, 의료, 오락, 교육, 미용 등 다양한 서비스 분야에서 디지털 기술을 접목할 때 라이프 솔루션 비즈니스가 되는 것이다. 마이크로소프트(MS)는 윈도우 소프트웨어와 연계된 다양한 솔루션 비즈니스를 전개하는 Software & Service 전략을 강화하고 있으며, 애플은 음악 및 동영상 콘텐츠 송신 서비스를 하드웨어 비즈니스와 연계시켜서 하드웨어 매출을 확대하는 Service Pius 전략을 휴대폰, TV 등으로 확대하고 있다.

뿐만 아니라 이런 디지털 통신기기들의 성장이 뉴 비지니스와 접목되면서 한층 의사소통방식이 간편해지고 있다. 네트워크 인프라들이 융합되면서 손가락 하나만으로 다양한 통신기기와 접속할 수 있다. 애플 CEO인 스티브 잡스(Stev Jabs)는 버튼에 의한 의사소통을 넘어 터치(touch)의 시대라고 했다. 정보기기의 스크린을 터치해서 정보를 찾거나 작동하는 방식이 일반화돼가고 있음을 보여준다. 애플은 휴대용 디지털 오디오 기기인 아이팟(i pod)을 히트시킨 지 몇 년 안 돼 아이폰(i phone)을 시장에 내놓았다. 또 몇 달 안 되어 아이폰에서 전화 기능을 빼내고 무선인터넷과 MP3 기능을 갖춘 아이팟 터치(i podtouch)라는 제품을 출시했다. 다시 말해 2007년 이후 애플에 이어 노키아, 모토로라, 삼성전자, LG전자 등이 터치스크린을[12] 장착한 휴대전화나 컴퓨터 게임기 등이 등장하고 있다. 터치스크린이 달린 기기들은 상상 속의 기능을 현실화할 수 있는데 거기다 또 화면에 떠 있는 아이콘을 자유자재로 화면을 불러내 여기에 담긴 정보를 사용할 수 있도록 했다.

그렇지 않아도 미국 경제주간지 비지니스 위크(2007. 2)는 IT 부분 트렌드로 터치스크린 바람이 일어나며 소상공인들이 광고시장의 핵으로 떠오를 것으로 내다봤다. 실제로 애플은 터치스크린을 채용한 아이폰을 출시했고 LG 전자 역시 유럽에서 프라다 폰을 내놓고 있다. 액정 터치스크린, 터치 디스플레이들이 속속 나오고 있다. 스크린이 지배하는 사회가

---

11) 라이프 비지니스란 디지털기기, 인터넷, 서비스를 서로 연결하여 생활혁신을 주도하는 비즈니스를 의미한다. 부가 가치 향상은 개별적인 소비와 취향에 대응한 맞춤 서비스나 상담 조언 기능이 확대되는 것이다.

12) 터치 스크린(touch screen)이란 키보드나 마우스 없이 모니터에 나타난 다양한 메뉴를 손으로 짚어 선택할 수 있도록 만든 전자화면이다. 여기에는 사람 눈에 보이지 않는 적외선이 흐른다. 사용자가 손가락으로 화면상에서 원하는 메뉴를 누르면 적외선이 이를 감지해 컴퓨터에 전달되는 방식이다.

되고 있어서 스크린을 채울 수 있는 콘텐츠가 필요한 시대가 되었다. 이제 우리는 다양한 콘텐츠로 스크린을 채워나가며 살아가는 시대 속에 살고 있다.

🔵 정보수명관리 및 저장능력 확대

모든 사물의 정보화에 따른 정보량이 확대되고 이를 주기적으로 관리하며 저장하는 기술이 확대되고 있다. 이런 것이 가능해지는 통신기술은 문명사적으로 고대 메소포타미아와 이집트 문명시대에서 쐐기문자와 상형문자가 처음 사용되면서 발전되기 시작했다. 당시에는 물리적 상징에 기반한 수학적 기호로 나타냈다. 그런 점에서 인류는 각종 정보와 신호보내기의 역사이며 현대화는 선(線)의 연결성이라고 할 수 있다.

사물과 신호들을 소통시키는 선의 연결은 세계를 하나로 묶었다. 인터넷 영향은 광섬유 케이블이 깔리면서 통신역량이 확대되었고 통신비용도 저렴해졌다. 우리나라의 통신업체 KT는 광(光)가입자망(FTTA : Fiber to the Home)을 일반 주택에까지 적용하고 있다. 광가입자망은 가입자 방안에 있는 컴퓨터 바로 앞까지 광케이블을 설치해 빠르고 안정적으로 인터넷을 이용할 수 있도록 구성하는 네트워크다. 현재 초당 한자리수 메가바이트인 데이터 전송속도가 초당 100메가바이트로 확대된다. 무선 인터넷도 빨라지고 있어서 KTF는 2007년 3월부터 3.5세대 초고속 인터넷서비스를 시작했다. 휴대전화를 이용한 무선인터넷 속도가 최대 6배까지 빨라졌다. 원하는 영화정보와 도서 정보 등 모든 생산정보를 휴대폰으로 받아보는 시대가 되었다.

더구나 인터넷 웹은 더욱 똑똑해지고 있다. 보다 강력해진 21세기형 웹으로 X–인터넷이 발전하고 있다. 이는 각종 애플리케이션(응용프로그램)의 성능을 보다 풍부하게 해주는 기업용 웹 개발 도구다. 게다가 요새 와이브로(WiBro, 휴대인터넷)의 세상이 되고 있다. 무선광대역(Wireless Broad Band)의 줄임말로써 이동 중에도 고속으로 인터넷을 이용할 수 있다. 기존의 유선고속 인터넷과 달리 무선으로 이용 가능한 서비스로 거대한 네트워크 사회를 구성해 가고 있다.

이런 추세 속에 인터넷의 네트워크는 몇 배가 아니라 몇 제곱의 부가가치를 만들어낸다. 네트워크의 가치는 접속점, 즉 사용자수의 제곱에 비례한다는 이더넷(Ether net)의 개발자 '메 칼프(Met Calfe)의 법칙'이 등장했다. 사용자가 10명에서 11명이 되는 네트워크의 관리비용이 1.1배가 증가하지만 네트워크의 가치는 1.1배의 제곱인 1.21배가 증가한다는 것이다.

한편, 정보저장 스토리지의 확장과 정보수명주기 관리가 중요해지고 있다. 전자의 경우 정부와 기업에서는 정보스토리지 업무가 날로 증가하고 있다. 스토리지는 대규모 데이터를 디지털 형태로 저장하는, 그리고 저장장치를 의미한다. 인터넷 발전에 따라 대용량 저장장치를 뜻하는 IT 영역의 의미로 확대되면서 독립된 운영체계에 따라 수십 수백 데라바이트(TB, 1데라바이트는 1024기가바이트) 규모의 무한정 데이터를 저장할 있는 스토리지가 필요해지고 있다.

시장조사기관 IDL에 따르면 2010년 인류의 정보량은 988엑사바이트(lexabyte = 1019byte, 인류가 저술한 모든 책의 1,800만 배)로 현재보다 6배 늘어날 것으로 전망하고 있다. 이렇게 정보량의 폭발이 가능해지는 것은 영상, 사물의 정보화 웹에 의한 것이다. 영상의 경우 정보형태가 데이터에서 영상으로 바뀌면서 정보량은 수백 배 커지게 된다. 영상의 이용이 대중화되면서 메모리 박형(薄型) 디스플레이, 3세대 이동통신, 휴대용 영상디바이스 등이 부상할 것으로 보고 있다.[13]

후자의 경우 정보수명주기관리(ILM)는 기하급수적으로 늘어나고 있다. 정보를 단순히 저장만 해서는 필요가 없고 나름대로 인용빈도, 유효기간, 보존가치 등에 따라 분류하며 각각 필요에 따라 수명을 부여해 종합적으로 관리하자는 것이다. 사실 오늘날 소통되는 정보량의 확대는 무한정인 상태다. 영국 정부 발표에 따르면 2000년대 한 해 동안 전달된 정보는 2035년에는 수초 만에 전달되고 2025년에는 한해에 생산 유통될 정보량은 태초에서 1950년까지 생산된 정보량과 맞먹게 된다고 보았다.[14]

현재 정보량을 표시하는 기가바이트(1GB)의 1,024배인 데라바이트(TB : tera byte)급 하드디스크 드라이브(HDD)를 장착한 PC도 2007년 초부터 출시되었다. 이 같은 엄지손톱만한 크기의 메모리 칩, 데라급 HDD는 음악 21만 곡, 영화 1,300여 편을 저장 가능한 대용량이다. 우리나라가 자랑하는 것이지만 IT 정보기술은 세계적이다. 한국과학기술원(KAIST)은 2007년 여름 최근 세계에서 가장 작은 8nm급 3차원 차세대 '비휘발성 플래시 메모리 소자'를 개발했다고 밝혔다. 8nm는 머리카락 두께의 1만 2,000분의 1에 해당하는 아주 작은 크기다.

패러다임 전환(기술혁신)의 속도는 가속된다. 현재는 10년마다 두 배씩 증가한다. 정보기술의 힘은 1년에 두 배씩 증가한다. 이 원칙은 인간지식의 총량 등 다양한 분야에 적용된

---

13) 『조선일보』 Digital BIZ, 2007. 11. 30.
14) 『한국 경제신문』 2007. 7. 26.

다. 미래예측서들은 광속을 넘어 온 우주로 지능을 전파하는 시점이 온다고 말한다. 문명은 생물학적 인간의 영역을 벗어나는 듯하다.[15] 창조되는 지식량의 확대도 놀라워서 현재 7년마다 지식의 양은 두 배로 증가하고 있으며 이 속도는 점점 빨라져서 2030년이면 72일마다 지식의 양이 두 배로 증가할 것으로 내다본다. 이 모든 정보는 시간의 흐름에 따라 가치가 변하고 또 많은 정보가 똑같은 가치를 지닌 것도 아니어서 정보를 유통성 공간(space of flow)에서 생산 – 소비·유통 – 소멸이라는 순환 사이클에 맞춰 비용을 줄이면서 가치를 높여가고 있다.[16]

10-2. 지식정보 문화 산업(콘텐츠 산업)과 정보의 유료화

21세기에 들어와 문화적 '콘텐츠는 왕이다'(contents is king)라는 사실을 보여 준다. 정보는 콘텐츠다. 문화산업은 정보에 기반한다. 그러므로 엔터테인먼트 비지니스로서 새로운 오락 공급시스템만 잘 갖추면 무한한 가치를 증식할 수 있는 것으로 여겨진다. 미국의 오락 미디어 산업은 자동차 부품제조나, 아니면 먹고 마시는 산업의 규모를 넘어 전자, 통신, 기계산업을 추월할 수도 있는 것이 문화산업이다.[17] 더욱이 디지털혁명과 오락산업의 결합을 뜻하는 '실리우드'의 활약이 시작되었다는 지적도 있다.[18]

일찍이 아놀드 토인비(Arnold Toynbee, 1889~1975)는 문화가 변하는 것은 도전과 응전의 작용에 의해 결정된다고 했다. 도전과 응전을 위해서는 문화적 창조성을 발휘하도록 하는 엘리트들의 성장이 요구된다고 했다. 또한 문화적 확산(cultural diffusion)을[19] 위해서,

---

15) Ray Kurzweil, Ray Kurzweil, The Singulariyt is Near : When Human Transcend Biology, (New York : Penguin Book 2005), pp.46~53.
16) 현재 세계최대의 스토리지 업체는 미국의 EMC(소프트웨어서비스 정보컨설팅 종합정보기술회사), 일본의 히다치(日立)사들은 고급형 스토리지 시장을 지배하고 있다. 우리나라의 국민은행의 고객 금융정보, SK텔레콤의 통화내역, 국세청의 세무자료 등은 방대한 스토리지에 담아 관리해야 하는 정보량이다.
17) 여기서 문화산업(culture industry)이란 대중문화의 의미가 강한 인간의 문화적 욕구를 충족시키는 일시적인 만족감이나 쾌락을 공급하는 일종의 상품을 생산하는 것을 의미한다.
18) 다카야마 스스무, 곽해선(역), 『할리우드 거대 미디어의 세계전략』(서울 : 중심, 2001), pp. 13~14, 125~135 참조. 여기서 말하는 '실리우드'는 실리콘벨리와 할리우드를 조합한 조어(造語)로서 디지털기술과 오락 콘텐츠를 결합하는 산업융합 현상을 뜻하다.
19) 문화적 확산은 상이한 두 개 이상의 문화가 접촉하는 과정에서 나타나는 현상이다. 정복이나 교역을 통한 문화접촉은 새로운 기술뿐만 아니라 새로운 규범과 가치관을 확산시키게 된다.

그리고 문화이식은 물론 문화적 가치를 확대하는 사람들이 중요하다고 강조했다. 문화의 창조성을 선도하는 사람들 혹은 문화정책을 다루는 사람들은 단순히 소수 귀족적 엘리트주의나 고급문화가 중심이 되는 문화정치(culturecracy)[20] 그룹들이 아니라 일반대중이 함께 펼치는 문화, 오락, 공연을 다루는 영향력 있는 사람들과 문화단체를 말한다.

그렇기 때문에 정보전문가들은 테크놀로지에 대한 지식이 풍부해야 할 뿐만 아니라 기업에서의 비즈니스 프로세스, 기술발전 과정, 상품 개발 등에 상당히 정통해야 한다. 이제는 문화가 단순히 기업 이미지라는 한계를 넘어 기업과 상품의 철학을 알리는 경영의 핵심 수단으로 중시되고 있다는 사실에서 정보소비 대상으로서의 지식 문화산업을 이해할 필요가 있다.

◎ 문화권력과 콘텐츠

21세기 문화전쟁이 시작되었다는 견해들이 많다. 문화의 중요성에 대해 이미 토크빌(A. Tocqueville, 1805~1859)은 정치체제를 원활하게 움직이는 핵심요인으로 민주주의에 어울리는 것은 곧 문화적 기반이라고 했다. 막스 베버(M. Weber) 또한 자본주의 발흥이 본질적으로 종교(개신교)에 바탕을 둔 문화적 현상이라고 했다. 「세계전쟁사」의 저자이자 탁월한 전쟁역사가인 존 키건(John Keegan)에 따르면 전쟁은 '정치의 연장이 아니라 철저하게 문화적인 행위'로 해설하고 있다.[21] 이런 의미에서 9 · 11 뉴욕 워싱턴 테러는 21세기의 첫 전쟁으로 불리는 가운데 테러와의 전쟁은 곧 두 문화의 전쟁으로 해석되기도 한다.

이만큼 문화는 주변부적인 문제가 아니라 직접적이고 생활세계를 표현하는 핵심적 가치로 여겨진다. 새무얼 헌팅톤(Samuel P. Huntington) 등이 쓴 「문화가 중요하다」는 문화의 중요성뿐만 아니라 문화적 갈등, 글로벌한 수준에서 공생과 번영을 모색하고 있다.[22] 문화와 경제발전, 문화와 정치발전, 인류학적 논쟁, 문화와 젠더 등을 인류의 문화와 관련해 다루며 이 시대를 문화의 세기라고 했다. 또 로널드 잉글하트(Ronald Inglehart)는 역사적으로 프로테스탄트, 정교회, 이슬람, 유교사회 등의 가치 체계가 작용하는 '문화지대'를 설명

---

20) 문화정치는 엘리어트(T.S Eliot)가 지칭한 말로서 창조적 능력과 자질을 갖춘 소수문화 엘리트가 문화예술을 창조할 수 있으며, 이들이 정치적 사회적 집단으로 일반대중에 대한 영향을 미친다는 말이다.

21) John Keegan, A History of Warfare, 유병진(역) 『세계 전쟁사』(서울 : 까치, 1996), pp.17~30.

22) Lawernce E. Harrison & Samuel P. Huntington(ed), Culture Matters : How Values Shape Human Progress (NewYork : Basic Books, 2000), pp.xvii 이하.

한다. 문화지대는 뚜렷한 문화적 특징인 사회, 정치, 경제적 수행능력에 따라 달라진다고 보았다.[23)]

따라서 우리는 다양한 문화에 대한 감수성과 이해능력, 즉 문화지능지수(CQ : culture intelligence quotient)에 대해서 관심을 가질 때이다. 문화지능이란 자신과 교류하는 상대의 문화적인 가치기준과 태도에 적절하게 반응할 수 있는 기술(예를 들어 언어능력과 대인관계)과 자질(예로서 모호함을 넘어 견뎌 낼 수 있는 정도, 융통성)을 발휘해 행동할 수 있는 능력을 말한다.[24)] 21세기 문화의 세기에 있어서 CQ가 낮으면 선진적 문화를 가졌다고 할 수 없는 것은 물론이다.

정보를 사용하는 사람들은 창의적인 사람들이다. 창조적 자본의 가치가 미래사회의 핵심가치로 떠오르고 있다. 지식기반사회의 핵심원리는 새로운 지식을 만들어 사용하고 전파하는 기술이다. 카네기 멜론대의 리처드 플로리다(Richard Florida) 교수는《창조적 변화를 주도하는 사람들》이란 저서에서 탈산업사회의 이윤창출의 원천으로서 창조적 계급의 부상을 주장하고 있다. 창조적 계급에 속하는 직업의 범주로 과학기술자, 디자이너, 예술가 등이 '순수 창조'의 핵이고 관리자, 사업가, 고소득 판매직, 법률가, 의사 등은 '창조적 전문 계층'으로 구분해 설명하고 있다.[25)] 순수창조자들은 특별히 타인들과 공감(synesthesia)하는 능력, 감성(emotion)을 소유한 사람들이다. 이들은 인간의 감성을 자극하고 딱딱한 통계대신 이야기로 신뢰감을 주는 사람들로 문화권력을 가지고 있다. 이를테면 세계의 문화권력을 행사하는 '마이다스의 손'이라 부르는 스티븐 스필버그(Steven Allan Spielberg)[26)]의 인물자산가치는 20억 달러(약 2조 5,200억)에 이른다. 그의 끊임없이 솟아나는 상상력이 힘의 원천이 그 값을 결정하는 것이다. 창조적 계급은 다양한 관심과 전문지식을 보유한 사람들로 많은 사람들과 아이디어를 공유하는 재능, 기술, 그리고 관용을 구비하고 경제활동

---

23) Ronald Inglehart, "Culture and Democracy", in Lawernce E. Harrison & Samuel P. Huntington(ed), Culture Matters : How Values Shape Human Progress (NewYork : Basic Books, 2000), pp.80 이하.

24) Brooks Peterson, Cultural Intelligence : A Guide for Working With People from Other Culture, 현대경제연구원(역)『문화지능 : 글로벌 시대의 경쟁력』(서울 : 창림출판사, 2006), pp.142.

25) Richard Florida, The Rise of the Creative Class : And How It's Transformation Work, Leisure, Communication and Every days Life, 이길태(역)『창조적 변화를 주도하는 사람들』(서울 : 전자신문사, 2007), pp.34~39.

26) 스티븐 스필버그(1946년 생)는 자유분방한 실리주의를 바탕으로 영화를 제작하는 사람이다. 대표적인 작품으로는 인디아나 존스, ET, 쥬라기공원, 레이더스, 잃어버린 세계, 라이언일병 구하기 등 대중을 열광시키는 영화들을 만든 감독 겸 제작자이다.

을 하는 사람들이다. 미국의 경우 이런 창조적 계급의 수는 약 3,800만 명(전 인구의 3%)으로 추산한다.

● 문화콘텐츠 전쟁

현시대는 국경 없는 문화산업 혹은 디지털콘텐츠 전쟁이 한창이다. 콘텐츠는 디테일(detail)이고 스토리이며 캐릭터 등으로 생산된다. 이것은 브랜드로서 한나라의 주요 자산이 된다. 중국 상무부는 세계에서 통하는 중국 브랜드 즉 명패(名牌, 고급브랜드)가 국력과 산업 경쟁력을 강화하는 필수요소로 인식하고 2010년까지 총 수출액 가운데 중국브랜드 제품의 비율을 20% 이상으로 올릴 계획이다.[27] 또 중국은 소프트 파워인 자국어 및 문화의 해외보급을 위해 '공자학원'(孔子學院)을 확대해 지금까지 128개로 늘렸고 앞으로 60여 개 국에 400여 개 기관으로부터 개설 신청이 접수되었다.[28] 중국은 중국적 문화 콘텐츠를 가진 상품이 극히 적다는 판단 아래 문화산업으로서의 문화 창작단지 건설이 한창이다.[29] 우리나라 또한 한국문화예술진흥원, 부천 만화정보센터, 서울 애니메이션 센터, 한국게임산업 개발원 등 기구를 만들어 창작, 제작, 판매 등을 문화산업 가치사슬을 구축해 가고 있다.

문제의 핵심으로 디테일은 문화이고 생각이며 캐릭터는 한 나라의 문화를 상징한다. 피사르(pixar)의 애니메이션으로 2001년도 히트작인 '몬스터 주식회사'(Monsters Inc), 벅스라이트(1998), 니모를 찾아서(2003), 불가사의(2004), 쿵푸팬더(2008) 등은 세계적 주도자가 되었다. 그밖에 뮬란, 타잔, 토이스토리, 센과 치히로의 행방불명 등 세계적 애니메이션들은 세계 사람들과 대화하며 마음을 파고들었다. 그 성공의 비밀공식은 ▲인재의 육성, ▲실험된 기법, ▲매혹적인 줄거리와 정교한 효과의 정밀성, ▲창조성과 생산성이었다. 고정관념의 틀을 깬 초현실주의 화가 르네 마그리트 디자인과 창의성을[30] 비즈니스에 접목한

---

27) 일예로써 중국은 2007년 6월부터 '品牌萬里長城'(Brand Promotion Caravan)행사를 벌리고 있다. 소프트파워의 집대성으로 중국적 소프트파워를 구축한다는 것이다. 江原 規由, 中國が目指す 世界に 通じるブランド作り, 『エコノミスト』, 2006. 9. 5.

28) 宗煥平, "孔子學院的 獨特影響力", 『瞭望』, 2007. 3. 12.

29) 문화산업을 육성하기 위해 東北 華北 長江 三角洲 東南 西南 中南 등지에 생산기지가 건설되고 있으며, 北京의 歌華빌딩 789藝術區 빈허창작산업단지, 上海의 太江路 蘇洲河 M50공장 등 수백개에 이른다. 자세한 것은 "文化産業製造大于 內容", 『瞭望』, 2007. 9. 17 참조.

30) 초현실주의 거장 르네마그리트 그림에서는 일상에서 볼 수 있고 친숙한 대상들을 한 화폭에 집어넣어 엉뚱한 결합을 보여준다. 이른바 마그리트 예술세계의 핵심인 데페이즈망(Depaysement)기법으로 모순되거나 대립되는 요소들을 동일한 화면에 결합시켜 시각적 충격과 신비감을 불러일으키고 있다.

스티브 잡스 등 뛰어난 인물들은 창의적인 상상력을 가지고 있었다. 남다른 지식과 정보를 통해 창조성을 발휘한 사람이다.

한편, 스토리텔링(storytelling)의 중요성이 부각되고 있다. 스토리텔링의 힘은 강력하다. 웹 2.0시대에서 가장 기본적인 전략은 이야기 산업이다. 스토리(story)는 일종의 정신적 자극제 역할을 한다는 점에서 상대방을 행동하게 만든다. 사람의 상상력으로 전 세계 모든 사람들의 마음을 열어갈 수 있다는 의미에서 스토리란 진심에서 나오는 재미있는 이야기여야 한다. 스토리는 감성을 불러일으키는 의미가 강해서 기업에서는 자신들이 만드는 제품을 간단한 이야기 거리로 만들어 소통시킨다. 영화에서도 스토리텔링이 있어야 성공을 거둘 수 있다. 전통적 세계관에서 새로운 세계관(초자연적)이 제공하는 기술이 덧붙여지고 있다. 여기다 풍부한 감성지능(emotional intelligence), 열린 사고, 도전정신의 소유자들이 부를 창출하고 있다. 이야기 있는 상품으로서의 인터넷 정보는 스토리가 있어야 한다. 이제는 스토리와 상상력, 이미지를 파는 시대이다. 경제학자 맥클로스키(Deirdre N. McCloskey)와 아르조 클레머(Arjo Klamer, 1942~)는 타인을 설득하는 산업(광고 컨설팅 카운슬링)의 규모가 미국 전체 GDP의 25%에 달한다고 했다.[31]

사람들의 디지털 접근지수(DAD)가 높아지면서 창의성과 재미가 있는 온라인 게임은 날로 번창하고 있다. 게임시장에서 온라인과 비디오 모바일 등은 넘나드는 플랫폼의 크로스화 현상이 더욱 가속화되고 있다. 한국이 만들어 낸 온라인 게임으로 카트라이더(넥슨사) 리니지 1.2(엔씨소프트) 마비노기(넥슨) 등은 한국, 중국뿐만 아니라 동남아 지역에서 최고 인기를 끌고 있다. 미국의 온라인 게임인 월드 오브 워크 크래프트(WOW)는 유료회원이 800만 명에 이른다. 한국의 '리니지'는 전 세계 이용자 4,300만 명에 이른다. 케주얼 게임의 경우 카트라이더, 비엔비, 메이플 스토리 등은 각기 회원이 5,000만 명 이상이다.[32]

● 소프트 테크놀로지로 무장한 콘텐츠 생산자들

세계는 21세기 문화적 자원의 육성과 개발을 서두르고 있다. 최근 기업들이 문화콘텐츠를 매개로 부를 창출하는 이른바 컬처노믹스(cultunomics : 문화culture와 경제 economy의 합성어)가 강조되고 있다. 문화를 경제적으로 활용하는 현상을 의미한다. 각국들은 문화기

31) Daniel Pink, A Whole New Mind (New York : Riverhead Book, 2005), pp.105~106.
32) 한국경제신문 2007. 1. 13. A12.

반의 확충, 현재 미래 지향적으로 문화산업 창출능력으로 구성된 '국민문화 생산력 지수' (NCP : National Cultural Productivity)란[33] 산출기준을 만들어 한 나라의 총 문화생산력을 비교, 평가하며 경쟁력을 갖춰가고 있다. 이를 위해서는 사물의 존재 자체에 대한 인식(사물지)뿐만 아니라 단순한 인식을 넘어 사회적 실재를 확인하는 능력(사실지) 그리고 인간의 욕구와 가치 실현이 가능한 방법(방법지)에 대한 이해가 필요한 시대가 되었다.

또한 현실감 있게 인간의 감성을 자극하는 그래픽 노블(graphic novel) 및 디지털 문화산업이 발전하고 있다. 창조적 활동은 정보통신기술과 인재(talent) 그리고 상상력에 따른 것이다. 컴퓨터는 환상의 세계를 영상으로 선보이고 영화제작은 물론 광고에 이르기까지 필수 불가결한 도구로 이용되고 있다. 우리는 반지의 제왕, 해리포터, 스타워즈, 킹콩, 중천, 300, 디워 영화 등에서 상상력이 무한대로 펼쳐 보이는 디지털 기술을 볼 수 있다. 이들 영화들은 IT 기술을 이용해 새로운 형식의 비주얼을 제공하고 있다. 관객들에게 시각체험을 맛보게 하는 그래픽 노블의 경지로 안내한다. 디지털 액터(digital actor) 등 인물과 동물들이 진짜인지 가짜인지 구분할 수가 없는 모핑(morphing) 기술이 발달하면서 이른바 과학과 예술의 환상적인 만남을 연출하고 있다. 디지털 시각효과는 공대 출신 테크니컬 디렉터와 미대 출신인 애니메이터, 상대 출신 매니지먼트 프로듀서들이 공동작업과 의사소통의 결과다.

그렇다면 콘텐츠 생산자는 기본적으로 누구를 위한 생산인가를 가름하는 태도가 중요하다. 고급 콘텐츠(premium contents) 개발은 기업을 경쟁우위에 설 수 있도록 돕는 영역이다. 여기서 조직(기업)의 경쟁우위(competitive advantage)란 다른 기업들이 할 수 없고 우리 기업만이 할 수 있는 능력이며, 시장에 대한 지속적 지배력이다. 그러므로 문화산업과 관련한 관심 대상을 판단하려면 다음과 같은 것들이다.

- 빈번하게 공연되는 음악 콘서트 홀의 실태, 화랑가의 운영실태, 경매문화를 어떻게 도입하고 있고, 나아가 각종 제도와 콘텐츠에 대한 데이터베이스 구축 등이 잘 돼 있는가.

---

33) 국민문화생산력(NCP)란 한 나라가 지니고 있는 총체적인 문화의 산업화 또는 상품화 능력으로 정의할 수 있다. 이와 같은 유사개념으로는 각국 문화력을 평가하는 총 국가매력도(GNC : Gross National Cool)가 있다. 이는 특정국가의 국민들이 가지고 있는 독특한 문화가 가지는 매력 혹은 힘을 의미한다. 예로서 많은 사람들이 열광하는 패션상품, 명품들이 만들어 내는 의미나 기술을 의미한다. 이와 관련한 보충자료는 Douglas McGrav, Japan's Gross National Cool", Foreign Police (May / June 2002), pp.44~45를 참조.

● 각국의 수용문화의 특징은 무엇인가. 왜 프랑스인들은 '잔다르크' 영화를 즐겨보고 물랑루즈(Moulinrouge) 영화 음악에 매료되는가 등의 수용문화의 특징을 성찰하는 것이다.

● 한 나라의 문화적 전통이 다른 나라들과 비교해 어떤 점이 다르고 깊이가 있는가.

● 문화콘텐츠 산업을 촉진할 수 있는 정보 통신 인프라 수준이 어느 정도로 발달했는가.

● 문화의 인적자본을 측정할 수 있는 문화예술가들의 교육 수준, 성공의 요소들은 무엇인가?

현시대는 매우 창조적인 사회이며 계속 사회체제가 혁신되고 있다. 웹 2.0 시대에서는 사용자들이 적극 참여해 많은 정보를 생산하고 공유했다면 웹 3.0 시대에서는 많은 정보를 효율적으로 걸러내는 기술로 발전하고 있다. 웹 3.0은 한마디로 인간의 두뇌처럼 생각하는 '똘똘이 웹' (machine reader able)이라고 할 수 있다. 이것이 가능한 기술이 바로 '시맨틱 웹' (semantic web)이다. 스스로 생각하고 이해하는 기계란 뜻을 갖고 있다. 웹 2.0 시대는 수용자가 정보를 능동적으로 창조할 수 있고 사용자 제작 동영상(UCC), 롱테일 법칙, 프로슈머 등의 용어로 대변하는 트렌드와 관련돼 발전하고 있다.

부의 창출방식이 변하면서 동시에 새로운 엘리트 집단이 사회를 지배하게 되었다. 그 중에서도 문화 권력이 상승하고 있다. 조앤 K. 롤링(J. K. Rowling, 1965~) 의 《해리포터》(Harry Porter) 시리즈 1~6권은 전 세계에서 3억 부 이상 팔려나갔고 머글넷(mugglenet.com) 등 팬 사이트에서도 대단한 인기를 끌고 있다. 모두 재미있는 스토리와 예언으로, 마법의 주문걸기, 창작 실험이 진행되고 있다. 독자들에게 독창성으로 상상력을 제공하면서 각종 영화, 화보, 의류, 완구, 문구 등의 해리포터 콘텐츠가 놀랍게 확장되고 있다. 더구나 예술과 상업의 경계가 허물어지는 가운데 문화 상품들이 하나의 아이콘으로 작용한다. 하와이대학 미래학연구소 소장 제임스 데이터(J. Dator)는 정보화 사회에서 경제의 주력 엔진이 정보에서 '이미지' 로 전환되고 상상력과 창조성이 현대국가의 핵심경쟁력이라고 주장한다.[34]

게다가 현대는 하드 테크놀로지(hard technology)보다 소프트 테크놀로지(soft technology)가 중시되고 있다. IT의 과도한 속도감이 문제로 지적되지만 IT가 우리 생활에 끼치는 영향력은 정치, 경제, 사회문화, 미디어 등 전 분야에서 디지털사회를 형성한다. 인터넷상에서 인터넷 소설가들이 크게 늘어나고 있는 것도 같은 맥락이다. 인터넷은 다수 독

---

34) James A. Dator, Advancing Futures, 우태정(역) 『다가오는 미래』(서울 : 예문, 2008), pp.16~24.

자들로부터 즉시 검증을 받아가며 문학작품 활동이 가능한 것이다. 출판계에서는 온라인에서 유명해진 블로그의 콘텐츠를 책으로 엮어내고 있다. 이를 블룩(blook, blog + book)이라고 부른다. 그밖에 사회적으로 '미드족'이 확대되고 있는데 이를테면 TV, 인터넷, UCC, MP3를 자유자재로 이용하며 콘텐츠를 즐기는 사람들이다. 디지털사회에서 행복해지려는 정보소비가 다양하게 이뤄지고 있는 것이 이 시대의 특징이다.

의심할 여지없이 이 시대 당신은 창조자이며 창의적인 인재다. 창조는 상상과 무엇인가를 구하기부터 시작된다. 정보경영에서는 일상생활의 아이디어를 구하게 되는데 여기서 아이디어란 생산에 필요한 아이디어가 아니라 사용자(소비자)들의 근본문제를 해결할 수 있는 솔루션 아이디어를 의미한다. 또한 정보세계에서는 창의력과 아이디어가 핵심인데 창의력 있는 사람들은 사회 현상들에 대한 형상화, 추상화, 유추 등에 익숙한 사람들이다. 결국 정보아이디어가 물질적 가치를 창조하고 문제해결책을 제시하는 아이디어, 사용자의 욕구를 충족시켜주는 지식이 된다. 흔히 말하는 통찰력 내지 성찰적 해결책들로 아이디어는 우리들 삶에 크게 작용한다. 상상을 넘어 실천이 필요한 시대이다.

그래서 앞으로는 생각할 수 있는 공간이 필요해진다는 지적도 있다. 세파에 시달리는 사람들에게 마음의 안식처를 찾는 트랜드 현상이다. 크리스티안 미쿤다(Christian Mikunda)가 말하는 일종의 '제3의 공간' 개념과 비슷한 것이다. 제3의 공간이란 집(제1공간)이나 일터(제2공간)와 다른 분위기에서 편안함을 가질 수 있는 놀이문화공간을 말한다. 마이크로소프트(MS) 회장 빌게이츠는 머릿속 배터리를 충전하기 위해 1년에 두 차례 생각하는 주간(think week)을 정해 한적한 곳을 찾아간다고 한다. 이곳은 인터넷이 안 되고 통신망이 닿지 않는 곳이다. 각종 영혼의 불안과 상황적 압력(situational force)에서 벗어나기 위한 것이다. 명상, 평정, 침묵, 아름다움 등 모든 삶들의 초월성과 정신의 안락함과 영원성을 꿈꾸기 위해서다. 그리고 상상을 하기 위한 일종의 탈주를 실현하는 그들이다.

⏩ 프로슈머 사회에서의 정보소비

인터넷은 21세기를 넘어 빛처럼 일어나고 있다. 미국에서 '인터넷의 왕자'로 불리는 온라인 모임사이트(SNS : social networking site)와 페이스북(Face book)의 대표 마크 주커버그(Mark Zuckerberg, 1984~)는 인터넷 혁명을 일으키고 있다. 인터넷이라는 미디어는 개개의 정보를 전하고 있어서 많은 메시지를 전달한다. 웹은 정보와 엔터테인먼트를 전달하는 강력한 도구다. 개개인의 감성과 지식이 모여서 파워를 형성하는 개인 참가형 사회운동의

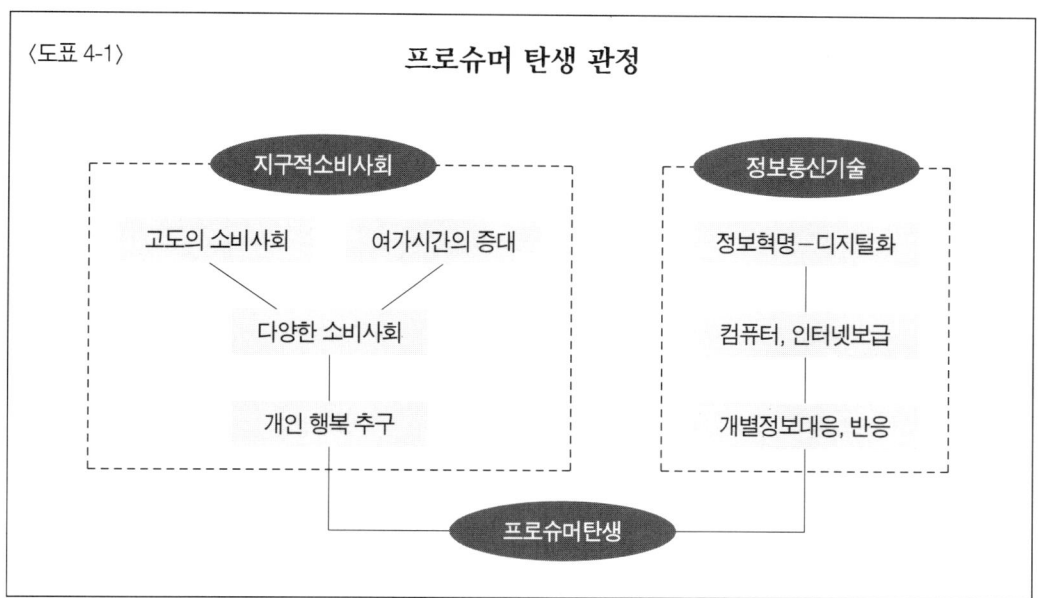

〈도표 4-1〉   **프로슈머 탄생 관정**

※ 자료 : 노구치 토모, 김정화(역) 『돈잘 버는 회사들이 선택한 마케팅 테크닉 75』(서울 : 비즈니스 맵, 2006), pp.55.

계기를 마련하고 있다.

과학기술이 소비자와 생산자 사이에 경계를 모호하게 만들고 있다. 그래서 현시대를 프로슈머사회라고 일컬어진다. 상품의 생산과 소비는 프로슈머사회를 만들었다. 앨빈 토플러가 도입한 프로슈머(prosumer)는 생산자를 뜻하는 'producer'와 소비자라는 'consumer'를 합쳐 만든 신조어다. 생산자이면서 동시에 소비자 역할을 하는 사람들이 늘어나면서 경제활동의 구조 자체가 크게 변화되었다는 설명이다.[35] 그런가 하면 인터넷을 이용해 디지털정보 체계에서 일하는 형태가 많아지는데 오늘날 프로슈밍(prosuming)의 가능성이 점차 확대되고 있다. 프로슈머들은 미디어네트워크와 사회네트워크를 이용해 소비하고 생산하며 커뮤니케이션하고 있다. 디지털 보헤미안들은 자기만의 글을 쓰고 음악을 듣고 사진을 찍으며 동시에 직접 재봉하고 조각하고 신발을 만드는 등 생산 활동을 해 가는 프로슈밍 형태를 띠고 있다.[36]

---

35) 노구치 토모, 김정화(역) 『돈잘 버는 회사들이 선택한 마케팅 테크닉 75』(서울 : 비즈니스 맵, 2006), pp.55.
36) Holm Friede, Wir Nennen es Arbeit, 두행숙(역) 『디지털 보헤미안』(서울 : 웅진하우스, 2007), pp.267~268.

기업들은 프로슈머를 통해 제품에 대한 소비자들의 생생한 의견을 듣고 이를 제품의 개발 기획 생산에 반영한다. 프로슈머들은 인터넷 블로그 등에 늘 사용하는 제품들을 써보고 평가해 의견을 제시하기도 한다. 인터넷으로 무장한 소비자들은 기업의 무차별적인 메시지를 선별해 상품을 선택하고 댓글을 올리며 시장을 선도하고 있다.

그런가 하면 기업에서의 키워드는 소비자들의 참여이다. 오늘날 소비자는 단순한 수동적 대상이 아니라 프로슈머로 등장하고 있다. 기업들은 가치 있는 콘텐츠를 소비자와 공유하는 시대가 되고 있다는 사실은 이미 설명된 바 있다. LG 전자의 '초콜릿 폰'이나 두산그룹의 소주 상표 '처음처럼'과 같이 2006년에 히트한 많은 제품들은 프로슈머가 참여한 제품들이다. 그러므로 기업들의 성공조건으로 ▲소비자의 다양한 욕구 성향을 파악하고 ▲UCC · 유투브 등을 적극 활용하며 ▲뉴 미디에 기반한 정보인프라 구축이 중요해지고 있다.

스위스 거대 제약회사인 로슈(La Roche & Co AG) CEO인 프랜츠 허머는 연구개발이 중요한 지식정보사회에서는 규모의 경제(economy of scale)는[37] 존재하지 않는다면서 머리를 쓰는 것이 중요하다는 의미에서 오직 아이디어의 경제(economy of ideas)만 있을 뿐이라고 했다. 각종 미디어포털은 단순히 정보를 전달하지 않고 모아서 재가공해서 전달(정보 담아내기)함으로써 콘텐츠 가치를 극대화하고 있다는 뜻이다. 실제로 정보들이 모이는 웹사이트 등에 '넘나들기' 시대에서 소비자가 직접 참여하는 '정보 확대 재생산'이 가능하게 되었다. 이런 맥락에서 정보생산 및 소비는 똑똑한 사람들과 정보의 경제(economy of intelligence)가 중시된다.

결국 프로슈머 시스템에서는 국적을 막론하고 아이디어가 풍부한 사람, 유능하고 기술이 있는 사람, 첨단 하이테크 분야 사람들은 미래기업이 서로 확보하려는 인간자본들이며 경제적으로 높은 대우를 받고 있다.

이 뿐만이 아니다. 우리가 경험하는 것이지만 최근에는 사이버 문예 전용사이트들이 개설돼 디카 에세이, 블로거 스토리, 댓글 분야에는 현장의 질펀한 이야기들과 동영상들이 올

---

37) 원래 '규모의 경제'란 생산요소 투입량의 증대에 따른 생산비 절약 혹은 수익향상을 통한 이익을 뜻하는 말이다. 최근에는 대량생산의 이익, 시장 참여자수 증가에 따른 이익, 관리비 절감을 통한 이익들을 포괄하는 의미로 쓰인다.

라오고 있다. 출판인이자 개개인의 창조성이 중시되는 DIY세대의 선각자인 팀 오라일리 (Tim O'Reolly)는 프로슈머 양식을 '참여의 새로운 구조'라고 이름을 붙였다. UC버클리의 연구팀은 프로슈머 형태를 새로운 '창조지도'로 묘사하면서 아래와 같이 설명하고 있다.[38]

> "소비자는 생산자이면서 새로운 것을 창조하고, 어떤 사람은 그것을 리믹싱해 다른 사람들의 작품을 수정한다. 블로그를 통해 우리는 수동적인 소비자 입장에서 능동적인 생산자인 독자가 되어 이전의 독자가 써 놓은 글에 대해 이야기를 한다".

이런 추세와 관련해 2007년 1월 24일 스위스에서 열린 제37차 다보스 세계경제포럼 (WEF)에서는 웹 2.0을 넘어 다가오는 웹 3.0 시대를 대비해야 한다고 했다.[39] '개방성과 참여'를 키워드로 하는 웹 2.0 시대를 넘어 데이터의 이용편의성을 획기적으로 증진시킬 수 있는 웹 3.0 시대의 미래상에 대한 이해를 촉구했다. 존 마크오프 뉴욕 타임스 기자는 웹 3.0 시대에는 카탈로그처럼 정보를 나열하는 것이 아니라 손쉽게 정보를 활용할 수 있도록 도와주고 가이드 역할을 인터넷이 하게 된다며 온라인에서 얻을 수 있는 엄청난 양의 데이터를 개인이 손쉽게 활용할 수 있을 것이라고 내다봤다.

실제로 정보는 원소스 멀티유저(One source multi user) 시대로서 특히 웹 2.0체제에서는 정보가 이른바 1대 다(多)로 뿌려지고 있다. 유익한 정보는 누구나 소비하려는 대상이 된다. 그러나 정보소비자가 "어떻게 정보를 활용하는가?" 하는 문제와 관련해 공공이익과 사적이익의 경계가 흐려지고 있는 것도 이 시대의 특징이다.

◑ 지적 소유권과 고급정보 소비비용의 증가

우리가 경험하는 것이지만 아무런 제한 없이 이동되던 정보는 이동경로 곳곳에서 대가를 지급하라는 인증단계를 거친다. 즉 정보가 재화로 인식되고 보호가 강화되면서 결국 동적인 정보가 점차 정적인 정보로 바뀌고 독점적 이익을 향유하게 된다. 하지만 인터넷의 정

---

38) Chris Anderson, The Long Tail : Why the Future of Business is Selling Less of More, (NewYork : Hyperion 2006), pp.83~84.
39) www.weforum.org/annualmeeting/webcasts. (검색일 : 2007. 2. 3.

보 특성은 비경합성과 비배제성이 있기 때문에 완전한 소유권을 행사하는데 어려움이 많다.[40] 정보를 공유하고 있는 사람이 1차적으로 구입한 사람들에게 사용을 허락하게 되면 이를 다른 사람들에게 공개해도 막을 방법이 없다. 그러므로 정보의 유료화가 그 만큼 어렵다는 의미다. 정보의 소비, 정보는 다른 소비자로 유통되게 마련이다. 정보가 갖고 있는 의미의 양도가 이뤄지고 또 조작 가능한 성질을 나타낸다. 따라서 다음과 같은 정보의 이동경로에 따라 정보의 소유권 내지 유료화가 이뤄지고 있다.

첫째는 흐르는 지식 정보에 대해 법적으로 집행 가능한 소유권을 부여하는 체계로 발전하고 있다.

기술 진보가 생활의 근대화를 촉진했고 정보의 폭발을 가져오면서 지식정보 기반사회가 형성되는 가운데 지적재산권의 보호가 강화되고 있다. 하지만 우리의 현실은 습관적으로 저작권자 동의 없이 콘텐츠를 내려 받는 경우가 여전히 많아서 '저작권 의식'은 있으나 '저작권 보호'라는 차원으로 연결되지 못하고 있다.

실제로 사람들은 S/W나 음악 등을 불법적으로 다운로드 해 사용하는데 전혀 부끄러워하거나 범죄로 생각하지 않고 있는, 다시 말해 저작권 의식이 없는 '지식을 훔치는 행위'가 만연돼 있다. 어쩌면 우리가 저지르는 불법 다운로드, 불법 복제는 빌 게이츠의 재산을 훔치는 행위와 동일시 될 수 있다. 네트워크들 속에 존재하는 개인과 그룹, 조직과 국가 간에 상호 연결되어 정보 교환에서 불법적인 행동은 자제되어야 할 것이다. 지식정보훔치기는 그것을 사용하는 사람들의 가치관과 태도, 내적 도덕관에 따라 좌우된다.

은밀한 이해관계이지만 토지와 설비에 대한 소유권은 지속될 수 있지만 조직 내 구성원의 지식까지 소유할 수 없다. 개인적 지식과 대비되는 개념으로 독일 사회학자 위르겐 하버마스(Jürgen Habermas)가 말하는 '공공영역'(public sphere)의 지식과 개인지식간 경계선도 모호하다. 지적재산권의 소유를 보장받기 위해서는 특허권, 저작권, 상표권, 영업기밀 등 법적으로 보호받을 수 있지만 그렇다고 사람들의 머릿속에 들어 있는 지식까지 집행할 수 없으며 강압적으로 지식을 독점할 수도 없다.[41]

나아가 콘텐츠 소유자들인 출판인, 음악인, 영화인, 작가, 기자, 교수, 배우, 프로그래머, 제품 디자이너, 의상 디자이너 등은 자신들의 지적재산권에 독점적인 권리를 지속적으로

---

40) 가와세 마고토, 현창혁(역)『전략적 사고 : 컴플리트 북』(서울 : 일빛, 2004). pp.42~43.
41) Lester C. Thurow, Building Wealth, 한기찬(역),『지식의 지배』(서울 : 생각의 나무, 1999), pp.159~165.

인정받기 힘들어진다. 2003년 통계에 의하면 20억여 개 이상의 음악파일이 불법으로 거래되었다고 한다. 음반회사들은 이를 막으려고 투쟁을 벌였으나 불법 CD와 불법 음악파일, 다운로드 서비스 시장은 계속해서 커지고 있다. 무료로 음악이나 영화를 다운받지 못하도록 저지하는 프로그램 또한 언제까지나 자신들의 권리를 주장할 수 없을 것이다. 이런 추세에서 존 나이스비트(J. Naisbit)는 국민국가가 맥을 못 추는 상황에서 경제지수 못지않게 경제 도메인이 더욱 중요해지는 사회가 온다고 보았다.[42] 정보소비에 대한 인간 태도의 부조화는 계속될 것이라는 판단이다.

둘째는 인터넷에서 UCC(사용자 제작 콘텐츠)들을 허가없이 이용할 때 저작권 침해나 명예훼손을 당할 우려가 있다.

실제로 UCC(사용자 제작 콘텐츠)와 관련된 대형 저작권 분쟁이 일어나고 있다. 저작권 분쟁은 UCC시대를 맞아 피할 수 없는 문제로 등장했다. 미국 MTV를 소유한 종합미디어업체 바이아컴은 유튜브가 동영상 콘텐츠 10만 건을 무단 사용했다며 삭제를 요구하는 바람에 유튜브는 전면 삭제할 수밖에 없었다. LG 경제연구원은 최근 펴낸 'UCC 역기능 대책'에서 UCC의 생산과 유통에 관여하는 네티즌들은 저작권이나 사생활 침해 명예훼손 등으로 자기도 모르게 범죄자나 피해자가 될 가능성이 높다고 지적했다.[43]

더구나 우리나라는 미국과 자유무역협정(FTA)을 체결한데 이어 유럽연합(EU)과도 FTA를 추진 중이어서 앞으로 국내는 물론 미국과 유럽 등의 콘텐츠 업체들로부터 저작권 침해 소송을 당할 수 있다. 우리나라는 IT 강국이라고 하면서도 세계적으로 불법 복제국 이라는 불명예를 안고 있다. 미국 사무용 소프트웨어 연합(BSA)이 보고한 2006년 국내 S/W 불법 복제율은 45%로서 세계 평균인 35%를 훨씬 넘고 있을 정도다.

물론 방송콘텐츠의 일정 분량을 네티즌들이 이용해 제2의 창작물을 만들거나 성장 중인 쌍방향 미디어를 통제하는데 한계가 있을 것이다. 더구나 사용자들은 "왜 돈을 주고 사느냐?" 하는 의식이 팽배해 있다면 콘텐츠 산업발전은 어려워진다. 소비자는 단돈 1,000원을 아끼며 필요한 정보를 검색한다. 하지만 가치 없는 정보에는 돈 쓰기를 거부한다. 몇 십만 원짜리 옷을 사고 외식하는데 돈을 쓰지만 실제 정보전쟁터에서 필요한 정보를 얻는데는 너무나 인색한 편이다. 정보소비에 대한 응당한 지불의사(willing to pay)가 적은 것이다.

---

42) John Naisbitt, Mind Set! : Reset Your Thinking and See the Future, (New York : Collins, 2007) pp.244~247.
43) LG 경제연구원, 『UCC역기능 대책 시급하다』(2007. 7. 16)

셋째는 장차 공공부문에서 새로운 지식을 무료로 이용하기는 점점 어려워진다.

인터넷에서 정보를 검색하며 필요한 자료를 거의 공짜로 구할 수 있는데 앞으로는 음악, 영화 등 고급 콘텐츠들을 무료로 사용하는 것이 어려워진다. 소비자들이 음악, 영화 등 디지털콘텐츠 상품을 복제해서 공짜로 사용하는 것을 막기 위해 만든 DRM(digital rights management) 장치가 이용되고 있다. 세계지식재산권기구(WIPO : World Intellectual Property Organization)는 '디지털 밀레니엄 저작권 법'(DMCA : Digital Millennium Copyright Act)을 제정해 저작물에 대한 접근 및 복제 등의 불법 이용을 통제하고 있다. 이와 관련 국내에서도 '컴퓨터 프로그램 보호위원회'(SOCOP : Korea Software Copyright Committee)로 하여금 S/W 지식재산권의 종합 DB화, 온라인 S/W 등록시스템 서비스, 디지털 콘텐츠(DC) 이용 보호센터, 정품 S/W 구매 컴페인, 넷 인스펙트 (Net−Inspector) 등을 무료로 공급하고 있다. S/W 지식재산권의 창조 − 보호 − 활용이라는 선순환구조를 이루는데 국민적 동참을 요구하고 있다.

최근에 들어와 문화산업의 구조(출판 · 방송 · 문학예술 · 인터넷) 개혁, 문화산업 종사자들의 기술향상, 문화산업의 자산 보유 정도 등에서 각국은 치열한 경쟁을 벌이고 있다. 사람들은 적절한 평안을 얻고 꿈을 실현하는데 필요한 보물 같은 좋은 문화상품에 기꺼이 돈을 쓴다. 고급정보에 대해 돈을 주고 살 수밖에 없는, 그리고 고가의 콘텐츠가 속속 등장하고 있다. 심지어 사람들은 오늘의 종합운세, 시간대별 운세, 평생 재물복을 보는데 건당 100~800원을 지불한다. 게임콘텐츠 이용에는 정보이용료 2,500원이 든다. 게임아이템을 사고 파는 아이템 헌금거래가 성행하고 있다.

비슷한 예로서 기상청이 올 여름이 무척 덥다고 예보하면 냉방업체들은 이에 대비한 생산과 판매계획을 세울 것이다. 날씨정보는 바로 돈인 것이다. 2006년 말 삼성지구환경연구소가 펴낸《날씨 경영 이렇게 실천하라》에 따르면 우리나라 국내 총생산(GDP)의 52%에 해당하는 산업이 날씨에 매우 민감하게 반응한다고 했다. 선진국에서는 기업으로부터 돈을 받고 날씨정보를 제공하는 민간기상사업이 크게 형성되고 있다. 일본의 경우 기상정보 관련 매출액은 연 3,000~4,000억 원 정도, 미국은 연간 1조 원으로 추정된다.[44] 하늘이 영업상무쯤 되는 세상이 되었다.

넷째, 비밀주의가 강화되면서 인터넷 안보가 국가의 주요 국방정책으로 등장하고 있다.

---

44) 『조선일보』 2007. 8. 18, A12.

보안환경이 많이 달라지면서 보안도 웹 2.0 시대를 맞았다. 종전의 PC와 네트워크를 보호하는 것보다 동영상 사진, 메일 등 정보내용 자체를 보호하는 것이 더 시급해졌다. 과거에는 보안문제를 특정 전문가만이 담당하는 것으로 생각돼 왔지만 이제는 국가 조직이나 기업의 정보기술(IT) 운영 전반의 한 부문으로 자리 잡고있다. 곧 정부 조직이나 기업들이 IT 리스크 관리가 더 중요해졌다.

그래서 민간 기업들은 좀 더 많은 자금을 정보보안에 투자하고 있다. 기업들은 자신들의 지식을 비밀로 보호함으로써 경제적 지위를 지켜가려고 한다. 비밀주의는 지적재산권에 관한 어떤 독점적 보호체계보다도 더 큰 지식확대의 장애물이다. 아울러 데이터를 모으고 분석하는데는 방대한 컴퓨터 처리능력과 방대한 정보저장 스토리지(storage), 데이터를 저장하는 장치가 필요해졌다. 실질적으로 정보의 용량은 날로 엄청나게 증가하고 있다. 이 점은 앞에서 이미 설명했다.

다섯째, 솔루션 정보에 대한 욕구가 강해지면서 정치 컨설팅 기관 혹은 사설탐정기관들의 특정업무 영역이 확대되고 있다.

대통령 선거 등 정치적 이벤트가 있을 때마다 큰 힘을 발휘하는 것은 국가정보기관들보다는 사설 탐정기관들이다. 정치컨설팅 회사는 자국 내 정치권을 비롯해 세계 정치 리스크에 대한 '전망보고서'를 내놓고 있다. 고객(각 후보 캠프)의 요청에 따라 상대후보에 대한 온갖 파헤치기 활동도 펼치고 있는 것이다. 미국의 경우 워싱턴 DC에만 등록된 305명의 공인 사설탐정들은 대선 후보들의 사생활 캐기, 돈 거래 등 각종 기록을 찾아내거나 특정후보가 누구로부터 얼마의 선거 자금을 받았는가를 조사하고 있다. 선거캠프에서는 사설탐정비용(물론 비용지출 명목은 조사 컨설턴트)을 지불하고 있는데 지난 2002년 대선 기간 중 한 사설 탐정업체가 대선 후보로부터 9만 5,000달러(약 8,700만원)를 받고 상대후보의 각종 기록이나 배경을 조사해 준 것으로 나타났다.[45]

10-3. 정보의 민주화 및 여성적 소프트사회의 도래

정보는 멀티세대(multi - generation) 모두에게 해당된다. 소비경쟁시대는 소프트 경쟁시

---

45) 미 의회 전문지 Hill지(2007. 7.17)를 소개한 『조선일보』 2007. 7. 19일에서 재인용.

대이다. 현대사회에서 갈수록 IQ보다 EQ에 대한 관심이 높아지고 있다는 것은 남다른 감성이 중시되는 이유다. 인간의 감성적 요소를 자극해 질 높은 삶을 추구하는 인간의 5감을 만족시킬 수 있는 정서적 마케팅이 감성경영이다. 따라서 모든 영역이 전문화되면서 다재다능한 인재가 필요하다. 정보경영자에게는 풍부한 경영지식과 논리적 사고력에다가 소프트하고 스킬한 능력이 요구된다. 스킬한 능력은 경영지식보다는 소프트한 리더십이 더 중요하다는 의미로 끈기 속에 부드러운 통솔력을 말한다.

현시대의 전쟁이나 갈등들은 모두가 정치적 충돌이다. 가장 중요한 것은 군사력(하드파워)을 넘어 정치적 주체들의 행동과 마음을 읽을 수 있는 소프트파워가 필요하다. 여기서 소프트파워란 개개인들의 비전이나 아이디어가 첨단하드웨어와 합쳐져 상품화되고 전략적 사고를 만들어가는 것을 의미한다. 정확한 정보와 창조적이며 혁신적인 아이디어, 소프트파워가 사회를 지배하고 있다고 해도 과언이 아니다.

미래학자 존 나이스비트(John Naisbitt)《마인드세트》에서는 마음의 기술 두뇌공학(brain understanding)으로 인간 영성에 대한 높은 관심을 보인다. 이제는 디자인 브랜드 등 감성과 미적 취향 등 소프트경쟁력이 핵심요소로 떠오르고 있다고 했다. 세계적으로 구독자 3억 명에 달하는 주간지 타임(Time)사 회장 겸 CEO인 앤 무어(Ann Moore)는 남성 위주의 뉴스와 스포츠 전문 신문에서 여성을 포함한 광범위한 콘텐츠 전문지로 탈바꿈한다고 했다. 이를 위해서 소프트매니아가 필요해졌다는 판단이다. 소프트매니아란 예술가나 문학가, 과학자들과 같이 창조적 사고를 지닌 글로벌 인재로서 전문성, 사회성, 도덕성, 감수성을 갖춘 슈퍼 휴먼들을 지칭한다.

그렇다면 누구에게나 시대적인 장벽을 넘어 소프트 파워를 이해하고 대응하기 위한 실천적 의식이 요구된다. 어떤 문화를 경험하거나 아니면 배우와 극작가를 만나면 부질없는 질투나 비합리적인 태도를 버려야 한다. 망국적인 무기력에서 벗어나 문화정보차원에서 날것(자료)들을 모아야 한다. 그것은 문화에 대한 심층이해를 돕는 것이며 상대적 비교우위의 문화를 개발할 수 있는 길이다. 세계문화의 변화, 문화적 인프라를 수집하고 이를 자기 나라에 적용할 때 비로소 경쟁력 있는 문화상품을 생산할 수 있기 때문이다.

◉ 정보의 민주화

원래 민주주의라는 뜻은 한 국가의 목표와 가치에 따라 다양하게 이해되고 있다. 민주주의는 일반적으로 정치적 평등을 추구하고 자유를 보호하며 공동이익을 도모하는 등 시민의 필요를 충족시키는 제도다. 또한 도덕적으로 성숙되며 다른 사람들의 이해도 고려하면서 효과적인 의사결정을 내리는 정치체제라고 할 수 있다.[46] 게다가 현시대는 자유가 보장되는 그리고 정보자유가 보장되는 사회이다.

정보가 풍부하고 수집하기도 쉬워졌다. 정보공개제도가 전면 시행됨으로써 행정, 입법, 사법부 등 공공기관의 정보공개를 서면으로 청구할 수 있는 등 국민편의를 위한 정책이 시행되고 있어 필요한 정보를 마음껏 선택해서 소비할 수 있다. 결국 사람이 살아가는데 있어서 지금의 아젠다(의제)는 정보영역에서의 싸움이다. 과거에는 독재권력의 침해를 심히 받았으나 현대사회는 다시 정보의 지배를 받는 패러독스를 경험하고 있는 셈이다.

인터넷의 발달은 사회체제의 변화와 민주주의 발전에 기여해 왔다. 팀 버너스 리(Tim Berners - Lee, 1955~)는 웹망을 통해 우리 사회를 영원히 바꾸어 놓은 혁명을 선도했다. 인터넷상의 정보공간이 월드 와이드 웹(www)으로 세상을 하나로 연결시켰다. 애플의 매킨토시 컴퓨터 역시 세계를 변화시켰다. 현시대는 위성 수신안테나 인터넷 디지털 TV, 케이블 TV 모두는 모든 장벽을 꿰뚫고 안방까지 정보를 전달한다. 통신기기들의 발달은 더 강력하게, 더 저렴하게, 더 스마트하게 디지털화되면서 어떤 제약이나 감시 없이 정보를 소비할 수 있게 해준다. 인도의 길거리에서 일하는 청소부도 엄격한 카스트제도 속에서 누구나 만날 수 있다. 최고 계급인 브라만 계층에 속하는 사람들로부터 항상 3,000m 이상 거리를 두어야 하지만 인터넷상에서는 형식상 아무런 계급적 거리가 없어진 세상이다.

프리드만(Thomas L. Friedman)은 이를 '정보의 민주화'라고 지칭했다. 민주주의는 본질적으로 정보의 개방성 여부에 달려 있다. 우리가 정보 – 지식을 더 많이 공유한다면 우리사회가 최고의 사회로 진보하게 될 것이다. 사회는 정보를 어떻게 수용하고 이용하느냐에 따라 변화의 속도가 달라질 것이다. 지적대중, 지식노동자들이 보편적인 노동자의 모습으로 나타나는 것과 관련해 현대사회는 지식생산의 공공성과 민주성이 중시되는 풍토 그리고 소수지식인 지배사회보다는 노동자, 농민, 여성운동을 포괄하는 대중적 지식사회운동이 필요시 되는 시대이다.

인터넷시대에서는 강자인 권력자, 지배자들이 약자인 시민들로부터 두려움과 공포를 느끼는 현상이 되었다. 우리 주변에서 강자인 기관장이 자신의 구성원들에게 두려움을 느끼는 이른바 전도(inversion) 현상을 보게 된다. 미국 힐러리가 인터넷을 통해 대선 출마를 선

---

46) David Held, Models of Democracy(2nd ed) (Cambridge : Polity, 1996), pp.5~7.

언한 것도 인터넷이 정치적 도구로서 점점 막강해지고 있음을 반영한다. 미국 인기 정치 해설가 핼렌 데스포시스(H. Desfosses) 교수는 21세기를 3W시대(world, woman, web)라고 했다.

매우 중요한 점이 또 하나 있는데 그것은 독일의 진보철학자 한스 산트퀼러(Hans Sandkühler)가 말하는 '지식민주주의'이라는 조류다. 지식민주주의는 지식독점에 대한 비판적 성찰의 결과로 나온 개념으로서 정부나 기업에 의한 지식독점 내지 정보독점에 대한 비판적인 의미가 많다. 지식기반 사회에서 앎의 결핍은 다름 아닌 주체적 자기 결정능력을 떨어뜨리고 빈부의 격차를 더욱 심화시킬 것으로 보고 있다. 지식정보의 불평등을 우려하는 것이다.

● 지식정보에 대한 통제 불가능한 사회?

인터넷의 사회화는 긍정과 부정을 함께 지닌다. 긍정적으로 개인의 손에 들어간 혁신기술 인터넷 그리고 정보접근은 독재정부에 저항할 수 있는 결정적 힘이 된다. 네트워크화에 따라 최소한 이론적으로 전 국민이 정부 혹은 언론에 의해 여과되지 않은 사실 그대로의 정보를 빠르게 직접 접할 수 있다는 점에서 위정자들이 통치방법을 바꿀 수밖에 없을 것이라는 지적이다. 이제까지 정치인들이 특정사건 발생 시 이를 자신의 의도에 맞게 조정한 후 국민들에게 전달할 수 있었다. 후진국의 경우도 일반정보를 즉각 입수하게 되어 정치인들의 발언에 대한 진위여부를 판단할 수 있게 됨으로써 통치자들의 처신이 크게 제약받게 되었다. 결국 정보화가 통치자들에게는 두려운 일일 수도 있으나 누구도 그 흐름을 멈출 수 없는 것이다. 정보의 민주화로 인해 모든 국경선, 마을 경계선을 넘어 다른 세상의 삶을 알게 되었고 어떤 통제나 격리도 어렵게 되었음을 의미한다.

더 나아가 'e데모크라시 혹은 디지털 민주주의'라는 말도 생겨났다. 인터넷을 통해 ▲공직선거 과정에서 자신들의 대표자를 선출하거나 ▲정보의 공개 및 공유로서 시민들에 대한 정보공개가 확대되고 ▲인터넷 게시판이나 메일을 통해 의견교환을 수렴하는 등의 의미를 가지고 있다.[47] 뿐만 아니라 웹 2.0을 통해 탈권위주의와 인터넷 민주주의라는 흐름이 이어지고 있다. 네트워크 사회에서는 개인의 정체성은 더욱 개방적이고 능동적으로 행동하게

---

47) 나이토 고치(內藤 孝一), "ICT에 의한 시민의 행정참가(e데모크라시)", 우메사오 다다오(외), 김성민(역), 『IT는 인간을 행복하게 만드는가』(서울 : 한국 출판 마케팅 연구소, 2007), pp.220~222.

된다. 앤서니 기든스(A. Giddens)는 세계에서 일어나고 있는 변화와 관련해 우리는 통제 불가능한 세계(runaway world)라고 부르는 곳에 살고 있다고 했다.[48] 그러나 그는 위험과 더불어 '신뢰'라는 가치를 생각해야 한다면서 정보화시대에서 통제력을 잃지 않는 사회적 성찰을 요구한다.

그렇게 보면 제국주의 시대처럼 정부는 더 이상 정보의 흐름을 통제할 수 없다. 중국정부는 체제유지를 위해 다양한 수단을 통해 인터넷을 조정 · 통제하고 있다는 사실은 잘 알려진 일이다. 중국이 강제적으로 인터넷을 차단하고 통제하지만 인터넷의 확대와 자유는 함께 움직이는 것이어서 통제에 한계가 있을 수밖에 없다. 최근 당 선전부, 공안부 등 10여 개 기관이 합동으로 정보의 소통을 폐쇄하고 있다. 2007년 8월 까지 8,800여 개의 사이트를 폐쇄한데 이어 정보산업부 주관으로 북경, 상해를 비롯해 전국에 걸쳐 당국에 허가를 받아 웹 사이트를 개설토록 하고 있다. 이를 두고 서방인사들은 또 다른 만리장성이라고 부르고 있다.[49]

중국의 이러한 조치로 인한 폐해는 국민들의 지식을 습득하고 세계상을 이해하는 기회와 권리를 박탈하는 것이다. 중국이 세계화를 외치고 있지만 당국이 원하는 정보만 접하게 하는 소위 정부의 박제된 지식만을 습득케 하려는 처사이다. 중국은 연간 3,000만 명 이상의 외국인이 방문하고 경제발전이 확대되고 있지만 중국정치의 비밀주의와 불확실성이 여전히 존재한다. 하지만 기술적인 측면에서 볼 때 정보의 공개는 가능해도 완전한 통제는 불가능한 구조이다. 그 이유는 인터넷에서 각종 정보가 클릭 한 번으로 전 세계로 퍼져나가기 때문이다 중국인들 역시 세계 각지에서 생산되는 무한한 정보와 아이디어를 제공받음으로써 여러 가지 경제 문화적 혜택을 입게 되고 결국 글로벌 시장경제발전 속에 정치적 민주화를 달성해 갈 것이다. 실제 폭넓은 정보수혜는 자유의 또 다른 형태로서 인간개발의 진보를 가능케 하고 더 활발한 정치참여를 촉진하는 메커니즘으로 작용하는 것이다.[50]

이렇다 보니 이제는 지식정보의 개념이 독점보다는 나눔이, 경쟁보다는 협력이, 그리고 폐쇄보다는 개방이 우선하는 개념으로 발전되고 있다. 지식정보화와 소비자들의 니즈는 복잡하고 다양해서 경직된 조직으로는 사회적 성장을 꾀할 수 없다. 집단지성을 대표하는

48) Anthony Giddens, Runaway World : How Globalisation is Reshaping Our Lives, (London : Profile Books, 1999). pp.3~5.
49) 許 煜, "中國防火牆何時倒下?"『亞洲週刊』, 2007. 9. 2. pp.32.
50) The Heritage Foundation, "The link between economic freedom and human right", Sept 28, 2007.

젊은 지식대중들은 경제자유 속에 자유주의적 사고를 지향하면서도, 한편으로는 이전 세대들보다 공동체에 더 많이 관심을 갖고 공적 이슈를 드러내는 역할을 하며 사회운동을 주도하고 있다. 경제적 자유와 정보의 접근성 확대는 인간을 훨씬 강하게 만들고 삶의 질을 높여주는 것이다.

● 여성적 소프트사회와 정보소비

현대국가는 보다 효율적인 지배체제를 구축하기 위해 지식의 생산을 거의 독점하고 그것을 효율적으로 활용해 가는 지식국가들이다. 군사력이나 경제력과 같은 하드파워 등이 실제의 힘이었지만 현대는 소프트파워(soft power)가 국가자원이 되었다. 여기서 말하는 소프트파워란 조지프 나이(Joseph S. Nye) 미국 하버드대학 행정대학원장이 최초로 사용한 용어로 지식, 정보, 문화, 가치관, 정책, 제도 등의 무형자산을 말한다. 군사적 위협이 아닌 사회 문화적 매력과 호감에서 비롯되는 국가능력을 지칭하는 개념이다.[51] 이 시대 경쟁력은 하드웨어가 아닌 지식, 정보, 문화 등 소프트파워에서 나온다는 말이다. 특히 지식정보는 군사작전은 물론 경제성장을 지원하는 비군사분야의 소프트파워로서 전쟁 자체를 예방할 수 있는 사전 지식이다.

감성사회가 추구되면서 남자들은 또한 전통적이고 가부장적인 남성상을 벗어 던지고 부드러운 엠니스(M-ness)로 진화하고 있는 것도 무시할 수 없다.[52] 1980년대 이후 광고 선전에 등장하기 시작한 새로운 남성(new man)은 남성다움이 억제된 여성스러움(feminity)의 남성이다. 사회적 복종과 위계질서 등으로 대표되는 남성성보다는 감성 부드러움 따뜻함 등을 특징으로 하는 여성성의 장점이 부각되는 사회가 강조된다. 다양한 기술발전 시대에서 기술이 단지 남성의 것이라는 고정관념에서 벗어나고 있다.

여성들은 상류사회의 귀족적인 우아함을 꿈꾼다. 남성들은 '지성과 야성을 겸비한 세계의 정복자'의 꿈을 꾼다. 사회변화와 함께 기업관리 측면에서 경영의 여성화(feminization)

---

51) 하드파워와 소프트파워의 구분은 형태의 특성과 자원의 유연성에 나타난 정도의 차이를 반영하는 것이다. '하드 파워'란 군사적 또는 경제적 무기를 활용하거나 위협수단을 통해 다른 나라들의 입장변화를 강제하는 것으로 주로 회유(당근), 위협(채찍)의 수단이다. 한편 '소프트파워'란 자국이 바라는 것을 다른 나라들이 원하게끔 만드는 것, 타국에 호감을 주는, 타인의 선호를 자아내는 매력적인 문화나 이데올로기, 가치, 제도로 사람들을 끌어들이거나 영향력을 행사할 수 있는 힘의 원천이다. Joseph S. Nye Jr., The Paradox of America Power, 홍수원(역), 『제국의 패러독스』(서울 : 세종 연구원, 2002), pp.35~39 참조.

52) 김민주, 『앞으로 3년, 대한민국 트렌드』(서울 : 한스 미디어, 2007), pp. 112~115.

현상이 나타나고 있는 것도 같은 맥락이다. 이베이 CEO인 맥 휘트먼(M. Whitman)을 비롯해 IT 분야에서 성공한 여성들은 지식과 기술을 바탕으로 부와 권력을 획득했다. 미국 뉴욕 맨하튼 7번가에 위치한 투자은행 리번브러더스의 제이미 미시크(49, 여)는 리스크 분석가로서 CIA 전 정보분석 책임자로 성공한 여성이다. CIA 재직 시 그는 1,000여 명의 분석관을 지휘한 여성으로서 투자은행이 정확한 정보수집과 제대로 된 판단을 하면 엄청난 수익을 거둬들일 수 있다고 주장한다.

여성스러움의 이미지는 양육적 자질과 감정 이입, 모성애적 헌신성 등으로 설명되는데 이러한 여성스러움은 현재에도 미디어 광고, 마케팅, 감성경영에 상당히 넓게 다뤄지고 있다. 반면에 남성다움의 위기(crisis of masculinity)가 나타나는 가운데[53] 왜 여성들이 정보사회화 시대에서 예전과 달리 성공할 수 있는가, 여성의 장점은 실제로 남성에 비해 탁월한 적응력이 있는가 등의 논란은 계속되고 있다.

해답은 이 시대 일하는 여성들은 직장, 가정, 육아 등 여러 문제를 동시에 처리하는데 익숙하다는 사실이다. 근대성인 감동, 감성, 재미라는 긍정적 정서를 소유하고 이야기 산업, 영화, 드라마, 게임 등 사회적 경쟁력들을 이끌고 있다. 여성의 청력은 남성보다 2배나 정확하고 촉감은 10배나 뛰어나다. 정보사회는 손가락문화라는 점에서 근육질의 남성사회가 아니라 여성적 소프트사회다. 무늬만 남자인 남성들의 자리는 갈수록 좁아질 수밖에 없다. 지식정보사회에서 부드러운 여성성을 아우르는 남성이 미래형 사고와 근접해 있다.[54] 여기다 인구변화에 따른 여성노동력이 크게 필요해졌다. 미국의 경우 2025년이면 신규채용직원의 3명 중 1명은 여성일 것으로 예상한다. 특히 나노, 바이오, IT · 뉴로산업(NBIC)이 크게 발달하면서 여성인력 비중이 높아진다는 설명이다.[55]

우리나라의 경우 남녀관계 혹은 결혼은 과거 5천년 동안의 변화보다 지난 50년 동안에 더 많이 변했다. 수천 년 이어져 내려온 전통이 깨지고 있다. 전통적인 역할이 붕괴되었다는 점에서 성반전(gender flipping)이란 말이 나오고 있다. 여성을 액션 스타로 묘사하는 영화에서는 총을 휘두르며 외계인과 맞서 싸우는 강한 전사로 표현되기도 한다. 자신의 삶을 스스로 꾸려 가는 '아줌마 파워'는 적극성, 포용력 문제 해결을 해 가는 이미지로 작용한

---

53) R. W. Connell, Masculinities, (Cambridge : Polity, 1995), pp.21~22.
54) Marian Salzman, The Future of Man, 이현주(역), 『남자의 미래』 (서울 : 김영사, 2006), pp.36~38.
55) James Canton, The Extreme Future, (New York : Dutton, 2006), pp 71~72.

다. 주로 남성 영역이었던 의사, 검사, 판사, 엔지니어 등 커리우먼들도 날로 증가하고 있다.

돌이켜 보면 그동안 우리나라는 남존여비의 사고방식으로 인해 보이지 않게 여성을 차별하는 유리천장(glass ceiling)도 많았다. 그러나 여성인력의 역량을 활용하지 못한다면 그 결과가 뻔한 것이다. 그렇지 않아도 정보를 전문으로 하는 사람들 중에 점차 여성이 많이 차지한다. 사회를 이끌어 가는 주체가 여성들로 변하고 있다는 증거도 된다. 고학력 여성 졸업자 비중도 점차 높아지고 있다.

◐ 감성적 와이프로거(wifelogger)들

여성들은 지식정보사회에서 강조하는 감성을 발휘할 수 있는 소유자들이다. 여성들은 알파걸(a-girl), 원더우먼, 슈퍼우먼 이라는 말로 살림, 육아, 교육, 사회활동 등 다방면에 걸쳐 초인적 힘을 발휘하는 여성들을 의미한다. 여성들이 아이를 키우며 인터넷 블로그를 통해 살림 관련 콘텐츠를 올리는 '와이프로거'(wifelogger, wife + blogger)들도 늘어나고 있다. 미국의 코네티컷 주의 마사 스튜어트(66)처럼 전업주부로서 뛰어난 살림이야기, 주문요리, 출판, 인테리어, 조경 사업으로 성공한 여성들을 일컫는 말이다. 우리나라의 와이프로거들 역시 주부들의 살림노하우를 올려 입소문 전도사로 활동하고 있다. 하나의 사회적 커뮤니케이션을 통해 여성들 특유의 사이버 커뮤니티를 만들어가고 있다.

그래서 여성들이 정보소비를 주도하면서 도전해 볼만한 업종은 IT 분야로서 그 중에서도 모바일, 엔터테인먼트, 소프트 개발, 컨설팅, 온라인 사업(e−business) 등을 들 수 있다. 우리시대의 30대 미혼여성들은 '골드미스' 들로서 사회적 경제적으로 큰 영향력을 미치고 있다. 사회학자들은 경제적 사회적 변화들이 '젠더의 위기'(crisis of gender)를 촉발시킨다는 주장이 있지만 사회조직들도 여성의 가치를 깨달아 남성위주의 업무환경을 개선해야 할 것이라고 권고하고 있다.

너무 확장되었지만 일반 가계소비의 중심에는 바로 엄마가 있다. 마리아 베일리(외)가 쓴 《엄마 마케팅》은 엄마의 소비심리를 따라 잡으면 거대시장이 열리고 성공할 수 있음을 보여 준다.[56] 여성이 가정의 지출과 소비의 중심에 있고 트레이딩 업(trading up)과 트레이

---

56) Maria T. Bailey, Trillion- Dollar Moms : Marketing to a New Generation of Mothers, 황인영(역) 『엄마 마케팅』 (서울 : 비즈니스 북스, 2006) pp.31~40. 우리나라 아줌마 닷컴(www.azoomma.com)에서 아줌마들의 힘을 찾아볼 수 있다.

딩 다운(trading down)을 일으키면서 경제활동을 해가고 있다는 평가다. 전 세계 선진국 시장에서 여성은 가계지출의 75% 이상을 관장하며 주요 물품구매의 주체이다. 여성은 소비자 구매의 80%를 결정하거나 영향을 미치고 있다.[57] 여성의 소비가 소수시장이 아니라 다수시장이라는 진단이다. 기업컨설팅 전문 회사를 운영하는 하민회 씨는 이런 배경에서 '위니지먼트'(womanagement)란 신조어를 제시했다. 매니지먼트에 맨(man) 대신 우먼(woman)으로 바꾼 것이다.[58]

57) Michael J. Silverstein and John Butman, Treasur Hunt, Inside the Mind of the New Consumer, (New York : Portfolio, 2006), pp.40~41.
58) 하민회, 『위니지먼트로 경쟁하라』 (서울 : 해냄, 2007), pp.28~31.

"자신을 잘 알고 있다고 과신하지 말라. 왜 그렇게 판단했고 행동했는지 누군가 또는 무언가를 왜 좋아했는지 싫어했는지도 스스로 알지 못할 만큼 인간은 이성의 완벽한 통제가 불가능한 존재이다."

➜ 출처 : 리처드 비스벳 / 미시건 대학 심리학과 교수의 《생각의 지도》에서
➜ 의미 : 정보 소비에 있어서 감정의 주관성이 작용한다는 것을 지적한 말.

호모 크레이투라(Homo Creatura, 창조적 인간) 시대

제11장
호모 크레이투라(Homo Creatura, 창조적 인간) 시대

우리나라가 1인당 국민소득(GDP) 2만 달러 시대로 접어들면서 미국 일본 등 선진국들이 국민소득 2만 달러 시대를 어떻게 살아왔고 경제사회구조가 어떻게 변했는가를 살펴보는 것은 매우 유익할 일이다. 분명히 우리와 똑같이 비교한다는 것은 무리가 있지만 우리나라 역시 국민들의 구매력이 높아지는 측면들, 자기 개발 등 헬스케어, 금융시장확대, 해외여행 등의 산업으로 이동하고 있다. 특히 삶의 질을 높여 주는 업종들로 각종 오락 게임, 웰빙 산업, 자기 개발 등 선진형 경제체제로 접어든 것이다.

현시대는 글로벌 체제로서 경쟁사회다. 개인주의 라이프스타일 확산 등으로 개성파 실속파 등 독특한 기호를 가진 소비자들이 경쟁하고 있다. 배틀세대(battle age)라고 하는 1318세대들은 어릴 때부터 심한 경쟁구조 속에서 자라났기 때문에 누군가와 붙어보는 경쟁을 익숙하게 받아들이다. 가상현실 속에서 다른 게이머와 경쟁하는 스타크래프트, 레인보우식 같은 다중접속 온라인 게임(MMORPG게임)을 선호하는 것들은 바로 경쟁을 자기발전의 방식으로 생각하고 있다는 증거다. 마치 현재의 생존경쟁을 자신의 삶의 논리로 받아들이고 있는 것이다.

사실 한국은 온라인 커뮤니케이션 천국이요 디지털 강국이다. 그러나 선진국처럼 지식근로자 시대로 접어들었다지만 아직까지 산업시대의 패러다임과 폐쇄 문화를 갖고 있다. 우리는 이제 산업화시대의 권위적인 문화, 과거의 독점적인 체제, 닫힌 문화를 타파하고 IT

지식사회 문화와 분위기를 형성해야 한다. 우리가 세계수준의 IT인프라를 보유하고 있다는 사실에서 IT 인프라 구축과 함께 디지털 콘텐츠가 흐르도록 해야 한다. IT 인프라와 디지털 콘텐츠가 서로 영향을 주며 동반 성장하도록 하는 일이다. 이는 정보소비를 돕는 발전이다.

이런 가운데 우리는 창조적 인간시대에 적응하는 삶의 태도가 중요하다. 사실 창의성은 외로운 행동이다. 창의성은 전문지식, 창의적 사고, 동기라는 3가지 구성요소로 이뤄진다. 전문지식은 기술이나 절차, 이성적인 지식을 말하며 창의적 사고는 문제에 접근하는 방식으로 끈질기게 해답을 추구하는 업무 방식이다. 그리고 동기(motivation)는 내부로부터의 열정과 외부로부터의 자극에 의한 것이다.

정보의 세계는 일과 놀이, 여가의 경계가 없는 사회이다. 화장실의 낙서 한 줄에 영감을 얻을 수 있다. 정보는 발품을 팔아 가는 움직임과 비례한다. 세미나와 연찬회, 박람회, 설명회 등에 참석하며 아이디어를 얻고 인터넷을 통해 현지 정보를 수집해 소비한다. 컨설팅회사와 기술혁신 연구기관들 및 정책연구 전문기관들의 지식정보는 자신의 의사결정, 정책실효성 판단 및 정책 형성 등에 광범위하게 사용되는 필수상품들이다.

11-1. 정보시민-인포즌(Inforzen)으로 살아가는 지혜

우리는 문화적 폐쇄성으로 인해 변화에 무뎌져 있다는 소리를 듣는다. 한국인들은 편협하다거나 인종차별이 심하고 배타적이라는 비판도 받는다. 정보는 이런 풍토 속에서는 올바르게 이해할 수 없다. 전 지구적 차원의 복합성과 국제관계가 확대되면서 관련 정보는 더욱 중요해졌다. 논리적으로 정보는 '사상'이 아니라 전략전술의 기반이다. 이를테면 정보는 군사공식의 하나인 상황 판단(estimate of the situation)의 배경이 된다. 정보는 광범위한 국가활동이요 시민 모두의 사용대상이다. 정보는 인간의 모든 지식분야를 의미하는 것은 아닐지라도 최소한 어떤 결정과 판단을 내리는데 필요한 지식을 뜻한다. 그러므로 누구나 사회현상(사물)을 잘 보는 폭넓은 시각을 갖추는 것이 필요하며 그런 의식이 있어야만 정보를 올바로 읽고 이해할 수 있다.

유엔 미래 포럼의 제롬 글렌(Jerome Glenn) 회장은 후기 정보화시대를 의식기술시대로 정의한다. 지금까지 첨단기술의 발전, 기계나 칩이 세상을 바꿔 왔지만 이제는 인간의 생각과 마음을 만들어 가는 시대가 되었다는 예측이다. 심지어 신체의 모습까지도 바꿔가고 있

는(인간 복제, 유전자 조작) 시대성을 갖는다. 사물은 인간의 욕구와 유혹에 의해 작동하는
데 정보에 대한 욕구는 전략가들뿐만 아니라 일반시민에게도 마찬가지다. 또 제임스 캔턴
(James Canton)은 21세기는 우리의 생각하는 자유 즉 인간이 개인적으로 외부의 간섭 없이
독립적 생각을 할 수 있는 인지자유(cognitive liberty)가 위기에 처했다고 했다. 디지털 자
본주의는 정보의 자유로운 접속을 필요로 하면서 인간의 생각마저 통제하게 되었다는 주장
이다.[59]

사회구성론적 관점에서 보면 우리가 살아가는 세상일들은 고정불변일 수 없고 새로운
문명을 창조하며 계속 변화한다. 특히 사회기술 관점에서 주목하지 않을 수 없는데 과학기
술발달과 함께 인터넷시대로 들어오면서 현실세계 대 가상세계로 나눠지고 국가와 민족 중
심의 지역기반 사회와 글로벌 체제 속의 국제기구들 및 NGO 중심의 지구촌사회의 대립도
예상된다. 이른바 초경쟁(hyper competition) 속에서는 하이테크 산업에만 국한되지 않고
사회 모든 영역에서 대립과 갈등이 발생한다. 울리히 벡(Ulrich Beck)은 이 같은 존재론적
불안상태를 위험사회로 불렀다. 불안한 취업조건, 복합적 불안정성, 탈경제화 등이 만들어
내는 불안한 공포상태의 사회를 의미한다.[60]

이 같은 '위험사회' 발전은 경제사회 모든 분야에서 인력의 구조조정을 가져올 수 밖에
없다. 정치적 사회적 경계를 바꿔놓고 있기 때문이다. 정보혁명과 정보의 승자들과 패자들
사이에는 광범위하면서도 새로운 국제적 갈등의 근원이 될 수 있다. 실제로 정보혁명의 실
패는 패자일 수 있고 '실패한 국가'로 전락할 수 있다. 정보혁명의 미래 경로는 파악이 불
가능한 수많은 변수들이 존재하지만 새로운 정보기술의 발전과 함께 보다 정밀한 칩의 출
현, 정부와 테러리스트 해커들에 의한 사이버 전쟁 등이 계속될 것이다.

그런가 하면 현재의 사회변화는 우리의 고양된 창조적 행위를 요구한다. 지식경제에서
의 개인적 삶의 문제는 더욱 위험해지고 있다. 진정한 해법은 아니지만 이 시대의 생존원리
인 지식정보의 생산과 소비 체제에 적응하는 생활이 필요해졌다. 미국 시사주간지 타임
(Time)은 2006년에 '올해의 인물'로 정보사회를 장악한 당신(You)을 선정한 바 있다. 그
배경으로 무료 인터넷 백과사전인 위키토피아, 동영상 공유 사이트인 유튜브, 사이버 생활
및 블로그의 공간인 마이 스페이스 등을 들었다. 이들 인터넷 매체 'You'는 누구나 쉽게 인

---

59) James Canton, op. cit, pp.239~240.
60) Ulrich Beck, 홍성태(역) 『위험사회 : 새로운 근대성을 향하여』 (서울 : 새물결, 1997), pp.73~78.

터넷과 접속해 자신의 지식과 생활, 모습, 감정 등을 다른 네티즌들에게 전달할 수 있다. 유튜브의 경우 하루 평균 1억 건, 마이 스페이스는 현재 전 세계 1억 3,000만 명 이상이 사용 중이다. 개인들은 인터넷 매체를 통해 전 세계 미디어 영역을 장악하고 세상을 바꾸고 디지털 민주화를 만들어 가고 있다고 평가했다.[61] 물론 여기서 말하는 YOU는 모든 사람을 지칭하는 것이 아니라 미디어를 적극 소비하고 뉴스를 만들어 가는 사람을 의미한다는 뜻에서 당신들은 필히 'YOU'가 되도록 해야 한다.

또한 미국의 '유에스 뉴스 앤드 월드리포트'(U.S. News & World Report) 지는 2007년 새해 삶을 개선하는 50가지 방법을 제시하는 가운데 블로그를 시작하자, 도메인을 마련하자, 디지털 기술과 친해지자 등을 내세웠다. 작은 것이 멋진(cool) 삶이 된다고 했다. 멋진 삶의 일부분인 비즈니스 디자인, 정보가공 처리 모두는 편집과정의 산물이다. 인터넷 TV(IPTV), 와이브로(휴대인터넷) 등의 서비스가 제공하는 SOIP(service over internet protocol)가 발달하면서 인간의 삶 자체가 통신과정의 일부가 되고 있다. 실제로 디지털 콘텐츠시대를 맞아 정보의 융합이 이뤄지고 있는 상황에서 우리들 삶은 정보통신생활과 밀접한 관계 속에서 존재한다.

하나의 사례이지만 미국 시사주간지 타임(Time) 지 최근호는 IT 기술의 발달에 따라 구직자들의 비디오로 자신의 모습을 찍은 '비디오 이력서'가 광범위하게 사용될 징후를 보도했다. 실제 2007년 4월 이후 잡스터(jobster), 62번째 뷰(62ndview), 하이어뷰(Hire Vue), 이력서 비디오(Re-Sumevideo) 등 이력서 전문 사이트가 다수 개설됐다. 미국의 동영상 전문 커뮤니티 유튜브(You Tube)에서는 1,590개의 동영상 이력서가 올라와 있다. 자신들의 참신한 아이디어와 함께 효과적으로 자신을 소개하고 있는 것이 특징이다. 단순한 비디오 이력서가 자칫 사회문제(고용차별 등)로 번질 수 있겠지만 조만간 PDA처럼 보편화될 것으로 전망했다.[62]

◑ 가상현실 : 세컨드 라이프

이런 가운데 가상현실 사이트인 세컨드 라이프(second life) 논쟁도 뜨겁다. 가상현실 사이트인 세컨드 라이프(www.second life.com)를 만든 필립 로즈데일(Philip Rosedale)은 사

---

61) Time, Dec , 2006, pp.20~23.
62) Time, March 5. 2007, pp.37.

이버 공간의 신(神)으로 묘사된다. 세컨드 라이프는 단순한 시간 때우기용 게임이 아니라 전 세계에서 벌어지는 사회현상이다. 2003년 첫선을 보인 동 사이트는 샌프란시스코의 린든 랩사(Linden Lab) 사가 3차원(3D) 그래픽을 이용해 실제와 똑같은 생활을 즐길 수 있게 재현해 놓은 인터넷 사이트로서 환상과 현실의 혼합이 아닐 수 없다. 세컨드 라이프를 통해 수백 개의 대학은 저렴한 강좌를 개설해 학생들을 모으고 있다.

그뿐만이 아니다. 퍼스트 라이프(first life)와 세컨드 라이프의 구분이 모호해지는 가운데 사람들은 세컨드 라이프에 골프장, 영화관, 스키장, 사무실 등 자신만의 공간을 만들어놓고 비즈니스를 하고 있다. 현재 사용자는 430만 명을 넘어섰고 2007년 말에는 2,000만 명에 이를 것으로 내다보았다. 일본에서도 2007년 7월부터 도요타, 소프트뱅크 등을 중심으로 일어판 세컨드 라이프 프로그램 서비스를 제공하고 있다. 아바타(가상세계에서 사용자를 대신할 애니메이션 캐릭터)로 하여금 3차원 공간에서 쇼핑도 하고 여행도 할 수 있는 등 가상현실에서 상품이나 서비스를 직접 체험토록 함으로써 홍보효과가 매우 큰 장점으로 인정되고 있다.

아무리 강조해도 지나치지 않는 본질적인 사실은 정보가 오기를 기다리면 뒤쳐진다는 점에서 누구나 시공을 넘어 필요한 정보를 끌어당겨야 한다. 만약 손을 놓고 있다면 자신의 경쟁력을 잃고 삶의 목표를 실현할 수 없는 꼴이 된다. 정보를 생산하고 소비하는 사람들의 자세로서 ▲자기 목적하에 어떤 영역의 정보를 모을 것인가. 어디에서 지식을 얻고 아이디어를 통합할 것인가. ▲선택된 정보를 어떻게 실천적 내용으로 구성할 것인가. ▲생산된 정보의 사용 기회를 어떻게 포착할 것인가, 즉 가장 효과적으로 사용할 수 있는 기회가 언제인가를 잡는 것이다. 그러므로 누구나 정보 생산을 넘어 소비생활에서 주체적으로 대응하려면 ▲1분이라도 소중히 여겨서 자료를 찾는다. ▲사소한 자료라도 소중히 여겨 축적한다. ▲누구보다 빨리 보고 이를 사용하는 생활이 필요한 것이다. 온·오프라인에서의 정보검색은 고된 노력이 아닌 이 시대를 살아가는 영리한 생활이 아닐 수 없다.

따라서 이를 위해서는 우리 모두가 정보시민 개념으로 인포즌(정보시민, inforzen, information + Citizen의 합성어)으로 살아야 한다. 필자는 사회적 삶을 개발하고 자신의 내면까지 거리낌 없이 온라인상에서 드러내고 퍼뜨리는 인포즌으로 활동해야 한다고 믿는다. 여기에는 노인들이라고 예외일 수 없다. 노인들은 기다리는 생활, 느림의 시간에 익숙한 나머지 혹시나 속도의 시대에서 뒤떨어져 도저히 '따라갈 수 없다'는 반응을 보여서는 곤란하다. 다시 말해 인터넷에 접속하고 e메일을 보내며 은행 뱅킹을 해 가는 '신노인' 세상을 살아가야 할 것이다. 정보가 국가와 사회, 기업 차원의 마스터 키(master key)가 되는 점에서 누구나 정보의 게으름뱅이가 되어서는 곤란하다. 모든 삶의 과정이 스파이처럼 생각하고 창조적으로 움직여야 살아갈 수 있는 사회이기 때문이다.

' 현명한 정보소비는 치명적인 실수와 잘못된 행동을 줄일 수 있다 '

이 점을 다음과 같이 명료화할 수 있다. 인터넷은 사회관계에서 정보교환은 물론 의사소통을 연결하는 사회적 자본(social capital)이라고. 사회적 자본의 핵심은 신뢰로서 신뢰가 높은 사회는 품격이 있고 공정한 규칙이 작동하는 푸근한 사회의 배경이 된다. 개인방송(1인 방송국) 채널도 생겨나고 있듯이[63] 개인뿐만 아니라 기업이나 학교 시민단체들도 독자적인 동영상채널을 갖기 시작했다. 이름난 백화점 문화센터는 각종 문화강좌와 관련한 동영상을 올려놓고 있다. 문학과 영화, 만화 등이 인터넷과 어울려 인터넷 소설, 스튜디오 소설, 그래픽 소설들은 컴퓨터 기술에 힘입어 만들어내는 문학작품들이다. 판타지 다빈치 코드와 같은 추리소설, 스릴러, 팩션(faction), 젊은 여성이란 뜻의 칙(chick)과 문학을 뜻하는 리터러치(literature)를 합해서 만든 칙릿(chick-lit)등 중간 소설들도 많이 올려지고 있다.

돈이 현재의 생활수준의 정도를 나타낸다면 정보는 그 사람의 지식정보소비수준을 나타내며 자유로운 선택권을 갖게 되고 이익관리자가 될 수 있다. 재테크는 20대에 시작하라는 책이 나왔지만 이 가능성 역시 인포즌으로서 실천력이 있어야 한다. 증권가의 주가지수, 주택가격, 투자포트 폴리어 등 시장정보를 예측하고 판단할 때 재테크 과정에서 실수를 줄일 수 있다. 가정주부가 가계부를 쓰는데도 클릭 한 번으로 그 요령은 물론 재테크 정보뿐만 아니라 신용카드와 계좌통합으로 가정의 현금 흐름을 쉽게 파악할 수 있도록 하는 포털사이트가 인기다.

문제는 사람들로 하여금 굴곡 많은 삶과 고민, 다정한 이웃들과의 이야기 속에서 정보를 찾아 소비할 수 있어야 한다. 해외여행 시도 '이방인 혐오증' 을 넘어, 그리고 단순한 관광에 그치지 않고 정보의 레이더망을 작동시킬 때 진짜 정보라는 금덩어리를 발견할 수 있다. 혹시 해변에 갔을 때 바다 물이 왜 짠물이고 모래는 어떻게 고운지 등의 호기심이 결국 지

---

63) 국내 개인 1인 방송시대를 열어가는 동영상 채널은 아프리카(afreeca), 판도라TV, 곰TV 등이 그 예이다.

질학과 물리학, 해양학을 발전시켰던 것과 같은 이치다. 결국 사회 모든 현상에 대해 개인과 국가, 기업을 위해서 어떤 호기심이 있을 때 유효한 정보를 생산해 낼 수 있다. 비행기 조종사가 자동항법장치를 걸어놓고 잠자는 것과 같은 게으른 행위는 정보시대를 살아갈 수 없는 자세이다. 만일 시민 모두가 정보의 가치와 정보에 도달하는 방법을 터득하지 못한다면 얼마나 위험한가를 알게 될 것이다.

그렇다면 우리는 이상과 현실을 겸비한 정보 전문인으로 살아가야 한다. 더구나 디지털 시대에서 각자의 생존전략은 급변하는 환경변화에 빠르게 접근하는 디지털 마인드가 필요하고 디지털 시대에 필요한 인재로 성장하기 위해 자기 개발에 최선을 다하며 사회에 대한 열린 자세로 자기 개성을 특성화해야 할 것이다. 한발 더 나아가 누구나 철학자 니체 (Friedrich W. Nietzsche)가 말하는 허무감의 느낌에 빠져서는 안 된다. 허무의 본질은 결국 중심의 결여이거나 권태로부터의 탈출이 불가능할 때, 생존철학의 결여에서 오는 정신적 방황에 다름 아닐 것이다.

그러므로 시민들은 국가나 기업에 적절한 정보를 제공해야 하는데 기든스(A. Giddens)의 용어를 빌리면 능동적인 시민 편에서 정보에 신속히 반응하고 이를 처리할 수 있는 적극적인 방식이 필요한 시대이다. 모든 시민이 '정보 민병대원'으로서 유익한 공개출처정보 (OSINT)들을 수집할 수 있으며, 이런 점에서 정보시민들은 정보의 생산자이며 동시에 빈틈없는 국가를 만들어 갈 수 있는 자원들이다. 국가조직과 기업의 발전에는 최선의 교육을 받은 정보시민들의 활동이 뒷받침 될 때 한 단계 성장할 수 있을 것이다.

11-2. 지식정보기반의 사회생활 극대화

현대 사회조직은 구성원들의 자율성, 자주 관리, 자기 조직화에서 출발한다. 각자 솟아오르는 욕구들과 즐거움, 그리고 실천을 축적해 가는 곳이 우리 사회이며 자타가 살아가는 마당이다. 그런데 영리한 당신, 좋은 정보를 왜 얻어내 소비하지 못할까 하고 생각해 보지 않았는가. 개인, 기업, 국가이익에 보탬이 되는 정보 앞에서 왜 바보가 되는가이다. 그 이유는 사실상 간단하다. 인간은 보통 합리적으로 이익을 챙기고 행동한다고 하지만 이에 효율적으로 대처하지 못하는 인간적 모순을 가지고 있기 때문이다.

그러나 우리는 삶의 과정에서 솔직하지 못할 때가 많다. 누구나 생애전략이 희박하여

'전략부족증후군'에 빠져 있는 듯하다. 전략을 만드는 것은 실제로 자신이 학습에 참여하는 것으로서 이를 행하다 보면 새로운 정보가 나타나게 되고 그것을 가공해 소비하게 된다. 컴퓨터 채팅 등을 통해 쉽게 사랑에 빠지거나 컴퓨터 범죄가 일어나고 있지만 우리는 사이버 공간에서 시간을 보내야 한다. "나는 과연 누구인가?"라는 본질적 질문 속에 내 존재의 의미를 넘어 정글인 세상에서 승리하며 살아남는 법칙을 터득하라는 것이다.

우리나라는 IMF 사태를 겪으면서도 경제력이 세계 중·상위권으로 진입하고 있다. 한국 기업들은 IT 산업 반도체 산업에서 초일류 기업으로 성장하고 있다. 세상에서 가장 빠르게 변하는 나라, 대한민국에서 적응하려면 친정보마인드(intelligence—friendly mind)가 있어야 한다. 친정보마인드는 적극적으로 정보를 찾아 소비하고 상상력을 키워나가는 태도다. 정보는 우리 생활 속에서 정보의 수집, 분석, 소비라는 과정에서 체감적 경험이 쌓일 때 전략적 목표를 이룰 수 있다.

그런가 하면 우리나라의 경제활동의 60~70%가 세계시장에서 이뤄지고 있다. 글로벌 경쟁 속에서 살아간다. 우리는 경제생활의 일정 부분이 네트워크상에서 이뤄진다. 국세청이 세계최초로 도입한 홈텍스 제도를 통해 납세자가 세무서를 가지 않고 집이나 사무실에서 대부분의 세금문제를 인터넷(www.hometax.go.kr)으로 해결할 수 있다. 행정안전부는 주민등록증 등 각종 민원서류를 방안에서 인터넷으로 즉시 발급 받을 수 있는 전자민원 G4C를 운영하고 있다. 최근 신도시들의 경우 광케이블로 연결된 U—시티가 들어서고 있다. 도시 전역에 CCTV와 교통정보센터, 상수도 누수관리센서 등이 우리의 삶을 종합 관리한다. 지리정보시스템(GIS), 지능형 교통시스템(ITS), 자동차텔레매틱스, 홈 네트워크들이 U—시티의 핵심요소들이다. e—러닝을 넘어 유비쿼터스 러닝시대(U—러닝)로 나가고 있다. 컴퓨터 앞에 앉아 인터넷 강의를 듣는 것은 우리의 생활 일부가 되고 있다.

미국 카포 엔터프라이즈 사장인 미첼 카포는 앞으로 20년 안에 가상현실은 지금의 e메일처럼 일상화된다고 했다. 세컨드 라이프와 같은 가상현실 사이트에서 아바타(avatar)가 산업 전자상거래, 인간의 사회적 관계에서 큰 영향을 미치고 아바타를 통해 새로운 삶과 스토리를 창조할 수 있다고 믿는다. 사실 요새 젊은이들은 인터넷으로 하루를 시작하며 자료들은 읽어내고 재해석해 그것을 음악과 영화세계, 정치적 사회적 지향과 연결시키는데 익숙하다.

그 예로서 공동의 아이디어, eBay, Wikipedia, 블로그들은 지나가는 사람들을 위한 것이지만 협력적이며 공동적인 아이디어가 합쳐진 것이다. 그 특성은 대중들의 경험과 가치의 전부 또는 일부로 만들어진다. 개인적이며 상호 친밀한 유대감 속에서 진행된다. 사람들이 자기 의견을 발표할 기회의 장소가 되었다. 스스로 참여하고 지식정보를 만드는 창조성을 갖는다.

인터넷 접속부터 플러스 섬(plus-sum) 게임이다. 제로섬 게임은 누군가는 이익을 본다면 누군가는 손해를 본다는 의미가 있지만 플러스 섬 사회에서는 모든 사람들이 이익을 얻을 수 있다. 인터넷 접속은 누구나 정보를 얻을 수 있고 흥미를 가질 수 있다. 우리는 외국을 방문할 때 혹은 부담 없는 해외여행을 할 때도 종종 여행정보를 필요로 한다. 인터넷으로 무장한 사람은 현지에 도착하자마자 네트워크를 폭넓게 사용해 현지 정보를 얻을 수 있다. 우리가 살아가는데 니즈가 필요한데 이런 니즈는 어느 때나 어느 곳에 관계없이 사용할 수 있는 것이 생활정보다. 생활정보는 재미있고 알기 쉬우며 영감을 주는 것으로 한층 세련화되고 있다. 글로벌 정보자료 수집을 위해 구글, 네이버를 뛰어넘어 검색기술을 익혀나가는 것은 우리의 삶을 업그레이드시키는 구체적 방법이다.

요즘 신세대들은 휴대폰을 엔터테인먼트의 도구이자 새로운 세상을 만나고 소통하며 새로운 정보를 실시간으로 받는 '알라딘의 램프'로 여긴다. 신세대들이 사회의 주역으로 등장하면서 가상세계가 비즈니스의 주요 영역으로 자리잡아가고 있다. 보드리야드(Jeon Baudrillard, 1929~2007)는 우리의 의사소통체계는 한 개인들에게만 구속되는 것은 아니라 전 사회적인 소통으로 규정한다. 그는 포스트 모더니스트로서 TV, 광고, 영화, 인터넷 등 미디어가 만들어낸 이미지는 현실을 반영하거나 복사한 가상세계가 아니라 새로운 현실이자 실재라고 말한다.

◐ 입소문의 통로 퍼뮤니케이션

개인의 일기장인 미니 홈피나 블로그들에 다른 사이트에서 옮겨온, 이른바 '펌' 글이 넘쳐나고 있다. '펌'은 '퍼 옴' 또는 '퍼 나름'을 뜻한다. 이런 문화현상을 뜻하는 퍼뮤니케이션(Purmmunication)은 펌과 커뮤니케이션의 합성어로 펌글이 인터넷시대의 중요한 입소문 통로가 되고 있다. 인터넷시대의 새로운 의사소통 수단으로 부상하고 있는 것이다. 현시대 너도나도 1인 미디어를 만들지만 콘텐츠가 부족해 자연스럽게 다른 글을 퍼오게 되는 현상이다. 1인 미디어 안에서 네티즌들은 적극적으로 의사소통을 하는 특징을 가지고 있는데 현재 '펌'을 이용하는 사람이 96%(다른 사이트에서 퍼온다)에 이른다. 여기서 펌을 이용하는 사람들을 인터넷 속의 '펌킨족'이라고 부르고 있다.[64]

또 다른 예로서 개인 1인 방송 형식인 '브로디즌'(broadcasts+netizen)들이 급격히 성장하고 있다. 개인방송은 자신을 표현하려는 것으로 완전무료가 원칙이다. 브로디즌은 시청료와 광고수입이 없지만 감춰진 끼를 발산하는 것, 남들에게 주목받고자 하는 이유로 개인방송을 한다. 개인방송은 자유분방하고 풍부한 콘텐츠를 특징으로 한다. 기존 방송의 틀을 깨고 있는데 '막말방송'이 뜨고 있다. 이 같은 브로디즌 현상은 ▲매체 다원화시대의 징후, ▲대중문화 영역의 파괴, ▲자기노출 심리로 요약된다. 이제 대중은 콘텐츠 소비에 머물지 않고 직접 제작하는 관계로까지 발전하고 있어 향후 지상파 방송을 위협할 것으로 예상된다. 최근 '아프리카 TV' 사이트의 경우 하루 평균 600~700개의 개인방송이 24시간 방송 중이다. 현재 접속자는 8만 명에 이른다.[65]

전 세계는 이른바 3.5세대 이동통신 기술인 HSDPA(high speed down link pocket access, 고속 하향 패킷 접속) 기반의 WCDMA가 속속 상용 서비스가 이루어지고 있다. 초고속 무선인터넷 기반이 마련되는 가운데 인터넷은 여론을 광범위하게 실시간으로 소통하는 아고라(고대 그리스 광장)이기도 하다. 백과사전 위키피디아(wikipedia)[66] 사이트들은 집단지성의 성공적인 사례들이다. 끊임없이 실시간으로 업데이트가 이뤄지며 전 세계 76개 언어로 퍼져 나가는 지식저장고이다. 그러므로 집단지성의 시대는 지식 정보의 생산자가 따로 없고 소비자 수혜자 역시 따로 없는 형태이다. 누구나 정보를 생산할 수도 있고 공유할 수도 있는 시대에 우리가 살아가고 있다.

그러나 간과하지 말아야 할 점이 있다. 그것은 정보를 얻기 위해 하늘을 향한 명상도 중요하지만 특히 실천에 옮기는 행동주의적이어야 한다는 사실이다. 팻 크로스(Pat Croce)는 《선택의 힘》에서 모든 행동하는 태도(attitude), 능력(assets), 야망(ambition)이라는 3A원칙이 중요하다고 했다. 성공은 100% 태도에 달려 있고 능력은 자신의 역량을 최대한 발휘할 수 있는 것이며 야망은 사람들의 정신 및 마음상태를 의미한다.[67] 특별히 사회적 행동은 머리와 마음 손발을 더 이상 묶어놓지 않는 것, 존재의 독창적인 모습으로 나가는 것이다. 스

---

64) 성공적인 퍼뮤니케이션을 하기 위해서는 ①안주 같은 이야기를 할 것 ― 친구들 사이에서 화제가 될 만한 주제선택, ②콘텐츠에 익살을 선물할 것 ③풀잎처럼 누워있을 것 ― 요란한 호객행위를 하지 말고 은근히 노출, ④콘텐츠에 대한 접속을 금지할 것 ― 콘텐츠에 대한 접근을 제한해 강력한 호기심을 유발, ⑤비밀스러운 것을 누설할 것 ― 회사나 제품의 뒤 이야기를 공개 등이다. (중앙일보 2004. 9. 30)

65) 이들이 전파하는 내용은 ▲생쇼 음악방송 : 신청곡을 받아 진행자가 즉석에서 피아노 연주와 노래를 방송 ▲막말방송 : 네티즌과 채팅하며 음악을 틀어줌 ▲엽기홈쇼핑: 특이한 복장의 진행자가 혼자 상품 홍보 등이다.

66) 위키피디아는 위키위키(wikowiki)와 백과사전인 encyclopedia의 합성어다. 하와이 원주민들이 '빠르다'는 의미로 사용하는 것처럼 빠르게 각국의 정보들이 실리고 있다.

67) Pat Croce, Lead or Get Off the Pot, 안진환(역) 『선택의 힘』(서울 : 스테디북, 2007). pp.77~90.

코드 묄러(Scott Moeller)도 자신이 쓴《지능적 M&A》(Intelligent M&A, 2007)에서 '정보전문가들은 모든 요소들을 사전에 알 수 있으며 그것은 당신이 얼마나 진정으로 알고 싶어하는, 그리고 그 정보를 얻기 위해 얼마나 열심히 노력하는가에 달려 있다'고 했다.

◐ 사회참여형 인터넷 웹 2.0 시대

빌 게이츠(Bill Gates)는 웹 2.0 시대에서는 설계자 중심이 아니라 사용자인 네티즌들이 중심이 돼 의사소통이 이뤄져야 한다고 했다. 그래서 MS사는 영상음향 형식의 블로그인 '채널 9'를 개설해 영상음향 관련 자료를 필요한 네티즌들에게 제공하기 시작했다. 사실상 2007년도 이후는 웹 2.0을 기반으로 하는 동영상인 인터넷 콘텐츠가 성장을 주도하고 있다. 웹 2.0은 불특정 다수의 사용자가 만들어 가는 인터넷의 새로운 흐름을 일컫는 말이다. 누구나 참여, 공유, 개방을 내세운 웹 2.0은 2000년 전후의 인터넷 열풍과 처절한 붕괴 과정을 거쳐 새롭게 떠오른 인터넷 기업의 특징이기도 하다. 웹 2.0은 능동적 참여자인 당신을 사이버 세상을 넘어 정치, 경제, 사회, 문화 등 일상생활을 휘덮고 있다.

이제 웹 2.0체제는 국가와 기업에서 없어서는 안 될 정보체계이다. 미국 중앙정보국(CIA)은 온라인 커뮤니케이션을 강화하고 상호협력을 증진하기 위해 마이 스페이스, 페이스 북 등과 함께 커뮤니티 네트워킹 웹사이트(A스페이스)를 신설하고 있다. 그 배경은 테러 등 안보에 대비 구성원간 정보교환이나 자료 분석을 위한 것이다. 특기할 것은 동 네트워킹 웹 사이트는 정보 커뮤니티에 통상적으로 설치하던 방화벽을 없애 요원들의 활발한 정보분석을 유도하고자 하는 것이다.[68]

그 중에서도 UCC(사용자 제작 콘텐츠), 블로그(개인홈페이지) 공개백과사전 등이 대표적인 웹 2.0 서비스다. UCC는 공유, 참여, 지성 등의 개념을 바탕으로 자신이 만든 콘텐츠를 웹을 통해 공개하고 있다. 국내 포털사이트(Naver, Daum, Yahoo, Nate, Pandora.TV)들은 '넷심'을 장악하기 위해 UCC 중심의 네티즌 참여공간을 확대해 가고 있다. 사회적 이슈와 정보를 효율적으로 검색할 수 있도록 뉴스 색션에 공을 들이고 있다. 그밖에 NHN, SK커뮤니케이션 등 국내기업들이 UCC 서비스를 강화하고 있다. 개인방송 UCC(UCC 방송)[69]가

---

68) Financial Times, August 22, 2007.
69) 인터넷에는 UCC방송국을 여는 사람들이 넘쳐나고 있다. 네티즌이 실시간으로 진행하는 인터넷방송은 웹 카메라와 마이크만 있으면 누구나 방송을 내 보낼 수 있다. 아프리카 사이트의 경우 UCC 방송코너를 한번이라도 운영해 본 사람이 100만명을 넘고 있다.

실시간으로 전달되고 있다. 구글, 야후, 마이크로소프트 등도 차세대 인터넷시장을 주도하기 위해 동영상 전문기술 및 서비스업체를 인수하거나 제휴를 서두르고 있다.[70]

　직장에서는 위키피디아 개념을 접목한 '위키 일터'(Wiki work place)가 만들어지고 있다.[71] 구성원들이 낸 아이디어를 바탕으로 기업경영과 서비스 개설을 꾀하고 있다. 삼성은 2007년 하반기부터 임직원의 자유로운 아이디어 발굴과 정보공유를 핵심으로 하는 웹 2.0 경영을 시작했다고 한다. 인터넷을 기반으로 한 2.0 경영체제에서는 사원부터 사장까지 누구나 자유롭게 경영에 관한 의견을 낼 수 있도록 했다. 더구나 장기적으로 대외비를 제외하고 홈페이지를 외부에 공개해 국민과 정보아이디어를 공유한다는 계획이다.[72] 이럴 경우 정보개방성, 쌍방향성, 외부와의 연관성이 높아지는 수평적 체제로 전환하는 의미를 갖는다. 참고적으로 웹 2.0의 주요 개념인 서비스 형태를 제시하면 다음과 같다.

〈도표 4-2〉　　　　　　　**웹 2.0의 주요 개념 및 서비스 형태**

UCC	사용자 제작 콘텐츠로 일반인들이 직접 만들어 인터넷에 동영상, 사진, 글 등을 올리는 것.
블로그	인터넷 접속을 뜻하는 웹 로그(web log)의 줄임말로 자신의 관심사(Blog)에 따라 작성하는 온라인 일기이자 1인 미디어이다.
롱테일	끊임없이 이어지는 긴 꼬리처럼 조그만 부스러기라도 많이 모이면 (long tail) 중요한 의미를 갖게 된다는 뜻이다. 20대 80법칙의 반대개념이다.
집단지성	수많은 사람들이 참여해 의견을 교환하며 협업하는 것으로 온라인 공개백과사전인 위키피디아, 네이버의 지식검색 서비스 등을 의미한다.
공개출처정보	핵심 프로그램 내용을 공개해 누구나 자유롭게 쓸 수 있는 자료를 의미(open source)한다. 구글의 지도정보를 이용해 다양한 응용서비스를 만들어 내는 것들이다.
소셜태킹	검색업체가 아니라 일반 사용자들이 검색어(태그)를 붙이는 행위를 말(social taging) 한다. 여러 사람들이 참여할수록 검색어의 정확도가 높아진다.

---

70) 고정민, "디지털화가 가속되는 문화산업", 삼성경제연구소, 『SERI전망 2007』(서울 : 삼성경제연구소, 2006), pp.222.
71) 위키일터는 돈 탭스코프의 'Wikinomics' 에서 사용된 용어로서 과거의 일터는 비교적 잘 짜여진 군대조직의 모습이었으나, 미래의 일터는 조직의 계급구조를 초월해 혁신을 증대시키며 사기를 진작 시키는 일터로 해석한다. 마치 뮤지션들이 음률과 멜로디, 박자만 미리 정한 상태에서 즉흥적이고 창조적으로 연수하는 재즈, 앙상불과 비슷해 질것이라는 진단을 한다.
72) 『조선일보』, 2007. 3. 14.

이상에서 살펴보았듯이 소셜 미디어(social media)가 확대되는 가상공간은 일종의 좋은 놀이터이다. 그러나 아직까지 재미와 함께 실용적인 콘텐츠 정보가 부족한 듯하다. 동영상을 통해서 다양한 사진정보와 쇼핑몰 상품이 올라오는데 여기에는 흥미와 정보성이 부족하다. 단순히 따라잡기(캐치업) 만으로는 곤란하다는 의미에서 UCC 등을 통해서 자신을 보이려면 유익하고 실용적인 정보를 담아 입소문을 퍼뜨릴 필요가 있다. 인위적인 것보다는 재미있고 자연스러운 실체를 노출시키는 일이다. 물론 저작권 문제가 생기지 않도록 창조적이어야 한다. 단순히 짜깁기(편집)식으로는 안 되며, 콘텐츠 개발은 고객으로 하여금 지속적으로 찾아오도록 늘 새롭게 구성해야 한다.

◑ 정보전문가 독점시대

프로페셔널의 책임은 이미 2500년 전 그리스의 히포크라테스(Hippocrates, B.C. 460~377?)가 제시한 의료의 윤리지침에서 찾아볼 수 있다. 그것은 '알면서 남에게 해를 끼치지 말라' 는 구절이다. 특정 전문가로서 몰상식하게 남에게 해를 끼치는 일을 하지 않을 때 주인(사용자)은 신뢰한다는 뜻이다. 더구나 개인이나 사회조직들 또한 전문가의 독점시대 속에서 살아가며 동시에 우리는 정보처리시대에 살고 있다. 누구나 할 것 없이 전문가의 도움 없이 살아갈 수 없는 시스템 사회요, 정보처리 시대로 옮겨가고 있다. 이제 아카데믹한 이론이나 강단적 지식인 시대에서 현실 실무적 정보처리시대로 옮겨왔다고 할 수 있다. 정보는 실용적이며 현실주의적 입장에서 소비되는 것이다.

더구나 현대는 전 영역에서 독점적 전문가를 우대하는 사회다. 정보전문가는 제너럴리스트(generalist)라기보다는 특별한 전문가 스페셜리스트(specialist)들이다. 사실은 정보전문가라는 말은 소수에게만 적용되는 말이다. 정보를 전문으로 하는 사람은 저널리스트에 비해 예리함은 떨어지지만 해당 분야에 대한 전문지식과 풍부한 노하우를 가지고 있다. 정보를 전문으로 하는 사람 내지 정보관리자는 매일 지식을 새롭게 창출하고 혁신하며 내일에 가서는 쓸모 없는 사람이 될 수 있다는 각오로, 그리고 한순간 극점(stigma)에 서 있다는 긴장감 속에 정보업무를 수행하는 사람들이다. 동시에 그들의 정보활동은 두려움과 떨림의 세계이기도 하다.

현대인은 만능인보다는 어떤 분야에 특수 전문가가 되기를 추구하고 또 이와 같이 되어야 한다고 믿는다. 무엇인가 한 가지는 잘 해야 살아남을 수 있다는 생각이다. 분명히 정보화시대에서는 정보분석가를 비롯해 프로그래머, 디지털시스템운영자 등 소수의 전문인과 고성능 컴퓨터가 지배하는 사회로 크게 발전해가고 있다. 강대국은 전문 지식인을 이용하여 세계 각국의 정보를 수집, 분석하여 국익을 최대화하는 매우 지능적인 방법을 쓰고 있다. 이와 관련한 지식지형의 트렌드 및 특수 전문가를 찾아보면 다음과 같다.

첫째로 전문 정보분석자들이 대우받는 사회가 되었다.

데카르트(Rene Descortes, 1596~1650)의 명제에 '나는 생각한다. 고로 존재한다' (Cogito, Ergo Sum) 말을 바꿔 '나는 분석한다. 고로 존재한다' 는 입장에서 정보의 세계를 이해할 수 있다. 분석을 잘 하는 사람들의 특징을 보면 다양한 자료, 모호한 내용들을 열정적으로 분류하고 구조화하며 집요하게 접근하는 사람들이다. 그들은 풍부한 배경지식을 갖고 흩어진 구술들을 실로 잘 꿰매는 논리적인 사고를 지닌 인재들이다. 그렇기 때문에 미국 CIA 등에서 분석관으로 근무한 사람들은 그 조직을 떠나서도 주요 전략연구소나 기업의 전략분석가로 명성을 얻고 있다. 또한 증권가에서 뛰는 리서치 애널리스트의 몸값은 연봉 5~7억 원에 달하고 있다. 국제 금융시장이 긴밀하게 연결되어 흔히 금융세계화(financial globalization)되는 추세에서 금융계통의 전문직으로 인정받는 금융자산 관리사(FP), 공인재무분석사(CFA), 공인회계사(CPA), 국제공인 재무 설계사(CFP) 등도 각광받는 직종들이다.

소비자 입장에서 보면 과연 이들이 몸값에 걸맞은 역할을 하는지가 의문이지만 그만큼 수요에 비해 공급이 달리는 것을 의미하며 어려운 직업이라는 사실을 반영한다. 그밖에 아트맛트 및 컬렉션 애널리스트들 역시 '귀하신 몸' 이다. 국내외 문화예술 시장의 동향이나 경매, 아트펀드운영, 작품구입과 관리 요령 등의 정보를 분석해 주는 전문가가 필요한 시대다. 위대한 전문가 직원 1명이 평범한 셋보다 낫다는 경영진들의 말은 결코 헛소리들이 아니다.

이 세상을 더 멀리 보면 아이디어 하나로 부를 키워나가는 사람들을 얼마든지 볼 수 있다. 미국의 J. D 파워(Power)는 자동차 소비자들에게 설문지를 돌리고 그것을 자기 집에서 설문 결과를 분석하여 자동차 회사들에게 팔아 돈을 벌어들인 사람이다. 자동차 메이커들에게 제품의 품질개선을 위해 활용할 수 있도록 정보를 제공하는 사업이었다. 자동차회사들은 올바른 정보를 이용하는 대가로 비용을 지불했고 1968년 회사를 세운 뒤 2005년에는 종업원 수 600명, 연수입은 약 1억 5,000만 달러에 이르렀다.[73] 자동차 회사들은 정확한 정

---

73) Emily Ross and Angus Holland, 100 Great Business and the Minds Behind Them, (Illinois : Emily Ross & Angus Holland, 2006), pp.121~123.

보를 기반으로 해 판매전략 및 서비스의 질을 높여 갈 수 있었다.

둘째는 콘텐츠 전문가가 각광을 받고 있다.

콘텐츠 개발은 일단 첫 단초의 정보를 수집하고 그 다음은 아이디어를 통해 브랜드를 창조하는 사람들이다. 자크 아탈리(Jacques Attali)가 말하는 하이퍼 노마드(예술가, 자산보유자, 특허권자, 특정 전문가)에 속하는 사람들로서 이들은 하이퍼 클래스를 형성하게 된다. 그들은 전 세계를 지배하는 네트워크를 형성하며 실제와 가상공간에서 새로운 식민지를 찾고 있는 사람들이다.[74] 실제로 이 시대의 사람들은 3C의 능력, 이른바 콘텐츠(Contents), 전문성을 활용해 무에서 유를 창조하는 능력(Commerce), 네트워크를 구성하는 능력(Community)을 필요로 한다.

뿐만 아니라 UCC에 이어 2007년부터 콘텐츠 가공을 뜻하는 RC(refinding contents)가 각광을 받고 있다. 영상편집 소프트웨어로서 자신이 찍은 사진을 예쁘게 손질할 수 있는 프로그램이다. 영화나 TV 프로그램같이 이미 존재하는 콘텐츠를 PC 화면에 공짜로 볼 수 있도록 해주는 주스트(Joost) 같은 것도 RC의 새로운 흐름을 반영한다.[75] 고급 콘텐츠 가공 분석은 많은 시간보다는 짧은 시간 내에 상황 판단, 제목 파악, 분석, 추론, 비판 등 다양한 능력이 발휘된다. 미디어 제왕으로 불리는 루퍼드 머독(Rupert K. Murdoch, 1931~) 뉴스코프 회장은 2007년 8월 월스트리트 저널(WSJ)의 모회사인 다우존스 인수를 통해 고품격 경제 콘텐츠를 제공할 것이며 '고급금융정보를 온라인에서도 돈을 받고 팔 수 있다'고 말했다. 인터넷에 공짜정보가 범람할수록 고급뉴스의 가치는 더 커진다고 판단한 것이다.

셋째는 현재는 통섭적 지식인들이 우대받고 있다.

지식의 통섭(consilience)이 폭넓게 이뤄지고 있는데 통섭의 사전적 의미는 '지식을 가지고 함께 뛰어 오른다'는 뜻이다. 통섭의 어원을 살펴보면 함께 도약함(con + salire)의 의미를 지니고 있어서 여러 영역의 학문들이 독자적 영역에서 각기 나름대로의 목소리를 내면서도 전체적으로 조화를 이루는 상태에 있음을 의미한다. 최근 물리학이나 수학 전공자들이 금융권에 진출해 두각을 나타내는 것도 이와 무관치 않다. 계량적인 분석능력과 수학, 물리학에 대한 깊은 이해를 필요로 하는 파생상품권, 채권분야에서 인정받고 있다. 그들은 실제로 비즈니스 환경에서 어떤 현상을 만났을 때 머릿속으로 그 과정을 도식화해 분석하

---

74) Jacques Attali, L'homme Nomade, 이효숙(역) 『호모노마드 유목하는 인간』(서울 : 웅진 지식하우스, 2005). pp.34.
75) Times, March 19, 2007. pp.48.

는 능력이 남들보다 빠른 장점을 갖고 있는 것으로 평가된다. 그야말로 엄밀한 논증과 치밀한 분석을 통해 유익한 정보를 만들어 가는데는 우리말로 문·사·철(文·史·哲)을 겸비한 사람들이 선호된다.

넷째는 CKO, CCO 등의 다양한 전문직들도 최근에 많이 늘어나고 있다.

그 예로서 미국 레스터 서로우(Lester C. Throw)는 《세계화 이후의 부의 지배》에서 최고 지식책임자 CKO(Chief of Knowledge Officer)를 두도록 요구한다. 지식책임자는 경제적, 기술적, 사회적, 정치적 및 국제문제에 정통한 사람으로 일련의 연구과정을 이끌어 가는 전문가들이다. 개인과 기업 및 국가로 하여금 21세기에 나가야 할 길을 보다 분명히 인식하고 원하는 대로 그 길을 만들어갈 수 있도록 해줄 수 있는 사람이다. 이런 점에서 CKO의 역할은 미국 CIA 국장과 비슷한 면이 있다. CKO는 해외 세력에 대해서 공정하고 편견 없는 첩보를 제공하는 것은 아니지만 첨단과학기술이 경제 및 사회에 미치는 것에 대해 공정한 정보를 제공해주는 역할을 할 수 있는 사람이다. 빌 게이츠는 스스로 마이크로소프트사(MS)의 CEO에서 내려와 CKO직을 맡았다. 그는 앞으로 모든 회사에 CKO가 존재하게 될 것이어서 가능한 CKO를 먼저 확보하라고 권면한다.[76]

뿐만 아니라 최근 거대 기업들은 최고 고객책임자인 CCO(Chief Customer Office)제도를 운영한다. 이들의 임무는 고객과 접촉하면서 그들로부터 의견을 듣고 정보를 캐치하는 일이다. 소비자의 목소리를 효과적으로 모으고 대변하여 조각 정보를 한데 묶어 기업 발전의 기회 혹은 위기를 극복하는 임무다. 이런 CCO제도는 2000년 초부터 도입되기 시작해 펩시콜라, 인텔, 휴렛팩커드를 비롯해 삼성그룹 등 대기업들이 주로 이런 제도를 운영하고 있다.

다섯째는 드물기는 하지만 크리에이티브 디렉터 (CD)도 우대되고 있다.

모든 일상생활 제품들에 대한 디자인을 개발하고 패션화를 추구하는데서 생겨난 직종이다. 일부 기업들은 핸드백으로부터 시작된 패션화는 식기와 침대, 웨딩드레스, 휴대전화 등 전 산업계로 확대되면서 디자인과 브랜드 이미지를 총괄하는 크리에이티브 디렉터(CD)직을 신설해 운영하고 있다. 크리에이티브 디렉터는 CEO에 맞먹을 정도로 중요해지고 있는데 이런 변화의 원인은 소비자 수요의 변화, 제품의 독특성을 요구하고 있기 때문이다.[77]

---

76) Lester C. Thurow, Fortune Favors the Bold, 현대경제연구원(역) 『세계화 이후의 부의 지배』(서울 : 청림출판사, 2005). pp.57~58, 317~ 322.
77) Financial Times, May 7, 2007.

11-3. 감시기능 사회화 - 정보숨기기와 지키기
(정보보안의 생활화)

21세기의 과학기술의 발전은 지난 2만 년 동안에 발전해 온 수준을 훨씬 넘는 기술 진보 이상에 해당된다. 파괴적인 자기 복제의 힘을 가진 유전자공학, 나노기술, 로봇공학, 데라바이트 시대라는 새 판도라 상자는 거의 열려 있는 상태이다. 그래서 존 나이스비트(John Naisbitt)는 21세기 초반 세계는 불연속적 변화의 시기에서 연속적 변화가 장기간 지속되는 세기에 들어섰다고 했다.[78] 기술결정론에 가까운 사회발전의 결과는 정보사회, 고도정보사회, 지식기반사회, 지가(知價) 사회, 유무선망 사회, 네트워크사회, 사이버 사회, 디지털사회, 모바일 사회, 유비쿼터스 사회 등 여러 모양으로 나타났다. 특히 정보세계에서 보면 현대는 서로를 감시하는 새로운 패러다임, 아니면 유비쿼터스 시대의 감시망이 지배하는 사회다.

그야말로 현대는 개인의 일상생활 및 공공업무에 대한 사이버 감시 기능사회가 되고 있다. 현대 컴퓨터와 인터넷의 발달은 파놉티콘(panopticon) 즉 원형감옥이나 CCTV와 비교할 수 없는 사이버 감시 기능사회를 가져왔다. 회사의 경우 마음만 먹으면 개인의 업무시간과 작업과정, 행동까지 앉아서 훤히 볼 수 있다. 사실 길거리 어느 곳에서나 기업들에 의해 추적당하는가 하면 e메일이나 휴대폰 통화내용이 거의 지켜지지 않는다. 이런 현상이 심화되면서 정부나 기업의 개인 비밀 악용 문제가 더 이상 이슈화되지 못하거나 방치되는 것이 우리의 현실이다.

권력자들은 통치비밀을 적극적으로 보호하며 권력을 유지해 간다는 사실을 알고 있다. 심지어 부모, 형제, 아내, 친구들에게도 비밀을 누설하지 않는데 이는 통치권자의 특권이다. 역설적으로 권력적 욕망이 크다면 남이 모르는 비밀을 더 많이 갖고 있다는 뜻도 된다. 대부분의 국가정보기관들이나 대기업의 경우 '정보 숨기기'를 자주 한다. 정보 숨기기란 필요한 최소한의 정보만 주고받고 나머지는 모든 체제 내 시스템 내부에 숨겨버리는 기능을 의미한다. 비밀을 숨긴다고 하지만 많은 신용카드회사들이 개인정보를 수집해 사용하거나 상당수 거래정보 브로커들이 다양한 개인 정보를 특정 조직에 팔아 넘기는 일도 흔하다.

---

78) John Naisbitt, op. cit, pp.245~546.

권력자들은 자신이 소유한 비밀정보에 대해 적절하게 평가하며 소비하고 있다. 전통적으로 국가 안보 내지 군사정보 자료는 비밀로 분류돼 있어 정보입수가 매우 곤란한 보안성을 내포하고 있다. 그래서 다른 정보분야보다 고도의 과학성을 필요로 하고 있으며, 전·평시 구분 없는 지속적인 정보보호 활동이 요구되는 시대이다. 특정 조직의 인원, 물자 시설, 문서 등 모든 것이 보안 대상이 된다. 심지어 통신 혹은 컴퓨터 시스템 등 기자재의 구입 및 시설공사 시(불랙 프로젝트라고 한다) 공사 관계자들에 대한 철저한 신원조사와 함께 기밀 취급인가를 받아야 하며 경우에 따라서는 마약 복용 여부 등의 조사를 받기도 한다.

◉ 보안시장의 확대

정보안보는 사실상 정보자산과 정보기기들의 수준에 따라 좌우된다. 정보자산 유무에 따라 정보지배 ― 정보종속 관계가 나타난다. 국가간에도 과학기술 발전에 따라 정보소유 및 정보자산 운영과 관련해 국제적 차원의 국가간 정보격차(digital divided)가 생겼다. 새로운 정보통신기술에 근거한 첨단정보수집 기술은 새로운 국제질서, 사회적 불평등, 긴장과 갈등 국면을 초래하는 배경이 되고 있다. 첨단과학기술은 남이 갖지 않은 정보권력을 만들어 내고 무엇인가를 수행할 수 있는 주어진 힘(power to)이거나 아니면 누군가에 대해 미치는 힘(power over)이다. 이는 모두 국제사회에서의 헤게모니 국가군과 피지배국간의 힘의 비대칭관계를 형성한다.

정보통신기기의 발달과 함께 정보이용이 확대되면서 비밀문화가 지배한다. 아울러 개인 차원에서는 각자의 보안등급(security level)을 설정해 자기 정보를 보호 관리 한다. 일상생활 속에서 은행 계좌, 가입자의 입출금, 잔액조회, 계좌이체 등의 계좌 감추기들이 그것이다. 인터넷 사용시의 패스워드와 비밀번호, 은행에서 입출금 관리시의 비밀번호 등을 지키는 것이 우리의 생활 보안이다. 그러나 우리는 안타깝게도 보안 혹은 정보안보에 매우 둔감한 편이다. 중학생의 입장에서 보면 휴대폰 문자메시지나 일기장, 낙서메모장 등은 그들에게 비밀이며 사생활 보호대상이 된다. 증권을 가리키는 영어는 'Security' 라는 말로 쓰이고 있는데 '증권분석' 은 보안분석과 같은 의미로 생각할 수 있다.

기업들 또한 정부기관 못지않게 기업전략이나 비즈니스 플랜들이 정보관리시스템으로 구성돼 있다. 마케팅 영역, 시장의 접근 전략, 재무구조, 영업 채널, 경쟁사들에 대한 데이터, 다양한 신원정보 등이 이에 속한다. 이러한 정보소스는 경쟁사들로부터 해킹의 대상이고 기업체 간 사이버 전쟁의 원인이 되기도 한다. 그야말로 현시대에 있어서 정보팀들은 가상세계에서 장군들이며 공격과 방어의 효율적인 관리자이기도 하다.

　그러나 한 가지 분명한 사실은 특정 나라에 형성된 정보자산들이 비밀리에 운영되더라도 시간이 흐름에 따라 노출되거나 감시를 받기 마련이다. 다시 말해 성공적으로 구축된 기술적 수집수단들이 무력화될 수 있다는 점에서, 그리고 신의 비밀은 드러나지 않지만 인간의 이성으로 알 수 없는 비밀은 사실상 존재하지 않는다는 점을 염두에 두고 활동하는 것이 요구된다.

　이와 관련 최근 들어 보안시장의 패러다임이 변하고 있다. 바이러스가 보안위협의 주범이었다면 이제는 트로이목마나 피싱 같은 것으로 옮겨가고 있다. 2005년 이후에만도 오토피싱(auto phishing), 뱅크모핑(bank morphing), 아이디 복제(ID clones), 나노봇(nano bots) 등 다양한 컴퓨터 바이러스가 계속 새롭게 출현하고 있다. 아이디 절도는 해마다 수백만 명으로 늘어나고 있다. 구글 연구팀은 웹페이지의 악성코드 감염실태를 분석한 '부라우저 속 유령'(The Ghost in the Browser)이라는 보고서에서 공격자는 사용자들로 하여금 바이러스 스파이웨어 등 악성코드에 접근하도록 사회공학기법을 사용한다고 했다. 사회공학적 방법이란 사람의 심리를 이용해 악성코드를 심는 것을 의미한다. 예로서 여성 나체사진이나, 동영상, 공짜 소프트웨어 등으로 유혹하는 것이다. 나체사진을 보고 싶어서, 혹은 공짜로 S/W를 써 보려고 웹사이트에 접속했을 때 악성코드에 감염되는 형태이다.

　우리는 네이버 야후 AOL 등을 통해 무엇을 검색했는지에 대한 자료가 유출될 수 있다. 개인신상정보가 노출돼 인터넷 사용자가 피해를 당할 수 있다. 정부기관 인터넷, 기업체, 병원 등에서 개인정보가 빠져나가는 경우가 많다. 정보관리가 잘못돼 개인정보 누출사고가 끊이지 않고 있어 당사자들은 치명적인 해를 입을 수 있다. 진정으로 조지 오웰(George Orwell, 1903~1950)의 소설《1984년》에 등장하는 진리부(Ministry of Truth)는 어디 있는가 하고 자문하게 된다.

◑ 생활의 암호화 및 암호체계 발전

　대부분의 현대인들은 자신의 암호 즉 비밀번호와 패스워드를 갖고 있다. 은행, 현금인출기, 신용카드, PC통신, 휴대전화 등 우리가 일상적으로 사용하는 문명의 이기(利器)에는 거의가 비밀번호가 따라 다닌다. 국가 간 기업 간의 정보전, 정보와 돈을 노리는 범죄집단은 물론 개인의 프라이버시 보호 필요성에 이르기까지 암호가 들어가지 않는 영역이 없을 정도이다. 한마디로 비밀번호나 패스워드는 나의 정보를 엿보려는 세력에 대항할 수 있는 작은 방패에 해당한다.

일반적으로 각군 정보기관들과 국가급 정보기관들은 자신들의 작전을 수행할 암호를 관장하기 위해 독자적인 암호조립부서를 운영하고 있다. 동시에 타국의 암호체계를 수집, 분석하고 해독하기 위해 암호전문가나 암호해독관 혹은 암호분석관들을 운영한다. 암호가 술술 풀리면 다소 싱겁지만 암호 관련 업무는 정보기관의 생명이다. 수리학적 논리와 상상력을 통한 해독의 게임이다. 만약에 암호가 적국에 해독당하는 경우가 있다면 이는 마치 첩보활동의 다른 국면에서 비밀이 노출된 것이며, 군사작전의 실패를 의미한다. 그렇기 때문에 자기들의 암호체계가 가장 우수하고 가장 안전한 것을 희망하고 있지만 상대방에게 언제든지 노출될 수 있다. 이런 의미에서 군사작전이나 정보기관의 활동은 일종의 암호전쟁의 역사라고 할 수 있다. 그러므로 이러한 암호 관계 부분들은 통상 최고기밀로 은폐되며, 이 부분에서 일하는 요원들 또한 세심한 보호 속에서 업무를 수행한다.

원래 암호학은 15세기 초 대학자 조반니 바티스타 알베르티(Giovani Battista Alberti)가 기하학적 상호관계를 연구하면서 암호체계를 만들었다. 그 이후 100년이 넘도록 세계 첩보원들에게 영향을 미치는 암호기술은 계속 발전해오고 있다. 당시 암호와 같은 보안체계에 관심을 갖게 된 것은 민족국가 수가 늘어나고 외교관들의 수도 늘어나고 있었기 때문이다. 그리고 1585년 프랑스인 비제네르(Vigenere)는 알베르티의 이론을 중심으로 유럽에서 널리 쓰이는 알파벳 문자를 직사각형 구조로 배열한 암호체계를 만들었다.[79]

이렇게 만들어진 암호의 조립과 해독에 관해서는 충분히 다루지는 못하지만, 이는 첩보활동의 한 응용 분야라고 할 수 있다. 존 에글린튼 베일리(John Eglinton Bailey)의 정의에 의하면 암호술(cryptography)이란 '특정의 암호체계에 대하여 그 해독의 열쇠를 가지고 있는 한정된 인원들만이 이해할 수 있도록 문장을 쓰는 기술'로 요약하고 있다. 그리고 암호해독(cryptanalysis)이란 암호문을 본래의 문장으로 환원시켜 다시 이해하게끔 번역하는 조직적인 노력이다. 그렇기 때문에 암호해독도 그 자체가 첩보활동의 한 형태이다.[80]

따라서 문명의 발전과 함께 암호기술(Encryption Technoloy)은 암호열쇠(Keys)의 수학적 배열을 통해 데이터를 조합해 권한을 가진 사람 이외에는 읽을 수 없게 만드는 기술이

79) James Burke, The Pinball Effect : How Renaissance Water Gardens Made the Carburetor Possible and Other Journeys (New York : Back Bay Books, 1997), pp.341~345.

80) National Security Agency : Central Security Service's Strategic Plan for the 21st Century, National Cryptologic Strategy For the 21st Century, http://www.nsa.gov:8080/programs/ncs.(검색일 : 2007. 3. 11)

〈도표 4-3〉 **암호해독의 가능성**

암호열쇠수	경우의 수	논리상 해독소요시간
40비트	1조(兆)	12일
56비트	–	2300년
128비트	–	수십억년

※ 자료 : Wysiwgy://47//httpinteractive.wsj.com / pages / crypto.htm

다. 암호의 난해도는 암호열쇠의 비트(bits)수로 결정되며 비트의 크기가 증가함에 따라 기하급수적으로 확대된다. 1997년까지 40비트 이상의 암호열쇠를 사용하는 암호기술소프트웨어는 정부의 허가 없이 수출이 금지되어 있었다. 최근 들어와 컴퓨터 해킹이 늘어나면서 이런 암호기술은 더욱 중요하게 취급되고 있다.

● 암호기술의 개발 경쟁

따라서 암호기술은 유사시 국가의 운명을 좌우한다는 점에서 세계 각국은 정보기기들에 들어갈 차세대 표준방식을 놓고 치열한 암호개발경쟁을 벌리고 있다.[81] 일본의 경우 히타찌제작소, 마쓰시타 전기산업의 타원곡선, NEC의 $C\alpha\beta$곡선 등은 소인수분해(素因數分解)를 응용한 RSA 등 종래의 암호논리와는 발상법이 다른 것이 특징이다. 일본기업이 곧 세계 표준의 자리를 획득하는데 쉬운 일은 아니지만 암호의 신뢰성을 높이기 위해서는 가능한 한 많이 이용되면서도 해독이 불가능하다는 안전신화를 쌓아야만 한다. 아무리 기술적으로 뛰어난 암호라고 하더라도 이용실적이 적다면 좋지 않은 평가를 받는 것이 암호의 세계이다.

이에 반해 미국은 미국 정부의 표준 암호인 DES가 해독된 것에 충격을 받았는데[82] DES의 후속체계로서 AES(신 암호화 표준)을 공모했다. 미국은 국가안보국(NSA)에서 암호정책을 일원화하고, 정부조달제도를 시행하면서 자국 조립의 암호체계를 세계 표준으로 육성하

---

81) 『日本經濟新聞』, 1999年 8月 1日.
82) 1997년 여름 미 연구자 그룹이 중심이 되어 7만대의 PC를 동원해 해독에 나선결과 96일째 되어 해독에 성공했고, 1999년 1월에는 22시간 만에 모두 해독했다.

고 있다. 따라서 이 같은 암호기술은 컴퓨터 칩에서 기록테이프, 가전제품 등 이루 셀 수 없을 정도로 많은 상품들에 삽입되고 있다.

뿐만 아니라 우리가 쉽게 사용하는 디지털휴대폰에 대한 도청기술도 개발되고 있다. 불과 몇 년 전까지만 해도 도청 및 감청이 불가능한 것으로 알려져 왔으나 이스라엘의 암호전문가들에 의해 디지털 휴대폰에 사용 중인 암호 알고리즘 A5 / I 방식이 해독되었다. 이는 정보기관들이 A5 / I 장착휴대폰의 도청임무를 수행하기 위해서 특수코드해독에 필요한 값비싼 특수 장비를 구입해야 했지만 이들의 노력으로 휴대폰의 암호코드를 2분 이내에 해독할 수 있다는 것이다.

이같이 세계 각국들이 암호분야의 패권을 노리는 이유는 본격적인 정보사회가 도래하면 암호 없이는 살 수 없다는 생각에서 ▲인터넷보급에 따른 전자상거래 및 통신 분야 등에서 디지털정보가 폭넓게 사용되면서 비밀번호나 정보의 도용, 데이터 변조가 발생할 위험성이 높으며 ▲암호해독을 방지하기 위해서는 정보발신자임을 증명하는 인증기술이나 정보 그 자체를 암호화하는 기술이 필요하게 되었고 ▲암호는 안전보장 뿐 아니라 비지니스 및 개인정보관리에 필수적인 기술이기 때문이다.

따라서 미국의 경우 강력한 보안수준의 strong−data 암호기술의 수출에 대한 정부의 통제가 시도되었지만 업계의 반대로 암호화소프트웨어를 해외로 수출할 수 있도록 자유화를 취했다. 2000년 1월 14일 관보에 게재된 법령하에서는 미국 기업이 관계기관위원회에서 1차 검열을 마치면 어떤 소매용 암호제품도 전 세계를 상대로 회사, 개인, 비정부기관 사용자에게 수출을 할 수 있게 되었다. 다만 미국 당국은 외국정부를 위해 만든 특별제품에 한해 인가권한을 갖고 있다.[83]

이와 관련해 미국정부가 암호기술 수출 통제를 완화하는 조치를 취했지만(1999. 9. 16) 사이버범죄가 증가할 것이라는 것이 미국 정부의 보안당국과 군사전문가들의 견해이다. 미국 행정부는 데이터의 불규칙조합기술(data−scrambling) 판매는 물론 상업적으로 대량판매를 하지 않는다는 전제하에 해외기업과 민간에 대한 주문, 생산, 판매도 허가한 것이다. 또한 기업의 암호기술에 대한 Back Door시스템[84] 개발 의무규정도 완화하였다.

---

83) New York Times, Jan 13, 2000.
84) Back Door 시스템규정은 암호기술(Encryption)을 개발, 판매하려는 기업은 암호설정에 의한 '불규칙적 데이터 조합'을 원상태로 복구(Decryption) 할 수 있는 Back Door기술도 개발한다는 약속을 하도록 되어있다.

"현대인 70%가 바보의 벽에 가로 막혀 벽 밖의 세상을 보려하지도 들으려 하지도 않는다"

➡ 출처 : 요로다 케시(養老孟司)의 《바보의 벽》에서

➡ 의미 : 어떤 정책의 당위성을 설명해도 자기가 알고 싶어하는 것이 아닌 이상 다른 것에 대해 스스로 정보를 차단한다는 의미.

제12장
정보소비의 윤리와 사회적 책임

제12장
정보소비의 윤리와 사회적 책임

푸코(M. Foucault)가 설명하고 있는 요체는 근대국가를 정의하는 특징으로 사회적 자료의 수집과 실행 그리고 지식을 코드화하는 것이었다. 푸코의 작업은 사회적 범주와 실천들의 기원과 결과를 고고학적으로 파고 들어가 사회 도덕적 구조와 질서를 밝혀내는 것이었다. 사실 현대문명의 복잡성으로 인해 사물과 사물간의 연계 없이는 유용한 지식을 얻기란 매우 힘든 세상이다.

그런가 하면 우리 인간들은 어디론가의 탈주(脫走)의 경험을 꿈꾼다. 시간과 공간을 초월해 생활하고 있는데 그저 데어(there)로 달려가고 있다. 온라인 인터넷 채팅이 이런 것이다. 우리는 일상생활 속에서 가상공간에서 많은 사람들과 끊임없이 익명적으로 만나고 있다. 우리의 공간인 여기(here)와 저기가 있지만 이런 경계는 무의미해지고 있다. 안과 밖을 연결하는 통로는 넓어지고 있으며 많은 사람들이 참여하고 있다. 다양한 통로(채널)를 따라 만나는 정보는 사용자를 만나 유용한 곳에서 소비되기도 한다. 그러나 정보에 대한 나의 선택은 내일에 축복이 되거나 아니면 잘못 소비할 시 재앙이 될 수 있다.

◗ 공공선으로서의 정보소비

그런데 현실공간과 온라인 영역의 혼돈은 인간의 존엄성과 자율성을 훼손할 수 있어서 공공의 윤리를 변질시킬 수 있다. 만약에 정보의 왜곡이나 정보의 의도적 오류를 범한다면 법치에 앞서서 도덕적 책임을 위반하는 것이나 다름없다. 더구나 디지털 전자 매체, 가상공간을 아우르는 첨단 테크놀로지를 모른다면 정보시민이 될 수 없고 지식노동자로서의 자격이 없는 것이다.

뿐만 아니라 현대사회의 복잡성으로 인해 전통과 비전통, 합법과 비합법, 옳고 그른 것에 대한 구별이 모호하다. 진리와 비진리가 상대적이다. 윤리와 도덕 역시 절대적이지 않다. 일반적으로 '윤리'는 사람들의 '공공선'(public good)을 위해 지켜져야 한다는 것, 그리고 모든 사람이 지켜나가야 한다는 보편성의 의미를 지닌다. 이런 의미에서 정보윤리(intelligence ethics)란 정보를 전문으로 하는 조직이나 구성원들이 공동의 선을 추구하기 위해 지켜야 하는 규범이다. 국가정보의 경우 다양한 국가이익 가운데 국가 존재에 관한 국가이익을 다루는 규범성을 갖는다. 정보세계에 있어서도 지켜야 할 원칙과 철학이 있어야 한다는 믿음이다.

때때로 정보보고서 생산과 소비자들이 도덕적 또는 사회적 의무를 다하고 있는가 라는 의문이 제기된다. 사용자에게 최고의 가치를 줄 수 있는 정보 상품을 개발하고 있는가의 문제이다. 국가와 사회에 도움이 되는 보고서를 생산, 지원하는 일이야말로 국민들로부터 사랑과 지지를 받을 수 있기 때문이다. 그래야 조직의 이미지(브랜드)를 올릴 수 있다. 정보윤리(intelligence ethics)는 주어진 임무를 훌륭히 수행하고 국가 사용자에 대해 책임을 지고 활동하며 헌신하는 것이다. 그동안 정보기관의 비윤리적 행위 혹은 잘못 판단한 보고서들이 있었는데 이는 정보기관에 대한 부정적 이미지를 불러일으켰을 뿐이다.

따라서 정보생산자와 소비자는 늘 사회에 미치는 영향을 생각해야 한다. 정보를 하는 사람들이 업무적으로 훌륭하더라도 경우에 따라 배덕자 혹은 배신자(traitor)가 될 수 있음을 간과해서는 안 될 것이다. 고급정보를 취급하던 사람이 갑자기 비리폭로자로 돌변하는 경우를 많이 보게 된다. 그뿐만이 아니라 나르시즘에 빠진 정보맨 혹은 지식인이 생겨날 수도 있다. 정보를 하는 사람은 똑똑한 무교양인이 될 수도 있고 능청꾸러기도 될 수 있다. 그러나 정보를 하는 사람들이 여타 직종과는 달리 한 차원 높은 도덕관과 윤리 규범이 요구된다. 도덕적 우월성을 유지하면서 사사로운 이익이 아니라 국가이익과 안보를 위해 봉사하는 자리다. 그것은 정보의 올바른 사용여부가 국가와 사회에 미치는 영향이 크기 때문이다.

🔵 국가·국민에 대한 헌신성과 책임성

사회 곳곳에서 일하는 사람이 공공의식과 헌신성, 책임성을 발휘할 수 있어야 한다. 미국 투르먼 대통령은 백악관 집무실 책상에 미국 속담인 '모든 책임은 내가 진다' (The buck steps here)는 자기 다짐을 붙여놓고 근무했다는 기록이 있다. 정보를 하는 사람은 조직이 부여하는 사명과 임무를 확고히 하고 늘 실행할 준비가 되어 있어야 한다는 말이다. 맡겨진 임무를 어떻게 수행하고 그 방법이 무엇인가를 찾아내서 실천하는 것은 각자의 책임이다. 정보를 하는 사람들 또한 매 순간마다 끊임없이 돌발적인 상황에 적응하는 토탈 액션(total action)이 필요한 직업이다.

모든 사람들은 타인과 공감하는 능력을 갖고 있다. 수많은 사람들은 상대의 표정(분노·슬픔·두려움·놀라움·혐오·경멸·행복)을 읽으며 서로 감정을 나눈다. 경미한 표현, 미세한 표현도 공감의 능력이다. 미국의 FBI, CIA, 경찰, 검찰 법관들은 일러스트레이터와 애니메이터들로부터 사람 표정을 읽는 기술을 배운다. 그만큼 다기능적 글로벌 플레이어로 키우는 것이며 전문성을 갖도록 훈련된다.

아리스토텔레스의 '수사학' (rhetoric)은 거리에서, 원로원에서, 법정에서 타방을 상대로 자기 의견을 펴고 정책을 비판하고 설득하는 방법을 연구하는 학문이었다. 수사학의 목적은 설득이고 교양을 쌓는 수단이었다. 정보 역시 구성원간 활발한 교류와 의사소통을 통해 서로 다른 생각과 가치를 모으며 상충하는 부정적 요소를 줄이고 긍정적인 방향으로 문제를 풀어가는 것이다. 혹시 자기보다 하위 직원에 대해 목적 수단쯤의 총알받이로 취급할 경우 배신할 가능성도 없지 않게 많다는 사실을 잊지 말아야 한다.

흔히 정보를 직업으로 하는 사람들조차 나르시즘에 빠지는 경우들도 많다. 우리 지식사회는 표절과 논문 부정이 종종 벌어지고 있다. 《25시》의 작가 게오르규(Constantin V. Gheorghiu, 1916~1992)는 한마디의 거짓말만으로 세계의 조화는 깨질 수 있다며 거짓말의 위험성을 경고했다. 알아차리기 쉽지는 않지만 정보를 전문으로 하는 사람은 객관적이고 비판적인 사고방식을 습관화하는 '합리적인 회의주의자' 가 될 필요가 있다.

매우 중요한 과제이지만 정보분석가는 데이터로 말하는 것이다. 정보보고서는 작성하는 사람들의 세계관, 감성, 정신적 작용의 산물이며 조직문화의 창조물이다. 정보판단은 알기 쉽지 않은 사회현상에 대한 직감적 반응과 유연한 분석방법의 혼합물이다. 정보소비자의 만족을 충족시키기 위해 공감성, 이익성, 효율성이 유지돼야 한다. 정보소비자에 기초한 정보에퀴티(consumer based intelligence equity)가 되어야 하는데 그것은 소비자의 기본적 욕구 실현은 물론 2차적 욕구(행복감)까지 이해하고 소비자를 만족시키는 정보보고서가 되어야 한다. 정보는 이기심으로부터 출발해서 최종적으로 소비되는데 이때의 정보는 남을 이기는 힘이 된다.

그러나 정보전문가는 칸트적 유파의 절대윤리(하늘이 무너져도 선을 행하는)는 아니더라도 최소한의 직업윤리(공익은 지고의 법이다)는 지켜야 한다. 염불에는 마음이 없고 잿밥에만 마음이 있다는 속담처럼 자기의 이익만을 위해 정보를 사용한다면 정보세계의 윤리적 해이를 가져온다. 정보를 이용한 권모술수가 아닌 중용의 도가 필요한 영역이다.

◑ 대중적 소비자들의 정보윤리

그러면 대중적 소비자들의 자세와 윤리는 어떠해야 하는가. 우리가 모두 이해하고 있듯이 현시대에 있어서 정보를 놓고 벌이는 경쟁은 보이지 않는 싸움이다. 매일 출근하면서 커피 한 잔 하면서 이야기를 나누고 정보와 만나며 정보세계와 접속한다. 그리고 어렵게 발견한 정보를 평가하고 분석해 판단하고 남에게 전달하며 파일을 만드는 것이 현대인들의 생활이다. 인터넷과 싸이월드에 빠진 젊은이들, N세대들은 광장을 등지고 어두운 PC방과 같은 골방으로 들어감으로써 개인적 폐쇄적 모습을 보이기도 한다. 젊은이들은 인터넷 등을 통해 자기만의 시간, 지식의 재충전, 평안한 휴식 공간쯤으로 여긴다. UCC 등을 통해 나를 표현하고 나만의 이미지(브랜드)를 만들어 가고 있다. 많은 젊은이들이 24시간이 아닌 48시간을 살아간다. 인터넷을 하면서 동시에 케이블 채널을 켜 놓고 일을 한다. 하지만 정보소비에서도 '선택과 집중' 이 중요한 시대가 되었다.

또한 불행하게도 일부는 인터넷을 통한 불특정다수에 대한 증오, 가학적 행위를 보이기도 한다. 마지막 비상창구인 '자살 사이트' 까지 생겨나고 있다. 네트워크상에는 '무뢰한 괴한' 들이 많다. '개똥녀' 에 대한 학살이 일어난다. 불건전한 정보유통, 컴퓨터 바이러스, 사이버 테러, 개인정보 유출 및 프라이버시 침해, 여성들의 민감한 부분까지 몰래 찍어 인터넷사이트에 올리는 도촬(盜撮)꾼들도 있다. 공공선 공익에 입각한 사회비판보다는 개인주의적 추구 혹은 흥밋거리 위주의 정보가 가상공간을 메우고 있다.

이렇다 보니 우리는 정보사용이든 상거래를 하던 평판을 잃어서는 안 된다. 옛날부터 조상들은 재물을 멀리하고 죽음을 두려워하며 명예(체면)를 중시한다고 했다. 이 세 가지를 적절히 추구하는 것이 성공적 삶일 것이다. 돈을 잃어도 괜찮고 많은 돈이 들어도 평판을 잃는 실수를 절대로 벌하지 말라는 것이다. 사회생활에서 충성심과 신뢰성은 아웃소싱 할 수 없다. 워렌 버핏은 자기 아들에게 '평판을 쌓는 데에는 20년이 걸리지만 이를 무너뜨리는 데에는 단 5분밖에 걸리지 않는다' 고 가르쳤다.[85]

🔵 정보시민으로서의 지혜

따라서 바람직한 것은 삶의 자세는 누구나 정보시민(Inforzen)으로서 정보의 합리적 소비태도가 중요하다. 서구사회의 보편적 생각은 감정과 이성을 분리하는 것이지만 현시대는 그런 문제가 불가능해졌다. 사람은 누구나 경제소비행위에서 주관적, 감성적 만족을 추구한다. 인간이 이성보다는 감정에 좌우된다는 측면에서인지 심리학자 다니엘 카네만(Danier Kahnemon) 교수는 경제행위에서 인간의 판단이 논리적 합리성보다 감정에 좌우되는 소비행위를 한다고 지적한다.

심지어 심리학자 조너딘 하이트(J. Haidt)는 감정은 머리고 합리성은 꼬리에 불과하다고 말한다. 그는 머리가 서쪽으로 향하면 꼬리는 동쪽이라고 주장한다. 즉 머리는 감정이 주도하고 꼬리 즉 합리성은 뒤에 따라 오는 것이라고 표현한다.[86] 리처드 니스벳(Richard E. Nisbett, 미시건 대학 심리학과 교수) 역시 《생각의 지도》에서 "자신을 잘 알고 있다고 과신하지 말라. 왜 그렇게 판단했고 행동했는지 누군가 또는 무언가를 왜 좋아했는지 싫어했는지도 스스로 알지 못 한다" 며 이성의 완벽한 통제가 불가능하다고 주장한다. 이 말들의 뜻은 정보 소비에 있어서 감정 주관성이 작용한다는 점도 포함된다.

우리가 이해하고 있듯이 시민사회는 '만수산 드렁칡' 처럼 얽혀 있다. 게다가 정보통신의 세계화는 '글로벌 시민사회' 를 형성해가고 있다. 부르주아(bourgeois)의 야망과 성공, 보헤미안(bohemian)의 반항과 창조성이 존재한다. 그런 가운데 누구나 막론하고 '남의 목소리와 남의 문자(Fax)를 잘 듣고 보는 거대한 귀와 눈이 발달' 해 있다. 우리는 정의와 진실, 품위를 말하면서도 컴퓨터 소프트웨어를 불법 복제해 사용한다. 인터넷 정보는 공짜라는 생각이 만연돼 있다. 우리는 법을 알면서도 저지르는 것이 저작권 침해다.

돌이켜 보면 정신문화유산과 깊은 역사적 배경이 있는 국가들조차 흥망성쇠의 깊은 수렁에 빠질 수 있다는 교훈은 많다. 언젠가는 다시 부활할 수 있는 힘을 믿는다면 이제는 교육을 받은 민족, 지식정보를 잘 활용하는 나라가 상승할 수 있다. 그러므로 개인이 정보화 교육을 통한 지혜로운 정보소비자가 돼야 한다. 모든 인간의 생활은 정보화가 되고 있으며 고급수준의 정보서비스를 받아 소비할 수 있는 정보시민이 복 받는 세상이 되었다. 정보사

---

85) Robert P. Miles, Warren Buffett Wealth : Principle and Practical Methods Used by the World's Greatest Investor, 권루시안(역) 『워렌버핏 실전가치투자』 (서울 : 화매, 2005), pp.234.
86) 도모노 노리오, Behavioral Economics, 이명희(역) 『행동의 경제학』 (서울 : 지형, 2007), pp.278~279.

회를 구성하는 정보시스템 속에서 주어진 정보를 잘 소비하는 것은 국가와 기업의 효율성을 증대시키는 것은 물론 우리의 삶의 질을 높이는 주요한 수단이다. 아울러 정보를 둘러싼 깊은 성찰 역시 '공부하는 지식인' 의 태도라고 할 수 있다. 세상을 배우고 학습하는 능력으로 사물을 이해하고 받아들이는 흡수능력(absorptive capability)이 필요해졌다. 현실을 좁게 보는 벌레의 눈이 아니라 보다 넓게 보는 독수리의 눈으로 글로벌사회를 보아야 할 것이다. 정보를 소유하는 것은 글로벌 파워를 소유하는 것이나 다름없기 때문이다.

또한 열정의 마음과 몰입으로 정보업무에 참여하는 일이다. 정보의 능력은 집중과 몰입이다. 몰입의 지속시간(attention span)은 짧지만 완전히 몰입할 때 새로운 지식을 생산할 수 있다. 야구선수들은 '투구에 집중하자, 투구에 집중하자, 망치면 안 된다, 망치면 안 된다' 하면서 오직 승리에 몰입한다. 명예의 전당에 자신의 이름을 올리는 것을 다짐한다. 개인이나 조직의 혁신과 발전은 '조직 목표' 를 해내고야 말겠다는 '의지의 믿음' 그리고 이를 실행할 수 있는 체계화된 방법론이 확실해야 한다.

이런 차원에서 정보라는 것은 이제 하나의 사회과학이며 공공적 자원으로서 국가나 기업의 생존을 좌우한다. 정보는 실행력이며 전략의 일부분이다. 이를 위해서 정보화시대의 리더십은 조직을 성공적으로 만들기 위해 늘 사고하는 창의성을 가지고 참여를 권장하는 인간 관계 문화를 만들어 가는데 능숙해야 한다. 자연스럽고 열린 마음으로 아이디어를 서로 공유하는 협력적인 팀 워크가 바람직한 조직환경이다. 협력적인 팀 워크는 리더십의 산물이다. 정보를 하는 사람에게는 개방되고 책임감 있게 실행하는 응용조직으로서의 조직문화가 필요한 것이다.

정보의 사회적 책임

정보를 하는 사람, 특히 정보소비자는 강한 현실주의적 입장을 취하는 것이며 국익을 위해 어떤 도전도 극복하고 행동 개시를 구상하고 있는 위치에 있다. 정보는 전쟁 수행의 핵심이며 컴퓨터와 인터넷 역시 전쟁의 산물이다. 평화가 지속되고 민주화되면 정보의 중요성이 약해진다는 지적도 있지만 정보는 사람들에 의해서 인정되고 생산되는 실재의 구조물로서 작용한다. 아니 정보는 전체 사회의 제도이며 지배력으로 나타난다. 정보는 특정 조직이나 기업의 독점 대상이 아니라 정보는 사람들이 많이 사용할수록 소비가치가 올라간다. 그러하기 때문에 어떤 국가나 기업이든 정보판단이 늦어지거나 잘못되었을 때 우월적 지위를 결코 누릴 수 없다.

뿐만 아니라 세계는 우리에게 뭔가 새로운 방향과 시각을 요구한다. 그것은 친사회적 기업 혹은 국가라는 개념이다. 현대사회는 기업과 사회의 통합(CSI : corporate social integration)을 강조한다. 친사회적 기업이 성장한다고 한다. 기업에서는 사회참여를 중시한다. 필립 커틀러(Philip Kotler)는 기업의 사회적 책임(CRS : corporate social responsibility)의 필요성을 안내해 주고 있다. 수익창출과 사회기여활동을 동시에 추구하는 이른바 '사회적 기업활동'을 강조하고 있다. 기업이 재무적인 이익을 뛰어 넘어 소외계층을 지원하거나 친환경 경영 등 공익을 추구하는 것이 바로 사회적 기업 활동이다. 기업이 폭넓은 사회적 활동을 할 때 기업 이미지와 브랜드 가치를 높이는 계기가 된다고 믿는다. 미국의 구굴(Google)은 이익을 내는 사업뿐만 아니라 비영리적인 사업으로 전 세계 네티즌들로 하여금 인터넷을 무료로 사용할 수 있게 하거나 다양한 서비스를 받도록 하고 있다.

이 시대 기업의 사회적 책임 활동은 선택이 아니라 필수 사항으로 마케팅의 전략 차원에서 기획되고 실행되고 있다.[87] 이기적이고 파편화된 개인이 아니라 협력·참여·공생하는 의미의 '우리'가 주인이 되는 자본주의 즉 '위코노미'(WEconomy : 우리—WE, 경제—Economy의 합성어)라는 새 자본주의 모델도 거론되고 있다. 요는 자본주의 모순을 극복하는 차원에서 기업의 사회적 책임을 기업의 경쟁력 원천으로 중시하는 것이다. '돈 버는 자선'의 성격을 갖는 것으로 사회적 책임의식을 갖고 실천하는 기업은 지속 성장이 보장되고 그렇지 못하면 시장에서 생존하기 어렵다는 논리다.

정보조직 역시 친사회적 조직 및 활동으로 전환해야 한다. 정보의 사회적 책임이란 정보조직으로 하여금 국민의 세금으로 존재하는 것이며 사회 속에 윤리적 법적 공적인 기대수준을 충족시키는 업무를 행하는 것이다. 곧 정보가 윤리적 가치와 법적 요건 국민에 대한 존경심과 어울려져 국토안보 및 인간안보 관련 정보활동이 이뤄지는 것이다. 단순히 정보자료지원 내지 대국민 안보지킴이라는 것보다는 사람들의 생명과 안전을 넘어 그들의 영혼까지 위로하는 사회공헌을 의미한다. 정보를 전문으로 하는 사람들 역시 하나의 직업으로 국가정보조직에 속해 있다면 공무원 신분이다. 그들 역시 정보 사용자는 물론 전체 국민들의 문제를 찾아내 해결해주는 친사회적 정보, 인간 안보전략이 필요하다는 얘기다. 사회공헌은 실천을 통해 소비자 혹은 국민들로부터 신뢰를 받는 길이기 때문이다.

---

87) Philip Kotler, Nancy Lee, Corporate Social Responsibility, 남문희(역) 『필립코틀러의 CRS마케팅』 (서울 : 리더스북, 2006). pp.19~27.

사실 우리는 사회생활을 해가면서 어떻게 해서든지 남에게 지지 말아야 할 때가 있다. 온갖 사회적 패거리들이 힘을 자랑하고 갈등하고 충돌하는 세상에서 자기이익을 지켜야 할 때가 있다. 이런 싸움은 본질적인 것이어서 어떻게 해야 라이벌에게 패하지 않고 승리할 수 있을까 하는 논리와 방법들은 누구에게나 필요한 분야다. 그런 점에서 정보가 우리 삶에 있어서 핵심요소다. 어쩌면 인류사에 있어서 정탐(스파이) 활동은 남을 이기기 위해 가장 오래된 직업 중의 하나이며 앞으로도 계속 진화할 것이다.

과거 경제성장에서 핵심적인 역할을 한 것은 다름 아닌 물적 자본이었다. 그러나 지금은 지식이나 정보 같은 무형의 생산요소가 중심적 기여를 하고 있다. 여기서 중심적 기여란 눈에 보이는 생산요소에서 무형(無形)의 생산요소로 이동한다는 의미이며, 이는 바로 새로운 사회구성 및 운영원리가 변화한다는 뜻이다. 더구나 정보소비는 본질적이며 욕망을 채워가는 것이고 누구에게나 살아가는 문화이기도 하다. 정보소비라는 것은 하나의 트렌드이며 각자 이해관계에 따라 다양한 것뿐이다.

그런가 하면 인터넷 혁명은 시장경제를 발전시켰으며 지구촌화를 촉진했다. 인터넷은 디지털기기들과 합쳐져 새로운 비지니스를 창출해 가는 도구가 되고 있다. 더구나 아날로그 시대에서 새로운 인터넷상으로 바뀌면서 '광속 거리'(commerce at the light Speed : CALS), '광속 인간' 등의 사회현상을 빛과 연결시켜 표현하는 디지털 시대로 이동하고 있다. 정보를 처리하고 기억해 두는 기능도 다양화되고 있다. 디지털시대는 지적 도전의 시대로서 우리는 이에 적응하는 '정보시민'(Inforzen)으로 살아가야 한다.

이 책에서 반복되는 개념이지만 현대사의 에피스테메(episteme : 知)는 지식정보의 순환성이다. 이제까지 강조한 키워드는 정보의 끊임없는 환류성과 소비의 문제였다. 사회적으로 전체적인 지식이 요구되는 상황들 — 전쟁과 평화, 시장의 법칙, 상품생태계, 미래 예측

— 속에서 살아 있는 시스템으로서의 운동을 강화하기 위해서는 무엇보다 정보에 대한 시민의 자발적 참여가 필요한 시대이다. 온 국민에게는 정보공유 마인드가 필요하고 정보를 모아 창조하려는 의지가 있어야 한다는 사실이다.

아울러 누구나 정보시민으로서 성찰적 정보감각이 있어야 한다. 정보감각이란 정보의 다양성을 인지하고 그것을 수집하고 분석해서 생산, 관리, 소비하는 능력을 말한다. 어디에나 있지 않은 귀하고 비밀스런 정보를 찾아 소비하는 지혜이다. 이런 의식은 우리의 삶의 과정이기도 하다. 정부 — 기업 — 단체 — 개인 차원에서 선진형 정보마인드가 있을 때만이 삶의 문제를 해결할 수 있다. 정보마인드는 정보를 볼 줄 알고 소비하는 안목이다.

또 정보는 축약되고 변형되며 축적된다는 점을 우리는 잘 알고 있다. 최근에는 첨단 소프트웨어와 기술력이 주도하는 종합적 정보시스템이 발전하며 사용자를 위해 다양한 지식상품이 전파되고 있다. 이렇게 전달되는 정보는 힘이요, 국력이며 무엇을 위한 욕구의 대상이다. 이는 과거에 경제침투나 문화적 지배, 선교활동 등이 타자들에 대한 중요한 영향력과 수단이었다면, 오늘날에는 기술, 정보활동 등 총체적 지식의 장(場)이 대외 관계를 주도하고 있다.

이 참에 지적해 둘 것은 정보의 이해에 있어서 사회과학적인 논리들과 인문학을 아우르는 작업이 필요하며, 나아가 인간과 세계에 대한 본질적 이해를 위해서는 지식정보의 체계를 새롭게 다지는 통섭의 차원으로 전환돼야 한다는 사실이다. 그러나 많은 정보기관들이나 정부 고위층의 통섭적 정보문화가 현저히 결여됨으로써 경쟁자들에 대한 전략적 영향력이 매우 미흡한 것도 사실이다. 정보를 우선시하는 능력과 집중 소비하는 능력이 있을 때 체제 경쟁에서 우위를 유지할 수 있다. 정보는 결코 낭만의 대상이 아니다.

따라서 이 시대는 '특수성의 정보학'이 요구되는 시대이다. 그것은 일반지식 생산이나 소비가 아니라 특정지식, 안보관리를 돕기 위한 특수지식 정보를 이해하고 소비하는 학문이다. 정보소비(학)를 공부하고 이해하려는 것은 정보의 생산이나 진리성을 증거하려는 것이 아니라 보다 정보를 잘 선택하고 거짓정보에 속지 않으며 자기 이익관리를 잘 하기 위해서다. 흔히 정보, 첩보, 지식, 콘텐츠 등의 이름으로 존재하는 자료들이 많지만 우리 주변 도처에 흘러 다니는 정보를 내 것으로 끌어들임으로써 그것이 진정한 내 것이 되고 잘 소비할 때에 이익을 지킬 수 있다. 사회적으로 경쟁력이 필수라면 정보는 경쟁주체들의 몫이어서 실질적으로 정보세계에서도 시장원리가 적용되는 것이다.

그뿐만이 아니다. 분명히 시대변화와 함께 정보 내지 정보소비에 대한 시민들의 관심은 날로 커져가고 있다. 지금도 마찬가지이지만 미래에는 누구나 정보지식을 더 많이 생산하고 소비하는 주체가 영향력자가 될 것이다. 그러하기 때문에 사람들에게 정보소비에 대한 안내지침이 필요한 시대가 되었다. 정보전문가는 현실주의적 입장에서 과거의 음지에서 활동하던 이념적 정치적 접근보다는 실사구시(實事求是)의 생활정보 차원으로 이해하며 자기 이익관리를 위한 정보소비시대에 부응해야 한다고 믿는다. 정보를 어떤 구조 속에서 쓰다 남은 잔재나 쓰레기처럼 버리는 것이 아니라 사회현상들을 차곡차곡 판단해 분석해 가는 '정보적 뇌'가 필요한 시대이기 때문이다.

덧붙이면 현시대에 있어서 가장 많이 요구하는 능력은 (정보)분석이라기 보다는 정보통합이고 조화이며 이익적 정보소비이다. 현대사회에서 자기 자신의 지식지평을 넓히는 일, 우리가 말하는 무엇, 우리 인간이 의식하고 행동하고 결정하는 것, 그것이 바로 정보소비다. 물질적 재화만의 소비가 아니라 정보를 가지고 자기 자신을 슬그머니 남에게 드러내며 자기 이익을 관리하고자 할 때 그것도 소비라고 할 수 있다.

따라서 필자는 정보의 진화 중에서 이 시대를 '정보소비사회'라고 부르고 싶다. 어느 누구나 정보시민(인포즌)이 된다. 이 책에서는 정보가 전쟁과 재난을 방지하는데 결정적인 힘이나 수단은 아니지만 정보시민으로서 삶의 지혜를 얻고 실패를 줄이며, 무식과 편견의 무지에서 벗어나는 최상의 보호수단이 된다는 의미에서 정보소비의 논리와 이해를 돕고자 했다. 지식정보 폭발 시대에 있어서 우리는 변하는 사회에 어떻게 적응하고 경쟁우위에서 살아갈 것인가 하는 메시지를 전달하고 싶었다. 아울러 이 책은 이미 필자가 앞서 출판한 《정보경영론》(2008) 이후 정보소비의 다양한 생각과 단편들을 묶어 집필했다.

마지막으로 나는 집필을 끝내면서 오랜만에 여유와 자유를 느꼈다. 삶의 흔적은 글쓰기인 것 같다. 아울러 아빠가 연구실에서 무엇을 하는지 궁금해 하며 기도해 준 노모, 아내, 두 딸들에게 고마움을 표하며 이 책을 흔쾌히 발간해 준 도서출판 자료원 서동익 사장님에게 감사를 드린다. 동시에 이 책을 읽어준 독자들에게도 감사한 마음을 드린다.

2009. 2

분당 연구실에서

참 | 고 | 문 | 헌

⟿ 가와무라 도모히로(河村 智洋), "새로운 생활방식" 우메사오 다다오(외), 김성민(역), 『IT는 인간을 행복하게 만드는가』, 서울 : 한국 출판 마케팅 연구소, 2007.

⟿ 가와세 마고토, 현창혁(역)『전략적 사고 : 컴플리트 북』, 서울 : 일빛, 2004.

⟿ 가토 이즈루 · 야마히로 츠네오, BERNANKE'S FRB, 우성주(역)『세계의 경제대통령 버냉키 파워』, 서울 : 달 과 소, 2006.

⟿ 강석화, "첩보길 : 목숨을 건 외로운 길, 후창군 장교들의 만주지역 정탐기", 최기숙(외), 『역사, 길을 품다』, 서울 : 글 항아리, 2007.

⟿ 강준식, 『우리가 몰랐던 삼국시대 스파이』, 서울 : 아름다운 책, 2004.

⟿ 강홍렬(외), 『메가트랜드 코리아』, 서울 : 한길사, 2006.

⟿ 고정민, "디지털화가 가속되는 문화산업", 삼성경제연구소, 『SERI전망 2007』, 서울 : 삼성경제연구소, 2006.

⟿ 곽존복(霍存福), 『權力場』 김영수(역)『권력장 : 3천년 중국 정치사에서 배우는 통치기술』, 서울 : 푸른 숲, 1998.

⟿ 김민주, 『앞으로 3년, 대한민국 트랜드』, 서울 : 한스 미디어, 2007.

⟿ 김시천, 『이기주의를 위한 변명』, 서울 : 웅진하우스, 2006.

⟿ 노구치 토모, 김정화(역)『돈잘 버는 회사들이 선택한 마케팅 테크닉 75』, 서울 : 비즈니스 맵, 2006.

⟿ 다키야마 스스무, 곽해선(역)『할리우드 거대 미디어의 세계전략』, 서울 : 중심, 2001.

⟿ 다치바나 다카시, 이언숙(역)『멸망하는 국가』, 서울 : 열대림, 2006.

⟿ 도모노 노리오, Behavioral Economics, 이명희(역)『행동의 경제학』, 서울 : 지형, 2007.

⟿ 리앙쿤마오(편저), 김종호 · 박홍수(역)『세계경제를 리드하는 유대인 상인 vs 원저우 상인』, 서울 : 한티미디 어, 2006.

⟿ 마츠오카 세이고(松岡 正剛), "二十一世紀 の 編集知のために", 『情報文化の學校』, 동경 : NTT, 1998.

⟿ 미우라 아츠시(三浦 展), 『下流社會』, 이화성(역)『하류사회-새로운 계층집단의 출현』, 서울 : 씨앗을 뿌리는 사람, 2006.

⟿ 박용석, 『재테크의 99%는 실천이다』, 서울 : 토네이도, 2006.

⟿ 박지원, 『열하일기』, 서울 : 하서, 1999.

박현모,『세종 실록 밖으로 행차하다』, 서울 : 푸른역사, 2007.

사오춘레이, 유소영(역),『욕망과 지혜의 문화사전 몸』, 서울 : 푸른 숲, 2006.

사이토 요시노리, 서한섭・이정훈(역)『맥킨지식 사고와 기술』, 서울 : 거름, 2006.

신인철,『공대리 성공시대』, 서울 : 김영사, 2006.

신지은(외),『세계적 미래학자 10인이 말하는 미래 혁명』, 서울 : 일송북, 2007.

스즈키 도시후미, 이석우(역),『장사의 창조』, 서울 : 큰나, 2006.

왕즈강(王志剛), 박경민(역)『위기를 극복하는 창의적 CEO의 조건』(經商百愾誠), 서울 : 멘토르, 2005.

오마에 겐이치・사이토 겐이치, Problem Solving Approach, 김영철(역)『맥킨지 문제해결의 기술』, 서울 : 일빛, 2004.

오마에 겐이치, 박화(역)『즉전력』, 서울 : 이스트 북스, 2007.

─────, The Next Global Stage, (워튼스쿨 경제경영총서6), 송재용(역)『다음 단계의 글로벌 무대』, 서울 : 럭스미디어, 2006.

이어령,『디지로그』, 서울 : 생각의 나무, 2006.

이면희,『3.0 CEO를 위한 명품경영』, 서울 : 청년정신, 2007.

이지평,『차세대 Life Solution Business의 의미와 전개방향』, LG경제연구원, 2007. 10.

이태진,『고종시대의 재조명』, 서울 : 태학사, 2000.

요로 다케시(養老 孟司),『バカの壁』, 양억관(역)『바보의 벽』, 서울 : 재인, 2003.

우아룬(吳阿倫),『중국 최고 갑부 황관위의 승부』, (서울 : 황금나침반, 2006)

우　정,『정보경영론』, 인천 : 자료원, 2008.

우메사오 다다오(외), 김성민(역),『IT는 인간을 행복하게 만드는가』, 서울 : 한국 출판 마케팅 연구소, 2007.

우치다 카즈나리, 보스턴 컨설팅 그룹(역),『가설사고 : 생각을 뒤집어라』, 서울 : 3mecca, 2007.

유필화,『CEO, 고전에서 답을 찾다』, 서울 : 흐름출판, 2007.

정　민,『다산선생 지식경영법』, 서울 : 김영사, 2007.

─────,『18세기 조선 지식인의 발견』, 서울 : 휴머니스트, 2007.

장정충 요홍매(張正忠 饒紅梅),『제갈량의 경영전략』(諸葛亮 智謀應用), 서울 : 비즈 & 북, 2006.

장정훈,『네이버 스토리 : 트랜드를 창조하는 지식군단』, 서울 : New Run, 2007.

장유엔창(張遠昌), 하진이(역)『인터넷 발전의 성공산화를 이룬 부와 성공의 비밀 구글에서 훔쳐라』, 서울 : 머니플러스, 2007.

청승창(曾仕强),『總裁 魅力學』, 이예원(역)『CEO 매력학』, 서울 : 태웅, 2007.

테루야 하나꼬・오카다 케이코, Logical Communication Skill Training, 김영철(역)『로지컬 씽킹 : 맥킨지식 논리적 사고와 구성의 기술』, 서울 : 일빛, 2002.

하민회,『위니지먼트로 경쟁하라』, 서울 : 해냄, 2007.

하영선, "네트워크 지식국가 : 늑대거미의 다보탑 쌓기", 하영선・김상배(외),『네투워크 지식국가』, 서울 : 을유문화사, 2006.

許 煜, "中國防火牆何時倒下?", 『亞洲週刊』, 2007. 9. 2.

히스토리카 한국사 편찬위원회, 『히스토리카 한국사(고구려+백제)』, 서울 : 이글리오, 2006.

Allison, Graham & Philip Zelikow, Essence of Decision : Explaining Cuban Missile Crisis, New York : Long Man, 1999.

Anderson, Chris. The Long Tail : Why the Future of Business is Selling Less of More, New York : Hyperion, 2006.

Apgar David. Risk Intelligence : Learning to Manage What We Don't Know, New York : Harvard Business School Press, 2007.

Are's, Philppe(other). 주병철(역), 『사생활의 역사』(제5권), 서울 : 새물결, 2006.

Attali, Jacques. L'homme Nomade, 이효숙(역)『호모노마드 유목하는 인간』, 서울 : 웅진 지식하우스, 2005.

――――――. Une Bre've Histoire de I'avenir, 양면관(역)『미래의 물결』, 서울 : 위즈덤 하우스, 2007.

――――――. Dictionnaire du Xxle Siecle, 정혜원(역)『21세기 사전』, 서울 : 중앙 M & A, 2000.

Bailey, Maria T. Trillion-Dollar Moms: Marketing to a New Generation of Mothers, 황인영(역)『엄마 마케팅』, 서울 : 비즈니스 북스, 2006.

Bamford, James. Body of Secrets : Anatomy of the Ultra-Secret National Security Agency, New York : Anchor Books, 2002.

Barnes, Barry. "Thomas Khun" in Quentin Skinner(edt), The Return of Grand Theory in the Humans Sciences, New York : Cambridge University Press, 1985.

Beck Ulrich, 홍성태(역)『위험사회 : 새로운 근대성을 향하여』, 서울 : 새물결, 1997.

Berkowiz, D. & E. Goodman, Strategic Intelligence for American National Security, Princeton : Princeton University Press, 1989.

Berrreby, David.. Us and Them Understanding Your Tribal Mind, 정준형(역)『우리와 그들, 무리 짓기에 대한 착각』, 서울 : 에코리브르, 2007.

Betts, Richard K. "The New Politics of Intelligence : Will Reforms Work This Time", Foreign Affairs. May/June 2004. pp.

Boon, James. "Claude L'evi-Strauss", in Quentin Skinner, The Return of Grand Theory in the Humans Sciences, New York : Cambridge University Press, 1985.

Boudrillard, Jean. Simulacres et Smiuation 하태환(역)『시뮬라시옹』, 서울 : 민음사, 2001.

Bourdieu, Pierre. Distinction : A social Critique of the Judgement of Taste, Trans. Richard Nice, Cambridge : Harvard University Press, 1984.

Bowker, Geoffrey and Susan Leigh Star. Sorting Things Out: Classification and Its Consequences, 주은수(역)『사물의 분류』, 서울 : 현실문화연구, 2005.

Bradford, Robert W. and J. Peter Duncan. Simplified Strategics Planning : A No-Nonsense Guide for Busy People Who Want Results Fast!, 김소연(역)『MBA에서도 가르쳐주지 않는 전략기획노트』, 서울 : 2005.

Brockman, John. DIGERATI : Encounters with the Cyber Elite, 김원희(역) 『디지털시대의 파워엘리트』, 서울 : 황금가지, 1999.

Buchholz, Todd G. New Ideas From Dead Economists, 이승환(역) 『죽은 경제학자의 살아있는 아이디어』, 서울 : 김영사, 2006.

Burke, James. The Pinball Effect : How Renaissance Water Gardens Made the Carburetor Possible and Other Journeys, New York : Back Bay Books, 1997.

Canton, James. The Extreme Future, New York : Dutton, 2006.

Chomsky, Noam. Hegemoney or Survival : America's Quest for Global Dominace, New York : Metropolitan Books, 2003.

Connell, R. W. Masculinities, Cambridge : Polity, 1995.

Carafano, James J. & Richard Weitz. "Enhancing International Collaboration for Homeland Security and Counterterrorism", The Heritage Foundation, Oct 18, 2007.

Corrigan, Peter. The Sociology of Consumption,, London : SAGE Pub, 1997.

Chang, Nancy. Silencing Political Dissent, 유강은(역) 『정치적 반대세력 침묵시키기』, 서울 : 모색, 2006.

Clemns, John K. and Scott Dalrymple. Time Mastery : How Temporal Intelligence Will Make You A Stronger, More Effective Leader, New York : Amacom Book, 2005.

Commission on the Roles and Capabilities of the United States Intelligence Community, Preparing for the 21st Century : An Appraisal of U.S. Intelligence. 1996.

Croce, Pat. Lead or Get Off the Pot, 안진환(역) 『선택의 힘』, 서울 : 스테디북, 2007.

Cusmano, Michael A. Richard W. Selby, Microsoft Secret, 삼성경제연구소(편) 『마이크로소프트의 비밀』, 서울 : 삼성경제연구소, 1997.

Damasio, Antonio. Looking for Spiniza : Joy Sorrow and the Feeling Brain, 임지원(역) 『스피노자의 뇌』, 서울 : 사이언스 북스, 2007.

Daniil Alexandrovich Granin, Eta Strannaia Zhizn, 이상원 · 조금선(역) 『시간을 정복한 남자』, 서울 : 황소자리, 2004.

Dator, James A. Advancing Futures, 우태정(역) 『다가오는 미래』, 서울 : 예문, 2008.

Davenport, Thomas and John Beck. The Attention Economy: Understanding the New Currency of Business, Boston : Harvard Business School Press, 2001.

Davis, Stan(others). BLUR : The Speed of Change in the Connected Economy, 김한영(역) 『변화의 충격 BLUR』, 서울 : 씨앗을 뿌리는 사람, 2000.

Dearth, Douglas H(others). "Information Age and Information War" in Alan D. Campen(others), Cyber War: Security, Strategy, and Conflict in the Information Age. Virginia : AFCEA International Press, 1996.

Deutch, John and Jeffrey H. Smith, "Smarter Intelligence", Foreign Policy, Jan/Feb, 2002.

Duncan, Watt J. Six Degrees : The Science of a Connected Age, New York : W. W. Norton, 2003.

Edwards, Charlie. National Security for the Twenty-first Century, London : Demos, 2007.

Eisenberg, Bryan and Jeffrey Eisenberg. Waiting For Your Cat to Bark, 김민주(역)『고양이가 짖을 때까지 기다릴 것인가?』, 서울 : 명진출판사, 2007.

Fank, New Port. Polling Matters : Why Leaders, 정남기(역)『여론조사』, 서울 : 휴먼비 지니스, 2007.

Fido, Martin. The World of Sherlock Holms, 백영미(역)『셜록 홈즈의 세계』, 서울 : 황금가지, 2003.

Florida, Richard. The Rise of the Creative Class: And How It's Transformation Work, Leisure, Communication and Every days Life, 이길태(역)『창조적 변화를 주도하는 사람들』, 서울 : 전자신문사, 2007.

Friede, Holm. Wir Nennen es Arbeit, 두행숙(역)『디지털 보헤미안』, 서울 : 웅진하우스, 2007.

Friedman, Thomas L. The World is Flat : A Brief History of the Twenty-First Century, New York : Picador/Farrar, 2005.

Foucault, Michel. Discipline & Punish : The Birth of the Prison, New York : Vintage Books, 1979.

Galbraith, John Kenneth. The Affluent Society, 노택선(역)『풍요한 사회』, 서울 : 한국 경제 신문, 2006.

Gentry. John A. "Intelligence Analyst/Manager Relation at the CIA", in David A.Charters(others), Intelligence Analysis and Assessment, London : Frank Cass Co, 1996.

George, Roger Z. "Meeting 21st Century Transnational Challenges; Building a Global Intelligence Paradigm", Studies in Intelligence, No 3, 2007.

Gertz, Bill, Enemies : How America's Foes Steal Our Vital Secrets-And How We Let it Happen, New York : Crown Forum, 2006.

Giddens, Anthony. Runaway World : How Globalization is Reshaping Our Lives, London : Profile Books, 1999.

Gladwell, Malcolm. Blink : The Power of Thinking Without Thinking, New York : Back Bay Books, 2005.

Goleman, Daniel. Social Intelligence : The Revolutionary New Science of Human Relationships, 장석훈(역)『SQ 사회지능』, 서울 : 웅진지식하우스, 2006.

Goldsmith, Jack(others). Who Controls the Internet? : Illusion of a Borderless World, 송연석(역)『인터넷 권력과 전쟁』, 서울 : New Run, 2006.

Goldstein, Rebecca. 고종숙(역)『불완전성 : 쿠르트 괴델의 증명과 역설』, 서울 : 승산, 2007.

Granin, Daniil Alexander, Eta Strannaia Zhizn, 이상원(역)『시간을 정복한 남자』, 서울 : 황소자리, 2004.

Green, Robert. The 33 Strategic of War, 안진환(역)『전쟁의 기술』, 서울 : 웅진지식하우스, 2007.

Hammond, Claudia. Emotional Rollercoaster, 이상원(역)『감정의 롤러코스터』, 서울 : 사이언스 북스, 2007.

Hans Christian von Baeyer, Information : the New Language of Science, 전대호(역)『과학의 새로운 언어, 정보』, 서울 : 승산 2007.

Harford, Tim. Undercover Economist, 김명철(역)『경제학 콘서트』, 서울 : 웅진지식하우스, 2006.

Harrison, Lawernce E. & Samuel P. Huntington(ed), Culture Matters : How Values Shape Human Progress,

New York : Basic Books, 2000.

Harvey, Jerry B. The Abilence Paradox, 이수옥(역)『왜 아무도 NO라고 말하지 않는가 : 동의하지 않은 합의의 모순에 밀린 패러독스』, 서울 : 크레듀, 2006.

Hardt, Michael. Antonio Negri, Empire, 윤수종(역)『제국』, 서울 : 이학사, 2005.

Heath, Chip. Dan Heath, Made to Stick : Why Some Ideas Survive and Others Die, New York : Random House, 2007.

Held, David. Models of Democracy(2nd ed), Cambridge : Polity, 1996.

Henderson David R and Charles L. Hopper, Making Great Decisions in Business & Life, 이순희(역)『판단력 강의 101』, 서울 : 에코의 서재, 2006.

Heijden Kees Van, Scenario, 김방희(역)『시나리오 경영』, 서울 : 세종연구원, 2000.

Herring, Jan P. "Key Intelligence Topics : A Process to Identify and Define Intelligence Need", John E. Prescott and Sterphen H. Miller.

Hill, Napoleon. The Law of Success, 김정수(역)『나폴레온 힐 성공의 법칙』, 서울 : 중앙경제평론사, 2007.

Holt, Pat M. Secret Intelligence and Public Policy : A Dilemma of Democracy, Washington, D.C. : CQ Press, 1995.

Howard, Christopher., Visioning, 김원호(역)『비저닝』, 서울 : 생각의 나무, 2006.

Hugos, Michael. 딜로이트 컨설팅코리아(역),『스피드 경영의 실행전략 RTE』, 서울 : 21세기북스, 2006.

Ikujirou Nonaka. Ryoichi ToBe(외), 임해성(역)『전략의 본질 : 위기를 경영하여 승리로 이끈 역전의 리더십』, 서울 : 비즈니스 맵, 2006.

Inglehart, Ronald. "Culture and Democracy", in Lawernce E. Harrison & Samuel P. Huntington(ed), Culture Matters : How Values Shape Human Progress, New York : Basic Books, 2000.

Jouvenot, Bertrand. Le Journal de B. J. an Bureau, 김도연(역)『BJ사무실의 일기 : 하룻밤에 마스터하는 기업과 경영』, 서울 : 지형, 2006.

Kahaner, Larry. Competitive Intelligence, New York : Simon & Schuster, 1996.

Kaplan, Robert D. Imperial Grunts : The American Military On the Ground, 이순호(역)『제국의 최전선 : 지상의 미군들』, 서울 : 갈라파고스, 2007.

―――――, Worrior Politics, 이재규(역)『승자학』, 서울 : 생각의 나무, 2002.

―――――, The Coming Anarchy : Settering the Dreams of the Post Cold War, New York : Vintage Books, 2000.

Kapstein, Ethan Barnaby. The Political Economy of National Security : A Global Perspective, New York : McGraw-Hill, 1992.

Keegan, John. Intelligence in War : Knowledge of the Enemy from Napoleon to AI-Qaeda, 황보영조(역)『정보와 전쟁 : 나폴레온에서 알카이다까지』, 서울 : 까치, 2003.

―――――, A History of Warfare, 유병진(역)『세계전쟁사』, 서울 : 까치, 1996.

Kent, Sherman Strategic Intelligence for American World Policy, Homden : Connecticut, 1965.

Kim, Chan W. and Ren ee Mauborgne. Blue Ocean Strategy, Boston : Harvard Business School Press, 2005.

Knightley, Phillip. The Second Oldest Profession : Spies and Spying in the 20th Century, New York : Penguin,1986.

Kostolany, Andre., Die Kunst uber Geld Nachzudenken, 김재경(역), 『돈 뜨겁게 사랑하고 차갑게 다루어라』(코스톨라니 투자 총서 1), 서울 : 미래의 창, 2001.

Kotler, Philip. Marketing Management, 11thed, NJ : Prentice-Hall, 2003.

Kotler, Philip, Nancy Lee. Corporate Social Responsibility, 남문희(역) 『필립코틀러의 CRS마케팅』, 서울 : 리더스북, 2006.

Kotler, Philip and Waldemar Pfoertsch, B2B Brand Management, 김민주(역) 『B2B 브랜드마케팅』, 서울 : 비지니스맵, 2006. http://www.aaai.org/AITopics/htm

Kurzweil, Ray. The Singulariyt is Near : When Human Transcend Biology, New York : Penguin Book, 2005.

Lakoff, George. Thinking Points : Communication Our American Values and Visions, 나익주(역) 『프레임전쟁 : 보수에 맞서는 진보의 성공전략』, 서울 : 창비, 2007.

LeGault, Michael. Think : Why Crucial Decisions Can't be Made in the Blink of an Eye, New York : Threshold Editions, 2000.

Levitt, Steven D. & Stephen J. Dubner. Freakonomics, New York : Harper Touch, 2005.

Light, Paul C. The Four Pillars of High Performance : How Robust Organizations Achieve Extraordinary Result, 이진원(역) 『랜드연구소의 기업경영리포트』, 서울 : 비즈니스 북스, 2005.

Lord, Carnes. The Modern Prince : What Leaders Need to Know Now, New Haven and London : Yale University Press, 2003.

Lowenthal, Mark M. Intelligence From Secrets to Policy, Washington, D.C. : CQ Press, 2000.

Mankiw, Gregory N. Principle of Economics, 김경환(역) 『맨큐의 경제학』(4판), 서울 : 교보문고, 2007.

Morrin, Stephen, "CIA's Kent School : A Step in the Right Direction", March 18, 2002.

Maubossin, Michael J. More Than You Know, 황명수(역) 『미래의 투자 : 월가 최고의 애널리스트에게 배우는 투자 통찰력』, 서울 : 위즈덤하우스, 2007.

Maxwell, John C, Wining With People : Discover the People Principles that Work for You Every Time, 웨슬리퀘스트(역) 『함께 승리하는 신뢰의 법칙』, 서울 : 21세기 북스, 2007.

McConnell, Mike. "Overhauling Intelligence", Foreign Affairs. July/August, 2007.

McGrav, Douglas. "Japan's Gross National Cool", Foreign Police, May/June 2002.

Miles, Robert P. Warren Buffett Wealth : Principle and Practical Methods Used by the World's Greatest Investor, 권루시안(역) 『워렌버핏 실전가치투자』, 서울 : 화매, 2005.

⟳ Mihaly, Csikszent Mihalyi, Good Business, 심현식(역)『몰입의 경영』, 서울 : 황금가지, 2006.

⟳ Naisbitt, John. Mind Set! : Reset Your Thinking and See the Future, New York : Collins, 2006.

⟳ National Security Agency : Central Security Service's Strategic Plan for the 21st Century, National Cryptologic Strategy For the 21st Century, http://www.nsa.gov:8080/programs/ncs.

⟳ Nisbett, Richard E. The Geography of Thought: How Asians and Westerers Think Differently and Why, 최인철(역)『생각의 지도』, 서울 : 김영사, 2004.

⟳ Nye, Joseph S. Jr., The Paradox of America Power, 홍수원(역), 『제국의 패러독스』, 서울 : 세종 연구원, 2002.

⟳ Palmer, Brian. Global Values 101 : A Short Course, 신기섭(역)『오늘의 세계적 가치』, 서울 : 문예출판사, 2007.

⟳ Perkins, John. Confession of An Economic Hitman, 김현정(역)『경제저격수의 고백』, 서울 : 황금가지, 2005.

⟳ Peterson, Brooks. Cultural Intelligence, 현대경제연구원(역)『문화지능 : 글로벌 시대의 경쟁력』, 서울 : 창림출판사, 2006.

⟳ Pink, Daniel A Whole New Mind,, New York : Riverhead Books, 2005.

⟳ Popper, Karl. All Life is Problem Solving, 허영은(역)『삶은 문제해결의 연속이다』, 서울 : 부글북스, 2006.

⟳ Prescott, John E. Proven Strategies in Competitive Intelligence : Lessons from the Trenches, 김은경(역), 『세계최강기업의 경쟁정보 : 베스트프랙티스』, 서울 : Sigma Insight, 2002.

⟳ Prestowitz, Clyde Three Billion New Capitalists : The Great Shift of Wealth and Power to the East, 이문희(역)『부와 권력의 대이동』, 서울 : 지식의 숲, 2006.

⟳ Rifkin, Jeremy. The Age of Access : The New Culture of Hypercapitalism Where all of Lifeisa Paid-for Experience, New York : 2000.

⟳ Ringer, Robert J. Action!, 최소영(역)『Action! : 움직이지 않으면 아무 일도 일어나지 않는다』, 서울 : 한얼, 2005.

⟳ Roszak, Theodore. The Cult of Information, 정주현 · 정연식(역), 『정보의 숭배』, 서울 : 현대미학사, 2005.

⟳ Ross, Emily and Angus Holland, 100 Great Business and the Minds Behind Them, Illinois : Emily Ross& Angus Holland, 2006.

⟳ Rotzer, Florian. Megamachine Wissen(1999) 박진희(역), 『거대기계지식』, 서울 : 생각의 나무, 2000.

⟳ Rustmann, F. W. Jr, CIA, INC : Espionage and the Craft of Business Intelligence, Washington, D.C : Brassey's Inc, 2002.

⟳ Russo, J. Edward and Paul J. H. Schoemaker, Winning Decisions : Getting It Right the First Time. New York : Double day, 2002.

⟳ Salzman, Marian. The Future of Man, 이현주(역)『남자의 미래』, 서울 : 김영사, 2006.

⟳ Schweizer, Peter. Victory : The Reagan Administration's Secret Strategy That Hastened The Collapse of the Soviet Union, NewYork : The Atlantic Monthly Press, 1994.

Scoble, Robert Shel Israel, Naked Conversations : how blogs are changing the way business tolk with customers, 홍성준(역)『블로그 세상을 바꾸다』, 서울 : 체온 365, 2007.

Scott, Steven K. The Richest Man Who Ever Lived : King Solomon's Secrets to Success Wealth and Appiness, 오윤성(역)『솔로몬 부자학 31장』, 서울 : 지식노마드, 2006.

Senge, Peter C. Otto Scharmer(others), Presence : An Exploration of Profound Change in People, Organization and Society, 현대경제연구원(역)『미래 : 살아있는 시스템』, 서울 : 지식노마드, 2006.

Silverstein, Michael J. John Butman, Treasure Hunt : Inside the Mind of the New Consumer, New York : Portfolio, 2006.

Sofsky, Wolfgang. Das Prinzip Sicherheit, 이한우(역)『안전의 원칙 : 위험사회, 자유냐 안전이냐』, 서울 푸른 숲, 2007.

Steele, Robert D. Information Concepts&Doctrine for The Future (Open

Source Solutions Inc., '97.volume 2, 1997) URL-[http://www.oss.net/Proceed.html/]

Stiglitz, Joseph E. Making Globalization Work, New York : W.W.Norton & Company, 2007.

Suchman, Lucy and Ronald Trigg, "Artificial Intelligence as Craft work", in Seth Chaiklin and Jean Lave(eds), Understanding Practice : Perspective on Activity and Context, New York : Cambridge University Press, 1993.

Suskind, Ron. The One Percent Doctrine, 박범수(역)『1퍼센트 독트린』, 서울 : 알마, 2007.

Surowiecki, James, The Wisdom of Crowds, New York : Anchor Books, 2004.

Tapscott, Don and Anthony D. Williams, Wikinomics : How Mass Collaboration Changes Everything, New York: Penguin Group, 2006.

Thurow, Lester C. Building Wealth, 한기찬(역),『지식의 지배』, 서울 : 생각의 나무, 1999.

─────. Fortune Favors the Bold, 현대경제연구원(역),『세계화 이후의 부의 지배』, 서울 : 청림출판사, 2005.

Tier, Mark The Winning Investment Habits of Warren Buffett & George Sorus, 박진곤·손태건(역)『워렌 버핏과 조지 소로스의 투자습관』, 서울 : 국일증권경제연구소, 2006.

Toffler, Alvin and Heidi. Revolution Wealth, New York : Alfred A. Knopf, 2006.

Tomasko, Robert M. Bigger Isn't Always Better : The New Mindset for Real Business Growth, 나중길(역)『거대 기업의 종말』, 서울 : 토네이도, 2007.

Uldrich, Jack. Soldier Statesman Peace Maker : Leadership Lesson from George C. Marshall, 나종남(역),『조지 마셜리더십』, 서울 : 비지니스 맵, 2007.

Wagner, Rodd(others), 12the Elements of Great Managing, 김광수(역)『12위대한 경영의 요소』, 서울 : 해냄, 2007.

Warsh, David. Knowledge and the Wealth of Nations, 김민주·송희영(역),『지식경제학 미스테리』, 서울 : 김영사, 2008.

⇨ Wall, Bab. Coaching for Emotional Intelligence, NewYork : Amacom Book, 2007.

⇨ Woston, Bruce W(ed), United States Intelligence : An Encyclopedia, New York : Garland Pub INC, 1990.

⇨ Weiner Edie and Arnold Brown, Future Think : How to Think Cleary in A Time of Change, 안진환(역)『퓨쳐 싱크』, 서울 : 해냄, 2006.

⇨ Weiner, Tim. "How to Make a Spy", Foreign Policy, Sep/Oct 2007.

⇨ ────, Legacy of Ashe's : The History of the CIA, 2007, Bantam : Dell Pub, 2007.

⇨ Williams, Richard., Tell Me How I'm Doing : a Fable About the Importance of Giving Feedback, 이민주(역)『피드백 이야기』, 서울 : 토네이도, 2007.

⇨ Wilson, Edward O. Consilience : The Unity of Knowledge, 최재천·장대익(역)『통섭 : 지식의 대통합』, 서울 : 사이언스 북스, 2005.

⇨ Winston, Stephanie Organized For Success, 김용섭(역)『성공하는 CEO들의 일하는 방법』, 서울 : 해제, 2005.

⇨ Yong, Jeffrey William L. Simon, iCON : The Greatest Second Act in the History of Business, New Jersey : Wiley, 2005.

⇨ Zankl, Heinrich Fälischri Schwindler, Scharlatane, 김현정(역)『지식의 사기꾼』, 서울 : 시아출판사, 2006.

⇨ Zeilinger, Anton. Einstein Schleier, 전대호(역)『아인슈타인의 베일 : 양자물리학의 세계』, 서울 : 승산, 2007.

⇨ Zschirnt, Christiane. Keine Sorge Wired Schon Schiefgehen, 오승우(역)『실패의 향연』, 서울 : 들녘, 2007.

⇨ LG경제연구원,『UCC역기능 대책 시급하다』(2007. 7. 16)

⇨ The Economist, The World in 2007, 현대경제연구원(편역),『이코노미스트 2007 세계 대 전망』, 서울 : 한국경제신문사, 2006.

⇨ Business Week, Dec 18, 2006.

⇨ Business Week, March 12, 2007.

⇨ U.S. News and World Report, Oct 1, 2007.

⇨ Financial Times, May 7. 2007.

⇨ Harvard Business Review, July/ August 2007.

⇨ The Heritage Foundation , "The link between economic freedom and human right", Sept 28, 2007.

⇨ Time, March 5. 2007.

⇨ 『瞭望』, 2007. 3. 12.

⇨ www.echelonwatch.org.

찾│아│보│기

[ㄹ]

[ㅁ]

[ㅇ]

우 정(禹 晶)

정보사회 포럼 대표 및 자유기고가로 활동하고 있다.

한양대학교 대학원에서 사회학 박사학위를 받았으며 국가정보대학원 교수, 미국 유타대학교 사회과학대학 연구원, 한양대 대학원 겸임교수를 역임했다.

주요 저서로는 ≪정보경영론≫(2008), ≪북한사회구성론≫(2000), ≪분단시대의 민족주의≫(1996), ≪북한체제 연구≫(공저, 2002)가 있으며, 주요 논문으로는 "9·11사태 이후 정보패러다임 변화연구"(2008), "정보생산을 넘어 정보소비사회로의 연구"(2008), "이명박 정부의 대북 정책과 남북관계의 발전방향"(2008), "소프트 파워와 대북 정책의 시사점"(2008) 등 다수가 있다.

정보소비의 이해

2009년 4월 20일 1판 1쇄 인쇄
2009년 4월 25일 1판 1쇄 발행

지은이　　우 정
펴낸이　　김송희
펴낸곳　　자료원

우편번호　　405-815
주소　　　　인천광역시 남동구 간석3동 919-4
전화　　　　(032) 463-8338(대표)
팩스　　　　(032) 463-8339(전용)
홈페이지　　www.jmg.kr
　　　　　　www.olinews.com

출판등록　제42호(1992. 11. 18)
ISBN　978-89-85714-86-0　99300